普通高等院校会计专业系列教材

郭大伟　黄明　主编

会计学

（第七版）

U0781242

立信会计 出版社

LIXIN ACCOUNTING PUBLISHING HOUSE

图书在版编目(CIP)数据

会计学 / 郭大伟,黄明主编. —7 版. —上海:
立信会计出版社,2024.1(2024.9 重印)
ISBN 978-7-5429-7506-5

Ⅰ. ①会… Ⅱ. ①郭… ②黄… Ⅲ. ①会计学 Ⅳ.
①F230

中国国家版本馆 CIP 数据核字(2024)第 000515 号

责任编辑　　陈　旻
美术编辑　　吴博闻

会计学(第七版)

KUAIJIXUE

出版发行	立信会计出版社			
地　　址	上海市中山西路 2230 号		邮政编码	200235
电　　话	(021)64411389		传　真	(021)64411325
网　　址	www.lixinaph.com		电子邮箱	lixinaph2019@126.com
网上书店	http://lixin.jd.com			http://lxkjcbs.tmall.com
经　　销	各地新华书店			
印　　刷	常熟市人民印刷有限公司			
开　　本	787 毫米×1092 毫米	1/16		
印　　张	23			
字　　数	503 千字			
版　　次	2024 年 1 月第 7 版			
印　　次	2024 年 9 月第 2 次			
书　　号	ISBN 978-7-5429-7506-5/F			
定　　价	52.00 元			

如有印订差错,请与本社联系调换

前　　言

　　会计作为国际通用的商业语言和经济管理信息系统在社会经济发展中的作用愈来愈重要,并受到广泛重视,会计学已成为经济管理类各专业普遍开设的重要的必修课程。为了更好地体现"立德树人"的人才培养根本目标,适应新文科课程改革建设要求,我们将会计理论前沿、会计实务最新发展与思想政治教育有机融合,以新颁布修订的企业会计准则和税制改革为依据,修订了《会计学》一书。

　　本书立足应用型、复合型财经人才培养,在体系结构与内容安排上,注重系统介绍企业会计的基本理论与会计基本方法,并力求使会计理论教学与实践教学相结合。本书主要内容包括会计目标与会计原则、会计核算程序与方法、会计要素确认与计量、会计报表编制与分析等。全书共分十二章,各章除了教学基本内容,还附有学习目标、本章小结、主要术语、复习思考题、练习题及课程思政与案例等;内容翔实丰富,难易适当,阐述简明规范,具有较强的实用性。

　　本书由郭大伟、黄明担任主编,王丹担任副主编。具体编写分工为:第二章、第六章由黄明编写,第一章、第三章、第五章由郭大伟编写,第七章、第十章由张蕾编写,第九章、第十一章由王丹编写,第四章、第八章、第十二章由叶婷婷、王秀春和李绍敬编写。本次再版根据本教材在使用中获得的信息反馈,结合《收入》《长期股权投资》《金融工具确认计量》《职工薪酬》《财务报表列报》等准则,以及全面实施的增值税制度改革,进行系统修订,并在各章更新补充客观性习题和案例。黄明、郭大伟和王丹老师参与本书修订和审定工作。最后由郭大伟负责总纂、修改和定稿。

　　本书主要适用于各层次院校非会计专业会计学课程的教学,也可作为企业会计从业人员的培训教材。在不同专业、不同对象、不同层次的会计教学中,教师应对本书内容作出不同的组合和安排。

　　书中疏漏之处,欢迎读者批评指正,以便再版时修订。

编　者

2024 年 4 月

目　　录

第一章 会计基本理论

学习目标

　　掌握社会经济环境对会计的产生与发展的影响;

　　掌握会计的含义、职能、目标;

　　理解会计基本假设、会计信息质量要求;

　　熟悉会计要素的内容、各要素的特征;

　　理解会计等式的本质,会计等式的意义;

　　熟悉我国会计法规体系的构成内容及层次关系;

　　了解会计的分类与会计职业道德。

第一节 会 计 的 含 义

一、会计的产生与发展

　　会计是社会发展到一定阶段的产物。它随着社会生产的发展而产生,并适应经济管理的客观需要而不断完善。

　　会计起源于社会生产实践。人类的生存离不开物质资料的生产,在生产过程中,一方面创造物质财富,取得一定的劳动成果;另一方面要发生劳动耗费。早期,人们通过生产实践,意识到在进行物质生产的同时有必要把生产活动过程的内容记录下来,并对其进行相关计算。最初,会计只是作为生产职能的附带部分,只有当社会生产力发展到一定水平,出现剩余产品之后,会计才逐渐从生产职能中分离出来,成为一种独立的职能。

　　在我国,会计的发展有几千年的历史。我国远古时期就曾出现过"结绳记事""刻契记数"等最原始的会计行为。三千多年前的西周奴隶社会就出现了"会计"一词。唐宋时期,官厅办理钱粮收支要编造"四柱清册"(即"旧管＋新收＝开除＋实在"),这种"四柱结算法"为中式簿记奠定了基础。明清时期,在我国又出现了"龙门账""四脚账"等中式复式簿记,使我国的会计方法有了很大的发展。

在国外,意大利是资本主义发展较早的国家,在中世纪,地中海沿岸的佛罗伦萨、热那亚、威尼斯等城市成为当时商业、银行业的中心。早在十二三世纪,复式记账法就已在这些商品经济比较发达的地区出现。1494 年,意大利数学家卢卡·帕乔利所著的《算术·几何·比及比例概要》一书,结合数学原理,将复式簿记从理论上进行了系统的论述和概括,成为借贷记账法形成的重要标志,为现代会计的发展奠定了基础。1581 年,威尼斯会计学院的建立,是会计发展史上的一个重要里程碑,这表明会计已作为一门专业学科,通过系统训练培养会计从业人员,以满足社会发展需要,此时会计已成为一种职业。

18 世纪 60 年代,英国工业革命以后,企业规模明显扩大,生产过程日益复杂,由此发展了折旧会计。随着管理当局对生产成本和存货计价信息需求的增长,成本会计系统得以诞生,从而充实了会计的内容。18 世纪末 19 世纪初,美国的生产组织和经营形式发生了重大革命,股份公司这种新的经济组织形式迅速扩大,资本的所有权与经营权分离,这对会计工作提出了更高的要求。企业所提供的对外会计报表经过独立的执业会计师的审核、鉴证,出具审计意见,才能为报表使用者所信服。为维护股东利益,职业会计师和外部审计应运而生,1854 年在苏格兰成立了世界上第一个公共会计师协会。19 世纪末至 20 世纪中期,企业的生产和经营规模持续扩大,科学的管理理念逐步被引入企业,对企业整个经营活动实施全过程的计划、预算、决算、控制和分析等成为企业内部管理不可缺少的内容,从而出现了为企业内部管理服务的"管理会计"。

会计产生和发展的历史表明:会计同社会生产的发展存在密切联系,科学技术的进步,经济环境的变化影响了会计的理论和方法,同时会计也反过来影响它所处的社会环境。经济越发展,会计越重要。

二、会计的职能与目标

（一）会计的职能

会计的职能是指会计作为经济管理的一种活动,客观上所具有的功能或能够发挥的作用。马克思在《资本论》中曾指出会计是"过程的控制和观念的总结",这是对会计职能的高度概括。一般认为,会计有两个基本职能,即会计核算职能与会计监督职能。

1. 会计核算职能

会计核算职能又称会计反映职能,是指通过会计的确认、计量、记录、报告等会计行为,主要以货币计量方式,运用专门的方法,从价值量上反映企业、事业等单位已经发生或完成的经济业务事项及其结果,为会计信息使用者提供具有连续、系统、全面、综合的会计信息的功能。这是会计的最基本职能,是会计履行其他职能的基础。

2. 会计监督职能

会计监督职能又称会计控制职能,是指会计按照一定的目标和要求,利用会计核算所提供的经济信息,对企业、事业等单位的经济活动进行控制,使之达到预期目标的功能。会计监督包括合法性、合理性和效益性监督,并且贯穿于经济活动的全过程。从时间上可分为事前监督、事中监督和事后监督。从监督的主体上还可分为内部监督、社会公众监督和政府监督。其最终目的是保证企事业单位在合法、合规运营的前提下,提高经济效益。

会计的两个基本职能是密不可分、相辅相成的。反映职能是监督职能的基础,如果没有会计反映提供可靠、完整的会计信息,会计监督就没有客观依据,也就无法进行监督。而监督职能又是反映职能的保证,不进行监督、控制,就不可能提供真实、可靠的会计信息,也就不能发挥会计管理的能动作用。

随着会计的发展,会计的职能也在扩充和延伸,除了上述基本职能外,现代会计还具有评价业绩、参与预测与决策等职能。

（二）会计的目标

会计的目标是指在一定的客观环境和经济条件下,会计活动所要达到的结果或目的。会计目标是会计工作的内在规定性,为会计活动指明了方向。从实务的观点看,会计目标是会计系统运行的导向,是会计实践活动的出发点和归宿。在理论上,会计目标是会计概念结构的最高层次,是决定会计假设、会计原则和会计技术的基础。

会计目标与会计职能是两个既相互联系又相互区别的概念。会计职能表明会计可以做什么,它为会计目标设定了最大限度;而会计目标是会计职能的具体化,它会随着社会经济环境的变化而变化,在不同的社会制度和经济制度下,会计目标也会存在一定差异。

会计目标主要是明确为什么要提供信息、向谁提供信息、提供哪些信息的问题。长期以来,在会计目标问题上,会计学界存在两种不同的观点:一是决策有用学观,认为会计目标在于向信息使用者提供有助于经济决策的数量化信息,会计信息是经营决策的基础;二是受托责任观,认为会计的目标是以恰当的形式有效反映和报告资源受托者的受托责任及其履行情况。前者强调会计信息使用者处于会计系统的核心,更强调会计信息的相关性;后者强调会计是处于委托者和受托者的中介地位,更强调会计信息的可靠性、客观性。

我国《企业会计准则——基本准则》第四条规定,企业应当编制财务会计报告,财务会计报告的目标是向财务会计报告使用者提供与企业财务状况、经营成果和现金流量等有关的会计信息,反映企业管理层受托责任履行情况,有助于财务会计报告使用者做出经济决策。

三、会计的概念与分类

（一）会计的概念

会计是以货币为主要计量单位,借助于专门的方法和程序,对一定主体的经济活动进行核算与监督,旨在提供有助于有关方面做出决策的会计信息,加强经济管理,提高经济效益。对会计概念可从以下几个方面理解。

1. 会计是一种计量技术

会计是用货币来计量经济过程中占用的财产物资,记录财产物资的增减变化和劳动耗费。离开了计量,会计就无法反映出经济活动所引起的价值变动,会计也就失去了意义。因此,会计是一种以货币量度进行计量的技术。

2. 会计是一个信息系统

会计工作处理的直接对象自始至终是"信息",这些信息包括量化的货币性的财务信息和非财务的说明信息,这些信息是依照会计准则,通过收集、整理、分类、加工、汇总等程序取得,满足信息使用者对信息的需要,从这一点来讲,会计是一个信息系统。

3. 会计是一种管理活动

会计是对经济活动进行系统的计算、记录、分析和检查,但这一系列活动都不是会计的最终目的,而是会计的手段。会计人员借助这些手段,不仅为企业内部管理和外部有关方面提供决策所需的信息,而且利用会计信息资料,分析与评价企业的财务与经营状况,对经济活动进行控制与监督,参与预测与决策,直接履行管理的职能。所以,会计的实质是管理,会计是一种管理活动。

(二)会计的分类

为适应社会经济环境的发展变化与加强经济管理,会计在其发展过程中形成了不同的学科分支。若按会计职业界限和研究内容进行划分,可分为公共会计、企业会计和非营利组织会计三大部分。

1. 公共会计

公共会计又称社会会计,是指会计师事务所从事的面向社会各类企业、单位或经济组织提供会计、审计和咨询服务,并按规定向客户收取服务费用的会计职业。其业务范围主要包括:会计报表审计、资产评估、资本验证、会计服务、税务服务、管理咨询服务、经济案件鉴证、参与办理企业解散及破产清算等事项。

2. 企业会计

企业会计是指服务于以营利为目的的企业组织的会计。企业会计依其工作重点的不同,可分为财务会计和管理会计两大领域。

(1)财务会计又称对外报告会计,是指以公认会计准则为依据,通过会计确认、计量、记录和报告,向企业外部会计信息使用者传递与披露企业经济活动的会计信息,使之做出合理的经济决策的会计。

(2)管理会计又称对内报告会计,是指为满足企业规划决策、经营管理需要,而收集、记录、分析企业内部和外部的财务与非财务信息,并主要呈报给企业经营管理者,为企业内部经营管理服务的会计分支。

3. 非营利组织会计

非营利组织会计是指服务于政府行政机关和事业单位等非营利组织的会计,如政府机关、学校、医院、科研机构、社会团体、基金会和慈善机构等。在我国,非营利组织会计主要分为政府会计和民间非营利组织会计。

四、会计的基本假设

会计作为一个经济信息系统,紧密依存客观环境,然而客观环境是一个处于不断变化中的系统。要使会计能连续、系统、全面、综合反映企业的经济活动,提供会计信息使用者决策所需的信息,就必须对会计的环境做出合理的假设,即建立会计核算的基本前提。会计的基本假设是对会计环境中的基本现象所做出的合乎情理的推断,是对会计赖以存在和发展的基本环境因素的抽象和概括,是制定会计准则、会计政策,规范会计实务的基础。

（一）会计主体

会计主体是指会计处理经济业务的特定单位。会计主体假设明确了会计人员的立场和会计核算的范围。其目的在于明确会计工作的立场,即企业应当对其本身发生的交易或事项进行会计确认、计量和报告,应将企业的经济活动与其他会计个体区分开来,将企业的经济活动与企业所有者的经济活动划分清楚,从而真实地反映会计主体的财务状况、经营成果和现金流量信息。

会计主体不一定是法律主体,会计主体可以是一个特定的企业,如一家股份有限公司、一家合伙企业或独资企业;也可以是企业的某一特定部门,如企业所属的分公司;也可以是通过控股关系而在同一决策机构指导下经营的企业集团;也可以是某一特定的非营利组织。

（二）持续经营

持续经营又称连续经营。持续经营假设是假定会计主体将按照其现在的目标、方针和形式持续地经营下去,即在可预见的将来,会计主体将不会面临破产清算,其所持有的资产将会按照取得该资产的目的,在正常的生产经营活动过程中被耗用、出售或转让,其所承担的债务也会被按期偿付。

持续经营假设对于会计处理方法的确立具有重要意义,如果没有持续经营这一会计核算的基本假设,一些公认的会计处理方法将因缺乏存在的基础而无法采用。由于有了持续经营这一假设,固定资产的投资成本才能得以采用折旧的方法在其使用期间分期摊销;企业的经营收益和费用的发生与其货币收支发生分离时,企业才可以不局限于只能以是否收到现金作为收入确认的基础;企业的负债,在未来可以按规定的条件清偿,债权人才有可能将资金提供给企业;企业的销货款,可以在未来按期收回,企业才有可能将产品赊销给客户;等等。但事实上,企业或会计主体通常不可能无限期地持续经营下去,当有足够的证据证明一个会计主体已无法履行其所承担的义务时,持续经营这一假设就不再成立,建立在此基础之上的有关会计处理方法也就不再适用,这时则要以清算为基础,进行破产清算的会计处理。

（三）会计分期

会计分期假设又称会计期间假设,是指将会计主体持续不断的经营活动划分为间隔相同的若干期间,据以结算账目,编制财务会计报告,从而及时地提供会计主体的有关财务状况、经营成果和现金流量等有关的会计信息。在我国,会计期间分为年度和中期,其中中期是指短于一个完整的会计年度的报告期,包括月度、季度和半年度。

会计分期假设是持续经营假设的一个必要的补充,它可以使会计能够及时地满足会计信息使用者的要求,并为会计主体持续有效经营和定期考核提供必要的前提条件。否则,收入实现、费用分配、收益确定以及财务会计报告编制等会计活动将无法进行。

会计分期假设对于会计程序和方法的确定具有极大的影响。由于会计分期,产生了企业的收入和费用归属于哪个会计期间的问题;由于会计分期,必然要进行费用和收益在各会计期间的分配,而这种分配过程带有一定的主观估计性质;由于会计分期,必须要求每个会计期间所采用的会计方法相一致,这样才有可能比较和分析企业在各会计期间的财务状况、经营成果与现金流量。

（四）货币计量

货币计量假设是指会计采用一定的货币单位来计量与报告会计主体的经济活动与结果。货币是衡量一切有价物价值的共同尺度,是交换的媒介物和价值的储藏物,是债权和债务清算的手段。会计主体所拥有的资产,可以采用不同的计量单位,如物理单位、劳动量单位与货币单位等,但只有货币单位是前后一致、贯穿始终的,也唯有采用货币单位才能系统、全面、综合、连续地记录、汇总、分析和揭示会计主体的经营过程及财务成果。由此,货币单位是会计计量的基本单位,其他计量单位都是辅助性的,会计只有通过货币单位才能实现有效地沟通信息。虽然在财务会计报告中也需要用文字或附注方式来揭示会计主体经营中重大的、且不能用货币计量的信息,然而这些不能用货币计量的内容是不能进入会计的复式簿记系统的。

会计以货币为统一的计量单位,还有一个附带的假设,即假设货币本身的价值稳定不变。当出现明显通货膨胀、币值不稳定时,会计信息的可信赖程度就会大大下降。

五、会计处理基础

由于会计分期假设的存在,必然产生本期与非本期的区别,这样就产生了企业收入和费用归属于哪个会计期间的问题,为此会计处理必须明确以什么标准为基础。会计处理基础有权责发生制和收付实现制两种。

（一）权责发生制

权责发生制亦称应收应付制,是指在会计核算中,按照收入已经实现,费用已经发生,是否应归属于本期为标准来确认本期收入和本期费用的制度。凡本期实际发生并应属于本期的收入和费用,无论其款项是否收到或付出,均应作为本期的收入和费用处理;凡不应属于本期的收入和费用,即使款项已经收到或支付,亦不应作为本期的收入和费用予以处理。因此,采用权责发生制,在会计期末必须对账簿记录进行账项调整,才能够使本期的收入和费用存在合理的配比关系,从而可以比较正确地计算企业的本期盈亏。权责发生制能够真实地反映当期的收入和费用,更客观、真实地反映企业的经营成果。《企业会计准则》要求企业会计采用权责发生制为确认基础。

例如,某企业20×1年1月预收上半年租金12万元,租金虽然于1月份收到,但归属于上半年,所以该年上半年每月确认收入2万元;20×1年1月预付全年广告费36万元,广告费虽然于1月份支付,但归属于全年,所以该年每月确认费用3万元;2月份销售一批产品10万元,款项尚未收到,虽然货款尚未收到,因销售已确立,所以2月份确认收入10万元;3月末支付第一季度短期借款利息9 000元,利息费用归属于第一季度,所以第一季度每月确认费用3 000元。

（二）收付实现制

收付实现制亦称实收实付制,是指在会计核算中,以款项实际收到或实际支付为标准确认本期收入和本期费用的制度。凡本期内实际收到的收入和支付的费用,无论其是否应归属本期,均应作为本期的收入和费用处理。采用收付实现制,会计处理手续比较简便,会计核算不考虑应计收入、应计费用、预收收入、预付费用,会计期末不存在对账簿记录进行账项调整的问题。收付实现制缺乏收入与费用之间合理的配比关系,不能客观、真实地反映企业的经营成果。一般行政事业单位会计采用收付实现制。

第二节　会　计　信　息

一、会计信息的内容

会计信息是为进行会计管理而收集、加工、整理的各种数据资料。会计信息有广义和狭义之分。从广义上讲,由会计人员或会计部门收集、加工、整理和传递的所有经济信息都属于会计信息,包括财务会计信息和管理会计信息;而通常我们所说的会计信息是指狭义上的会计信息,即财务报告信息。财务报告是企业提供会计信息最基本和最主要的方式。财务报告信息主要包括:

（1）有关企业财务状况的信息。这类信息包括某一特定日期企业所拥有的资产、债务和所有者拥有的权益状况及其变动方面的信息。通常这类信息是通过资产负债表来提供的。通过这方面的信息可以了解企业支付能力、偿债能力、资本结构、面临的财务风险及财务状况发展趋势等情况。

（2）有关企业经营业绩的信息。这类信息包括一定会计期间发生的收入、成本费用、利润及其分配情况的信息,企业的这类信息是通过利润表提供的。通过这方面信息可以分析企业利润升降的原因,评价企业的经营业绩和获利能力。

（3）有关企业现金流量的信息。这类信息包括一定会计期间产生的现金流入、现金流出及现金增加净额等方面的信息。企业的这类信息是通过现金流量表提供的。通过这方面信息可以反映企业现金来源渠道与使用去向,反映企业财务状况变动的全貌,会计信息使用者一般更关注企业的现金流动情况。

（4）表外信息。表外信息是指企业在资产负债表、利润表和现金流量表等基本会计报表以外,以附注、解释、明细附表、补充报表的形式披露的其他的财务信息和非财务信息。这些表外信息不仅对表内信息起补充、解释和说明作用,而且是对表内信息的延伸和扩展。近年来,企业会计信息披露中更加注重表外信息,在上市公司的信息披露中,表外信息量已经相当丰富。上市公司年度报告中有关表外信息通常有：重要会计政策、会计数据和业务数据摘要、股本变动及股东情况、股东大会简介、董事会报告、监事会报告、重要事项、财务报告、公司的其他相关资料和备查文件目录。除此以外,年度报告还附有该年度会计报告的审计报告和财务报表附注。显然,表外信息的披露可以使投资者和其他信息使用者对企业财务状况、经营情况有更为全面和深刻的了解。

二、会计信息使用者

会计信息的使用者是指在社会经济活动中,需要根据会计信息进行经济决策的组织和个人。会计信息使用者多种多样,遍布经济生活的各个领域。会计信息使用者按其与提供会计信息单位的利益关系可分为外部使用者与内部使用者。

会计信息的外部使用者是指企业外部的组织或个人,包括投资者、债权人、客户及供应商、税务部门、政府机构、证券监管部门、社会公众等。不同的外部信息使用者需要借助会计信息做出各种决策。例如,投资人需要了解企业拥有哪些资源、经营管理状况、盈利能力如何；债权人和供应商更关心企业是否有能力支付当前的债务,未来的盈利前景如何；税务部门需要通过会计报告了解企业税款的应交、实交、欠交情况；证券监管部门需要借助企业提供的会计资料对企业股票、债券的发行、上市、流通、交易进行监督管理等。

会计信息的内部使用者是指企业内部各阶层的管理人员或部门,包括董事会成员、经理、财务、计划、人事、市场营销、生产部门等。在企业的经营管理活动中,行政部门负责制定企业的总体发展战略、重大财务决策、公共关系的处理、与所有者关系的处理等；财务部门负责筹资、投资及利润的分配等；人力资源部门负责职工的招聘、考核、职工福利、工薪管理等；研究和开发部门负责新技术、新工艺的研究及新产品的开发等；生产部门负责生产过程的安排、材料采购和领用、产品质量的控制等；销售和市场部门负责产品的推销、广告宣传、产品定价等；上述这些部门在执行本部门的工作时,都离不开会计信息的支持,都需要利用会计信息进行规划、分析、控制、决策,以确保企业整体发展战略的实现。

三、会计信息质量要求

要使会计信息能够反映企业管理层受托责任的履行情况及有助于财务会计报告使用者做出经济决策,会计信息应达到一定的质量要求。所谓会计信息的质量要求是指不论选用何种会计方法处理都应达到的质量标准。

会计信息的质量要求包括可靠性、相关性、明晰性、可比性、实质重于形式、重要性、谨慎性、及时性等方面。

1. 可靠性

可靠性要求企业应当以实际发生的交易或事项为依据进行会计确认、计量和报告,如实反映符合确认和计量要求的各项会计要素及其他信息,保证会计信息的真实可靠、内容完整。

可靠性有三方面的含义,即真实性、可验证性和中立性。会计记录要有合法的依据,会计应反映客观事实;会计信息能够经受验证,不同的会计人员对同一对象的处理结果应该是相同或相似的;会计人员在选择会计方法、处理会计信息的过程中,应持公允立场,不偏不倚。

2. 相关性

相关性是指企业的会计信息应当能够反映企业的财务状况、经营成果与现金流量,能够反映企业管理层受托责任的履行情况,有助于会计信息使用者做出经济决策。

会计信息的相关性,取决于信息的预测价值、反馈价值。相关性要求会计信息应当与企业会计信息使用者的经济决策相关,企业在收集、加工、处理和传递会计信息的过程中,充分考虑会计信息使用者对会计信息需要的不同特点,确保企业内外各方对会计信息的相关需要。

3. 明晰性

明晰性又称可理解性,是指会计所提供的信息必须清晰地反映出会计业务事项,以使会计信息使用者能对企业的财务状况、经营成果与现金流量做出准确的理解、判断、分析和利用。明晰性要求企业的会计记录应当准确、清晰,会计核算程序方法简明、易懂,会计报表勾稽关系清楚、项目完整、数字准确。

4. 可比性

可比性要求企业的会计信息应当建立在相互可比的基础上,不同企业发生的相同或相似的交易或事项,应当采用规定的或一致的会计政策,会计指标应当口径一致;同一企业不同时期所使用的会计程序和会计方法应当保持一致,会计政策不得随意变更。

当然,可比性并不是要求所有的企业不分行业、不分交易背景都采取相同的会计政策。同样,可比性也并不意味着企业绝对不能变更会计政策。当会计所处的客观经济环境发生变化,按现行会计处理方法提供的会计信息不能满足决策者的要求时,应适时地变更会计政策,并在财务会计报告附注中予以披露说明。

5. 实质重于形式

实质重于形式是指应按照交易或事项的经济实质进行会计确认、计量和报告,而不应仅仅以其法律形式作为会计核算的依据。例如,销售商品收入的确认,如果企业没有将商品控制权转移给购买方,未满足收入确认的条件,就不应当确认收入。

如果会计核算仅仅按照交易或事项的法律形式进行,而其法律形式又没有反映其经济实质和经济现实,其最终结果将不仅不会有利于会计信息使用者的决策,反而会误导会计信息使用者的决策。在会计实务中,遵循实质重于形式要求有利于真实反映企业的财务状况与生产经营能力,因此,这一要求也就日益受到注意和重视。

6. 重要性

重要性要求企业提供的会计信息应当反映与企业财务状况、经营成果或现金流量等有关的重要交易或事项。凡对资产、负债、损益有较大影响,并进而影响使用者做出合理判断的重要会计交易或事项,必须按照规定的会计方法和程序进行处理,并在财务报告中单独充分披露;而对次要的事项,在不影响会计信息真实性和不至于误导使用者做出正确判断的前提下,可适当合并、简化处理。

7. 谨慎性

谨慎性又称稳健性,它要求企业对交易或事项进行会计确认、计量和报告应持稳健态度,不高估资产和收益,不低估负债或者费用,使会计核算尽可能建立在比较稳妥可靠的基础上。

在会计实务中,谨慎性主要应用于处理某些不确定情形和需要进行判断或估计的事项,即在不确定性因素存在的情况下做出判断时,保持必要的谨慎。例如,对应收账款计提坏账准备,对或有事项在符合一定条件时确认预计负债等,都充分体现了谨慎性要求。

需要指出的是,遵循谨慎性并不意味着企业可以任意设置各种秘密准备,否则,就属于滥用谨慎性要求。

8. 及时性

及时性要求企业对已经发生的交易或事项,应当及时进行确认、计量、记录和报告,不得提前或延后。会计信息的时效性决定了会计信息的使用价值,并对经济决策起着决定性的作用。按及时性要求,企业应做到以下三点:一是及时收集会计信息,即在经济业务发生后,及时收集整理各种原始单据;二是及时处理会计信息,即在规定的时限内,及时记录并编制出财务会计报告;三是及时传递会计信息,即在规定的时限内,及时将编制好的财务会计报告传递给会计信息的使用者。

第三节　会计要素与会计等式

会计要素是对会计对象的基本分类，是设定财务报表结构和内容的依据，也是会计确认计量的依据。我国《企业会计准则——基本准则》将企业的会计要素划分为六项，即资产、负债、所有者权益、收入、费用和利润。其中，前三项会计要素用来反映企业在一定日期的财务状况，后三项会计要素则用来反映企业在一定期间的经营成果。

一、反映企业财务状况的会计要素

（一）资产

资产是指企业过去的交易或事项形成的、由企业拥有或者控制的、预期会给企业带来经济利益的资源。资产具有以下特征：

（1）资产的实质是经济资源，即资产必须具有为企业带来未来经济利益的能力。所谓经济利益，主要是指直接或间接地流入企业的现金或现金等价物。能直接或间接为企业提供未来经济利益是资产的一个重要属性，否则，也就不能作为企业的资产。

（2）资产必须由企业拥有或者控制。这里的"拥有"，一般是指拥有资产的所有权，"控制"是指企业在承担风险、支付费用的同时，能够支配资产并获取经济利益。按"实质重于形式"的原则，某项资源即使在没有法定所有权的情况下，只要它有助于企业将来的经营，企业有权使用它，从会计的角度来看，仍是企业的资产。

（3）资产是由过去的交易或事项形成的。只有企业过去已经发生的交易或事项才可能形成企业的资产。如果企业仅仅是针对未来的某项交易或事项进行了谈判、签约或规划，则不能形成企业的资产。也就是说，资产必须是现实的，而不能是预期的。例如，企业已经购买的材料物资属于企业的资产，而拟采购的材料物资则不能作为企业的资产。

资产包括财产、债权和其他权利等。资产按其流动性，分为流动资产和非流动资产两大类。流动资产是指在1年内或者超过1年的一个营业周期内变现或耗用的资产，包括货币资金、交易性金融资产、应收账款、预付账款、其他应收款、存货等。非流动资产通常是指在1年以上或超过1年的一个营业周期以上变现或耗用的资产，包括长期股权投资、固定资产、无形资产和其他长期资产等。

（二）负债

负债又称债权人权益，是指企业过去的交易或事项形成的、预期会导致经济利益流出企业的现时义务。负债一般具有以下特征：

（1）负债是企业承担的现时义务。现时义务包括法定义务和推定义务。法定义务是指企业依照法律、法规的规定必须履行的义务；推定义务是指企业在特定情况下产生或推断出的责任。

（2）负债是由过去的交易或者事项形成的。负债作为现时义务，只能由过去的交易或事项而产生，只有过去已经发生的交易或事项才能增加或减少企业的负债，凡未来交易或事项可能给企业形成的义务，不能确认为企业的负债。

（3）负债的清偿预期会导致经济利益流出企业。清偿负债导致经济利益流出企业的形式多种多样。企业通常是以现金、非现金资产，或者是以提供劳务的方式来清偿负债，或将负债转为所有者权益，任何形式的负债清偿都会导致经济利益流出企业。

负债按流动性分类，分为流动负债和长期负债两大类。流动负债是指将在 1 年（含 1 年）或者超过 1 年的一个营业周期内偿还的债务，包括短期借款、应付账款、应付职工薪酬、应付利息、应付股利、应交税费、其他应付款等。长期负债是指偿还期在 1 年以上或者超过 1 年的一个营业周期以上的债务，包括长期借款、应付债券、长期应付款等。

（三）所有者权益

所有者权益又称净资产，是指资产扣除负债后由企业所有者享有的剩余权益。股份公司的所有者权益又称股东权益。所有者权益具有以下特征：

（1）所有者权益一般不需要企业偿还，但企业发生减资、清算等情况例外。

（2）企业清算时，只有在清偿所有的负债以后，才能将剩余的资产返还给所有者。

（3）所有者权益最初需由所有者投入，而且所有者有权参与企业利润的分配，并需承担企业的经营风险。

（4）随着企业生产经营活动的进行，所有者权益也会因企业利润增减及其他原因而发生增减变动。

所有者权益按其来源，可分为所有者投入的资本、直接计入所有者权益的利得和损失、留存收益等三部分，其中，留存收益包括盈余公积和未分配利润。

二、反映企业经营成果的会计要素

（一）收入

收入是指企业在日常活动中形成的，会导致所有者权益增加的，与所有者投入资本无关的经济利益的总流入，包括商品销售收入、劳务收入、利息收入、使用费用收入、租金收入、股利收入等。收入一般具有如下主要特征：

（1）收入产生于企业的日常活动，而不是从偶发的交易或事项中产生。有些交易或事项虽然也能为企业带来经济利益，但由于不属于企业的日常活动，其流入企业的经济利益就不属于收入，而应当作为利得处理，如罚款收入、捐赠收入等。

（2）收入可能表现为企业资产的增加，或负债的减少，或两者兼而有之。收入给企业带来经济利益的形式多种多样，既可能表现为资产的增加，也可能表现为负债的减少，还可能表现为两者的组合。

（3）收入会导致企业所有者权益的增加。由于收入是经济利益的总流入，收入最终导致所有者权益的增加。

（4）收入只包括本企业经济利益的流入，不包括本企业为第三方或客户代收的款项，如增值税、代收利息等。代收款项并不增加企业的所有者权益，也不属于本企业的经济利益，不能将其作为本企业的收入。

（二）费用

费用是指企业在日常活动中形成的，会导致所有者权益减少的，与向所有者分配利润无关的经济利益的总流出。费用按与收入的关系，可分为营业成本和期间费用。费用具有以下主要特征：

（1）费用是企业在日常活动中发生的经济利益的流出，而不是在偶发的交易或者事项中发生的经济利益流出。对于非日常活动发生的，会导致所有者权益减少、与向所有者分配利润无关的经济利益流出不属于费用，我们称其为损失。例如，赔款支出、罚款支出等不属于费用，而是损失。

（2）费用可能表现为资产的减少，或负债的增加，或两者兼而有之。

（3）费用最终会导致企业所有者权益的减少。

（三）利润

利润是指企业在一定会计期间取得的经营成果。利润包括收入减去费用后的净额、直接计入当期利润的利得和损失等。

如前所述，收入、费用均是指发生于企业日常活动，即正常经营活动的收支。除此以外，企业有时也会发生非经营活动的经济利益流入或流出，即利得或损失。利得与损失按照核算方式的不同，分为直接计入当期利润和直接计入所有者权益的利得或损失两类。所谓直接计入当期利润的利得或损失，是指应当计入当期损益、会导致所有者权益发生增减变动的、与所有者投入资本或向所有者分配利润无关的利得或损失，如罚款收入、罚款支出等。直接计入所有者权益的利得或损失，是指不应计入当期损益、会导致所有者权益发生增减变动的、与所有者投入资本或者向所有者分配利润无关的利得或者损失，如非交易性权益工具投资公允价值变动等。

三、会计等式

（一）会计基本等式

任何企业要从事其生产经营活动，就必须拥有或控制一定数量的资产。资产最初进入企业总是有其提供者，他们对资产拥有的要求权，会计上称为权益。资产和权益是同一资金的两个不同侧面，是从两个不同角度去考察和分析的结果。资产表明企业拥有什么样的资源以及相应的数额，权益则表明资产的资金来源及其与企业的经济关系，两者相互依存。从数量上看，一个企业拥有的资产与权益总额必然相等，这种平衡关系称为会计基本等式，可用数学等式表示如下：

$$资产＝权益$$

资产是资本的物质形态,资本来源于两个方面:一是债权人提供的资本,形成企业负债,即债权人权益;二是所有者投入企业的资本,即所有者权益。债权人对企业资产的要求权总是优先于所有者权益,所以会计等式亦可表述为:

$$资产＝负债＋所有者权益$$

这一等式表明了反映企业财务状况的会计要素之间的基本关系,在任何情况下,企业所拥有的资产总是等于其负债和所有者权益之和,它体现了企业的静态财务状况,是会计设置账户、复式记账和编制资产负债表的理论依据。

(二)会计等式的扩展

企业在生产经营过程中,一方面会取得收入,另一方面为取得收入也会发生相应的费用,将收入与费用配比,其差额为企业的经营成果,即收入－费用＝利润。如果企业将利润留存下来,不向所有者分配,那么留存利润就应作为增项计入所有者权益,成为所有者权益的一部分。所以,企业在会计期间内的任一时点,即期末结账前,会计基本等式就进一步扩展为:

$$资产＝负债＋所有者权益＋(收入－费用)$$

这一会计等式从动态角度反映了会计期间内企业各项会计要素之间的关系,反映了企业资金运动全貌。该等式表明,当企业发生收入时,资产随之增加或负债随之减少,因此所有者权益必定增加;当企业发生费用时,资产随之减少或负债随之增加,因此所有者权益一定减少。由于收入与费用之间的差额为利润,企业实现利润会引起所有者权益的增加;反之,企业发生亏损会引起所有者权益的减少。企业取得收入、发生费用不会改变会计等式的平衡关系,在一定会计时期内,会计等式左右两边的金额仍然保持相等。

会计期末结账之后,会计等式又恢复为会计期初的形式,即:

$$资产＝负债＋所有者权益$$

(三)会计等式的恒等性

会计上,通常将企业在生产经营过程中发生的,能够引起会计要素增减变动的经济活动称为会计事项,又称经济业务。从会计事项引起的企业资金运动及其会计要素的增减变动情况看,任何会计事项的发生都不会破坏会计等式的恒等性。一般情况下,企业发生的会计事项归纳起来,不外乎以下四大类。每一类会计事项的发生必然会引起资产、负债和所有者权益的变动,但不会影响会计等式的成立。

(1)经济业务发生引起会计等式左右两方等额增加,即资产增加,负债或所有者权益也等额增加,会计等式保持平衡。例如,企业接受投资者投入资本或向银行借款等会计事项。

(2)经济业务发生引起会计等式的左右两方等额减少,即资产减少,负债或所有者权益也同时等额减少。例如,企业向银行或者其他金融机构归还借款、向供货方清偿所欠货款和向税务部门交纳有关税金等会计事项。

（3）经济业务发生引起会计等式左方各项目之间发生增减变化，即资产类项目内部此增彼减，会计等式也会保持平衡。例如，企业将现金存入银行，以银行存款购买材料，收回购货单位所欠账款等会计事项。

（4）经济业务发生引起会计等式右方各项目之间发生增减变化，包括负债类内部项目之间，所有者权益内部项目之间或者负债类项目与所有者权益项目之间此增彼减，会计等式也会保持平衡。例如，企业向银行取得借款直接归还所欠购货款，将资本公积、盈余公积转增资本，股东大会决议向投资人分配股利等会计事项。

第四节　会计规范体系

会计规范是组织和从事会计工作必须遵守的法律法规和制度，它既是约束会计行为的标准，也是对会计工作进行评价的依据。我国的会计规范体系主要包括三个层次：会计法律、会计法规、会计准则。

一、会计法律

我国会计法律的最高层次是《中华人民共和国会计法》（以下简称《会计法》），《会计法》由全国人民代表大会常务委员会制定，是一切会计工作的根本大法，是制定其他会计法规的依据。《会计法》于1985年1月21日颁布，2017年11月重新修订。《会计法》分别就立法宗旨、适用范围、单位会计行为责任主体、会计核算、会计监督、会计机构和会计人员、法律责任等问题做出了规定。

此外，在我国法律规范体系中，还有其他若干法律也涉及会计领域，如公司法、税法、证券法、商业银行法、注册会计师法等。

二、会计法规

会计法规由国务院根据有关法律的规定制定，或者根据全国人民代表大会及其常务委员会的授权制定。我国会计法规主要包括《企业财务会计报告条例》《总会计师条例》等。2000年6月，国务院发布的《企业财务会计报告条例》是我国有关财务会计报告的主要行政法规。该条例对企业财务会计报告的构成、编制、对外提供及法律责任等问题做出了规定。

三、会计准则

我国的会计准则由财政部根据有关法律、法规制定，是关于会计确认、计量和报告的标准与规则。企业会计准则分为基本会计准则和具体会计准则。我国从1988年开始制定企业会计准则，1992年颁布了《企业会计准则——基本准则》，其后又陆续制定了16项具体会计准则。为了进一步规范企业会计核算以及与国际会计趋同,2006 年以来我国对企业会计准则进行了全面修订,目前已颁布了新修订后的《企业会计准则——基本准则》以及 42 项具体会计准则。

基本会计准则主要对会计核算的一般要求和会计核算的主要方面做出原则性的规定,是对会计工作具有普遍指导意义的准则。基本会计准则中规定了会计目标、会计基本假设、会计信息的质量要求、会计要素的定义和会计计量属性以及财务报告的总体要求等。

具体会计准则是根据基本准则的要求,就经济业务的会计处理及其程序做出具体规定。具体会计准则又分为一般业务准则(如存货、固定资产、职工薪酬等准则)、特殊行业业务准则(如石油天然气开采、金融工具确认和计量等准则)和会计报告披露准则(如财务报表列报、合并财务报表等准则)。

为进一步落实会计法律法规,规范各项会计工作的有效运行,国家主管会计工作的行政部门,即财政部门制定了一系列会计工作规章制度,如《会计基础工作规范》《会计档案管理办法》《会计从业资格管理办法》《会计人员继续教育规定》和《会计电算化管理办法》等。这些部门会计规章也是会计规范的重要组成部分。

四、会计职业道德

(一)会计人员职业道德

会计职业道德规范是指会计人员在职业活动中应当遵循的、体现会计职业特征的、调整会计职业活动中所形成的各种经济关系的职业行为准则和规范。具备良好的职业道德是会计人员胜任会计工作的前提条件。会计工作能否提供客观、公正的会计信息,能否对本单位经济活动的合法性、合规性、真实性进行监督,在很大程度上取决于会计人员在会计工作中是否遵守会计职业道德规范,是否履行会计法律和会计准则的规定要求。

会计职业道德的构成要素包括会计职业理想、职业责任、职业技能、会计工作态度、工作纪律和工作作风等。为贯彻落实党中央、国务院关于加强社会信用体系建设的决策部署,推进会计诚信体系建设,提高会计人员职业道德水平,根据《会计法》《会计基础工作规范》,财政部于 2023 年 1 月发布了《会计人员职业道德规范》,这是我国首次制定全国性的会计人员职业道德规范。《会计人员职业道德规范》将新时代会计人员职业道德要求提炼为"三坚三守"三条核心内容。

1. 坚持诚信,守法奉公

这是对会计人员的自律要求,即会计人员要牢固树立诚信理念,以诚立身、以信立业,严于律己、心存敬畏。学法知法守法,公私分明、克己奉公,树立良好职业形象,维护会计行业声誉。

2. 坚持准则,守责敬业

这是对会计人员的履职要求,即会计人员要严格执行准则制度,保证会计信息真实完整。勤勉尽责、爱岗敬业,忠于职守、敢于斗争,自觉抵制会计造假行为,维护国家财经纪律和经济秩序。

3. 坚持学习,守正创新

这是对会计人员的发展要求,即会计人员要始终秉持专业精神,勤于学习、锐意进取,持续提升会计专业能力,不断适应新形势新要求,与时俱进、开拓创新,努力推动会计事业高质量发展。

(二)会计诚信

在市场经济条件下,会计诚信的重要性日益突出。会计诚信是指会计行为的诚信,既是会计人员的诚信,也是企业诚信的一部分。会计诚信的具体表现是企业向外界提供的财务信息应该真实、完整、准确、及时。

在市场经济条件下,会计工作的作用日益重要,会计数据与经济利益越来越紧密地联系在一起。

首先,按照现代企业制度,企业所有权和经营权相分离。投资者不再直接管理企业,而是委托职业经理人经营,即企业的管理层。管理层承担受托责任,并需定期向投资者报告经营成果,而会计数据(如资产额、负债率、税后净利等)是企业经营成果的最直观体现。如果投资者与管理层所签订的契约约定了管理层薪酬与企业业绩挂钩,那么,利润数据的高低还直接影响着管理层的薪酬水平。

其次,在资本市场中,会计数据有时是企业能否顺利融资的门槛。企业首次公开发行股票并在创业板上市的条件中就包括"最近连续 2 年盈利,最近连续 2 年净利润累积不少于 1 000 万元,且持续增长";或"发行人至今连续 1 年盈利,且净利润不少于 500 万元,最近 1 年营业收入不少于 5 000 万元,最近 2 年营业收入增长率均不低于 30%"。已上市公司增发的条件包括"最近 3 个会计年度加权平均净资产收益率平均不低于 6%"的规定。尤其是证券法规定,公司最近 3 年连续亏损,将由证券交易所决定暂停其股票上市交易。如在其后一个年度内仍未能恢复盈利,将由证券交易所决定终止其股票上市交易。

在巨大经济利益的诱惑下,发生过诸多会计造假事件。表现为企业出于大股东或管理层局部利益,蓄意违反会计相关法规制度要求,编制虚假财务报告,使投资者蒙受损失。这些会计丑闻暴露以后,相关企业负责人和会计负责人都受到了法律的制裁。

安然公司曾居《财富》杂志 500 强,曾是世界最大的能源交易商,掌控着美国 20% 的电能和天然气交易,年收入超过千亿美元,是美国第七大公司。破产前,安然公司营运业务覆盖全球 40 个国家和地区,共有雇员 2 万余人,资产额高达 620 亿美元。2000 年第四季度,"公司天然气业务成长翻升 3 倍,公司能源服务公司零售业务翻升 5 倍";2001 年第一季度,"季营收成长 4 倍,是连续 21 个盈余成长的财季"……在安然公司,衡量业务成长的计量单位不是百分比,而是倍数,这让所有投资者都笑逐颜开。2001 年 10 月 16 日,安然公司宣布第三季度亏损 6.18 亿美元;同年 11 月 8 日,安然公司向美国证券交易委员会承认,自 1997 年以来,共虚报利润约 6 亿美元;同年 12 月 2 日,公司股票价格从当年最高每股 90 美元降至每股 26 美分,下降了 99%,之后安然公司申请破产。

安然事件使投资者蒙受巨额损失。安然事件曝光后,安然股价在一天之内猛跌超过 75%,创下纽约股票交易所和纳斯达克市场有史以来的单日下跌之最;次日,安然股票暴跌至每股 0.26 美元,成为名副其实的垃圾股,其股份缩水近 360 倍。

在此事件中受到影响的还有安然公司的债权人。损失比较惨重的是 JP 摩根和花旗集团。仅 JP 摩根对安然的无担保贷款就高达 5 亿美元。

安然事件后,首先遭到质疑的是安然公司的管理层,包括董事会、监事会和公司高级管理人员。他们面临的指控包括疏于职守、虚报账目、误导投资者以及牟取私利等。安然公司的前首席财务官安德鲁·法斯托被起诉 78 项罪名。2006 年 9 月 26 日,他被判入狱 6 年。在信息披露方面,安然公司采用多种方式虚增利润,隐瞒债务和损失,进行会计造假。例如,安然公司顾虑发行股票会稀释股权,于是借债成了筹资的主要选择。然而,高负债率将使市场下调对公司的资信评级,从而提高公司再筹资的资金成本和难度。如果不将负债在资产负债表中披露,上述问题就能迎刃而解。安然公司利用关联方交易和美国公认会计准则(GAAP)的规则漏洞,采用多种会计手段达到了这个目的。

为安然公司审计的安达信会计师事务所也面临着被诉讼的危险。安达信会计师事务所既没审计出安然公司虚报利润,又没发现其巨额债务。2006 年 6 月 15 日,陪审团一致认定安达信会计师事务所阻碍政府调查的重罪罪名成立,使其不再有资格对在美国证监会注册的上市公司的财务报表进行审计,这无疑正式宣告了有近 90 年历史的全球五大会计师事务所之一的安达信会计师事务所的终结。

本 章 小 结

会计是社会发展到一定阶段的产物,会计同社会生产的发展存在密切联系,并适应经济管理的客观需要而不断完善。会计在其发展过程中形成了不同的学科分支,如公共会计、企业会计和非营利组织会计等。会计有核算与监督两个基本职能,其目的在于向财务会计报告使用者提供与企业财务状况、经营成果和现金流量等有关的会计信息,反映企业管理层受托责任履行情况,以利于财务会计报告信息使用者做出正确的经济决策。企业会计是建立在一定的前提基础上,对资产、负债、所有者权益、收入、费用和利润六个要素进行确认、计量、记录、报告,提供企业的会计信息。按企业会计准则规定,会计信息也应达到一定的质量要求。

主 要 术 语

■ 会计概念	会计目标
■ 会计职能	会计假设
■ 企业会计	公共会计
■ 会计要素	会计等式
■ 财务状况	经营成果
■ 会计准则	会计制度
■ 会计信息	会计确认
■ 财务会计	管理会计

复 习 思 考 题

1. 简要说明会计理论体系的构成内容。

2. 简述会计产生与发展的主要历程。

3. 会计信息使用者有哪些? 他们需要利用会计信息做出什么决策?

4. 什么是会计假设? 会计信息质量要求有哪些?

5. 什么是会计要素? 各会计要素关系如何?

6. 会计等式有何意义? 经济业务对会计等式的影响主要有哪几种情况?

7. 比较权责发生制与收付实现制。

8. 请收集资料,结合上市公司财务造假问题,阐述会计从业人员遵循职业道德的意义。

练 习 题

一、单项选择题

1. 在会计发展过程中,主要由于( ),要求会计确认、计量、记录、报告应遵循公认会计原则与程序。

A. 复式记账法的出现　　　　　　　B. 会计师职业的兴起

C. 股份公司组织形式的发展　　　　D. 企业制度的建立

2. 会计的基本职能是( )。

A. 预算与检查　　　　　　　　　　B. 预测与决策

C. 核算与分析　　　　　　　　　　D. 核算与监督

3. 会计主体是指会计所服务的( )。

A. 特定单位　　　　　　　　　　B. 投资者

C. 债权人　　　　　　　　　　　D. 管理当局

4. 关于权责发生制和收付实现制两种会计基础,以下表述中不正确的是( )。

A. 企业会计核算应以权责发生制为基础

B. 会计分期假设是权责发生制的基础

C. 权责发生制体现了会计的谨慎性要求

D. 现金流量表的编制以收付实现制为基础

5. 根据权责发生制的要求,下列各项中不应归属本期损益的是( )。

A. 分摊已付应由本期负担保险费　　B. 本期销售商品,但尚未收到

C. 本期借款利息费用,但尚未支付　　D. 预收以后年度商品销售款

6. 下列各项中,属于利得的是( )。

A. 产品销售收入　　　　　　　　B. 罚款收入

C. 出租房屋的租金收入　　　　　D. 发行股票的收入

7. 下列各项中,不属于企业流动负债的是( )。

A. 预收购货单位的货款　　　　　B. 预付采购材料款

C. 应付外购商品货款　　　　　　D. 应付职工薪酬

8. 下列经济业务中,仅引起会计等式一方发生变化的是( )。

A. 以银行存款购入生产设备　　　B. 按协议投资方投入专利权

C. 收到订货方预付货款　　　　　D. 以银行存款偿还前欠购货款

9. 下列事项中,不会引起所有者权益变动的是( )。

A. 接受投资人投入资本　　　　　B. 发行公司债券

C. 实现净利润　　　　　　　　　D. 宣告向投资人分配利润

10. 20×3 年 5 月 1 日,某企业的资产、负债和所有者权益满足如下关系:资产 150 000 元＝负债 50 000 元＋所有者权益 100 000 元。当月发生如下经济业务:① 投资者追加投资,投入货币资金 200 000 元;② 向银行借入短期借款 100 000 元;③ 用银行存款 30 000 元采购原材料,则 5 月 31 日,该企业三项要素之间的数量关系可以表示为( )。

A. 资产 150 000 元＝负债 50 000 元＋所有者权益 100 000 元

B. 资产 350 000 元＝负债 50 000 元＋所有者权益 250 000 元

C. 资产 250 000 元＝负债 50 000 元＋所有者权益 200 000 元

D. 资产 450 000 元＝负债 150 000 元＋所有者权益 300 000 元

二、多项选择题

1. 对外报告会计信息应当满足( )的需要。

A. 国家宏观经济管理　　　　　　　B. 股东了解企业经营情况

C. 企业加强内部经营管理　　　　　D. 债权人了解企业财务状况

E. 会计信息使用者预测决策

2. 以下说法中不正确的有(　　　)。

A. 会计的基本职能是核算和监督

B. 财务会计的计量模式是公允价值计量

C. 会计信息使用者是企业内外部利益关系人

D. 会计的对象是企业单位的经济活动

E. 会计目标是报告企业财务信息

3. 下列项目中,属于会计信息质量要求的有(　　　)。

A. 可比性　　　　　　　　　　　　B. 谨慎性

C. 历史成本计量　　　　　　　　　D. 一致性

E. 相关性

4. 下列各项中,属于反映企业财务状况的会计要素有(　　　)。

A. 资产　　　　　　　　　　　　　B. 负债

C. 收入　　　　　　　　　　　　　D. 费用

E. 所有者权益

5. 甲企业年初资产总额 5 000 万元,负债总额 1 000 万元,假设该年实现净利润 200 万元,向银行借款 500 万元。不考虑其他因素,则以下各项中表述一定正确的是(　　　)。

A. 年末比年初所有者权益增加 200 万元

B. 年末所有者权益总额为 4 200 万元

C. 年末比年初资产增加 700 万元

D. 年末比年初负债增加 500 万元

E. 该年实现净利润 200 万元,其结果一定是资产年末比年初增加 200 万元

6. 下列各项中,属于会计特点的有(　　　)。

A. 以货币计量为主,具有综合性　　B. 会计核算具有完整性

C. 会计核算具有连续性　　　　　　D. 会计核算具有系统性

E. 会计核算要以凭证为依据,并严格遵循会计规范

7. 下列各项中,属于资产特征的有(　　　)。

A. 具有使用价值　　　　　　　　　B. 预期会给企业带来经济利益

C. 拥有其所有权　　　　　　　　　D. 由过去交易或事项形成

E. 在 1 年或不超过 1 年的一个营业周期内变现

8. 下列各项中,属于非流动资产的有(　　　)。

A. 固定资产　　　　　　　　　　　B. 存货

C. 无形资产　　　　　　　　　D. 预付账款

E. 长期股权投资

9. 企业费用的发生会导致(　　)。

A. 资产的增加　　　　　　　　B. 资产的减少

C. 负债的增加　　　　　　　　D. 负债的减少

E. 所有者权益的减少

10. 下列经济业务的发生会引起会计等式两边总额同时发生变化的有(　　)。

A. 收回客户前欠货款存入银行　　B. 从银行取得短期借款

C. 收到投资者对企业的投资　　　D. 以银行存款偿还债务

E. 企业宣告向投资人分派利润

三、判断题

1. 会计信息的可靠性要求,企业提供的会计信息应当与财务会计报告使用者的经济决策需要相关,有助于财务会计报告使用者对企业过去、现在或未来做出评价或预测。
(　　)

2. 资产是指企业过去的交易或者事项形成的,由企业拥有的,预期会给企业带来经济利益的资源。(　　)

3. 任何经济事项的发生都不会破坏会计等式的平衡关系,会计等式是复式记账、编制资产负债表的理论依据。(　　)

4. 会计要素是会计报表的构成内容,分为反映财务状况的要素和反映经营成果的要素两大类。(　　)

5. "资产＝负债＋所有者权益＋收入－费用"是会计要素的动态平衡关系。(　　)

6. 企业对经济业务事项进行会计确认、计量、记录、报告应遵循企业会计准则的规范。(　　)

7. 收入是与所有者权益无关的经济利益的总流入,收入表现为资产增加或负债减少或所有者权益增加。(　　)

8. 利得会引起企业经营利润增加,损失会引起企业利润减少。(　　)

9. 法律主体可以是会计主体,但会计主体不一定是法律主体。(　　)

10. 会计确认计量是会计记录、会计报告的基础。(　　)

四、业务核算题

【习题一】

(一)目的:掌握会计要素的内容、分类及关系。

(二)资料:大华股份公司20×3年12月31日资产、负债、所有者权益资料,如表1-1所示。

表 1-1 大华股份公司 20×3 年 12 月 31 日资产、负债、所有者权益资料 单位：元

序号	内 容	金 额	资 产	负 债	所有者权益
1	出纳员保管的库存现金	1 000			
2	存在开户银行的存款	200 000			
3	客户暂欠的货款	120 000			
4	暂欠供应商的材料款	75 000			
5	预付的购料款	40 000			
6	使用的运输车辆	260 000			
7	购入的机器设备	170 000			
8	拥有并使用的商标权	78 000			
9	已完工入库的产品	110 000			
10	为期半年的借款	210 000			
11	已发行的 3 年期债券	350 000			
12	应付职工薪酬	36 000			
13	运输途中的材料	42 000			
14	房屋、建筑物	460 000			
15	未分配的利润	126 000			
16	发行在外的股份	800 000			
17	持有的 A 公司股票	30 400			
18	租出的办公楼（租期 10 年）	144 000			
19	车间未完工产品	5 300			
20	应支付的股利	2 700			
21	预收的押金	3 000			
22	应交纳的税金	58 000			
	合 计				

（三）要求：将表中的各项内容归入所属的会计要素项目，计算出合计数，验证会计等式的关系。

【习题二】

（一）目的：熟悉经济业务对会计等式的影响。

（二）资料：中信有限责任公司 20×3 年 9 月 1 日资产、负债、所有者权益资料如表 1-2 所示。

表1-2 中信有限责任公司20×3年9月1日资产、负债、所有者权益资料

单位：元

资 产 项 目	金 额	负债与所有者权益项目	金 额
库存现金	2 000	短期借款	150 000
银行存款	50 000	应付账款	27 000
应收账款	200 000	应交税费	50 000
原材料	180 000	应付职工薪酬	100 000
库存商品	150 000	实收资本	550 000
固定资产	460 000	资本公积	200 000
无形资产	160 000	未分配利润	125 000
合 计	1 202 000	合 计	1 202 000

该公司20×3年9月份发生的部分经济业务如下：

（1）购入材料一批，计5 000元，已验收入库，但货款尚未支付。

（2）从银行提取现金1 000元。

（3）以银行存款上交应交未交的税金37 000元。

（4）销售产品一批，售价120 000元，存入银行。

（5）以现金支付产品销售费用2 500元。

（6）结转销售产品成本80 000元。

（7）收回应收账款100 000元，存入银行。

（8）接受所有者投入的专利权，价值80 000元。

（9）经批准以资本公积140 000元转增资本。

（10）应付管理人员薪酬10 000元。

（三）要求：

（1）分析说明各项经济业务对会计等式的影响，并将金额增减变化列入表1-3。

表1-3 经济业务对会计等式的影响分析表

经济业务	资 产 = 1 202 000	负 债 + 327 000	所有者权益 + 875 000	（ 收 入 － 费 用 ）
业务（1）				
业务（2）				
业务（3）				
业务（4）				
业务（5）				

（续表）

经济业务	资产 = 1 202 000	负债 327 000	+	所有者权益 875 000	+	（收入	—	费用）
业务(6)								
业务(7)								
业务(8)								
业务(9)								
合　计								
结转损益后								

（2）编制中信公司 20×3 年 9 月 30 日的资产负债表,如表 1-4 所示。

表 1-4　资产负债表

20×3 年 9 月 30 日　　　　　　　　　　　　　　　单位:元

资　产　项　目	金　额	负债与所有者权益项目	金　额
货币资金 应收账款 存　货 固定资产 无形资产		短期借款 应付账款 应交税费 应付职工薪酬 实收资本 资本公积 未分配利润	
合　计		合　计	

【习题三】

（一）目的:权责发生制与收付实现制的应用。

（二）资料:某企业 20×3 年 12 月份发生以下经济业务:

1. 1 日,销售产品 56 000 元,其中 36 000 元已收到货款,存入银行,其余尚未收到。

2. 5 日,收到上月提供劳务收入 5 600 元。

3. 10 日,以现金支付本月的水电费 6 800 元。

4. 18 日,以银行存款预付下年度办公用房租金 1 800 元。

5. 21 日,以银行存款支付上月短期借款利息 3 400 元。

6. 24 日,本月应计劳务收入 8 900 元,款项本月尚未收到。

7. 26 日,预收销货款 24 000 元,已存入银行。

8. 31 日,本月应负担年初已经支付的保险费 3 600 元。

9. 31 日,上月预收销货款,本月发出商品实现销售收入 18 900 元。

要求:按照收付实现制和权责发生制,列表计算 20×3 年 12 月份的收入、费用和利润,如表 1-5 所示。

表 1-5　20×3 年 12 月份收入、费用和利润表

经济业务序号		收付实现制	权责发生制
本月收入	①		
	②		
	⑥		
	⑦		
	⑨		
	小　计		
本月费用	③		
	④		
	⑤		
	⑧		
	小　计		
本月利润			

课程思政与案例

诚信不能缺位:某药业公司财务造假案例

【案例背景】　甲药业股份有限公司(以下简称"甲药业")是一家现代化大型医药企业、国家级重点高新技术企业,是上海证券交易所上市公司。20×9 年 5 月 17 日,因涉嫌财务报告虚假陈述等违规行为,甲药业被证监会立案调查,证监会发现公司 20×7 年年

报中有20多个重大项目存在财务造假,一时间轰动了整个资本市场。

甲药业的财务造假手段主要分为以下四个方面:一是,虚增收入。20×6—20×8年甲药业通过伪造业务凭证累计虚增营业收入291.28亿元。二是,虚增货币资金。20×6—20×8年,甲药业通过伪造银行单据累计虚增货币资金886亿元。三是,虚增固定资产、在建工程和投资性房地产价值。在20×8年半年报中,甲药业将前期未纳入报表的6个工程项目纳入表内,分别调增固定资产11.89亿元,调增在建工程4.01亿元,调增投资性房地产20.15亿元,合计调增资产总额36.05亿元,占公司披露总资产的4.58%。四是,关联方资金占用与炒作股票。20×6—20×8年,甲药业累计向控股股东及其关联方提供非经营性资金116.19亿元,该项资金被用于购买股票、替控股股东及其关联方偿还融资本息和支付收购溢价款等。

"冰冻三尺,非一日之寒",甲药业自上市以来,其财务报表的真实性不断遭受质疑,甲药业的财务造假是有预谋、长期的欺诈行为。上市公司属于公众公司,其财务造假必然损害现有和潜在投资者、债权人等的利益,社会危害性极大。

【思考问题】

1. 诚信是社会主义核心价值观的重要内容,基于甲药业财务造假案例,讨论会计诚信的重要意义。

2. 结合财政部颁发的《关于加强会计人员诚信建设的指导意见》,思考会计人员在会计工作中如何恪守诚信理念。

【案例启示】　甲药业仅仅是诸多财务报表舞弊案中的一个案例,但其因货币资金虚增金额过大、涉及的手段更为特殊(大量资金转化为存货)而受到关注。上市公司系统性财务造假隐蔽性强,难以监管。仅依靠行政力量难以从源头上解决系统性财务造假问题。对于公司来说,完善的公司治理和内部控制是防范财务舞弊的根本防线,就上市公司而言,加强会计基础工作,尤其是涉及资金收付的账务处理的及时性、准确性等是基本要求。同时,公司的其他利益相关者应积极参与监督,如加强债权人的治理作用,防范因财务舞弊而造成的巨大损失。

杜绝上市公司的违法行为需要建立失信惩戒机制,完善守法诚信褒奖机制和违法失信惩戒机制,将财务造假列为企业失信行为并纳入征信系统,进而通过全社会的约束机制使相关责任人不敢失信、不能失信。国家通过建立良好的信用环境,提高上市公司的信息披露质量,更好地发挥资本市场的功能。

第二章 会计信息生成系统

学习目标

了解会计信息生成系统的三部分组成内容；

理解会计信息处理程序及会计确认、计量、记录、报告的内涵；

了解会计信息生成方法——会计核算方法的内容及相互关系；

掌握会计账户与会计科目之间的关系及其设置的原理；

熟练掌握借贷记账法的基本内容和具体应用；

理解会计循环的步骤及期末账项调整与结转的内容与方法；

了解会计凭证的意义、种类、传递和保管；

掌握会计凭证填制与审核方法；

掌握会计账簿的设置与登记和错账更正的方法；

了解账簿的更换与保管；

熟悉各种账务处理程序的基本模式及各种程序的主要特点；

理解会计信息处理程序、会计信息生成方法（会计核算方法）和会计循环三者之间的内在联系。

提供有助于经济决策的财务信息是会计最基本和首要的目标，现代会计目标决定了会计信息系统的结构，包括会计信息生成和信息加工利用两个子系统。会计信息生成系统由会计信息处理程序、会计信息生成方法和会计循环三部分内容构成。会计信息生成系统是以货币形式，按照确认、计量、记录和报告的会计信息处理程序，采用一系列会计信息生成方法，通过周而复始的会计循环，反映、监督经济活动过程及其结果，提供经济决策所需要的财务信息的系统。本章将重点研究会计信息生成的程序与方法，为后续章节的深入学习奠定基础。

第一节 会计信息处理程序

会计信息处理程序是指以会计假设为基础，依据会计原则的约束要求，生成会计信息的过程。即从经济事项进入会计系统开始直到会计系统输出会计信息为止的整个过程,包括会计确认、会计计量、会计记录和会计报告四个环节。其中会计确认与会计计量是会计职业判断的核心问题。

一、会计确认

一项经济业务的发生要进入会计系统,首先要经过会计确认。会计确认就是依据一定的会计标准,识别和确定所发生的经济事项是否可以作为会计要素进入会计核算系统以及进入会计信息系统的数据应否列入会计报告的过程。会计确认解决会计的定性问题,为会计计量确定空间范围和时间界限。其内容如表2-1所示。

表2-1　会计确认的涵义

序　号	内　　　容	要　　　点
(1)	判断各种经济事项是否应当进入会计系统	是不是的问题(空间范围)
(2)	判断该经济事项以何种会计要素进入会计系统	是什么的问题(空间范围)
(3)	判断该经济事项应在何时进入会计系统	何时是的问题(时间范围)

(一)会计确认的分类

按照对经济事项确认的时间顺序,会计确认可以分为初始确认和再确认。初始确认主要是针对最初输入会计系统的经济事项的确认,即对会计系统输入的原始数据依据会计核算的特定范围要求所进行的"筛选"。通过初始确认,有关经济数据才能在计量后正式输入账簿系统。再确认是指在初始确认的基础上,对会计核算系统输入的经过初步加工的会计信息进行再加工筛选、浓缩,并最终列入会计报表的过程,如期末对固定资产折旧费用的确认、资产减值的确认、利润的确认等。

初始确认和再确认的关系是:初始确认是对会计信息系统输入数据的"筛选",再确认是对会计核算系统输出信息的"检验"。前者主要针对应予输入复式簿记系统的经济数据,后者主要针对财务报告上应予揭示的信息。

(二)会计确认的标准

会计确认的标准是会计确认的核心问题,即根据什么规则对输入、输出会计核算系统的经济信息加以初始确认和再确认。

首先,在财务会计理论框架中,会计假设和会计原则是为实现会计目标而对会计行为进行的约束和规范,是会计确认的基本规则,应融会贯通于会计确认的全过程之中。因此,在一般情况下,会计确认的基本标准应当是某一会计主体范围内的、持续经营条件下的、能以货币为主要计量尺度综合反映的、各会计期间的经济信息;应当是以历史成本原则为基础,按照权责发生制的要求,正确划分收益性支出和资本性支出的界限,配比反映各会计期间财务状况和经营成果,并保持会计信息的可靠性、相关性、可比性等质量特征的要求,注意谨慎性、重要性和实质重于形式原则的具体应用。

其次,在会计实务中,会计确认涉及将经济事项在会计核算系统中按照会计要素进行确认,因此,会计确认必须符合各会计要素的定义和特征,以确认其所属的会计要素的类别,选择相应的会计账户予以记录和汇总,并继而确认应予列示的会计报表项目。同时,会计确认还应当满足以下两项基本条件:

(1)与该项目有关的经济利益很可能流入或流出企业。

(2)与该项目有关的经济利益能够可靠地计量。

会计要素之间的相互联系表明,一个项目符合某个要素的定义和确认条件,会自动要求确认另一个要素。比如,对企业销售商品取得价款,存入银行的经济事项,在将该项业务确认为资产要素——银行存款项目变化之时,会同时确认收入要素——主营业务收入项目的变化。

(三)会计确认的时间

会计确认的时间是指进入会计核算系统数据的时间界限。由于会计分期假设人为地将持续经营状态下的经济活动划分不同会计期间,企业各会计期间收入、费用的发生与现金实际收支时间往往又存在之前、之后不一致的跨期情况,为了分期配比反映企业不同时期的财务状况和经营成果,根据企业会计准则规定,对于收入、费用的确认应以权责发生制作为会计确认的时间基础。

二、会计计量

会计计量是在会计确认的基础上,运用一定的计量模式,对符合会计要素定义的项目确定其金额,生成货币量化信息的一种会计行为。会计计量主要解决会计要素项目的货币定量问题。

会计计量和会计确认具有不可分割的关系。确认是计量的前提,未经确认的事项不可能进行计量;计量是确认的目的,没有计量,确认也就失去了意义。会计计量贯穿于会计核算的全过程。

(一)会计计量属性

会计计量属性是指以货币单位对会计要素进行计量时可采用的不同计量标准或计量特性。会计计量属性主要包括历史成本、重置成本、可变现净值、现值和公允价值。

1. 历史成本

历史成本又称原始成本,是指取得资源时的原始交易价格。在该计量属性下,资产按照购置该项资产支付的现金或现金等价物金额,或者按照为购置资产时所付出的代价的公允价值计量;负债按照其因承担现时义务时而实际收到的款项或者资产的金额,或者承担现时义务的合同金额,或者按照日常活动中为偿还负债预期需要支付的现金或现金等价物的金额计量。

2. 重置成本

重置成本又称现行成本。在该计量属性下,资产按照现在购买相同或者相似资产所需支付的现金或现金等价物的金额计量;负债按照现行偿付该项债务所需支付的现金或现金等价物的金额计量。

3. 可变现净值

可变现净值通常是指资产处置后的净额。在可变现净值计量属性下,资产按照其预计正常对外销售所能收到的现金或现金等价物的金额扣减该资产至完工时估计将要发生的成本、估计的销售费用以及相关税金后的金额计量。

4. 现值

现值是指在考虑货币时间价值的情况下将来流入流出的金额折合为当前的价值。在现值计量下,资产按照预计使用和最终处置中所产生的未来净现金流入量的折现金额计量;负债按照预计期限内需要偿还的未来净现金流出量的折现金额计量。

5. 公允价值

公允价值是指公平交易双方认可的价值。在公允价值计量属性下,资产和负债按照在公平交易中,熟悉情况的交易双方自愿进行资产交换或者债务清偿的金额计量。

（二）会计计量模式

会计计量模式是指会计计量单位与计量属性的不同组合方式。会计计量单位与会计计量属性的组合是实施会计计量的重要条件,对于同一经济业务的信息进行会计确认与计量,在不同的组合方式下会产生不同的计量结果。会计实务中,由于历史成本具有数据容易取得,比较客观、可靠和可验证性的特点,一般情况下,企业会计计量通常以历史成本为基础;在某些情况下,为提高会计信息的有用性,向使用者提供更为决策相关的信息,就有必要采用其他计量属性,如公允价值进行会计计量,以弥补历史成本计量属性的缺陷。但企业会计准则要求,采用重置成本、可变现净值、现值和公允价值等其他计量属性,应以其金额能够取得并可靠计量为前提,否则不允许采用。

三、会计记录

会计记录就是根据一定的账务处理程序,将已经确认、计量的经济事项记入簿记系统,并进行分类整理、加工和转换的会计行为。会计记录为会计运行系统进入到会计报告环节奠定基础。会计记录的内容表现在会计凭证与会计账簿簿记系统之中。会计记录主要解决以下问题:一是分类整理,即通过设置和运用账户、复式记账、填制审核会计凭证、登记账簿,将经济业务按会计要素的具体类别、项目进行总括、详细的分类整理;二是加工转换,即将大量的分散数据在每一会计期间通过期末调整、结转、归集,加工转换成少量的综合数据,将原始数据加工成簿记信息。

会计记录与会计确认、计量的关系是:进行会计记录首先要进行会计确认,同时会计记录必须采用一定的计量模式确定记录的金额,因此,会计记录是建立在会计确认与计量的基础之上的。

四、会计报告

会计报告是以簿记系统加工生成的信息为基础,按照会计信息用户的要求,以规范的指标和文字形式进行加工和转化,并以报表形式将会计信息输出系统。会计报告的编制,一般是经过再确认、计量和记录后完成。会计报告过程需要将数据庞大、分散的簿记信息,按照会计报告指标进行加工转化,生成便于信息输出和信息使用者使用的会计信息,同时将会计信息通过财务报告"物质载体",传递到信息用户手中。

会计确认、计量、记录和报告相互联系、逐步深入,都以会计要素为其共同的对象,都以会计信息的有用性为其共同的目标,都统一于会计信息生成的过程之中。

第二节　会计信息生成方法

会计方法是核算监督会计对象、实现会计目标的手段。在会计确认、计量、记录和报告过程中,需要系统应用的专门的会计核算方法,即会计信息生成方法。

一、会计信息生成方法体系

会计信息生成方法包括设置账户、复式记账、填制和审核凭证、设置和登记账簿、成本计算、财产清查、编制财务报告等专门方法。

（一）设置账户

设置账户是对会计对象具体内容进行分类核算和监督的一种方法。通过设置和运用账户,可对零星的、分散的数据进行连续、系统、分门别类记录,循序汇集,从而提供各个会计要素具体项目动态和静态的资料。

（二）复式记账

复式记账是对每一项经济业务都要以相等的金额,同时记入两个或两个以上账户的一种记账方法。采用这种方法,不仅可以全面、相互联系地反映经济业务的来龙去脉,而且可以通过账户的对应关系,检查会计记录的正确性。

（三）填制和审核凭证

填制和审核凭证是初步记录经济业务,并保证经济业务合理性和合法性所使用的专门方法。会计凭证是记录经济业务,明确经济责任,作为记账依据的书面证明。通过填制和审核凭证不仅使进入会计系统的信息有据可查,同时也是实行会计监督的一个重要方面。

（四）设置和登记账簿

设置和登记账簿是序时或分类地记录经济业务所使用的专门方法。这样,不仅能够连续、分门别类地记录经济业务的发生情况,并通过定期结账与对账,为编制财务报告提供完整而系统的会计数据,还能为事中、事后的会计监督提供基础资料。

（五）成本计算

成本计算是按照一定对象归集和分配在生产经营过程中不同部门、不同阶段所发生的各种费用支出,以确定各成本计算对象总成本和单位成本所使用的专门方法。通常,外购材料、生产的产品和销售的产品都应分别进行成本计算,以掌握企业生产经营耗费水平,并使企业盈亏和财务成果的计算成为可能。

（六）财产清查

财产清查是通过盘点实物、核对账目,保证账实相符所使用的专门方法。货币资金、实物资产、往来款项等的增减变化虽然有账簿记录,但由于种种原因,可能导致账实不符。通过运用财产清查的各种方法进行核实,以保证会计记录的真实性和正确性,监管财产物资和资金的安全与合理使用。

（七）编制财务报告

编制财务报告是为了总括和系统地提供会计信息所使用的方法。在日常会计核算中,有关会计数据是分散在各个会计账户中的,为了满足会计信息用户的需要,会计部门应当定期将账户资料加工成会计信息,通过财务报告传输给用户。

会计信息生成的各种方法既独立存在,又相互联系,形成一个完整的方法体系。会计处理程序"确认、计量、记录、报告"运行的过程,也是各种信息生成方法综合运用的过程。企业经济业务发生后,首先,需要对各项经济业务进行初始确认、计量,并填制、审核会计凭证。其次,按照设置的账户,采用复式记账方法,按会计凭证登记账簿,完成会计记录核算过程。在会计记录核算中,还要对生产经营过程中发生的各项费用进行成本计算,对账簿记录进行财产清查核对,保证账实相符。在会计期末,要根据账簿记录进行期末调整事项的会计处理,进行再次确认、计量与记录。最后,进入会计程序的报告阶段,定期编制财务报告。会计处理程序与会计核算方法关系,如图 2-1 所示。

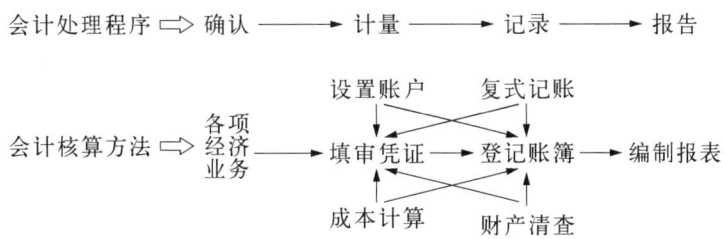

图 2-1　会计处理程序与会计核算方法关系图

二、会计科目与账户

(一) 会计科目

1. 会计科目的含义

会计科目是对会计要素具体内容按照其经济内容进一步分类的项目。资产、负债、所有者权益、收入、费用和利润等会计要素是对会计对象内容的基本分类,但如果仅仅以这六个会计要素来归集,会计数据则过于笼统,难以满足各有关信息用户的具体要求。为此,还必须对会计要素作进一步分类。根据经济管理的要求,通过设置会计科目来进行分类别、分项目核算,才能为企业内部经营管理和外部有关各方面提供所需要的一系列完整的会计信息。

会计科目是设置账户、运用复式记账、编制会计凭证、登记会计账簿、编制财务报告等各种会计核算方法的基础,是进行账务处理的依据,同时也是正确组织会计核算的重要条件。

2. 会计科目的设置原则

会计要素的具体内容很多,会计科目设置具有较大灵活性。为了保证会计信息口径统一,便于理解和运用,会计科目的设置应遵循以下原则:

(1) 统一性原则。为了保证会计信息的可比性,所设置的会计科目应当符合国家统一会计准则的规定,不得自行编造。

(2) 相关性原则。会计科目的设置,应为提供有关各方所需要的会计信息服务,满足对外报告与对内管理的要求,如总分类科目和明细科目的设置。

(3) 实用性原则。企业组织形式和所处行业、经营内容及业务种类不同,在会计科目的设置上亦有所区别。在统一性与相关性的基础上,应根据企业自身特点,设置符合企业需要的会计科目。

此外,会计科目的设置还应该注意含义明确,并保持相对稳定,不得随意变更。

3. 会计科目的内容

我国会计科目设置及其核算内容,总体上是由国家统一规定的,但赋予企业一定的自主权。根据会计要素的内容,会计科目划分为资产、负债、共同(双重性)、所有者权益、成本、损益六大类。参照我国《企业会计准则——应用指南》,企业主要会计科目的设置,如表2-2所示。

表 2-2 会计科目表

编 号	名 称	编 号	名 称
	一、资产类	1012	其他货币资金
1001	库存现金	1101	交易性金融资产
1002	银行存款	1121	应收票据

（续表）

编 号	名 称	编 号	名 称
1122	应收账款	1602	累计折旧
1123	预付账款	1603	固定资产减值准备
1131	应收股利	1604	在建工程
1132	应收利息	1605	工程物资
1221	其他应收款	1606	固定资产清理
1231	坏账准备	1701	无形资产
1321	代理业务资产	1702	累计摊销
1401	材料采购	1703	无形资产减值准备
1402	在途物资	1704	使用权资产
1403	原材料	1705	使用权资产减值准备
1404	材料成本差异	1711	商誉
1405	库存商品	1801	长期待摊费用
1406	发出商品	1811	递延所得税资产
1407	商品进销差价	1901	待处理财产损溢
1408	委托加工物资		二、负债类
1411	周转材料	2001	短期借款
1471	存货跌价准备	2101	交易性金融负债
1473	合同资产	2201	应付票据
1474	合同资产减值准备	2202	应付账款
1475	合同履约成本	2203	预收账款
1476	合同履约成本减值准备	2204	合同负债
1481	持有待售资产	2211	应付职工薪酬
1482	持有待售资产减值准备	2221	应交税费
1501	债权投资	2231	应付利息
1502	债权投资减值准备	2232	应付股利
1503	其他债权投资	2241	其他应付款
1511	长期股权投资	2314	代理业务负债
1512	长期股权投资减值准备	2401	递延收益
1521	投资性房地产	2501	长期借款
1531	长期应收款	2502	应付债券
1532	未实现融资收益	2701	长期应付款
1601	固定资产	2702	未确认融资费用

(续表)

编　号	名　　　称	编　号	名　　　称
2711	专项应付款		**六、损益类**
2801	预计负债	6001	主营业务收入
2901	递延所得税负债	6051	其他业务收入
	三、共同类	6101	公允价值变动损益
3101	衍生工具	6111	投资收益
3201	套期工具	6301	营业外收入
3202	被套期项目	6401	主营业务成本
	四、所有者权益类	6402	其他业务成本
4001	实收资本	6403	税金及附加
4002	资本公积	6601	销售费用
4003	其他综合收益	6602	管理费用
4101	盈余公积	6603	财务费用
4103	本年利润	6701	资产减值损失
4104	利润分配	6702	信用减值损失
4401	其他权益工具	6703	资产处置损益
4201	库存股	6704	其他收益
	五、成本类	6711	营业外支出
5001	生产成本	6801	所得税费用
5101	制造费用	6901	以前年度损益调整
5301	研发支出		

　　会计科目按其所提供信息的详细程度及其统驭关系不同,分为总分类科目和明细分类科目。前者是对会计要素具体内容进行总括分类、提供总括信息的会计科目,如"应收账款""应交税费""原材料"等。后者是对总分类科目做进一步分类、提供更详细更具体内容的科目,如"应收账款"科目,按债务人单位或个人设置明细科目,反映应收账款的具体对象;"应交税费"科目,按应交税费的种类和内容设置明细科目;"原材料"科目,按原料及材料的类别、品种和规格等设置明细科目,反映各种原材料的具体构成内容。对于明细科目较多的总账科目,可在总分类科目与明细科目之间设置二级或多级明细科目。

　　(二)账户

　　1. 账户的含义

　　设置账户是会计核算的重要方法之一。账户是根据会计科目开设,有一定结构,分类记录各会计要素的具体项目增加、减少及余额的记账载体。例如,根据"库存现金""银行存款"科目,可以设置"库存现金"账户、"银行存款"账户,用以分别记录现金和银行存款的增加、减少和结存情况。根据"原材料"科目,可以设置"原材料"账户,用以记录材料的收入、发出和结存情况。

2. 账户的基本分类

账户分类就是按照账户的本质特征,依据一定的标准,将全部账户从不同角度进行科学的归类和总结。会计核算中的各个账户,都有自己的名称和核算内容,独立地从不同角度来确认、计量、记录和反映、监督会计内容的某一个方面或某一个环节。全部账户作为一个整体,分工协作处理全部会计数据,执行会计核算方法体系中的账户的整体功能。通过账户分类,有利于了解每个账户的用途和特性,研究账户使用的规律,对于更好地认识、掌握、运用账户具有重要意义。

与会计科目的分类对应,账户按其所反映的经济内容不同,主要分为资产类账户、负债类账户、所有者权益类账户、成本类账户、损益类账户;按其所提供信息的详细程度及其统驭关系不同,可分为总分类账户(简称总账账户或总账)和明细分类账户(简称明细账);账户按其与会计报表的关系不同,可分为资产负债表账户和利润表账户。以上账户的前两种分类及具体情况说明,如图2-2和表2-3所示。

表2-3　总分类账户与明细分类账户内容表

分　类		总分类账户 (总账账户)	明细分类账户	
			二　级　账　户	三级明细账户
依　据		根据一级科目设置	根据二级科目(子目)设置	根据明细科目(细目)设置
作　用		提供总括指标 控制、统驭明细账户	提供较详细指标,介于一级账户与明细账户之间,起沟通作用,属于被控制、被统驭账户	提供详细指标,对一级、二级账户作详细补充说明,属于被控制、被统驭账户
举例	账户名称	原材料	原材料及主要材料、辅助材料	⎧ A 材料 ⎨ B 材料 ⎩ C 材料
	提供指标	总括价值指标	分类价值指标	按品种、规格提供详细实物量度、价值指标
	账户格式	一般为三栏金额式	一般为三栏金额式	数量金额式

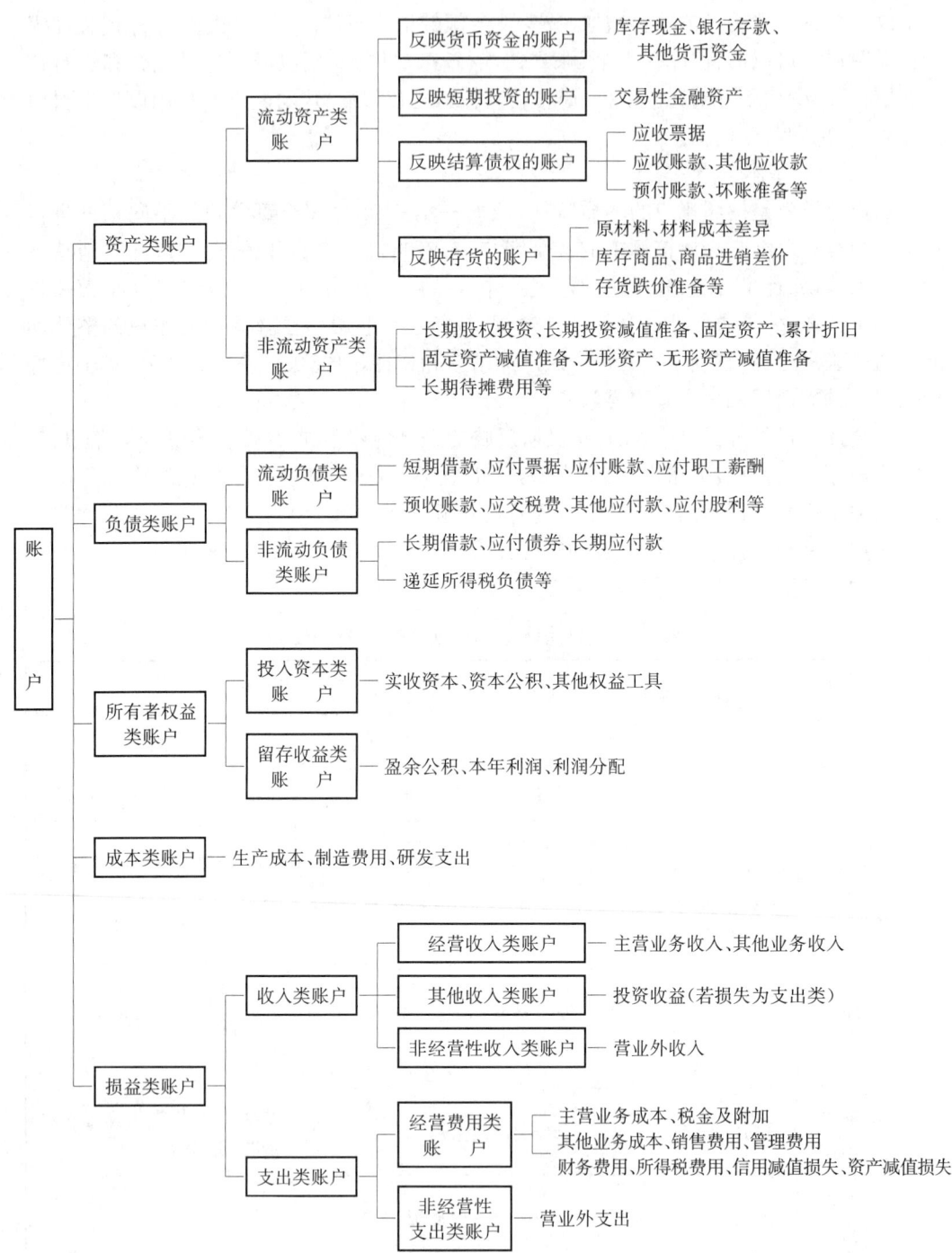

图 2－2 账户按所反映的经济内容分类图

3. 账户的基本结构和内容

账户的结构是指账户格式以及在账户中记录经济业务,反映特定的经济内容的形式。账户的具体结构取决于账户的性质。

作为会计对象的会计要素,随着经济业务的发生不断发生数量上的增减变动。因此,用来分类记录经济业务的账户必须具有一定的结构。由于各项经济业务引起的会计要素的变动不外乎增加和减少两种情况,账户的基本结构分为左右两方,分别称为借方或贷方,一方登记增加,另一方登记减少。账户的格式,如表2-4所示。

表2-4 账户的格式

账户名称:

年		凭证号数	摘 要	借 方	贷 方	余 额
月	日					

账户的基本结构可以用简化格式"T"形账户来表示。"T"形账户的形式,如图2-3所示。

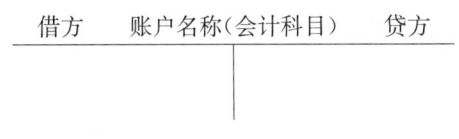

借方　　　账户名称(会计科目)　　　贷方

图2-3 "T"形账户图

账户中每期发生的增加合计、减少合计称为发生额,增加发生额和减少发生额的差额称为余额,结计在记录增加的一方。在账户中上期期末余额就是下期的期初余额,发生额和余额之间的基本关系如下:

期初余额＋增加发生额－减少发生额＝期末余额

4. 账户与会计科目的联系和区别

会计科目与账户都是对会计对象具体内容的分类,两者口径一致,会计科目是账户的名称,也是设置账户的依据,账户是会计科目的应用。没有会计科目,账户便失去了设置的依据;没有账户,会计科目也无法发挥其作用。两者的区别是:会计科目仅仅是账户的名称,不存在结构;而账户有一定的格式和结构,能用来记录经济业务的增减变动情况及结果。

三、复式记账法

（一）复式记账法的意义

复式记账法是指对发生的每一项经济业务所引起的不同项目的增减变化，都按照相等的金额，在两个或两个以上的账户中，相互联系地进行记录的记账方法。按照复式记账法的要求，每一会计要素项目都应分别设置账户，每一会计要素项目的变化都应在所涉及的账户中全面地、相互联系地记录下来。

复式记账法不仅可以反映经济业务的来龙去脉，而且将全部经济业务记入账户后，可以通过账户记录，完整、系统地反映经济活动的过程和结果；同时，对账户记录的结果可以试算平衡，以检查账户记录的正确性。复式记账法的产生和应用，是记账方法划时代的进步，是会计科学发展史上的重要里程碑。

复式记账方法有借贷记账法、增减记账法和收付记账法三种。我国企业会计准则规定，企业会计核算采用借贷记账法。

（二）借贷记账法

借贷记账法是以"借""贷"作为记账符号，按照"有借必有贷、借贷必相等"的规则，在两个或两个以上的账户中全面、相互联系地记录经济业务的一种复式记账方法。

借贷记账法产生于12世纪的意大利。1494年，意大利数学家卢卡·帕乔利出版了《算术·几何·比及比例概要》一书，专篇专章系统地阐释了复式簿记的理论与方法，该书的问世，使复式记账法先在欧洲，后在全世界范围内广为流传，1840年后传入我国。

借贷记账法的基本内容一般包括理论依据、记账符号、账户结构、账户设置、记账规则和试算平衡等。

1. 理论依据

借贷记账法以"资产＝负债＋所有者权益"的会计等式作为理论依据。根据会计等式可以判断对每一项经济业务如何记账，即分析经济业务引起的资产、负债、所有者权益等要素及其具体项目的变动情况，并分别在设置的账户中记录变动情况和结果。同时，根据会计等式还能检查账户记录的正确性。

2. 记账符号

记账符号是指经济业务发生后记入账户方向的标记。借贷记账法以"借"和"贷"为记账符号，分别反映不同会计要素项目增减变动及结果。但是，"借"和"贷"纯属记账符号，本身没有经济含义。记账符号只是代表账户的左右两方，与不同类型账户相结合，分别表示增加或减少。

3. 账户结构

借贷记账法下所有账户的基本结构分为左右两方，左方为借方，右方为贷方，一方记增加，一方记减少。但究竟哪方记增加，哪方记减少，取决于账户的性质。

借贷记账法下,分别设置反映资产、负债、所有者权益、成本费用和收入利润等账户。以会计恒等式作为理论依据,任何经济业务的发生都会引起会计等式双方或一方,两个或两个以上项目的等额变动。为了运用"借"和"贷"这一对立的记账符号,反映每项业务等额变动的两个方面,使之清晰反映经济业务的来龙去脉,借贷记账法下不同性质的账户结构如下:

(1)资产类账户结构。按照会计等式关系,资产在会计等式的左方,按通常习惯,资产类账户左方记增加,右方记减少。即借方登记资产的增加额,贷方登记资产的减少额,余额一般在借方。资产类账户结构图,如图2-4所示。

借方	资产类账户		贷方
期初余额	×××		
本期增加额	×××	本期减少额	×××
本期发生额	×××	本期发生额	×××
期末余额	×××		

图2-4 资产类账户结构图

资产类账户期末借方余额＝借方期初余额＋本期借方发生额－本期贷方发生额

(2)权益类账户结构。负债和所有者权益两个要素均代表权益,为使"借""贷"符号能反映同一业务对应的两个方面,权益类账户采用了与资产类账户相反的结构,贷方登记权益的增加额,借方登记权益的减少额,余额一般在贷方。权益类账户结构图,如图2-5所示。

借方	权益类账户		贷方
		期初余额	×××
本期减少额	×××	本期增加额	×××
本期发生额	×××	本期发生额	×××
		期末余额	×××

图2-5 权益类账户结构图

权益类账户期末贷方余额＝期初贷方余额＋本期贷方发生额－本期借方发生额

成本、费用、收入类账户结构的设置原理主要是依据动态会计恒等式。按照通常的认识,在经济活动过程中,随着收入的实现与成本、费用的发生,其金额也应随之不断增加。故我们试将动态会计恒等式"资产＝负债＋所有者权益＋(收入－费用)"移项为"资产＋费用＝负债＋所有者权益＋收入"来设置动态账户的结构。则日常经济业务发生时,成本、费用类账户的结构设置就可等同于资产类账户结构,收入类账户的结构设置就可等同于权益类账户结构,区别是动态类账户期末结转后一般无余额。

(3)成本、费用类账户结构。成本费用的发生主要是资产转化而来的,它代表会计主体的资金运用的去向,所以成本费用类账户与资产类账户结构基本相同,借方表示增加,贷方表示减少,成本类账户若有余额在借方。

（4）收入类账户结构。收入的性质与费用相反，它代表的是会计主体的资金来源渠道，而且收入会导致所有者权益的增加，所以，收入类账户结构与所有者权益类账户的结构基本相同，贷方登记增加额，借方登记收入的转出额（减少额）。期末结账前余额在贷方，结转后一般无余额。

综上所述，借贷记账法账户结构及各类型经济业务在账户中的登记情况，如图 2-6 所示。

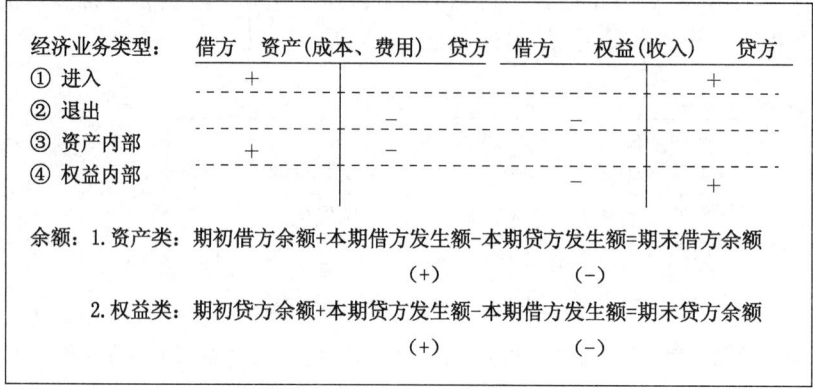

图 2-6　借贷记账法账户结构图

4. 账户设置

为了适应管理的要求和简化核算工作的需要，借贷记账法下还可以设置既具有资产性质又具有负债性质的双重性账户。例如，"预付账款"账户为资产类账户，"应付账款"账户为负债类账户，如果企业预付账款业务不多，可将其合并在"应付账款"账户中反映，这时"应付账款"账户则是一双重性质的账户。双重性账户的总账余额没有经济意义，它既不表示资产数，又不表示负债数，而是资产和负债实有数额的差额，资产与负债的实有数只能从双重性账户的各明细分类账户中分析获取。

双重性账户的具体结构以债权、债务账户为例说明，如图 2-7 所示。

借方		债权债务类账户		贷方
本期负债减少额	×××	本期负债增加额		×××
本期债权增加额	×××	本期债权减少额		×××
本期发生额	×××	本期发生额		×××
期末余额	×××	期末余额		×××
（债权大于债务的差额）		（债务大于债权的差额）		

图 2-7　债权债务类账户结构图

5. 记账规则

记账规则是对账户中记录经济业务规律性的概括和总结。它是根据不同性质账户的结构和不同类型经济业务在账户中登记的方法总结而形成。

借贷记账法的记账规则是"有借必有贷、借贷必相等"。"有借必有贷"是指发生任何一项经济业务都必须在两个或两个以上的账户中同时做出两方面登记：一是，在一个（或一个以上）的账户中做出借方记录；二是，同时在另一个（或一个以上）账户中做出贷方记录。"借贷必相等"是指同一项经济业务在有关账户归类记录时，记入借方账户的金额必然等于记入贷方账户的金额。

企业生产经营过程中，每天发生的大量经济业务虽然千差万别，错综复杂，但归纳起来不外乎四种类型。下面我们以四种类型的经济业务为例，说明借贷记账法记账规则的形成，如表2-5所示。

表2-5　四种类型经济业务的会计处理分析表　　　　单位：万元

序号	经济业务类型	经济业务举例	账户结构				分析说明
			借方		贷方		
			账户名称	金额	账户名称	金额	
①	经济资源进入企业	收到投资者投资100万元存入银行	银行存款（＋）	100	实收资本（＋）	100	① 涉及"银行存款"和"实收资本"账户 ② 等式双方等额同增 ③ 资产增加为借，权益增加为贷
②	经济资源退出企业	以银行存款50万元偿还期限为1年的银行贷款	短期借款（－）	50	银行存款（－）	50	① 涉及"短期借款"和"银行存款"账户 ② 等式双方等额同减 ③ 负债减少为借，资产减少为贷
③	资产内部转化	以银行存款10万元购入新设备一台	固定资产（＋）	10	银行存款（－）	10	① 涉及"固定资产"和"银行存款"账户 ② 等式左方等额有增有减 ③ 资产增为借，资产减为贷
④	权益内部转化	宣告应向投资者分配股利20万元	利润分配（－）	20	应付股利（＋）	20	① 涉及"利润分配"与"应付股利"账户 ② 等式右方等额有增有减 ③ 所有者权益减为借，负债增为贷

由上可见,借贷记账法的记账规则是借贷记账法的账户结构和经济业务四种类型有机结合的必然结果。"有借必有贷,借贷必相等",不仅对应关系清晰明了,而且符合会计恒等式原理,任何经济业务的发生,会计等式双方永远是平衡的。

6. 试算平衡

试算平衡是指为保证会计账务处理的正确性,依据会计恒等式和记账规则,对本期各账户的全部记录进行汇总和试算,以检查账户记录正确性和完整性的一种方法。

按照借贷记账法的要求记账,在账户中必然出现以下两组借贷平衡关系:

(1) 发生额平衡。由于每一项经济业务都是按照"有借必有贷、借贷必相等"的规则在有关账户中记录的,因此,在一个会计期间,将全部经济业务登记入账后必然出现:各个账户借方记录的合计数(借方发生额)必然等于贷方记录的合计数(贷方发生额),即:

$$\sum \text{全部账户借方发生额} = \sum \text{全部账户贷方发生额}$$

(2) 余额平衡。按照账户结构记账,期末各类账户的余额必然是:资产类账户余额在借方,负债、所有者权益类账户余额在贷方,收入、费用类账户发生额期末转入本年利润账户后,应无余额。本年利润账户余额若在贷方,为实现的利润,属所有者权益增加数;若在借方,为发生的亏损,属所有者权益减少数。这样,根据"资产=负债+所有者权益"的原理,在账户余额间必然有以下关系:

$$\sum \text{全部账户借方余额} = \sum \text{全部账户贷方余额}$$

发生额平衡反映企业资金处于不断变化的平衡关系,是余额平衡的前提条件,余额平衡是发生额平衡的必然结果。上述两组平衡关系,可以根据账户资料编制总分类账户发生额及余额试算平衡表予以验证。其格式,如表2-6所示。

表 2-6　总分类账户本期发生额及余额试算平衡表

账 户 名 称	期 初 余 额		本 期 发 生 额		期 末 余 额	
	借 方	贷 方	借 方	贷 方	借 方	贷 方

应当注意,试算平衡表只是通过借贷双方金额是否平衡来检查账户记录是否正确。如果借贷不平衡,可以肯定账户的记录或计算有错误,应进一步查明原因,予以纠正。但是,如果试算平衡,并不能完全肯定记账没有错误,这是因为有些错误并不影响借贷双方的平衡,如某项经济业务在有关账户中被重记、漏记或错记等,诸如此类的错误,并不能通过试算平衡来发现。

（三）借贷记账法应用

在会计核算中,借贷记账法的应用表现为:首先,根据经济业务原始凭证,运用设置的账户,经过确认、计量后按照记账规则要求编制记账凭证(其中主要内容为会计分录);然后,将各项经济业务登记(输入)到已开设相关账户的借方或贷方;最后,为了保证账簿记录的正确性,在编制报表前,还要进行试算平衡。我们在记账凭证中怎样编制会计分录,如何开设账户、登记账簿和试算平衡,以下依次予以说明。

1. 会计分录和账户对应关系

会计分录是根据复式记账原理,集中、简明、完整地表明每笔业务应记入账户的名称、方向和金额的一种记录。也就是说,会计分录主要回答:将经济业务记入什么账户,记入账户的哪个方向,在账户中记录多少金额等问题,按照一定的书写格式列出每一项经济业务的会计分录,称为编制会计分录。会计分录的书写格式是:借方科目在上,贷方科目在下,且借、贷方科目及金额应相互错开。实际工作中,一般是通过填制记账凭证来完成的。以下我们将表2-5中所列举的4笔经济业务,编制会计分录,如表2-7所示。

表 2 - 7　经济业务应编制的会计分录表

例1. 借: 银行存款　　1 000 000	例2. 借: 短期借款　　500 000
⭕同增　 贷: 实收资本　　　1 000 000	⭕同减　 贷: 银行存款　　　500 000
例3. 借: 固定资产　　100 000	例4. 借: 利润分配　　200 000
⭕有增有减　 贷: 银行存款　　100 000	⭕有增有减　 贷: 应付股利　　200 000

【例2-1】　向A公司采购原材料一批入库,价值12 000元,其中,以银行存款支付10 000元,其余2 000元暂欠。

这项经济业务涉及资产类的"原材料""银行存款"以及负债类的"应付账款"三个账户;其中原材料增加,银行存款减少,应付账款增加;按照资产账户的结构,借方记增加数,贷方记减少数;按照负债类账户的结构,借方记减少数,贷方记增加数。所以,本例应当编制的会计分录是:

借：原材料   12 000

   贷：银行存款   10 000

     应付账款——A公司   2 000

值得注意的是：该笔业务的会计分录与前 4 笔业务的会计分录有一个明显的区别：前 4 笔经济业务的会计分录只涉及两个账户，即一个借方账户和一个贷方账户，这种分录称为简单会计分录；而本例中的会计分录是由一个借方账户和两个贷方账户构成的，这种涉及两个以上账户的会计分录，称为复合会计分录。复合会计分录可以由一个借方账户和多个贷方账户构成，也可以由多个借方账户和一个贷方账户构成，还可以由多个借方账户和多个贷方账户构成。

在同一笔会计分录中，处于借方的账户和处于贷方的账户是相互联系的，一方账户表示变化的结果，一方账户表示变化的原因。账户之间的这种联系称为账户的对应关系。因此，通过会计分录所涉及的账户对应关系，可以了解经济业务的来龙去脉，说明经济业务发生各种变化的因果联系。由于多借多贷的会计分录不易清晰地反映账户的对应关系，不能一目了然地看出经济业务的内容，在实际工作中一般应尽量避免采用。

2. 借贷记账法应用举例

这里我们将通过一个简单的实例，从在账簿中开设总分类账户开始，到对发生的经济业务编制会计分录（实际工作中为编制记账凭证），然后根据会计分录登记到所开设的各总分类账户，最后期末结账并进行试算平衡的基本业务处理过程，较系统地说明借贷记账方法的运用。

【例2-2】 资料1：某商业企业20×1年3月初有关总分类账户期初余额，如表2-8所示。

表2-8　总分类账户期初余额　　　　　　　　单位：万元

账户名称	余 额		账户名称	余 额	
	借 方	贷 方		借 方	贷 方
库存现金	0.1		短期借款		50.0
银行存款	209.9		应付职工薪酬		
库存商品*	200.0		应付账款*		10.0
应收账款			实收资本		250.0
主营业务成本			本年利润		100.0
销售费用			主营业务收入		
管理费用			营业外收入		

* 库存商品200万元，为A商品1 000件，单价0.2万元；应付账款10万元为前欠甲公司货款。

资料2：假定该企业本期发生如下经济业务：

（1）1日，以银行存款 20 万元偿还短期借款。

（2）3日，以银行存款 50 万元向甲公司购入 A 商品 250 件，单位成本 0.2 万元，商品验收入库。

（3）5日，以银行存款 8 万元偿还前欠甲公司部分货款。

（4）10日，取得购货方违约罚款收入 0.1 万元存入银行。

（5）12日，以银行存款支付广告费用 1 万元。

（6）15日，以现金支付办公用品款 0.05 万元，交付使用。

（7）18日，向甲公司购入 A 商品 200 件，单位成本 0.2 万元；向乙公司购入 B 商品 1 000 件，单位成本 0.1 万元；货款均暂欠。

（8）22日，以银行存款偿还前欠甲公司货款 12 万元，乙公司货款 10 万元。

（9）31日，销售给 M 公司 A 商品 1 000 件，单位售价 0.25 万元，收取价款 200 万元存入银行，余款对方暂欠。

（10）31日，计算结转本月应付销售人员薪酬 5 万元，管理人员薪酬 1 万元。

（11）31日，计算结转本期应付短期借款利息 0.15 万元。

（12）31日，结转已销 A 商品 1 000 件成本 200 万元。

（13）31日，将本期收入、费用转入"本年利润"账户。

根据上述资料进行账务处理，其程序如图 2-8 所示。

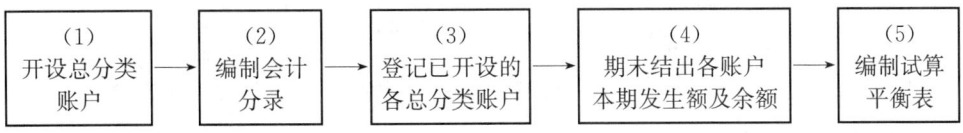

图 2-8　经济业务财务处理程序

（1）开账：根据资料 1，开设总分类账户，并登记期初余额，采用"T"形账户，如图 2-9 所示。

（2）根据资料 2 各项经济业务编制会计分录（不考虑增值税），如表 2-9 所示。

表 2-9　各项经济业务会计分录及分析说明　　　　　单位：万元

序号	经 济 业 务	会 计 分 录	分 析 说 明
①	1日，以银行存款 20 万元偿还短期借款	借：短期借款　　　　　20 　贷：银行存款　　　　　　20	① 涉及两个账户变动 ② 等式双方等额同减 ③ 负债减少为借，资产减少为贷
②	3日，以银行存款 50 万元向甲公司购入 A 商品 250 件，单位成本 0.2 万元，商品验收入库	借：库存商品——A商品　50 　贷：银行存款　　　　　　50	① 涉及两个账户变动 ② 资产一方等额有增减 ③ 资产增加为借，资产减少为贷

（续表）

序号	经 济 业 务	会 计 分 录	分 析 说 明
③	5日，以银行存款8万元偿还前欠甲公司部分货款	借：应付账款——甲公司 8 　贷：银行存款 8	① 涉及两个账户变动 ② 等式双方等额同减 ③ 负债减少为借，资产减少为贷
④	10日，取得罚款收入0.1万元存入银行	借：银行存款 0.1 　贷：营业外收入 0.1	① 涉及两个账户变动 ② 等式双方等额同增 ③ 资产增加为借，收入增加为贷
⑤	12日，以银行存款支付广告费用1万元	借：销售费用 1 　贷：银行存款 1	① 涉及两个账户变动 ② 等式一方等额有增有减 ③ 费用增加为借，资产减少为贷
⑥	15日，以现金支付办公用品款0.05万元，交付使用	借：管理费用 0.05 　贷：库存现金 0.05	① 涉及两个账户变动 ② 等式一方等额有增有减 ③ 费用增加为借，资产减少为贷
⑦	18日，向甲公司购入A商品200件，单位成本0.2万元；向乙公司购入B商品1000件，单位成本0.1万元；货款均暂欠	借：库存商品——A商品 40 　　　　　　——B商品 100 　贷：应付账款——甲公司 40 　　　　　　——乙公司 100	① 涉及两个账户变动 ② 等式双方等额同增 ③ 资产增加为借，负债增加为贷
⑧	22日，以银行存款偿还前欠甲公司货款12万元，乙公司货款10万元	借：应付账款——甲公司 12 　　　　　　——乙公司 10 　贷：银行存款 22	① 涉及两个账户变动 ② 等式双方等额同减 ③ 负债减少为借，资产减少为贷
⑨	31日，销售给M公司A商品1000件，单位售价0.25元，收取价款200万元存入银行，其余对方暂欠	借：应收账款——M公司 50 　　银行存款 200 　贷：主营业务收入 250	① 涉及三个账户变动 ② 等式双方等额同增 ③ 资产增加为借，收入增加为贷
⑩	31日，计算结转本月应付销售人员薪酬5万元，管理人员薪酬1万元	借：销售费用 5 　　管理费用 1 　贷：应付职工薪酬 6	① 涉及三个账户变动 ② 等式双方等额同增 ③ 费用增加为借，负债增加为贷

（续表）

序号	经 济 业 务	会 计 分 录	分 析 说 明
⑪	31 日,计算结转本期应付短期借款利息 0.15 万元	借:财务费用　　　　0.15 　　贷:应付利息　　　　0.15	① 涉及两个账户变动 ② 等式双方等额同增 ③ 费用增加为借,负债增加为贷
⑫	31 日,结转已销 A 商品 1 000 件成本 200 万元	借:主营业务成本　　　200 　　贷:库存商品——A 商品 　　　　　　　　　　200 （结转销售成本）	① 涉及两个账户变动 ② 等式一方等额有增有减 ③ 费用增加为借,资产减少为贷
⑬	31 日,将本期收入、费用转入"本年利润"账户	A 借:主营业务收入　250 　　　营业外收入　　0.1 　　贷:本年利润　　250.1 B 借:本年利润　　207.2 　　贷:主营业务成本　200 　　　　销售费用　　　6 　　　　管理费用　　1.05 　　　　财务费用　　0.15 （结转损益）	A ① 涉及三个账户变动 ② 等式一方等额有增有减 ③ 收入减少为借,所有者权益增加为贷 B ① 涉及四个账户变动 ② 等式双方等额同减 ③ 所有者权益减少为借,费用减少为贷 ※损益类账户期末结转利润后无余额

（3）登账:根据会计分录登记各总分类账户如图 2-9 所示。

（4）结账:结出各总分类账户本期发生额和期末余额,如图 2-9 所示。

借方	库存现金	贷方
期初余额:0.1		
		⑥ 0.05
本期发生额:0	本期发生额:0.05	
期末余额:0.05		

借方	银行存款	贷方
期初余额:209.9		① 20
④ 0.1		② 50
⑨ 200		③ 8
		⑤ 1
		⑧ 22
本期发生额:200.1	本期发生额:101	
期末余额:　309		

借方	短期借款	贷方
		期初余额:50
① 20		
本期发生额:20	本期发生额:0	
期末余额:　30		

借方	实收资本	贷方
		期初余额:250
		期末余额:250

借方	应付利息	贷方		借方	库存商品	贷方
		⑪ 0.15		期初余额： 200		
				② 50		⑫ 200
				⑦ 140		
本期发生额：0		本期发生额：0.15		本期发生额：190		本期发生额：200
		期末余额： 0.15		期末余额： 190		

借方	应收账款	贷方		借方	应付账款	贷方
				③ 8		期初余额： 10
⑨ 50				⑧ 22		⑦ 140
本期发生额：50		本期发生额：0		本期发生额：30		本期发生额：140
期末余额： 50						期末余额： 120

借方	应付职工薪酬	贷方		借方	主营业务成本	贷方
		⑩ 6		⑫ 200		⑬² 200
本期发生额：0		本期发生额：6		本期发生额：200		本期发生额：200
		期末余额： 6		期末余额： 0		

借方	本年利润	贷方		借方	主营业务收入	贷方
⑬ᴮ 207.2		期初余额： 100		⑬ᴬ 250		⑨ 250
		⑬ᴬ 250.1				
本期发生额：207.2		本期发生额：250.1		本期发生额：250		本期发生额：250
		期末余额： 142.9				期末余额： 0

借方	销售费用	贷方		借方	管理费用	贷方
⑤ 1		⑬ᴮ 6		⑥ 0.05		⑬ᴮ 1.05
⑩ 5				⑩ 1		
本期发生额：6		本期发生额：6		本期发生额：1.05		本期发生额：1.05
期末余额： 0				期末余额： 0		

借方	财务费用	贷方		借方	营业外收入	贷方
⑪ 0.15		⑬ᴮ 0.15		⑬ᴬ 0.1		④ 0.1
本期发生额：0.15		本期发生额：0.15		本期发生额：0.1		本期发生额：0.1
期末余额： 0				期末余额： 0		

图 2-9 各项经济业务"T"形账户登记示意图

（5）试算平衡：编制总分类账户本期发生额及余额表，进行试算平衡，如表 2-10 所示。

（6）编制会计报表（略），会计报表内容将在第十二章介绍。

表 2－10　总分类账户本期发生额及余额试算表　　　　单位：万元

账户名称	期 初 余 额		本 期 发 生 额		期 末 余 额	
	借　方	贷　方	借　方	贷　方	借　方	贷　方
库存现金	0.1		0	0.05	0.05	
银行存款	209.9		200.1	101	309	
应收账款			50		50	
库存商品	200		190	200	190	
短期借款		50	20	0		30
应付职工薪酬				6		6
应付账款		10	30	140		120
应付利息			0	0.15		0.15
实收资本		250				250
本年利润		100	207.2	250.1		142.9
主营业务收入			250	250		
营业外收入			0.1	0.1		
主营业务成本			200	200		
销售费用			6	6		
管理费用			1.05	1.05		
财务费用			0.15	0.15		
合　　计	410	410	1 154.6	1 154.6	549.05	549.05

第三节　会 计 循 环

会计信息生成系统是由会计人员按照会计程序，运用各种会计核算方法，通过复式簿记系统对经济业务进行记录（记账）、分类、汇总、计算、整理（算账），并在此基础上编制和解释财务报告来完成的。在这个系统中，记账、算账是会计人员"生产"信息、输入加工数据的过程，财务报告是会计人员"生产"的产品，会计所生成的信息是以财务报告的方式输出提供给信息使用者的。会计信息系统输入加工乃至生成输出最终"产品"的过程，包括许多具体的会计程序，并要依次完成一定的步骤。

一、会计循环的概念和步骤

（一）会计循环的概念

每一个会计期间周而复始地进行会计工作的程序,称为会计循环。会计循环从每个会计期间的期初开始,到会计期间的期末终了,在企业持续经营期内循环往复,周而复始。

（二）会计循环的步骤

通常,一个完整的会计循环包括如下几个步骤。

1. 交易分析

交易分析的主要任务是对经济业务进行会计确认、计量,解决是否将其记入会计系统,确认为什么会计要素、计量金额为多少的问题。

2. 编制分录

首先,判断经济业务的发生引起了哪些会计要素项目的变化,这种变化是增加还是减少,然后,根据经济业务的性质,决定把它记入什么账户,并根据账户结构判断应记入的方向及金额;最终,编出会计分录。

3. 过账

分析经济业务、编制会计分录,只是对经济业务的初步记录,要想获得总括或详细的信息,还必须把会计分录过入有关账户。这种将会计分录按照一定的程序转录到分类账户中去的行为,称为过账,过账工作通常又称登记分类账。

4. 编制调整前试算平衡表

对经济业务通过分录和账户进行了确认、计量和记录,并不能保证记录的事项一定正确无误。为了保证会计信息的正确、完整,还必须进行试算平衡,即根据记账方法所依据的平衡关系,对账户记录是否正确所做的验算,这种验算可以在整个会计循环的过程中多次进行。

5. 编制期末账项调整和结转分录并过账

经过以上步骤,日常发生的经济业务进行了会计确认、计量和记录,但是由于会计分期和权责发生制的要求,还有一些本应属于本期的收入和费用未在本期中记录。这时,需要进行期末账项的调整,并对一些会计事项进行结转、再次过账,使各账户能反映出最新情况。

6. 编制期末账项调整、结转后试算平衡表

编制期末账项调整分录并登账后,还需再次检验分类账户中的各项借方发生额、余额和贷方发生额、余额是否相符,再次编制试算平衡表进行验算。

7. 结账

为了定期反映企业的财务状况和经营成果,需要在每个会计期末进行结账,即结清收入、费用类账户,计算出本期损益;同时,结算资产、负债、所有者权益类账户,计算出发生额和余额。

8. 编制财务会计报告

账簿记录所提供的会计信息是分散的,不便于信息用户阅读使用。因此,必须在结账的基础上编制财务会计报告,为信息用户提供有用的会计信息。会计报表是财务会计报告的主要组成部分,会计报表主要包括资产负债表、利润表和现金流量表。

上述会计循环步骤,如图 2-10 所示。

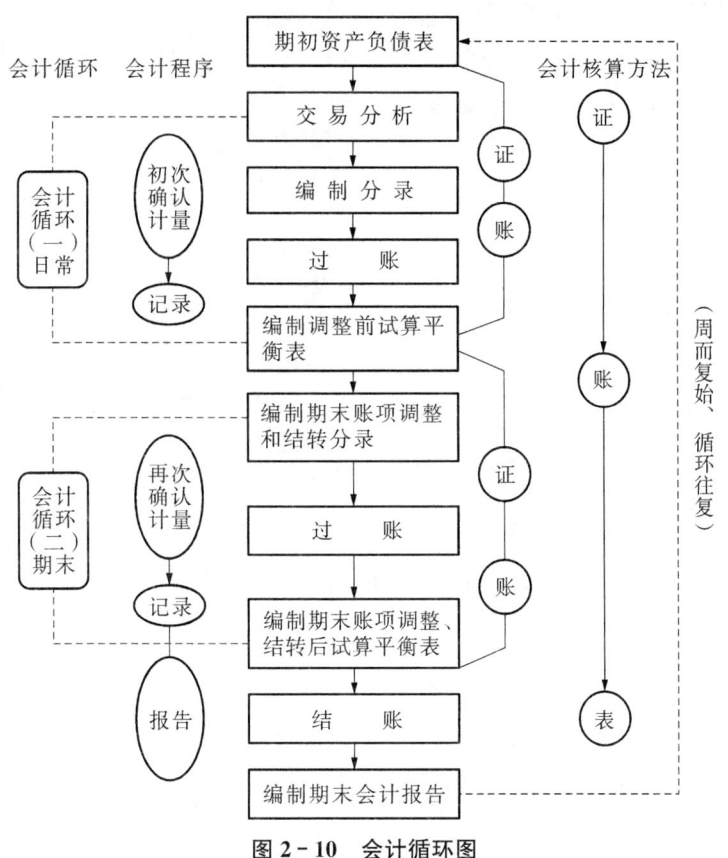

图 2-10 会计循环图

(三) 期末账项调整和结转

对企业发生经济业务进行会计处理,包括编制分录、过账、试算的过程,是通过日常和期末两个阶段的会计循环处理完成的。期末账项调整和结转是会计循环中非常重要的一个步骤,以下对会计循环的这一环节简单地加以说明。

1. 期末账项调整

根据权责发生制和配比原则的要求,各个会计期间的损益是通过本期的收入和本期的费用进行配比确定的。但是,还有一些应属本期的收入和费用未在日常记录中登记入账。比如,有些应属本期的收入和费用,由于结算的时间未到,没有实际收到或者支付,因而平时未予记录。前者如应收未收的存款利息收入、租金收入以及其他应计收入,后者如借款利息、应付租金以及其他应付费用。同时,还有一些属于以前年度已经收到或者付出,但不属于收到或者付出会计期间的收入或者费用,而应当确认为本期的收入或者费用,如预收账款、预付租金、预付保险费用、预付报刊费等等。对于这些事项,应于会计期末根据本期实现情况,确认为本期的收入或者费用。为此,应当在日常记录的基础上,编制期末调整分录进行补充登记,这就是账项调整。

一般企业会计期末结账时应予以调整的项目分为应计项目、递延项目和估计项目三类。其中,应计项目包括应付费用、应收收入;递延项目(分摊项目)包括预付费用、预收收入;估计项目包括坏账损失的计提、固定资产折旧的计提等。

【例 2-3】 根据某商业企业 20×1 年 1 月末对调整账项编制会计分录,如表 2-11 所示。

表 2-11 期末调整事项及编制的会计分录

序号	类 型	经 济 业 务	会 计 分 录	分 析 说 明
1	应收未收的本期收入	销售给 A 单位商品一批,该商品控制权转移,售价 100 万元,尚未收到	借:应收账款 1 000 000 贷:主营业务收入 1 000 000	虽然款项尚未收到,因销售已成立,归属本月,应确认为收入
2	已预收应确认本期收入	上年年末预收本年第一季度房屋租赁费 12 万元	借:预收账款 40 000 贷:其他业务收入 40 000	款项虽于上年预收,但应由本月确认收入 4 万元
3	应付未付本期费用	计提应由本月负担的短期借款利息 5 万元,季末一次支付	借:财务费用 50 000 贷:应付利息 50 000	利息费用归属本期,虽然尚未支付,但应确认为本月费用
4	已预付应确认本期费用	上年年末预付本年一季度管理部门财产保险 6 万元	借:管理费用 20 000 贷:预付账款 20 000	款项 6 万元已于上年年末支付,但应由本月负担的费用 2 万元
5	计提固定资产折旧	本月计提管理用设备折旧费用 3 万元	借:管理费用 30 000 贷:累计折旧 30 000	固定资产折旧应在预计寿命期内分期摊销

2. 期末账项结转

在会计循环中,期末账项结转是期末账项调整之后的一个环节。通过期末账项调整,我们按照权责发生制要求确认了所有应属于本期的收入和费用,并作了相应的账务处理。这项工作结束后,就可以进行账项结转。期末账项结转主要包括成本的结转和损益的结转两方面内容。以下以制造业为例说明期末账项调整的账务处理。

制造业企业的生产经营活动一般分为供应过程、生产过程和销售过程。制造业主要经营过程的账务处理,如图 2-11 所示。

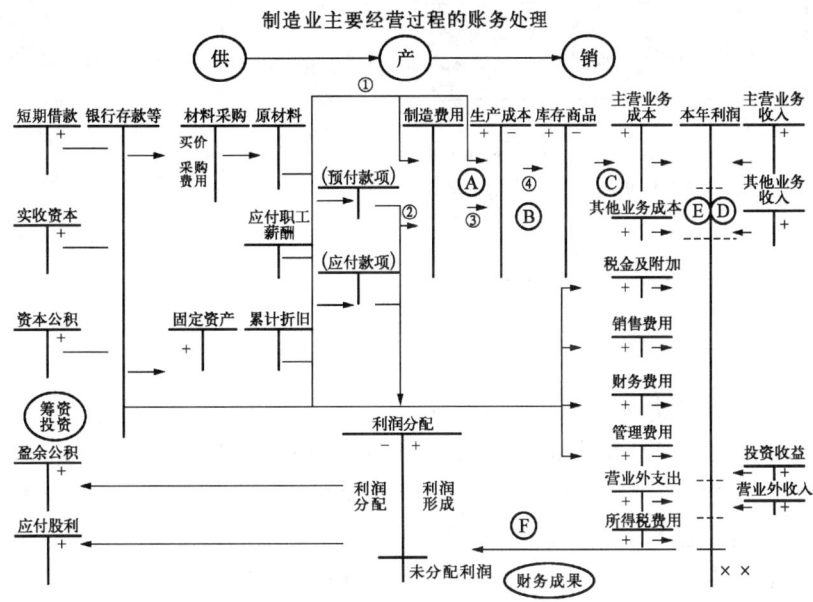

注:生产过程的账务处理:① 为要素费用的归集分配;② 为跨期费用的计算结转;③ 为制造费用的分配;④ 为完工产品成本的结转。

图 2-11　制造业主要经营过程账务处理图

图 2-11 中,期末结转的账务处理有:

(1) 成本的结转,包括制造费用的结转,完工产品成本的结转,销售成本的结转。

(2) 损益的结转,包括收入的结转、支出的结转、利润的结转。

各项结转的处理汇总,如表 2-12 所示。

表 2-12　账项结转会计处理汇总表

期末账项结转	成本结转	A 制造费用结转	借:生产成本 　贷:制造费用	车间制造费用为间接费用,集合后分配转入各产品生产成本
		B 完工成本结转	借:库存商品 　贷:生产成本	经过成本计算完工入库产品成本转入"库存商品"账户,"生产成本"账户若有余额,在借方为在产品成本
		C 销售成本结转	借:主营业务成本 　贷:库存商品	与收入配比,计算出生产成本后应将已销产品成本转出

（续表）

期末账项结转	损益结转	D 收入类结转	借：各项损益类收入账户 　贷：本年利润	① 各损益类账户期末结转后无余额 ② "本年利润"账户反映监督当年利润形成情况
		E 支出类结转	借：本年利润 　贷：各项损益类支出账户	
		F 本年利润结转	借：本年利润 　贷：利润分配 （亏损作相反处理）	① "本年利润"账户期末结转"利润分配"后无余额 ② "利润分配"账户反映历年累计未分利润或未弥补亏损

二、会计凭证

（一）会计凭证的意义

会计凭证是用来记录经济业务、明确经济责任，作为记账依据的书面证明。填制和审核会计凭证是真实反映经济业务、监督经济活动的专门方法，是会计核算方法体系的重要组成部分，也是会计工作的起点和基础。认真做好会计凭证的填制和审核工作，对于完成会计任务、发挥会计作用具有重要意义。填制并审核无误的会计凭证可以如实反映经济业务的发生和完成情况，为登记账簿提供真实、可靠的依据；有利于明确经济责任，强化内部控制；可以对经济活动的合理性、合法性进行监督，控制经济运行；还可以为会计检查、会计分析提供必要的原始资料。

（二）会计凭证的种类

会计凭证按其填制程序和用途的不同，可分为原始凭证和记账凭证两种。

原始凭证是经济业务发生时直接取得或填制的，是用以记录经济业务的主要内容和完成情况，明确经济责任的书面证明，是编制记账凭证的依据，是进行会计核算的原始资料。但原始凭证种类繁多、数量庞大、格式不一，不便于据以直接登记入账。

记账凭证是会计人员根据审核后的原始凭证进行归类、整理，并确定会计分录而编制的凭证，是介于原始凭证与账簿之间的中间环节，是登记账簿的直接依据。

1. 原始凭证的种类

原始凭证多种多样，可以按取得来源、填制方法、用途格式及使用范围等不同标志进行分类。具体分类情况，如表 2 - 13 所示。

在上述分类中，同一原始凭证按不同分类标志可分属于不同的种类，如收料单既是自制原始凭证，也是一次凭证，又是执行原始凭证。另外，各种凭证间还有如下关系：外来凭证大多为一次凭证，计算凭证大多为自制凭证，累计凭证大多也为自制凭证等。

不同种类原始凭证的参考格式及内容如下：

(1) 增值税专用发票属于表 2-13 分类中,外来、一次、执行、通用原始凭证,如表2-14 所示。

(2) 领料单属于表 2-13 分类中,自制、一次、执行、专用原始凭证,如表 2-15 所示。

(3) 限额领料单属于表 2-13 分类中,自制、累计、执行、专用原始凭证,如表 2-16 所示。

(4) 发出材料汇总表属于表 2-13 分类中,自制、汇总、计算、专用原始凭证,如表 2-17 所示。

表 2-13 原始凭证分类情况表

按取得来源	按填制方法	按用途格式	按使用范围
外来原始凭证 ①外部经济业务发生、完成时取得 ②如发票、运单、机票	一次凭证 ①一次填制完成 ②反映一项或若干项同类业务 ③如领料单	通知凭证 ①指示命令进行某项业务事项 ②如罚款通知	通用凭证 ①某一地区某个部门统一格式 ②如银行汇款凭证、计税凭证、增值税专用发票
	累计凭证 ①一张凭证一定期间同类业务连续登记期末完成 ②如限额领料单	执行凭证 ①证明某项业务已经发生 ②如发货票收料单	
自制原始凭证 ①内部经办部门和人员在业务执行完成时填制 ②如收料单、发料单、入库单等	汇总凭证(原始凭证汇总表) ①根据同类业务原始凭证汇总编制(简化) ②如发料汇总表	计算凭证 ①自行根据有关账簿资料编制 ②如制造费用分配表、产品成本计算表	专用凭证 ①单位内部自行设计核算监督特定内容 ②如差旅费报销单

表 2 – 14

电子发票（增值税专用发票）

发票号码:23312000000156671969

开票日期:2023 年 12 月 08 日

购买方信息	名称:上海瑞信百货公司	销售方信息	名称:上海佳塑塑料制品有限公司
	统一社会信用代码/纳税人识别号:91310113589073204A		统一社会信用代码/纳税人识别号:91310108001567123A

项目名称	规格型号	单位	数量	单价	金额	税率/征收率	税额
*塑料制品*塑料整理箱		只	1 000	60.00	60 000.00	13%	7 800.00
合　计					￥60 000.00		￥7 800.00
价税合计(大写)	⊗陆万柒仟捌佰圆整				(小写)￥67 800.00		
备注							

开票人:李钦

表 2 – 15　领料单

领料部门：　　　　　　　　　　年　月　日　　　　　　　　凭证编号：

用　　途：　　　　　　　　　　　　　　　　　　　　　　　收料仓库：

材料编号	材料规格及名称	计量单位	数　量		价　格		
			请领	实领	单价	金额(元)	第
							联
备　注					合计		

记账：　　　　　　发料：　　　　　　审批：　　　　　　领料：

表 2 – 16　限额领料单

年　月

领料单位：＿＿＿＿＿＿

产品名称、号令：＿＿＿＿＿　　　　　　　　　　发料仓库：＿＿＿＿

计划产量：＿＿＿＿＿　　　单位消耗定额：＿＿＿＿　　　编　　号：＿＿＿＿

材料编号	材料名称	规　格	计量单位	计划单价	领料限额	全月实用	
						数　量	金　额
领料日期	请领数量	实发数量		领料人签章	发料人签章	限额结余	
合　　计							

供应部门负责人：　　　　　　生产部门负责人：　　　　　　仓库管理员：

表 2 - 17 发出材料汇总表

年 月

会计科目		领料部门	原 材 料	燃 料	合 计
生产成本	基本生产车间	一车间			
		二车间			
		小 计			
	辅助生产车间	供电车间			
		锅炉车间			
		小 计			
制造费用		一车间			
		二车间			
		小 计			
合 计					

会计负责人: 复核: 制表:

2. 记账凭证的种类

记账凭证按其所记录的经济业务内容与现金、银行存款的收付关系不同,可分为收款凭证、付款凭证和转账凭证。收款凭证是反映现金、银行存款增加的经济业务而编制的记账凭证;付款凭证是反映现金、银行存款减少的经济业务而编制的记账凭证;转账凭证是反映不涉及现金、银行存款收付业务的转账业务而编制的记账凭证。收款凭证、付款凭证也是出纳人员据以办理现金、银行存款收付的依据。

此外,记账凭证还可以按填制方法、是否经过汇总、用途格式等标志进行分类。记账凭证的分类情况,如表 2-18 所示。

由于企业经济业务不外乎收款业务、付款业务和转账业务三种,所以实际工作中大多数企业记账凭证选择采用收款凭证、付款凭证和转账凭证三种。如需要汇总登记总分类账,再选择一种适用的汇总记账凭证,企业单位大多采用科目汇总表进行汇总。

【例 2 - 4】 20×1 年 3 月 10 日,收到违约金罚款收入 1 000 元,转账支票存入银行。

该项经济业务的原始凭证为"银行进账单回单"和罚款"收据"的记账联,根据原始凭证填制收款凭证,如表 2-19 所示。

表 2 - 18 记账凭证分类情况表

按经济内容	按填制方法	按是否经过汇总	按用途格式
收款凭证 专门记载库存现金、银行存款增加业务 出纳员收付款证明 付款凭证 专门记载库存现金、银行存款减少业务 转账凭证 专门记载不涉及收付业务记账凭证	单式记账凭证 每张凭证一个账户，一项业务涉及几个科目，编制几张（便于分工记账但过于分散） 复式记账凭证 一笔业务涉及的账户集中编制在一张凭证中内容完整，（不便于分工记账）	非汇总记账凭证 前述各种收款凭证、付款凭证、转账凭证 汇总记账凭证 ①根据记账凭证编制，简化登记总分类账 ②如A科目汇总表 B汇总收款凭证、汇总付款凭证、汇总转账凭证	通用记账凭证 统一格式，收、付、转业务均可 专用记账凭证 ①仅反映某类业务 ②如收款凭证、付款凭证、转账凭证

表 2 - 19 收款凭证

总字第 4 号

借方科目：银行存款　　　　　　20×1 年 3 月 10 日　　　　　　银收字第×号

摘　　要	贷 方 科 目		记　账	金　　额	
	一级科目	二级或明细科目			附单据2张
收到罚款收入	营业外收入	其他		1 000.00	
合　　计				￥1 000.00	

会计主管：（签单）　　　记账：（签章）　　　稽核：（签章）　　　制单：（签章）　　　出纳：（签章）

【例 2 - 5】 20×1 年 3 月 15 日，以现金支付办公用品款 500 元，交付使用。

该项经济业务的原始凭证为购买办公用品的"发货票"收据联，根据原始凭证填制付款凭证，如表 2-20 所示。

表 2-20　付款凭证　　　　　　　　　总字第 6 号

贷方科目：库存现金　　　　20×1 年 3 月 15 日　　　　现付字第×号

摘　　要	借 方 科 目		记　账	金　　额	附单据1张
	一级科目	二级或明细科目			
购买办公用品	管理费用	办公费		500.00	
				/	
合　　计				￥500.00	

会计主管：(签单)　　记账：(签章)　　稽核：(签章)　　制单：(签章)　　出纳：(签章)

对于现金、银行存款相互划转的经济业务,为避免重复,一般只编制付款凭证。

【例 2-6】　20×1 年 3 月 31 日,计算结转本期应付销售人员工资 50 000 元,管理人员工资 10 000 元。

该项经济业务的原始凭证为自制"应付职工薪酬分配表",根据原始凭证填制转账凭证,如表 2-21 所示。

表 2-21　转账凭证

20×1 年 3 月 31 日　　　　　　　　　转字号第 58 号

摘　　要	会 计 科 目		记　账	借方余额	贷方余额	附单据1张
	一级科目	二级或明细科目				
分配工资费用	销售费用	职工薪酬		50 000.00		
	管理费用	职工薪酬		10 000.00		
	应付职工薪酬	短期薪酬(工资)			60 000.00	
合　　计				￥60 000.00	￥60 000.00	

会计主管：(签单)　　　　记账：(签章)　　　　稽核：(签章)　　　　制单：(签章)

科目汇总表是一种汇总记账凭证,其编制方法是:首先,根据会计分录凭证编制"T"形账户,将本期各会计科目发生额一一记入有关"T"形账户;然后,计算各账户的本期借方发生额与贷方发生额合计数;最后,将此发生额合计数填入科目汇总表中与有关科目相对应的"本期发生额"栏,并将所有会计科目本期借方发生额与贷方发生额进行合计,借贷发生额平衡相等后,可用以汇总登记总账。在业务量较大的企业,根据科目汇总表登记总分类账,可以大大简化登记总账的工作量,但不足之处是在账簿中不能反映账户之间的对应关系。

【例 2-7】　根据表 2-9 的会计分录,编制科目汇总表,如表 2-22 所示。

表 2-22 科目汇总表　　　　　　　　　编号：

20×1年3月31日　　　　　　　　　单位：万元

会 计 科 目	记 账	本期发生额		记账凭证起讫号数
		借 方	贷 方	（略）
库存现金			0.05	
银行存款		200.1	101	
应收账款		50		
库存商品		190	200	
短期借款		20	0	
应付职工薪酬			6	
应付账款		30	140	
应付利息			0.15	
本年利润		207.2	250.1	
主营业务收入		250	250	
营业外收入		0.1	0.1	
主营业务成本		200	200	
销售费用		6	6	
管理费用		1.05	1.05	
财务费用		0.15	0.15	
合　　计		1 154.6	1 154.6	

审核人：　　　　　　　　　制表人：

（三）会计凭证的填制与审核

1. 会计凭证的基本内容

作为反映经济业务的会计凭证,无论原始凭证还是记账凭证,都要说明经济业务的发生和完成情况,都要明确经办单位、人员以及其他相关单位的经济责任,但两者的用途又不完全相同。因此,原始凭证与记账凭证所具备的基本要素,有共同点也存在着差异,具体内容,如表2-23所示。

表 2-23 原始凭证与记账凭证填制内容对比表

内容	名称	日期	单位	业务	签章	账户	附件
原始凭证(业务发生时取得填制)	原始凭证名称	填制原始凭证的日期	接受原始凭证单位名称	经济业务内容(含数量、单价、金额)	填制单位签章填制人员签章	—	(汇总原始凭证有附件)

（续表）

内容	名称	日期	单位	业务	签章	账户	附件
记账凭证（会计人员编制）	记账凭证名称	填制记账凭证日期	—	经济业务内容摘要	填制人员、稽核人员、记账人员、会计主管人员签名或盖章（收付款凭证还要有出纳人员签章）	会计分录（账户名称、记账方向、金额）	所附原始凭证张数及其他有关资料

2. 会计凭证的填制要求

会计凭证填制正确与否，是保证最终提供的会计信息真实完整的基本前提。为了保证整个会计信息系统所产生的相关资料的真实性、正确性和及时性，必须按要求填制或取得会计凭证。原始凭证与记账凭证的填制要求，如表 2-24 所示。

表 2-24 原始凭证与记账凭证的填制要求对比表

填制要求	原始凭证	记账凭证
记录真实	内容、金额真实可靠，不得弄虚作假	根据审核无误的原始凭证填制，真实可靠
内容完整	逐项填写，不得遗漏、省略、含糊（日期、单位名称、内容、签章）	日期、摘要、分录、签章、附件等逐项填列
手续完备	① 单位、相关人员签章齐备（外来凭证应有公章） ② 购货有验收证明，退货有入库证明，付款有收款证明 ③ 借款收回另开收据或退还借据副本 ④ 特批业务应附批件或批文单独归档	① 除结账、更正错误业务外，均应附有并注明原始凭证页数 ② 原始凭证汇总表与所附原凭证张数，一并计入附件数 ③ 零散票券粘贴在一张纸上，按一页附件计数 ④ 1 张原始凭证涉及几张记账凭证要在记账凭证中注明号数或附复印件
书写清楚规范	① 使用蓝黑墨水严格按规定填写 ② 文字要简明，字迹要清楚，不得自造简化字 ③ 汉字大写数字用正楷或行体书写，壹、贰、叁、肆、伍、陆、柒、捌、玖、拾、佰、仟、万、亿、元、角、分、零、整等，大写前加"人民币"字样式，不留空白 ④ 小写数字不得连笔书写，前加币种符号并不留空白；有角无分，分位写"0"，无角"无分"可写"00 分"或"—"符号代替	基本要求与原始凭证相同，此外还应注意以下要求： ① 时间一般为编制当日，报告期下月初编制的上期调整、结转凭证时间填写编报当期期末 ② 摘要简短、精炼、明了 ③ 按规定科目使用全称，会计分录正确，对应关系清楚（其余要求同原始凭证） ④ 不得将不同类型经济业务合并在一张记账凭证上

（续表）

填制要求	原始凭证	记账凭证
连续编号	各种凭证要连续编号以便查考 ① 一式几联必双面复写，作废同存根联一并保存 ② 写错作废应加盖"作废"章，不得撕毁	按时间顺序编号，以分清会计事项先后顺序： ① 可分收、付、转三类业务编号 ② 可分现收、现付、银收、银付、转账五类编号
不得涂改刮擦挖补	① 文字错误由出具单位重开或更正盖章 ② 金额错误由出具单位重开不得更正	① 编制时填写错误应重新填写 ② 已入账填写错误按规定方法更正
填制及时	仔细验证签发日期，不得任意延误	及时填制

3. 会计凭证的审核

（1）原始凭证的审核。原始凭证的审核，是保证会计记录真实正确，充分发挥会计监督作用的重要环节。因此，会计部门对各种填制完成的原始凭证，不论是自制的还是外来的，都应该从形式上和实质上两方面进行严格审核。

形式上的审核，主要是审核凭证格式是否符合规定要求，内容是否完整，数字计算是否正确，大小写金额是否一致，书写是否清楚，有关人员签章是否齐全，有无刮、擦、挖、补或涂改现象等。

实质上的审核，主要是针对原始凭证中记录的经济业务的真实性与合法、合理性进行审核。首先，要保证原始凭证所记录的经济业务符合实际情况；其次，要以国家的方针、政策、法令、制度和企业的计划、合同等为依据，审核原始凭证的内容是否合法、合理，有无违反财经制度，是否符合计划预算，是否符合成本开支范围等等。

在审核过程中，如发现问题，应按不同情况进行处理：凡出现手续不完备，数字计算不正确，文字书写不清楚，项目填写不齐全等一般差错的原始凭证，应退还经办部门或人员，限期补办手续，进行更正；凡是不合理、不合法的原始凭证，会计人员有权拒绝支付或报销；对于违法乱纪、伪造冒领等非法行为，应扣留原始凭证并向单位负责人报告，根据有关法规进行严肃处理。

（2）记账凭证的审核。记账凭证是根据正确无误的原始凭证填制的，因此，记账凭证的审核在一定意义上可以说是对原始凭证的复核，只有审核无误的记账凭证才能作为登记账簿的依据。记账凭证的审核除做到上述要求外，还应注意以下内容：① 是否附有原始凭证，附件张数填列是否正确，记账凭证的内容是否与原始凭证一致。② 记账凭证上记载的会计分录是否正确，即应借应贷账户的名称、金额及其对应关系有无错误，一级科目金额与所属明细账目金额是否相符。③ 记账凭证中有关项目填列是否齐备，有关人员是否签字盖章，填写是否符合规范等。

审核中,对于手续不全、内容不完整的记账凭证应进行补办、补填;对于有错误的记账凭证,应根据有关规定进行重新填制或更正错误。

（四）会计凭证的传递与保管

1. 会计凭证的传递

会计凭证的传递是指从会计凭证的取得或填制时起,经过审核、登账,直到归档保管过程中,在单位内部有关部门和人员之间的传送程序。会计凭证的传递是会计核算得以正常、有效进行的前提。会计凭证的传递,要求能够满足内部控制制度的要求,使传递程序合理有效,同时尽量节约传递时间,减少传递的工作量。

企业生产组织特点、经济业务的内容和管理要求不同,会计凭证的传递也有所不同。为此,企业应根据具体情况制定每一种凭证的传递程序和方法,确定传递路线、规定传递时间、建立凭证交接的签收制度。同时,可以针对主要业务绘制流程图,在办理业务时予以遵循。例如,在收料单的传递中应规定:材料到达企业后多长时间内验收入库,收料单由谁填制,一式几联,各联次的用途是什么,何时传递到会计部门,会计部门由谁负责收料单的审核工作,由谁于何时据以编制记账凭证、整理归档等。会计凭证的传递是否科学、严密、有效,对于加强企业内部管理、提高会计信息的质量具有重要的意义。

2. 会计凭证的保管

会计凭证的保管是指会计凭证登账后的整理、装订和归档保管。会计凭证是重要的会计核算资料,是重要的经济档案和历史资料,也是事后了解经济业务、检查账务、明确经济责任的重要证明。所以,对会计凭证必须妥善保管,不得丢失和任意销毁。

（1）会计凭证的保管必须安全完整,同时,又要便于事后查找。为此,会计部门在记账之后,应定期对各种会计凭证加以分类整理,将记账凭证按照编号顺序,连同所附原始凭证折叠整齐,加上封面、封底,装订成册,并在装订线上加贴封签。随后,在封面上注明单位名称、记账凭证种类、起止号数、年度月份和起止日期,并由有关人员签字盖章。对数量过多的原始凭证,可以单独装订保管,但要在记账凭证上加注说明,以便查阅。

原始凭证不得外借,确实需要使用时,可以复制,但应专设登记簿,由提供和收取人员共同签章。

从外单位取得的原始凭证遗失时,应取得原签发单位盖有公章的证明,并注明原始凭证的号码、金额和内容等,由经办单位会计机构负责人、会计主管人员和单位负责人批准后,才能代作原始凭证。若确实无法取得证明的,如车票丢失,则应由当事人写明详细情况,由经办单位会计机构负责人、会计主管人员和单位负责人批准后,代作原始凭证。

（2）装订成册的会计凭证,应指定专人保管。会计凭证可暂由单位会计机构保管1年,期满后应移交财会档案室登记归档,集中保管。出纳人员不得兼管会计档案。

会计凭证的保管期限和销毁手续,必须严格执行有关规定。根据各种会计凭证的重要程度,分别规定保管期限。对保管期限已满需要销毁的会计凭证,必须开列清单,并按规定手续进行报批处理,经上级主管部门批准后方可销毁。

三、会计账簿

（一）会计账簿的意义

会计账簿是以会计凭证为依据,由具有专门格式而又相互联系的账页组成,用以连续、系统、全面地记录和反映各项经济业务的簿记。设置和登记账簿是编制会计报表的基础,是连接会计凭证与会计报表的中间环节。

科学地设置和登记账簿,可以系统地反映经济业务,提供管理上所需要的总括指标和明细指标;可以反映企业各项财产物资状况及其变化,有助于保护财产安全完整,便于监督各项资金的合理使用;可以为编制会计报表提供资料来源和依据;还可以据以进行会计分析和检查。

（二）会计账簿的种类

账簿按其用途不同,一般可分为序时账簿、分类账簿和备查账簿。

序时账簿又称日记账,是指按照经济业务发生时间的先后顺序,逐日逐笔登记的会计账簿。序时账簿按其记录经济业务内容的不同,分为普通日记账和特种日记账。普通日记账又称分录簿,是根据经济业务发生先后顺序,逐日逐笔登记全部经济业务的会计账簿。特种日记账是用来记录企业某些需要特别关注、大量发生的经济业务,并起到汇总作用的会计账簿。特种日记账按记录经济业务的内容不同,可分为库存现金日记账、银行存款日记账、销货日记账、购货日记账、应收账款日记账和应付账款日记账等。

分类账簿是指对全部经济业务按照总分类账户和明细分类账户进行分类登记的会计账簿。它可以系统地归纳、综合并集中反映同类经济业务发生的情况,从分类账簿的每个账户里可以得到各个会计要素及其构成内容增减变动的资料,进而为编制会计报表和加强经营管理提供有关资产、负债、所有者权益、收入、费用、利润总括的和详细的分类资料。分类账簿按其记载内容详简程度不同,可分为总分类账簿和明细分类账簿。总分类账簿又称总账,是指按总分类账户分类设置并登记全部经济业务的会计账簿。明细分类账簿又称明细账,是指按照明细分类账户进行分类登记的会计账簿。

备查账簿又称辅助登记簿,是指对某些在序时账簿和分类账簿中未能记载或记载不全的事项进行补充登记的会计账簿。设置和登记备查账簿的目的,是在正式账簿之外,对某些经济业务的内容提供有用的参考资料或补充信息,如固定资产登记簿、委托加工材料登记簿、代管商品物资登记簿等。

会计账簿的种类多种多样,除上述分类外,还可以按外表形式不同,分为订本账、活页账和卡片账;按账页格式不同,分为三栏式、多栏式、数量金额式账簿。通常,现金、银行日记账应采用借贷余三栏式明细账;应收账款、应付账款等反映结算关系的明细分类账可采用三栏式明细账(表2-28);库存商品、原材料等存货明细账采用数量金额式明细账(表2-29);材料采购、生产成本、管理费用等成本费用明细账采用多栏式明细账(表2-30)。

(三)会计账簿的设置与登记

一个会计主体应设置哪些种类的账簿,采用什么格式,都应在符合国家统一规定的前提下,根据本单位经济业务的性质、特点及经营管理的实际需要来具体确定。账簿设置既要能够系统全面提供信息,有明确分工,密切联系,又要考虑人力物力节约,避免重复,简便适用,便于查账。通常各单位均应设置日记账和分类账,其设置与登记要求,如表2-25所示。

表 2-25 账簿设置与登记汇总表

类 别		设 置		登 记	注 意 问 题
		依 据	格 式		
日记账	普通日记账		两栏式(多栏略)(借方、贷方)	根据全部业务发生先后顺序逐日逐笔登记	目前企业较少设置
	特种日记账 ① 库存现金日记账 ② 银行存款日记账 (提供序时明细指标)		三栏订本式(借方、贷方余额)(多栏格式略)	根据审核无误的收付款凭证逐日逐笔登记,每日结金额	一般均要求设置
分类账	总分类账 (提供总括指标,统驭控制所属明细账)	根据一级科目开设	三栏订本式(借方、贷方、余额)	根据采用的账务处理程序逐笔直接或汇总登记	各核算单位必须设置
	明细分类账 (提供详细指标,对总分类账作补充说明)	根据二级或明细科目开设	订本式或活页式(三栏式、多栏式、数量金额式、横线登记式)	根据原始凭证、原始凭证汇总表或记账凭证登记	根据管理要求设置,财产物资、债权、债务、费用成本、收入成果等一般都应设置明细账

【例2-8】 根据表2-9各项经济业务资料及其账务处理,开设并登记银行存款日记账、应付账款总分类账、应付账款明细账、库存商品明细账,如表2-26至表2-29所示。

表 2－26 银行存款日记账

20×1年		凭证编号	结算凭证及编号	摘　要	对方科目	收　入	付　出	结　存
月	日							
3	1			期初余额				2 099 000.00
3	1	总字①		偿还短期借款	短期借款		200 000.00	1 899 000.00
3	3	总字②	（略）	购入库存商品	库存商品		500 000.00	1 399 000.00
3	5	总字③		偿还前欠货款	应付账款		80 000.00	1 319 000.00
3	10	总字④		罚款收入	营业外收入	1 000.00		1 320 000.00
3	12	总字⑤		支付广告费	销售费用		10 000.00	1 310 000.00
3	22	总字⑧		偿还前欠货款	应付账款		220 000.00	1 090 000.00
3	31	总字⑨		销货收入	主营业务收入	2 000 000.00		3 090 000.00
3	31			本期发生额及期末余额		2 001 000.00	1 010 000.00	3 090 000.00

表 2－27 总分类账

账户名称：应付账款

20×1年		凭证编号	摘　要	对方科目	借　方	贷　方	借或贷	余额
月	日							
3	1		期初余额				贷	100 000.00
3	5	总字③	偿还甲公司货款	银行存款	80 000.00		贷	20 000.00
3	18	总字⑦	从甲、乙公司购入商品	库存商品		1 400 000.00	贷	1 420 000.00
3	22	总字⑧	偿还前欠甲、乙公司货款	银行存款	220 000.00		贷	1 200 000.00
3	31		本期发生额及期末余额		300 000.00	1 400 000.00	贷	1 200 000.00

表 2－28 应付账款明细分类账

账户名称：应付账款——甲公司

20×1年		凭证编号	摘　要	借　方	贷　方	借或贷	余　额
月	日						
3	1		期初余额			贷	100 000.00
3	5	总字③	偿还前欠货款	80 000.00		贷	20 000.00

（续表）

20×1年		凭证编号	摘　要	借方	贷方	借或贷	余　额
月	日						
3	18	总字④	购入库存商品		400 000.00	贷	420 000.00
3	22	总字⑧	偿还前欠货款	120 000.00		贷	300 000.00
3	31		本期发生额及期末余额	200 000.00	400 000.00	贷	300 000.00

表 2－29　库存商品明细分类账

库存商品编号：

账户名称：A 商品　　　　　　　　　　　　　　　　　储存金额：

类别：×××　　　　　　品名及规格：×××　　　　存放地点：　　计量单位：件

20×1年		凭证编号	摘要	收　入			发　出			结　存		
月	日			数量	单价	金额	数量	单价	金额	数量	单价	金额
3	1		期初余额							1 000	2 000	2 000 000
3	3	总字②	购入商品	250	2 000	500 000				1 250	2 000	2 500 000
3	18	总字⑦	购入商品	200	2 000	400 000				1 450	2 000	2 900 000
3	31	总字⑫	结转已销成本				1 000	2 000	2 000 000	450	2 000	9 00 000
3	31		本期发生额及期末余额	450	2 000	900 000	1 000	2 000	2 000 000	450	2 000	900 000

实际工作中,成本费用类科目的明细账,可以只按借方发生额设置专栏,贷方发生额由于每月发生的笔数很少,可以在借方直接用红字冲计。这类明细账也可以在借方设专栏的情况下,贷方设一总的金额栏,再设一余额栏。多栏式明细分类账格式,如表 2－30 所示。

表 2－30　管理费用明细分类账

年		凭证号	摘　要	借　方								贷方	余额
月	日			职工薪酬	办公费	差旅费	折旧费	修理费	工会经费	……	合计		

（续表）

年		凭证号	摘　　要	借　　方								贷方	余额
月	日			职工薪酬	办公费	差旅费	折旧费	修理费	工会经费	……	合计		

（四）总分类账户与明细分类账户的平行登记

1. 总分类账户与明细分类账户的关系

总分类账户对明细分类账户具有统驭控制作用，明细分类账户对总分类账户具有补充说明作用。总分类账户与其所属明细分类账户在总金额上应当相等。

2. 总分类账户与明细分类账户平行登记的要点

平行登记是指对所发生的每项经济业务事项，都要以会计凭证为依据，一方面记入有关总分类账户，另一方面记入有关总分类账户所属明细分类账户的方法。

总分类账户与明细分类账户平行登记要求做到：① 所依据会计凭证相同；② 借贷方向相同；③ 所属会计期间相同；④ 记入总分类账户的金额与记入其所属明细分类账户的合计金额相等。

总分类账与明细分类账的平行登记，如图 2 - 12 所示。

（五）记账规范和错账更正

1. 账簿登记要求

登记账簿是会计核算的一个重要环节，为了使账簿记录正确、及时、完整、清楚，以确保后续会计工作的正确性，会计人员应根据审核无误的会计凭证认真做好账簿的登记工作，并应符合以下要求：

（1）凭证日期、编号、摘要、金额等逐项记入，做到数字准确、摘要清楚、登记及时、字迹工整。

（2）必须用蓝黑墨水或碳素墨水书写，除银行的复写账簿外，不许用铅笔或圆珠笔记账。在会计工作中，红色数字表示对蓝色数字的冲销或表示负数，因此，用红色墨水登记账簿仅限以下情况：① 期末结账时划红线；② 划线更正法更正错账时，划红线更正；

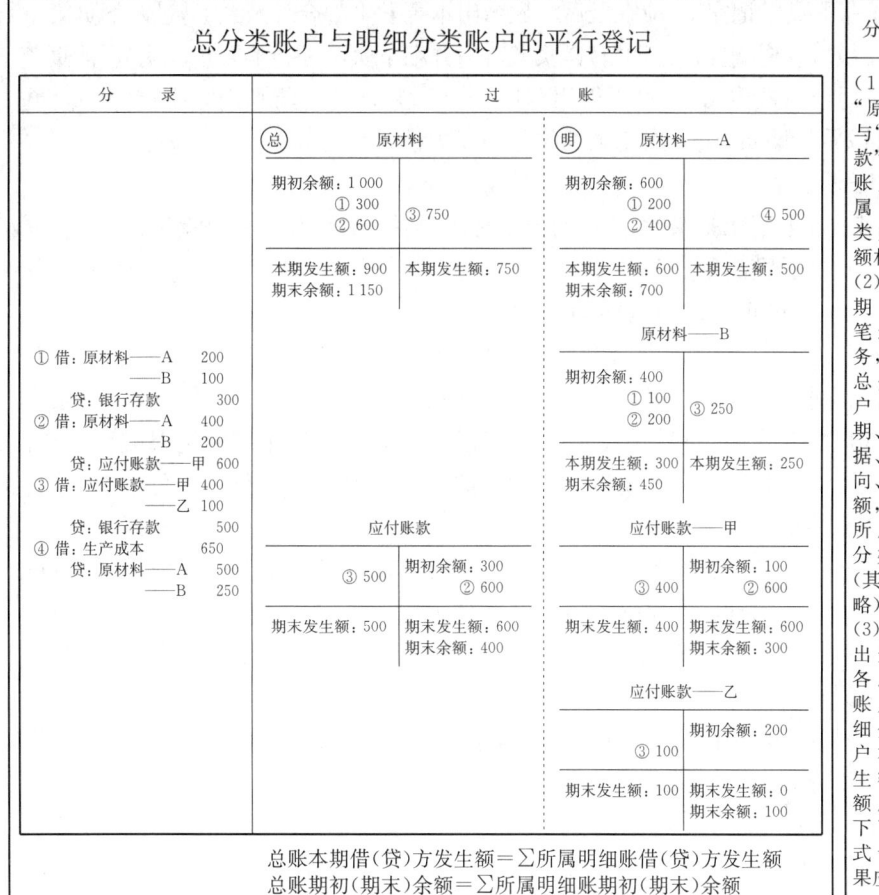

图 2 - 12 总分类账与明细分类账的平行登记

③ 红字更正法冲销账簿记录;④ 在多栏式账页中用红字登记减少数;⑤ 在没有余额方向栏的三栏式账页中,用红字登记负数余额;⑥ 在账簿登记发生跳行、隔页时,用红笔划斜线或对角线注销空行和空页。

(3)登记账簿时,文字和数字都不能顶格书写,一般应占格距的 1/2 或 2/3,以便留有改错的空间。

(4)记账完毕,应在记账凭证上签名盖章,在过账栏划"√";账页逐行逐页登记;相同账户隔页跳行处用红色墨水对角线注销,或注明"此页空白"字样,由记账人员或会计负责人盖章。

(5)凡需要结出余额的账户,结出余额后,应在余额方向栏内写明"借"或"贷"字样。没有余额的账户,应在余额方向栏中写"平"字,并在余额栏元位上用"⊖"表示。现金和银行存款日记账必须逐日结出余额。

（6）每张账页登记完毕，应在最后一栏结出本页发生额合计及余额，过入下页第一行有关金额应在最后一栏摘要栏注明"转次页"字样；并在下页第一行摘要栏注明"承前页"字样。

（7）账簿记录发生错误时，不得用刮擦、挖补、涂改或用药水消除字迹等手段更正错误，也不可以重抄账页，应采用正确的错账更正方法进行更正。

2. 错账更正

账簿记录发生记账差错时，不准涂改、挖补、刮擦或者用药水消除字迹，不准重新抄写，应区别不同的情况，用专门的错账更正方法予以更正。常用的会计差错更正方法有划线更正法、红字更正法、补充登记法三种。

（1）划线更正法。划线更正法是指在原有的错误记录上划红线以示注销，然后在被注销的错误记录上方写上正确记录的一种错误更正方法。在每月结账前，发现账簿记录中的文字或数字有错误，而其所依据的记账凭证正确，即纯属记账时笔误或计算错误，可采用此方法更正。划线更正时要保证被划线的错误记录的字迹仍清晰可辨认，并由更正人员在更正处签章。

（2）红字更正法。红字更正法又称红字冲销法，是指用红字冲销原有记录后再予以更正的方法。以下两种记账错误可以用红字更正法更正：

第一，记账后，发现记账凭证中的应借、应贷会计科目或记账方向有错误，并据以登记账簿的错误。

第二，记账后，发现记账凭证中应借、应贷会计科目和记账方向都正确，只是账簿中所记金额大于应记金额的错误。

对以上第一种错误，需经两步进行更正。首先，用红字（只限金额用红字，其他项目用蓝字）填制一张与原错误记账凭证内容完全一致的记账凭证，在摘要中注明"注销某年某月某日某号凭证"字样，并用红字（金额）登记入账，以冲销原来的账簿记录；然后，用蓝字填制一张正确的记账凭证，在摘要中注明"订正某年某月某日某号凭证"字样，并据以登记入账。冲销和订正的记账凭证后面可不附原始凭证。

对以上第二种错误，只需用红字金额填写一张记账凭证，并据以入账，将账簿中多记的部分金额予以冲销即可。

【例2－9】 20×1年9月15日，职工预借差旅费800元，会计人员编写记账凭证时，借记"管理费用"账户800元，贷记"库存现金"账户800元，并据以登记入账。记账后发现的上述错误的更正处理如下：

（1）用红字金额填写一张与原来错误记账凭证内容完全一致的记账凭证，在摘要栏注明"冲销20×1年9月15日第×号记账凭证"字样，并登记入账：

借：管理费用 $\boxed{800}$

　　贷：库存现金 $\boxed{800}$

（2）用蓝字填制一张正确的记账凭证，并登记入账：

借：其他应收款　　　　　　　　　　　　　　　　　　　　　　　800

　　贷：库存现金　　　　　　　　　　　　　　　　　　　　　　800

（3）补充登记法。补充登记法又称蓝字更正法，是指将原记账凭证和账簿中少记的金额用蓝字再填制一张记账凭证，由此来调整账簿记录的一种方法。记账以后，发现记账凭证中应借、应贷会计科目和记账方向都正确，只是所记金额小于应记金额，可采用补充登记法予以更正。更正时，将少记金额用蓝字填制一张与原错误记账凭证会计科目名称和记账方向一致的记账凭证，并在摘要栏内注明"补充某年某月某日某号记账凭证少记的金额"字样，并据此登记账簿。

【例 2 - 10】　20×1 年 11 月 10 日，以现金支付生产车间办公费 500 元，编制记账凭证为：借记"制造费用"账户 50 元，贷记"库存现金"账户 50 元，会计人员在期末对账时发现上述错误，用补充登记法更正如下：

将少记的金额用蓝字填制一张与原错误记账凭证的会计科目、记账方向相同的记账凭证，在摘要栏内注明"补充 20×1 年 11 月 10 日的记账凭证少记金额"字样。

借：制造费用　　　　　　　　　　　　　　　　　　　　　　　450

　　贷：库存现金　　　　　　　　　　　　　　　　　　　　　450

（六）结账与对账

1. 结账

结账是指会计期间结束时，在该期间内发生的经济业务全部登记入账的基础上，结算各类账户本期发生额合计数和余额的工作。为了能够全面、系统地反映企业一定时期内发生的全部经济活动所引起的会计要素增减变动情况及其结果，考核企业经营成果，及时编制会计报表，会计期末企业必须定期结账。

（1）结账程序。结账的过程也是前述会计核算方法与会计循环有机结合的过程，结账及结账前的会计处理程序，如图 2 - 13 所示。

从图 2 - 13 中可以看出，结账及结账前的会计处理程序为：① 将本期发生的经济业务全部登记入账，并保证其正确性。如发现有漏记事项应及时补记，不得将本期发生经济业务延至下期登记。② 按权责发生制要求，做好应归属本期收入、费用的期末账项调整。③ 期末账项结转，包括成本结转和损益的结转。④ 结出资产、负债、所有者权益账户本期发生额和期末余额，并结转下期。

（2）结账方法。结账工作分为月结、季结和年结三种。月结时，结出本月发生额和期末余额后，在摘要栏内注明"本月发生额及余额"或"月结"字样，同时在月结行的上下方各划一条红线表示本月账簿记录已经结束；季结时，在本季末月结数下面结出本季度三个月的季发生额和季末余额，并在摘要栏内注明"季结"字样，然后在季结下面划一条单

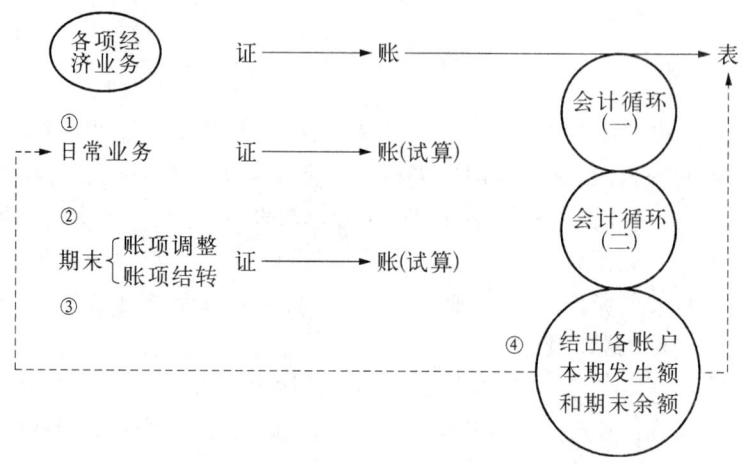

图 2-13　结账及结账前的会计处理程序图

红线;年结时,在第四季度季结下,结出全年发生额和年末余额,并在摘要栏内注明"年结"字样,然后在年结下面划双红线,以示本年度账簿记录已经结束。年度结账后,各账户的年末余额应转入新年账簿中并在余额旁盖名章,以明确经济责任(在摘要栏注明结转下年)。

不按月结算本期发生额的账户只需在月末最后一笔业务结出余额栏下划单红线。

2. 对账

对账是指在一定会计期间记完账后(月份、季度、年度),还应定期对各种账簿记录进行核对,做到账证、账账、账实、账表相符,以保证账簿记录和会计报表数字真实正确。对账的主要内容包括:

(1)账证核对,即各种账簿记录与记账凭证及其所附原始凭证的核对。账簿与记账凭证核对,检查账簿登记工作的质量,记账是否符合规定;账簿与原始凭证核对,检查经济业务的合理性与合法性。

(2)账账核对,即各种账簿之间有关数字的核对。账账核对主要包括:① 总分类账各账户期末借方合计数应与贷方合计数核对相符;② 各总分类账户期末余额应与所属各明细分类账期末余额之和核对相符;③ 日记账的期末余额应与相应总分类账的期末余额核对相符;④ 会计部门的各类财产物资明细账应与保管使用部门的相应明细账核对相符。

(3)账实核对,即各种账簿记录与财产物资、债权债务的核对。账实核对包括:① 现金日记账的余额应每日与库存现金核对相符;② 银行存款日记账应定期与银行送来的对账单核对相符;③ 应收账款、应付账款等往来款项应定期或不定期与有关单位或个人核对相符;④ 各种原材料、产成品、固定资产等明细账的账面余额应与实存数核对相符。

（4）账表核对,即企业的月、季、年度报表中的数字,应与账簿中的有关数字核对,以保证账表相符。

（七）账簿的更换与保管

1. 账簿的更换

在每一会计年度结束、新的会计年度开始时,应按有关会计规范的规定,更换全部的总账、日记账和大部分明细账。而对于固定资产等少数明细账,则可继续使用,不必更换。

更换账簿后,可将有关账户的余额从旧账中直接转入新账,而无需另编记账凭证,只是在新账簿中相关账户新账页的第一行填写日期1月1日,在摘要栏中注明"上年结转"字样,并在余额栏记入上年余额。

2. 账簿的保管

会计账簿是重要的经济档案和历史资料,必须妥善保管,不得任意销毁和丢失。

年度终了,应将各种账簿装订成册,加具封面后,统一编号,并归档保管。

各种账簿的保管年限和销毁程序,应按会计制度的有关规定严格执行,未经批准,不得擅自销毁。

四、账务处理程序

（一）账务处理程序的意义和种类

为了合理地组织会计工作,确保会计信息的及时提供,必须把各类凭证、账簿按一定的要求结合起来,形成一定的账务处理程序。

账务处理程序又称会计核算形式,是指会计凭证组织、会计账簿组织和记账程序相互结合的方式。会计凭证组织是指会计凭证的种类、格式和各类凭证之间的相互关系;会计账簿组织是指会计账簿的种类、格式和各类账簿之间的相互关系;记账程序是指凭证的填制、账簿的登记以及根据账簿编制会计报表的顺序。

会计凭证组织、会计账簿组织和记账程序的不同结合方式,可以形成各种各样的账务处理程序,各单位应根据业务性质、规模大小等特点,采用适当的账务处理程序。

常用的账务处理程序主要有:① 记账凭证账务处理程序;② 科目汇总表账务处理程序;③ 汇总记账凭证账务处理程序;④ 日记总账账务处理程序;⑤ 多栏式日记账账务处理程序。上述各种账务处理程序的主要区别在于登记总账的依据和方法不同。各种账务处理程序的基本模式,如图2-14所示。

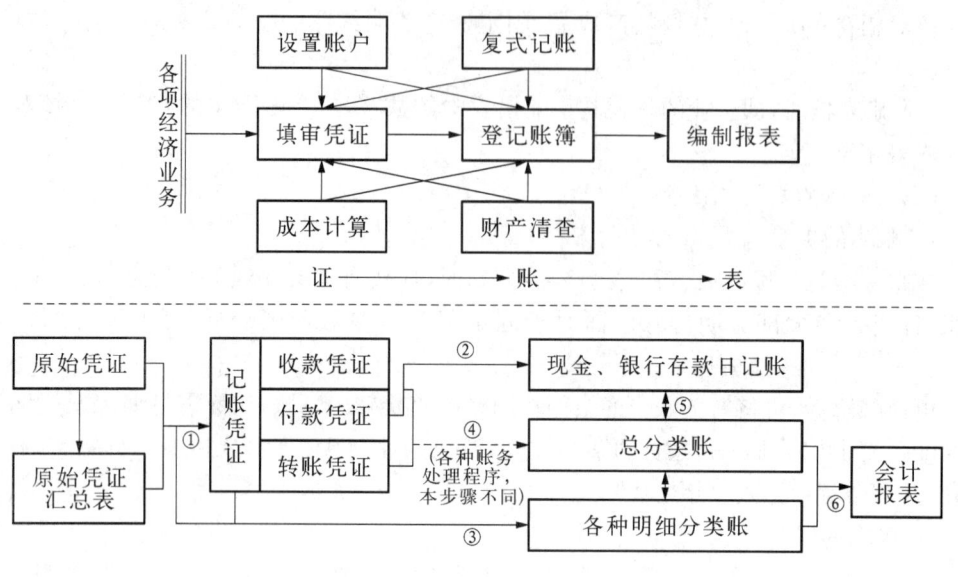

具体说明如下：

证 ① 根据原始凭证或原始凭证汇总表填制记账凭证；

账 ② 根据审核无误的收款凭证和付款凭证登记现金日记账和银行存款日记账；
③ 根据审核无误的收款凭证、付款凭证和转账凭证及其所附的原始凭证登记各种明细账；
④ 根据审核无误的收款凭证、付款凭证和转账凭证登记总分类账（各种账务处理程序不同）；
⑤ 期末，分别日记账与总分类账、总分类账与明细分类账相互核对；

表 ⑥ 期末，根据总分类账和明细分类账的资料编制会计报表。

图 2－14　各种账务处理程序的基本模式图

（二）记账凭证账务处理程序

记账凭证账务处理程序是最基本的核算程序，它包括了各种核算程序的基本要素。它区别于其他记账程序的根本特点是根据记账凭证直接逐笔登记总账。其优点是组织程序简单明了，总账反映详细。但总账要逐笔登记，记账工作繁重，也不符合总账反映的特点。因而，它只适用于规模不大、经济业务量不多的会计主体。

我们只需将图 2－14 中的第④步骤划为直线，就是记账凭证账务处理程序图。

（三）科目汇总表账务处理程序

科目汇总表账务处理程序的主要特点是定期把会计期间内所有记账凭证按相同科目（账户）加以汇总，编制科目汇总表，然后据以定期登记总账。

科目汇总表具有试算平衡作用，即借方发生额合计数与贷方发生额合计数一定相等。如不相等，表明记账凭证或登账汇总过程中存在差错。通过编制科目汇总表可以及时发现会计核算中的错误。企业规模越大，每月发生的经济业务越多，采用科目汇总表账务处理程序登记总分类账可大大节省工作量。但由于科目汇总表账务处理程序是根据汇总金额登记总分类账,其缺点是登记总账中不能反映出科目之间的对应关系。

在科目汇总表账务处理程序下,凭证组织中需增设汇总记账凭证——科目汇总表,在图2-14中的第④步骤增加科目汇总表的内容,就是科目汇总表账务处理程序图。

上述两种账务处理程序为我国广泛应用。实践中,还先后出现汇总记账凭证账务处理程序、多栏日记账务处理程序等,限于篇幅,这里不作具体介绍。

五、会计信息处理程序、会计核算方法、会计循环的关系

会计信息处理程序、会计核算方法和会计循环,三者之间融会贯通,统一于会计核算的簿记系统之中。从会计凭证到会计账簿再到会计报表的账务处理程序中,要相互联系地运用七种会计核算方法,各项经济业务的账务处理要经过会计程序确认、计量、记录、报告的过程。每个会计期间,会计程序运行中一般均通过日常业务处理、期末账项调整与结转两次循环完成。

本 章 小 结

通过本章的学习,我们较系统地了解了会计信息生成系统的构成内容——会计处理程序、会计核算方法和会计循环及其三者之间的内在关系;重点掌握了会计核算方法体系及簿记系统——设置账户、复式记账、会计凭证和会计账簿的基本内容及应用;熟悉了不同会计主体凭证、账簿组织的有机组合方式,账务处理程序的基本模式及各种程序的主要特点;了解了会计循环的步骤及期末账项调整与结转的基本方法。

会计核算的七种方法融合于"填审凭证→登记账簿→编制报表"过程中;从另一角度而言,上述过程也是会计处理程序"会计确认、计量、记录、报告"的过程,且会计确认、计量是会计职业判断的核心内容,对会计记录与会计报告的质量将起到至关重要的作用;每一会计期间,运用会计核算方法对各项经济业务核算过程,一般需要通过日常、期末两次会计循环来完成。为实现会计目标,将会计信息处理程序、会计核算方法、会计循环三者有机结合,在持续经营的各个会计期间,周而复始、循环往复,为信息使用者提供各会计期间决策有用的财务信息。

主 要 术 语

- 会计信息处理程序　　　　会计核算方法
- 会计循环　　　　　　　　会计确认
- 会计计量　　　　　　　　会计科目与账户
- 本期发生额　　　　　　　复式记账

■ 借贷记账法　　　　　试算平衡
■ 会计分录　　　　　　账户对应关系和对应账户
■ 会计凭证　　　　　　原始凭证
■ 记账凭证　　　　　　会计账簿
■ 会计凭证保管　　　　总分类账簿
■ 序时账簿　　　　　　平行登记
■ 明细分类账簿　　　　红字更正法
■ 划线更正法　　　　　对账
■ 补充登记法　　　　　账务处理
■ 结账

复 习 思 考 题

一、学习思考

（一）会计凭证学习思考

将本章要点小结摘要填写到表 2－31 中，并试举例说明会计凭证的基本内容及各部分内容的内在关系（表 2－31）。

表 2－31　会计凭证

内　容	要　点		应注意问题
会计凭证的意义	（1）含义： （2）意义		
会计凭证的种类	原始凭证	记账凭证	
	按取得来源{	按经济内容{	
	按填制方式{	按填制方式{	
	按用途{	按用途格式{	
	按是否汇总{	按是否汇总{	
会计凭证	填制		
	审核		
会计凭证	传递		
	保管		

（二）会计账簿学习思考

将本章要点小结摘要填写到表 2－32 中，并试根据表 2－32 列示的问题，说明会计账簿的基本内容及其相互关系。

表 2－32　会计账簿

（一）会计账簿的意义	含　义	意　义	
（二）会计账簿的种类	按用途	按外表形式	按账页格式
	序时账	订本式	两栏式
	分类账 {总 明	活页式	三栏式
	备查簿	卡片式	多栏式 数量金额式

（三）账簿的设置原则与基本内容

（四）账簿的设置与登记

种　　类		设　置		登　记	注意问题
		依据	格式		
日记账	普通				
	特种 { 现金 银存				
分类账	总分类				
	明细分类				

备查簿：

（五）总分类账户与明细分类账平行登记　同依据、同期间、同方向、同金额

（六）记账规则和错账更正

1 记账规则　　（1）启　用

　　　　　　　（2）登　记

2 错账更正

	适用范围				更正方法
	证		账		
	科目	金额	科目	金额	
（1）划线更正法	√	√	×	×	
（2）红字更正法	×	×	√	×	① 冲　② 改 (多记)冲多记金额
（3）补充登记法	√	√	√	×	(少记)补少记金额

（七）对账与结账 { 1 对账　（1）账证　（2）账账　（3）账实　（4）账表
　　　　　　　　 2 结账　（1）程序　（2）方法

（八）账簿更换与保管

二、问题思考

1. 试说明会计信息生成系统的内容及关系。

2. 举例说明会计确认的标准。

3. 说明会计计量属性及我国的应用原则。

4. 如何理解会计确认与计量是会计处理程序中会计职业判断的核心内容?

5. 试举例说明如何理解会计确认、计量、记录与报告。

6. 试述会计核算方法及相互关系。

7. 举例说明账户按提供指标详细程度的分类。

8. 怎样理解会计对象会计要素、会计科目与账户按经济内容的分类。

9. 说明账户如何按与报表的关系分类。

10. 说明账户与会计科目的关系及账户的基本结构及内容。

11. 举例说明复式记账的意义。

12. 试述借贷记账法的基本内容。

13. 试述借贷记账法下账户结构的设置原理与应用方法。

14. 试说明借贷记账法的记账规则是如何形成的。

15. 图示说明会计循环的步骤及内容。

16. 试说明会计处理程序、会计核算方法与会计循环的关系。

17. 为什么要进行期末账项调整与结转?包括哪些内容?应怎样处理?

18. 说明原始凭证与记账凭证的作用和基本内容有何异同。

19. 试举例说明企业应怎样设置会计凭证(包括基本种类和格式的设计)。

20. 举例说明如何进行原始凭证与记账凭证的审核,应注意什么问题。

21. 说明会计凭证的填制要求包括哪些主要内容。

22. 试举例说明企业账簿设置与登记包括哪些基本种类和格式。

23. 试述总分类与明细分类账的关系及平行登记。

24. 举例说明对账的含义。

25. 举例说明结账的程序与方法。

26. 图示说明各种账务处理程序的基本模式。

27. 试说明会计核算方法与账务处理程序的关系。

三、案例思考

1. 资料

自 20×1 年起,华星机械厂厂长刘某为了规避检查和方便支出,与财会部长商议在该厂设立了账外账,开设"小金库"。"小金库"的收入资金主要来自该厂部分现金销售款、废回材料的出售等,主要用于职工的福利发放、企业业务费支出等。"小金库"设立后,刘厂长定期和财务部长等人核对"小金库"收支账目,经核对无疑义后,便将部分会计凭证、现金日记账账页和部分支出单据烧毁。后经举报,该厂小金库问题被暴露,检察机关认定,不能提供的销售现金收入的会计凭证、会计账簿涉及金额计人民币 559 780.60 元。

请思考:刘厂长和财务部长等人的行为性质,是否构成犯罪,应如何处罚。

【案例分析参考】

本案例违法行为主要是:① 隐匿会计资料;② 故意销毁会计资料。这两种行为在确定犯罪时,既可以并列构成一种违法行为,也可以分别构成两种违法行为。

对于其应当承担的法律责任应从两个方面考虑:① 情节严重,构成犯罪的,依法追究刑事责任,按《刑法》规定,处 5 年以下有期徒刑或者拘役,并处或者单处 2 万元以上 20 万元以下罚金。② 不构成犯罪的,按《会计法》规定承担行政责任。

2. 资料

有关检查部门对某企业"待处理财产损溢——待处理流动资产损溢"明细账进行检查,发现 20×1 年 12 月通过该账户在"营业外支出"中核销了一笔甲产品的盈亏损失数万元。该企业物资管理状况一贯较好,检查人员难以置信。

请思考:检查人员在检查中应核对哪些会计凭证? 你认为应如何进一步查明真实情况? 如企业故意将产品作为损失的销处理,其可能出于何种目的?

3. 资料

利用会计凭证作假的几种主要形式有:

(1) 伪造会计凭证,是指以虚假的经济业务或资金往来为前提,编制虚假的会计凭证的行为,如虚造销售合同,并填制销售业务会计凭证,以虚报利润。

(2) 变造会计凭证,是指利用涂改、挖补或其他方法改变会计凭证的真实内容的行为,如篡改原始凭证中的数量、单价、金额等。

(3) 隐匿、销毁会计凭证,是指隐藏会计凭证或运用各种方式使会计凭证所记载的内容及会计资料不复存在的行为。例如,有些企业及不法分子为逃避纳税、掩盖其违法经营事实,阻碍有关机关检查,故意将会计凭证及有关会计资料销毁。

《会计法》规定,任何单位或个人不得伪造、变造会计凭证,不得隐藏、销毁会计凭证,不得设置账外账,不得提供虚假会计报表。以下行为均属违法行为。构成犯罪的,依法追究刑事责任。尚不构成犯罪的,由县级以上人民政府财政部门予以通报,对单位并处 5 000 元以上 10 万元以下的罚款;对其直接负责的主管人员和其他直接责任人员,可以处 3 000 元以上 5 万元以下的罚款;对其中的会计人员,由县级以上人民政府财政部门吊销其会计从业资料证书。

请思考:从上述规范中,你认为会计主体应如何在会计凭证填制、审核工作中,加强内部控制制度建设,防患于未然?

练 习 题

一、单项选择题

1. 会计方法体系中最基本的方法是( )。

A. 会计核算方法   B. 会计分析方法

C. 会计检查方法   D. 借贷记账法

2. 会计科目和账户之间主要区别在于( )。

A. 反映的经济内容不同   B. 两者的分类不同

C. 两者的名称不同   D. 账户有结构而会计科目无结构

3. 在借贷记账法下,账户的哪方登记增加或是减少,取决于( )。

A. 记账规则   B. 账户用途   C. 账户性质   D. 账户格式

4. 借贷记账法下,发生额试算平衡的理论依据是( )。

A. 资产与权益平衡的原理   B. 借贷记账法记账规则

C. 账户间存在的对应关系   D. 借贷记账法记账符号

5. 账户按经济内容分类,不属于所有者权益类账户的是( )。

A. "长期借款"   B. "资本公积"

C. "实收资本"   D. "本年利润"

6. 下列账户中,不属于损益类的是( )。

A. 制造费用   B. 管理费用

C. 投资收益   D. 财务费用

7. "累计折旧"账户按其反映的经济内容,属于( )。

A. 资产类账户   B. 负债类账户

C. 损益类账户   D. 成本类账户

8. 采取数量金额式账页格式的明细账是( )。

A. 生产成本明细账   B. 库存商品明细账

C. 应收账款明细账   D. 制造费用明细账

9. 若发现记账凭证中会计科目填列正确,只是金额小于应记金额,并已据以入账,应采用( )更正错账。

A. 红字更正法   B. 划线更正法

C. 补充登记法   D. 红字更正法及补充登记法

10. 各种会计核算程序的主要区别是( )。

A. 填制会计凭证的依据和方法不同   B. 登记总账的依据和方法不同

C. 编制会计报表的依据和方法不同   D. 登记明细账户的依据和方法不同

二、多项选择题

1. 会计核算的专门方法包括设置账户、复式记账,以及(   )等。

A. 会计检查　　　　B. 财务分析　　　　C. 登记账簿　　　　D. 编制会计报表

E. 成本计算

2. 账户按经济内容分类,下列属于负债类账户的有(   )。

A.“应收账款”　　B.“预付账款”　　C.“预收账款”　　D.“应付债券”

E.“应交税费”

3. 复式记账法的优点有(   )。

A. 可以简化登记账簿的工作　　　　　B. 可以连续地反映经济业务内容

C. 可以清晰地反映经济业务的来龙去脉　　D. 便于核对账户的记录

E. 账户间形成相互对应关系

4. 借贷记账法下,账户的贷方应登记(   )。

A. 负债和所有者权益增加　　　　　B. 负债和所有者权益减少

C. 资产减少和成本费用的结转　　　D. 损益类账户的增加

E. 资产、负债、所有者权益的增加

5. 借贷记账法下,总分类账户中必然成立的关系有(   )。

A. 权益账户期初余额＋本期借方发生额－本期贷方发生额＝期末余额

B. 资产类账户期初余额＋本期借方发生额－本期贷方发生额＝期末余额

C. 资产账户借方发生额合计＝负债账户贷方发生额合计＋所有者权益账户贷方发生额

D. 全部账户借方发生额合计＝全部账户贷方发生额合计

E. 全部账户借方期末余额合计＝全部账户贷方期末余额合计

6. 下列错误中,不能通过试算平衡发现的有(   )。

A. 某项经济业务未入账　　　　　B. 某项经济业务重复入账

C. 借贷双方多记或少记了相同的金额　　D. 借贷双方一方多记一方少记

E. 不同类别的科目借贷方向弄反

7. 年终结转后,下列账户期末无余额的有(   )。

A.“管理费用”　　　　　　　　B.“主营业务成本”

C.“生产成本”　　　　　　　　D.“利润分配”

E.“投资收益”

8. 下列属于会计凭证的有(   )。

A. 收款凭证　　　　　　　　　B. 科目汇总表

C. 支付运输费的单据　　　　　D. 银行存款余额调节表

E. 发料凭证汇总表

9. 原始凭证审核的主要内容有( )。

A. 审核原始凭证所记录经济业务合法性

B. 审核原始凭证所记录经济业务是否真实

C. 审核原始凭证是否有经办人员签章

D. 审核原始凭证会计分录是否正确

E. 审核原始凭证大小写金额是否一致

10. 账簿按其用途可分为( )。

A. 订本账簿 B. 备查账簿 C. 序时账簿 D. 分类账簿

E. 卡片账

11. 总分类账与明细分类账平行登记的要点是( )。

A. 登记依据相同 B. 登记方向相同

C. 登记金额相等 D. 登记期间相同

E. 登记方法相同

12. 在明细分类核算中,不宜采用三栏式账页格式的有( )。

A. 预付账款 B. 库存商品 C. 管理费用 D. 生产成本

E. 应付账款

13. 下列各项,属于账账核对的有( )。

A. 银行存款日记账余额与银行对账单的核对

B. 库存现金、银行存款日记账的余额与库存现金、银行存款总分类账户余额核对

C. 总分类账各账户余额与其所属明细分类账各账户余额之和核对

D. 总分类各账户本月借方发生额合计数与贷方发生额合计数核对

E. 各种应收、应付款明细账余额与有关债务债权单位或个人核对

三、判断题

1. 在会计核算中,为了满足内部经营管理和外部有关方面对会计信息的不同需要,所有的总分类账户均应分别设置若干明细分类账户。 ( )

2. 借贷记账法下,账户的基本结构分为借贷两方,"借"表示增加,以"贷"表示减少,余额在借方。 ( )

3. 在试算平衡表上,即使期初余额、本期发生额和期末余额借贷双方存在相等关系,也不能保证账户记录是完全正确的。 ( )

4. 借贷记账法是国际上通用的记账方法,是以"借""贷"为记账符号,对发生的每笔经济业务,都要以相等的金额,在相互联系的两个账户加以记录。 ( )

5. 借贷记账法下的账户对应关系,是指一个账户借方与另一个账户贷方之间的相互对应关系。 ( )

6. 期末账项调整与结转包括应收收入、预收收入调整,应付费用、预付费用调整和成本及损益类账户结转。　　　　　　　　　　　　　　　　　　　　　　　（　　）

7. 所有成本类、损益类账户,期末结账时,都应将本期发生额转入"本年利润"账户。

（　　）

8. "应付账款""预付账款""其他应收款"账户都是反映债权债务结算关系的账户。

（　　）

9. 会计期间涉及的全部经济业务都要依次经过的核算环节是,填制审核会计凭证、登记账簿、编制会计报表。　　　　　　　　　　　　　　　　　　　　　　　（　　）

10. 从银行存款中提取现金,一般应编制现金收款凭证。　　　　　　　　　（　　）

11. 根据记账凭证登记总账时,误将 8 900 元记为 9 800 元,月终结账前发现错误,更正时应采用划线更正法。　　　　　　　　　　　　　　　　　　　　　　　（　　）

12. 明细分类账是根据记账凭证逐日逐笔登记的,总分类账根据记账凭证定期汇总登记。　　　　　　　　　　　　　　　　　　　　　　　　　　　　　　　　（　　）

13. 应付账款与对方单位或个人核对,存货明细账和保管部门财产保管明细账核对,都属于账实核对。　　　　　　　　　　　　　　　　　　　　　　　　　　　（　　）

14. 会计对象、会计要素、会计科目、会计账户、会计报表项目均为针对同一内容的不同表述方式。　　　　　　　　　　　　　　　　　　　　　　　　　　　　　（　　）

15. 经营规模较大,经济业务量较多的大中型企业一般应采用科目汇总表账务处理程序。　　　　　　　　　　　　　　　　　　　　　　　　　　　　　　　　（　　）

四、业务核算题

【习题一】

（一）目的:初步理解会计处理程序:"确认→计量→记录→报告"的内涵。

（二）资料:某独资企业本期发生经济活动,如表 2-33 所示。

表 2-33　经济活动情况

序号	经济活动	确认 是不是? 是什么? 何时是?	计量 (是多少?)	记录 (编制会计分录) (登记账簿略)	报告 (仅列示报表名称 与变动项目类别)
①	与 A 公司签订购货合同一份,本期将从 A 公司入甲材料 30 吨,成本 15 万元				
②	售出商品一批,成本 40 万元,售价 50 万元,货已发出,价款存入银行				

（续表）

序号	经济活动	确认 是不是？是什么？ 何时是？	计量 （是多少？）	记录 （编制会计分录） （登记账簿略）	报告 （仅列示报表名称 与变动项目类别）
③	发出商品一批，成本 20 万元，售价 25 万元，发票已随货同行。由于对方突发财务问题，估计款项收回可能性不大				
④	对外发出商品一批，成本 10 万元，售价 14 万元，已开出发票，收取价款，对方尚未提货				
⑤	与 B 公司签订销货合同一份，商品售价 100 万元，价款存入银行，商品将于下年度正式投产				
⑥	售出商品一批，售价 10 万元，合同规定 3 个月内因质量问题可予退货。经验估计退货率 5%				
⑦	销售高档电视机 10 台，合同规定送达后负责调试。商品成本 16 万元，售价 20 万元存入银行。商品已送达验收，尚未调试				

（三）要求：根据上列经济活动事项，按会计处理程序要求进行确认、计量、记录、报告的会计处理。

注：本题可根据学习进度分次布置完成。

①"确认""计量"可在第一节学习期间布置思考。

②"记录"可在复式记账、收入经济业务会计处理学习后引导下布置完成。

【习题二】

（一）目的：熟悉会计科目及其分类。

（二）资料：某制造企业有关会计资料，如表 2-34 所示。

表 2 - 34 会计科目的应用

内　　　　　　容	资产类	负债类	所有者权益类	成本类	损益类
1. 存在银行账户的货币资金					
2. 生产用机器设备					
3. 应付给供应单位的购货款					
4. 存放在仓库中的主要材料					
5. 应付职工的工资					
6. 生产完工入库的产品					
7. 股东投入的资本					
8. 销售产品的货款					
9. 管理部门发生的办公费					
10. 向银行借入的 6 个月期限借款					
11. 生产过程中耗用的材料					
12. 存放产品的仓库					
13. 生产用的计量器具					
14. 职工欠企业的款项					
15. 管理部门使用的办公楼					
16. 欠银行的短期借款利息					
17. 采购员预借的差旅费					
18. 按合同预收的购货款					
19. 购货单位所欠货款					
20. 购入的专利权、商标权					
21. 以交易为目的持有的某公司股票					
22. 支付的销售产品广告费					
23. 租入的办公大楼					
24. 尚未分配的利润					
25. 应交未交的所得税					
26. 向关联单位的借款					
27. 建造中的未完工的厂房					

（三）要求：根据上述资料,确定各项内容应归入的会计科目及其类别,将会计科目名称填入表 2 - 34 中相应类别。

【习题三】

(一)目的:练习账户按经济内容、按与报表关系的基本分类方法。

(二)资料:常用账户名称,如表 2-35 所示。

(三)要求:将下列账户按其不同分类方法列入表 2-35 的相应项目栏。

表 2-35 账户分类表

账户名称	按经济内容分类		按与报表关系分类	
	大　类	小　类	资产负债表账户	利润表账户
库存现金				
应收账款				
预付账款				
实收资本				
固定资产				
应付账款				
主营业务收入				
财务费用				
库存商品				
应付职工薪酬				
管理费用				
银行存款				
本年利润				
生产成本				
营业外收入				
利润分配				
短期借款				
销售费用				
主营业务成本				

【习题四】

(一)目的:练习借贷记账法会计分录的编制。

(二)资料:20×1 年 5 月长江实业公司发生以下经济业务事项:

(1)从银行存款中提取现金 50 000 元。

（2）收到爱丽公司偿还的前欠货款 70 000 元，存入银行。

（3）以银行存款支付前期欠缴税金 20 000 元。

（4）从大丰公司购入原材料 12 000 元，货款尚未支付，材料验收入库。

（5）外单位投入新机器一台，作为对本企业的投资，价值 100 000 元。

（6）以现金支付管理部门办公、水电费 5 000 元。

（7）以银行存款偿还到期的短期借款本金 500 000 元。

（8）取得一笔赔款收入 10 000 元，已存入银行。

（9）销售商品一批，售价 500 000 元。收到货款 300 000 元，余款暂欠。

（10）结转本月已销商品成本 400 000 元。

（11）计算结转本月应付管理人员薪酬 130 000 元、销售人员薪酬 120 000 元。

（12）以银行存款支付应付职工薪酬 250 000 元。

（13）本月应付短期借款利息 2 000 元。

（三）要求：编制以上各项经济业务的会计分录。

【习题五】

（一）目的：掌握借贷记账法的系统应用。

（二）资料：某独资商业连锁店 20×1 年 5 月初有关资料如下：

1. 有关总分类账户 5 月份期初余额，如表 2-36 所示。

表 2-36　账户余额表　　　　　　　　　　　　　单位：万元

账 户 名 称	借方余额	账 户 名 称	贷方余额
库存现金	0.1	短期借款	10
银行存款	159.9	应付账款	20
应收账款	5	应付利息	
预付账款		合同负债	20
库存商品	100	应付职工薪酬	5
固定资产	300	实收资本	500
主营业务成本		本年利润	10
销售费用		主营业务收入	
财务费用		营业外收入	
管理费用			

2. 假定该连锁店 20×1 年 5 月份发生经济业务，如表 2-37 所示。

表 2-37 经济业务情况表

序号	经 济 业 务	会 计 分 录	业 务 分 析
①	2日以银行存款向甲公司购入商品成本20万元,验收入库。其中A商品25台,单价0.4万元;B商品20件,单价0.5万元		
②	5日销售给丙公司A商品80台,单位售价0.5万元,B商品100件,单位售价0.65万元;对方以银行存款支付80万元,余款暂欠		
③	5日结转已销A商品80台成本32万元,已销B商品100件成本50万元		
④	8日以银行存款支付广告费2万元		
⑤	10日收到投资人追加投资100万元,存入银行		
⑥	11日以银行存款偿还前欠甲公司货款10万元,乙公司货款5万元		
⑦	12日收到丁公司预购商品款10万元,存入银行,商品尚在订货过程中,未办理正式销货手续		
⑧	13日向甲公司购入A商品50台,单位成本0.4万元,向乙公司购入B商品100件,单位成本0.5万元,货款均暂欠		
⑨	14日收到丙公司偿还前欠货款20万元,存入存款户		
⑩	15日向银行取得生产经营短期借款50万元,存入存款户		
⑪	18日以银行存款支付办公、水电费0.28万元		
⑫	19日以银行存款偿还前欠甲公司货款12万元,乙公司货款33万元		
⑬	20日以银行存款支付管理用计算机修理费0.12万元		
⑭	21日以银行存款支付第3季度财产保险费6万元		
⑮	22日从银行提取现金5万元备发工资		
⑯	22日以现金支付应付职工薪酬5万元		

（续表）

序号	经　济　业　务	会　计　分　录	业　务　分　析
⑰	25 日取得违约金罚款收入 1 万元,存入银行		
⑱	26 日以银行存款偿还前欠乙公司购入商品货款 6 万元		
⑲	28 日以现金支付职工报销差旅费 700 元		
⑳	31 日计提本期应付短期借款利息 0.15 万元,季末支付		
㉑	31 日计算结转本月应付销售人员薪酬 5 万元,管理人员薪酬 1.6 万元		
㉒	31 日本月向 M 公司销售 B 商品 30 件,单位售价 0.65 万元,上月已预收 M 公司货款 19.5 万元		
㉓	31 日结转本月已销 B 商品 30 件成本 15 万元		
㉔	31 日将本月损益类账户结转本年利润		

（三）要求：

1. 根据资料 1 开设各总分类账户,并登记期初余额(采用简化"T"形账户格式)。

设置账户

2. 分析上述各项经济业务,说明引起会计恒等式哪些账户发生增减变动,属于哪种类型业务？

3. 根据各项经济业务编制会计分录(要求列出明细账户)。

填审凭证

4. 根据要求 3 编制的会计分录按序号登记所开设的各总分类账户。

登记账簿

5. 结出各总分类账本期发生额和期末余额并编制总分类账户本期发生额及余额试算表,进行总分类账户试算平衡检验。

试算平衡

注：① 本题可根据学习进程分阶段布置完成。

② 因本题业务量不大,简化了会计循环(一)中期末调整结转前的试算平衡,期末一次试算完成。

③ 已销商品成本采用分期逐笔结转方式。

【习题六】

（一）目的：练习科目汇总表账务处理程序下科目汇总表的编制方法。

（二）资料：习题五资料 2 中 20×1 年 5 月连锁店发生的 24 笔经济业务。

（三）要求根据习题四要求3编制的24笔会计分录，全月编制一张科目汇总表。

【习题七】

（一）目的：练习期末账项调整与转账的账务处理。

（二）资料：某制造企业20×1年6月份有关经济业务如下：

1. 本月份实现已预收货款的产品销售收入55 000元。

2. 本月份产品销售收入60 000元，货款尚未收到。

3. 本月应分摊已预付的公司办公用房租金1 400元。

4. 本月应付生产工人薪酬30 000元。

5. 本月应计生产车间固定资产折旧费2 800元。

6. 月末，将本月发生的制造费用15 000元转入生产成本。

7. 月末，结转已销产品的生产成本42 000元。

8. 月末，将下列损益账户的本期发生额结转至"本年利润"账户。

20×1年6月份各损益类账户本期发生额如表2-38所示。

表2-38　20×1年6月份各损益类账户本期发生额

账　　　户	借　　　方	贷　　　方
主营业务收入		80 000
主营业务成本	42 000	
管理费用	26 000	
销售费用	4 700	
财务费用	3 900	
投资收益		5 800
营业外收入		1 900
营业外支出	1 500	

（三）要求：编制期末账项调整与结转的会计分录。

【习题八】

（一）目的：练习记账凭证编制的基本编制方法。

（二）资料：习题五资料2中20×1年5月连锁店发生的24笔经济业务。

（三）要求：根据习题四的24笔经济业务，编制记账凭证（可选用专用复式或通用复式记账凭证格式，原始凭证内容、记账凭证编号方法等自行思考设计）。

【习题九】

（一）目的：练习会计凭证审核的基本方法。

（二）资料：有关需要审核的原始凭证与记账凭证。

1. 20×1年6月18日上海医疗器械有限公司（增值税一般纳税企业），办公室秘书凭发票报销支付给新华印刷有限公司资料印刷费12 856.48元（表2-39）。

表 2-39

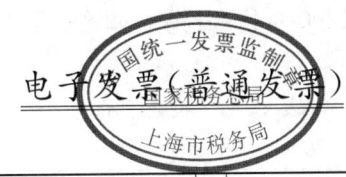

电子发票（普通发票）

发票号码:23312000000156671969

开票日期:20×1 年 6 月 18 日

购买方信息	名称：上海医疗器械有限公司	销售方信息	名称：上海新华印刷有限公司
	统一社会信用代码/纳税人识别号:91310115785167088C		统一社会信用代码/纳税人识别号:91310112MA1GCX1F8C

项目名称	规格型号	单位	数量	单价	金额	税率/征收率	税额
服务＊印刷费		套	5		12 128.75	6%	727.73
合　计					￥12 128.75		￥727.73

价税合计（大写）	⊗壹万贰仟捌佰伍拾陆圆肆角捌分　　　　　（小写）￥12 856.48
备注	

下载次数：1

开票人:王钦

2. 采购员张宁于 20×1 年 6 月 26 日出差返回报销差旅费。该厂财务管理制度规定,因公出差住勤标准每人每日上限 150.00 元,伙食补助标准每人每日 20.00 元,市内车费标准每日 40 元。张宁根据有关原始单据如实填写差旅费报销单一张(附单据 21 张略),如表 2-40 所示。

表 2-40　差旅费报销单

单位：　　　　　　　　　　　　　　　20×1 年 6 月 26 日

出发地				到达地				公出补助			车船飞机费	卧铺	宿费	市车内费	其他	合计金额
月	日	时	地点	月	日	时	地点	天数	标准	金额						
6	5		哈尔滨	2	7		南京	2	20	40		520	400	40	公文包 400	1 400.00
6	9		南京	2	9		苏州	2	20	40	80		180	30		350.00
6	11		苏州	2	11		杭州	2	20	40	60		400	80	旅游门票 200	780.00
6	13		杭州	2	13		上海	10	20	200	80	1 000		200	电话卡 300	1 780.00
6	20		上海	2	22		哈尔滨				480				样品 2 000	2 480.00

人民币（大写）　　　陆仟肆佰肆拾元整		
备　注	公出事由为参加上海 6 月 20 日举办商品交易会	

单位领导:刘 军　　　财会主管:　　　　　　公出人员姓名:张宁　　　审核人:

3. 出纳员于20×1年6月28日将销货款收入现金3 000元存入银行存款户(原始单据现金存款单回单)(表2-41)。

表2-41 收款凭证

借方科目：银行存款　　　　　　20×1年6月28日　　　　　　　　总字32号
　　　　　　　　　　　　　　　　　　　　　　　　　　　　　　　银收字20号

摘　要	贷 方 科 目		金　额	记　账
	总账科目	明细科目		
库存现金	库存现金		3 000.00	
		人民币户	3 000.00	
合 计 金 额			6 000.00	

会计主管：　　　记账：　　　　稽核：　　　　出纳：　　　　制单：

4. 20×1年6月30日,计算结转本月应付职工薪酬(表2-42)。(根据原始凭证工资分配表,销售人员58 900元,管理人员12 310元。)

表2-42 记账凭证

出纳编号 280
20×1年6月30日
制单编号 40

摘　要	借 方		贷 方		金　额	记账符号
	总账科目	明细科目	总账科目	明细科目		
计提本月应付职工薪酬	销售费用	职工薪酬			59 800	
	管理费用	职工薪酬			12 310	
			应付职工薪酬	短期薪酬（工资）	72 110	
结算方式及票号：			合 计 金 额		144 220	

附凭证　张

会计主管：　　　记账：　　　　稽核：　　　　出纳：　　　　制单：

（三）要求：根据会计凭证填制与审核标准,对4张会计凭证进行审核,并将审核意见予以说明。

【习题十】

（一）目的：练习错账更正的基本方法。

（二）资料：某企业会计人员在进行对账时,发现下列经济业务的记账有误。

1.职工借支差旅费2 000元,会计部门开出一张现金支票。原编制记账凭证的会计分录为:

借:其他应收款 2 000

   贷:库存现金 2 000

2.以现金购入办公用品350元,原编制记账凭证的会计分录为:

借:管理费用 380

   贷:库存现金 380

3.购入商品一批,货款20 000元,以银行存款支付,原编制记账凭证的会计分录为:

借:库存商品 2 000

   贷:银行存款 2 000

4.以银行存款预付明年财产保险费36 000元。原编制记账凭证的会计分录为:

借:管理费用 63 000

   贷:银行存款 63 000

5.以银行存款8 000元支付已计提上季度银行借款利息费用,原编制记账凭证的会计分录为:

借:财务费用 800

   贷:银行存款 800

6.从银行提取现金10 000元,原编制记账凭证的会计分录为:

借:库存现金 1 000

   贷:银行存款 1 000

(三)要求:分别采用适当错账更正方法予以更正。

【习题十一】

(一)目的:练习总分类账与明细分类账户的平行登记的方法。

(二)资料:假设仍以习题五资料1中独资商业连锁店5月初总分类账户期初余额和资料2该连锁店20×1年5月份发生1~24笔经济业务作为本题基础资料,补充资料3如下:

假设该连锁店20×1年5月初有关明细账的期初余额如表2-43所示(假设其他明细分类账本题略)。

表2-43 明细分类账资料   计量单位:万元

一级账户	明细账户	期初借方余额	期初贷方余额
库存商品		100	

（续表）

一级账户	明细账户	期初借方余额	期初贷方余额
	A 商品	100 台,单价 0.4 40	
	B 商品	120 件,单价 0.5 60	
应付账款			20
	甲公司		12
	乙公司		8

（三）要求：

1. 根据资料 3,开设数量金额式"库存商品"明细分类账和三栏式"应付账款"明细分类账,并登记期初余额;

2. 根据【习题五】资料 2①—㉔经济业务编制会计分录的相关内容逐笔登记本题开设的"库存商品"和"应付账款"明细分类账;

3. 期末结出"库存商品""应付账款"各明细分类账本期发生额及余额,分别编制明细分类账本期发生额及余额试算表(表 2 - 44),与【习题五】相关总分类账户本期发生额及余额予以核对。

注：明细分类账本期发生额及余额试算表参考格式如下表所示(实际工作中当明细账户明细分户较多时多采用此表汇总与总账相应账户核对。)

表 2 - 44 _____ 明细分类账本期发生额及余额试算表   单位：元

明细账户	期初余额		本期发生额		期末余额	
	借 方	贷 方	借 方	贷 方	借 方	贷 方
合 计						

课程思政与案例

长春长生疫苗事件引发的思考

【案例背景】　2018 年下半年,长春长生生物科技股份有限公司的全资子公司长春长生生物科技有限责任公司疫苗事件震动全国。2018年7月15日,国家药品监督管理局发布公告称其在对长春长生的检查中发现,该企业冻干人用狂犬病疫苗存在生产记录造假,用不同批次的原液进行勾兑、更改生产批号或实际生产日期、未进行效价测定和热稳定性试验等,严重违反《药品生产质量管理规范》的行为。鉴于此,吉林省药品监督管理局决定:吊销长春长生《药品生产许可证》;没收违法生产的冻干人用狂犬病疫苗7 794 034支,没收违法所得18.9亿元,处违法生产、销售冻干人用狂犬病疫苗货值金额3倍罚款7.2亿元,罚没款共计91亿元。证监会决定,对长生生物的控股股东、实际控制人高俊芳及其他公司高管等采取不同期限的市场禁入措施,公司濒临退市。该事件的进程受到了资本市场、社会公众和监管机构的广泛关注。

疫苗不同于普通商品,它关系到公共卫生安全。社会经济体系的健康运行,既有赖于法制的健全完善,也有赖于社会伦理和道德基础的建设。面对长春长生这一社会商业伦理缺失的典型案例,商业诚信系统的建立显得必要而且紧迫。企业在追求财务业绩增长"自由"的同时,不应忽视自身社会伦理和道德对社会的影响。

【思考问题】

1. 疫苗质量关乎生命,请思考为什么会发生这样的事情,事件背后的主要原因是什么?

2. 如何从行业监管、企业社会伦理和道德建设方面预防和杜绝此类案件发生?

3. 企业如何处理好经济利益与社会责任的关系?

【案例启示】 社会经济体系的健康运行,既有赖于法制的健全完善,也有赖于社会伦理和道德基础的建设。面对长春长生这一社会商业伦理缺失的典型案例,商业诚信系统的建立显得必要而且紧迫。企业在追求财务业绩增长"自由"的同时,不应忽视自身社会伦理和道德对社会的影响。

长生生物暴露出的问题值得深思。企业不仅要在企业内部建立有效的内部控制,而且要进一步加强内部控制和外部监管的联系和效能。同时,要提高外部监管的力度和科学性,不能让舞弊者钻了制度的空子。应进一步完善和营造更好的市场秩序和更加严格的审计环境。

第三章 货币资金与应收项目

学习目标

了解货币资金的形式以及现金管理和控制；

熟悉银行支付结算办法和银行存款管理的规定；

熟悉应收项目的定义和范围；

掌握应收账款的概念、确认及账务处理；

掌握坏账的确认及账务处理；

掌握应收票据的确认、计价及到期收回时的账务处理；

掌握预付账款、其他应收款的核算。

第一节 货 币 资 金

货币资金是指直接以货币形态存在的资金。货币资金是流动性最强的一项资产，企业必须保持足够的货币资金，以保证资金周转的需要；同时又要充分运用货币资金，防止闲置浪费。企业货币资金主要包括现金、银行存款和其他货币资金。

一、现金

（一）现金的性质与范围

现金是货币资金的重要组成部分。现金资产的货币性、通用性与无限制可流通性是其固有的基本特征。现金的货币性体现在它是交易的媒介、价值衡量的尺度和会计记录的货币单位；作为支付的手段，现金资产的通用性使其可以直接用于支付各项费用与清偿各项债务。

狭义的现金仅指库存现金。广义的现金，除了库存现金外，还包括银行存款和其他可以被普遍接受的流通手段，如个人支票、旅行支票、银行汇票、银行本票、邮政汇票等。

由于现金是可以投入流通的交换媒介，具有普遍可接受性的特点，因此，出纳员或备用金管理员保管的邮票、远期支票、职工借条等都不属于现金的范畴；此外，凡是不受企业控制的、不是供企业日常经营使用的现金，也不能包括在现金范围之内，如公司债券偿债基金、受托人的存款、专款专储供特殊用途使用的现金等；定期储蓄存单往往不能立即提取现款使用，所以也不能列为现金。

（二）现金业务的账务处理

企业现金收支业务应该遵循国务院《现金管理暂行条例》的规定。按照这一规定，现金使用范围包括：

（1）职工工资、津贴。

（2）个人劳务报酬。

（3）根据国家规定发放给个人的科学技术、文化艺术、体育等各种奖金。

（4）各种劳保、福利费用以及国家规定的对个人的其他支出。

（5）向个人收购农副产品和其他物资的价款。

（6）出差人员必须随身携带的差旅费。

（7）结算起点在 1 000 元以下的零星支出。

（8）中国人民银行确定需要支付现金的其他支出。

不属于规定的使用范围内的款项，都必须通过银行进行转账结算。

为了全面反映库存现金的收支及结存情况，企业应设置"库存现金"账户。该账户借方登记实际收到的现金；贷方登记实际支付的现金；期末借方余额表示库存现金的实际结存数。此外，企业还应设置现金日记账，进行库存现金的序时核算。

1. 现金收入的账务处理

企业收入现金的主要途径是：从银行提取现金；收取转账起点以下的小额销售款；职工交回的差旅费剩余款等。对于收入的现金，根据审核无误的原始凭证进行处理，借记"库存现金"账户，贷记"银行存款""主营业务收入"等有关账户。

2. 现金支出的账务处理

企业支出现金必须遵守国家现金管理制度的规定，在允许的范围内，办理现金支出业务。付出现金时，应根据审核无误的原始凭证进行处理，借记"管理费用""材料采购""原材料"等有关账户，贷记"库存现金"账户。

3. 现金清查的账务处理

为了加强对库存现金保管工作的监督，企业应定期或不定期对现金进行清查。清查的基本方法是对现金进行实地盘点。清查后发现现金溢余或短缺，除设法查明原因外，还应及时根据现金盘点报告表，通过"待处理财产损溢——待处理流动资产损溢"账户调整现金账面数，待查明原因后作如下处理：

（1）如为现金溢余，属于应支付给有关人员或单位的，借记"待处理财产损溢——待处理流动资产损溢"账户，贷记"其他应付款"账户；属于无法查明原因的，根据管理权限，经批准后，计入当期损益（营业外收入）。

（2）如为现金短缺，属于应由责任人或保险公司赔偿的部分，借记"其他应收款"账户,贷记"待处理财产损溢——待处理流动资产损溢"账户;属于无法查明的其他原因,根据管理权限,经批准后处理计入当期损益(管理费用)。

【例 3 - 1】　东江股份有限公司 20×3 年 5 月 31 日,在对现金进行清查时,发现短缺 380 元,无法查明现金短缺原因。现金清查处理如下:

借:待处理财产损溢——待处理流动资产损溢　　　　　　　　380
　贷:库存现金　　　　　　　　　　　　　　　　　　　　　　　　380

借:管理费用　　　　　　　　　　　　　　　　　　　　　　　　380
　贷:待处理财产损溢——待处理流动资产损溢　　　　　　　380

(三)现金的管理与控制

1. 现金收入的内部控制

现金收入方面的内部控制原则是:

(1)职能分开,即经手现金的与记录现金的职能分离,以避免挪用现金以及通过做假账隐藏现金的行为。

(2)明确责任,即明确经手现金的与记录现金人员的职责,应确保对现金流入做连续不断的记录与清点,如随时清点,随时入账,收到的现金及时送存银行。

(3)加强监督,即对所有经手现金的与现金记录的职能进行密切的不断的监督,包括经常性与突击性的部门审计以及报告每天的现金收入、支出与结存等信息。

2. 现金支出的内部控制

现金支出方面的内部控制原则是:

(1)职能分工。现金付款凭证、支票填写、支票签名与批准、支票邮寄与支票记录的职能应分离。

(2)少用现钞。尽可能少用纸币、硬币,除小额的零用现金外,尽量以转账付款。

(3)保证有效支付。只有经适当的授权程序之后才能签发支票,并要附有确凿的原始凭证,以保证有效支付。

(4)加强监督。对所有的现金支出与相关的会计记录进行不定期的检查分析。

二、银行存款

(一)银行支付结算办法的种类

银行存款是企业存放在银行或其他金融机构的货币资金。企业收入的款项,都应于当日存入银行,企业发生的各项支出除上述国家规定可以使用现金结算的以外,必须通过银行办理转账结算。银行转账结算方式主要包括银行汇票、银行本票、支票、商业汇票、汇兑、委托收款、托收承付、信用卡和信用证等。

1. 银行汇票

银行汇票是汇款人将款项交存当地出票银行,由出票银行签发的,由其在见票时按照实际结算金额无条件支付给收款人或者持票人的票据。单位和个人各种款项的结算均可以使用银行汇票。银行汇票一律记名,可以背书转让,其提示付款期限自出票日起1个月。银行汇票的收款人可以将银行汇票背书转让给他人,背书转让以不超过出票金额的实际结算金额为限。单位持银行汇票购货,凡在汇票的汇款金额之内的,可根据实际采购金额办理支付,多余款项将由银行自动退回。申请人向银行申请办理银行汇票时,要将款项交存银行,这部分资金已具有一定的用途,属于其他货币资金。

2. 银行本票

银行本票是申请人将款项交存银行,由银行签发的承诺自己在见票时无条件支付确定的金额给收款人或者持票人的票据。银行本票一律记名,允许背书转让,其提示付款期限自出票日起最长不超过2个月。单位和个人在同一票据交换区域需要支付的各种款项,均可采用银行本票结算。银行本票分为转账和现金两种。申请人或收款人为单位的,不得申请现金银行本票;申请人和收款人均为个人时,才能申请现金银行本票。

3. 支票

支票是出票人签发的,委托办理支票存款业务的银行或者其他金融机构在见票时无条件支付确定的金额给收款人或者持票人的票据。支票分现金支票和转账支票。支票是同城范围内应用较广的一种结算方式,具有方便、灵活的特点。支票的提示付款期限为自出票日起10天。支票上印有"现金"字样的为现金支票,现金支票只能用于支取现金;支票上印有"转账"字样的为转账支票,转账支票只能用于转账。

4. 商业汇票

商业汇票是出票人签发的、委托付款人在指定日期无条件支付确定的金额给收款人或持票人的票据。商业汇票一律记名,付款期最长不超过6个月,可在同城和异地使用,并可背书转让或贴现。商业汇票的付款人为承兑人。所谓承兑,是指汇票的付款人愿意负担起票面金额的支付义务的行为,通俗地讲,就是它承认到期将无条件地支付汇票金额的行为。商业汇票按其承兑人的不同,可以分为商业承兑汇票和银行承兑汇票两种。商业承兑汇票由付款人承兑,银行承兑汇票由银行承兑。

5. 汇兑

汇兑是汇款人委托银行将其款项交付给收款人的结算方式。它适用于单位和个人之间各种款项的结算。汇兑是异地结算的一种,根据划转款项的不同方法以及传递方式的不同,可以分为信汇和电汇两种,由汇款人自行选择。信汇是汇款人向银行提出申请,同时交存一定金额及手续费,汇出行将信汇委托书以邮寄方式寄给汇入行,授权汇入行向收款人解付一定金额的一种汇兑结算方式。电汇是汇款人将一定款项交存汇款银行,汇款银行通过电报或电传给目的地的分行或代理行(汇入行),指示汇入行向收款人支付一定金额的一种汇款方式。

6. 委托收款

委托收款是收款人委托银行向付款人收取款项的结算方式。委托收款结算方式是一种建立在商业信用基础上的结算方式,即由收款人先发货或提供劳务,然后通过银行收款,银行不参与监督,结算中发生争议由双方自行协商解决。这种结算方式同城、异地均可使用,既适用于在银行开立账户的单位结算,又适用于水电、邮政、电信等劳务款项的结算。委托收款按款项划回方式不同,分为邮寄和电报。

7. 托收承付

托收承付是根据购销合同由收款人发货后委托银行向异地付款人收取款项,购货单位根据合同核对单证或验货后,向银行承认付款的结算方式。这种方式适用于买卖双方订有购销合同的商品交易。代销、寄销、赊销商品的款项,不得办理异地托收承付结算。

8. 信用卡

信用卡是指商业银行向个人和单位发行的,凭以向特约单位购物、消费和向银行存取现金,具有消费信用的特制载体卡片。信用卡按使用对象分为单位卡和个人卡;按信用等级分为金卡和普通卡。

9. 信用证

信用证是国际结算的一种主要方式。它是进口方银行根据进口方要求,向出口方开立,凭出口方提交的符合信用证条款的单据,在一定期限内支付一定金额的付款承诺。我国从事进出口业务的企业和对外经济合作企业均可采用信用证结算方式。

(二)银行存款的核算

为了全面反映银行存款的收支及结存情况,企业应设置"银行存款"账户。该账户借方登记企业银行存款的增加数;贷方登记企业银行存款的减少数;期末余额在借方,表示企业期末银行存款的结存数。企业还应设置银行存款日记账,进行银行存款的序时核算。对于银行存款的收入业务,根据审核无误的原始凭证进行会计处理,借记"银行存款"账户,贷记"主营业务收入"等有关账户;对于银行存款支出的业务,根据审核无误的原始凭证进行会计处理,借记"材料采购""原材料"等有关账户,贷记"银行存款"账户。

(三)银行存款的管理

企业除按照《现金管理暂行条例》的规定支取现金用于日常支出外,应根据国家《支付结算办法》的规定,在银行开立账户,办理存款、收款和转账等结算。为规范银行账户的开立和使用,维护金融秩序,企业开立存款账户时,必须遵守中国人民银行制定的《银行账户管理办法》。该办法规定,银行存款账户分为基本存款账户、一般存款账户、临时存款账户和专用存款账户。

1. 基本存款账户

基本存款账户是企业办理日常转账结算和现金收付的账户。企业发放的工资、奖金等现金的支取,只能通过该账户办理。企业一般只能开立一个基本存款账户,不得在多家银行机构开立基本存款账户。

2. 一般存款账户

一般存款账户是企业在基本存款账户以外的银行借款转存、与基本存款账户的企业不在同一地点的附属非独立核算单位的账户。企业可以通过本账户办理转账结算和现金缴存,但不能办理现金的支取。存款人不得在同一家银行的几个分支机构开立一般存款账户。

3. 临时存款账户

临时存款账户是企业因临时经营活动需要开立的账户。存款人可以通过本账户办理转账结算和根据国家现金管理的规定办理现金收付。

4. 专用存款账户

专用存款账户是存款人因特定用途需要开立的账户。

（四）银行存款清查

为防止记账差错,掌握银行存款的实有数额,企业必须定期对银行存款进行清查,至少每月核对一次。银行存款清查主要采用对账法,即将企业银行存款日记账与银行对账单逐笔核对。一般情况下,银行对账单上的存款余额往往与企业银行存款日记账上的余额不相符合,这主要有两方面原因:一是由于正常的"未达账项"引起,未达账项是指一方已经入账,另一方由于受凭证传递时间影响没有入账的款项,未达账项是造成银行对账单上余额与企业银行存款日记账余额不一致的主要原因。二是由于双方账目可能发生的不正常的错账、漏账。例如,企业签发的某一往来银行的支票,有可能错记在另一往来银行的账上;银行也有可能将某一存款户的业务错记在另一存款户的账户中。

在同银行对账之前,首先应对本单位的银行存款日记账进行检查,如果发现错账、漏账,应及时查明更正,力求银行存款日记账的准确与完整,然后与银行转来的对账单逐笔核对。对于未达账项,应于查明后编制银行存款余额调节表以检查双方的账目是否相符。

未达账项有两种类型:一是企业已入账而银行尚未入账的款项;二是银行已入账而企业尚未入账的款项。具体有以下两种情况。

1. 企业已入账而银行尚未入账的款项

（1）企业已记存款增加,而银行尚未记增加。例如,在途存款,月末企业将收到的现金或票据计为存款增加,但因送存时间超过银行的营业与清算时间,因此当月的银行对账单上就不会出现这笔存款。

（2）企业已记存款支出,而银行尚未记减少。例如,未兑现支票,企业因购买商品或劳务而签发支票,在签发时,即登记企业存款减少,但持票人尚未向银行提出兑现,以致银行未将该笔支出从企业银行存款账户中划出。

2. 银行已入账而企业尚未入账的款项

(1) 银行已记企业存款的增加,而企业尚未记增加。例如,银行代企业托收的款项,或结算的存款利息,银行已记企业存款增加,但企业在没收到银行转来的通知前,尚未将该项目记为企业银行存款账户的增加。

(2) 银行已记企业存款减少,而企业尚未记减少。例如,银行代企业付款的项目,或应向企业收费的项目,以及客户存款不足而遭退回的支票等,这些业务同样因企业没有得到银行的通知而产生双方存款余额的差异。

上述任何一种情况的发生都会使双方的账面余额不一致。为了消除未达账项的影响,企业应根据核对后发现的未达账项,编制银行存款余额调节表,据以检查双方账面余额是否相符。如果记账正确,调节后的双方余额应相等。

大多数企业调节银行存款余额的方法是把银行存款余额与企业账面余额都调整到正确余额。这一调节方法是把银行存款余额调节表分为左右两部分,左半部分列示企业的银行存款原账面余额以及调节银行已记账而企业尚未记账或更正企业误记的项目。右半部分列示银行对账单余额以及调节企业已记账而银行尚未记账的项目或更正银行误记的项目。经过调节,使左右两部分均为银行存款实际余额。

【例 3 - 2】 假设某企业的银行存款日记账月末余额为 87 600 元,银行对账单同期余额为 97 300 元,经逐笔核对,发现有如下 4 笔未达账项:

(1) 企业开出现金支票一张,金额 8 200 元,收到支票的企业尚未到银行办理进账手续。

(2) 企业委托银行代收外地销货款 32 000 元,银行已入账而企业尚未收到收款通知。

(3) 银行代企业支付水电费 4 500 元,企业尚未收到付款通知。

(4) 企业月末收到转账支票一张计 26 000 元,送存银行,企业已入账而银行未入账。

根据上述资料,编制银行存款余额调节表,如表 3 - 1 所示。

表 3 - 1　银行存款余额调节表　　　　　　　　　　单位:元

企业银行存款日记账	金　额	银 行 对 账 单	金　额
企业银行存款日记账余额	87 600	银行对账单余额	97 300
加:银行已入账企业尚未入账的代收款项	32 000	加:企业已入账银行未入账的款项	26 000
减:银行已入账企业未支付的款项	4 500	减:企业已支付银行未入账的款项	8 200
调节后的余额	115 100	调节后的余额	115 100

从表 3 - 1 可以看出,表中左右两方调节后的金额相等,这说明企业的银行存款日记

账的记账过程正确无误。否则,说明企业或银行某一方记账存在差错,应该进一步查明原因,予以更正。经过调节后重新求得的余额是企业银行存款的实际金额。

三、其他货币资金

其他货币资金是企业除库存现金、银行存款之外,出于某些特定结算业务的需要,而存放在银行或其他金融机构中的货币资金以及在途货币资金的总称。其他货币资金就其性质而言,同现金和银行存款一样均属于货币资金,但是存放地点和用途不同于现金和银行存款,因而在会计上是分别核算的。其他货币资金包括外埠存款、银行汇票存款、银行本票存款、信用卡存款或信用证保证金存款等。

为了单独反映企业的各种其他货币资金,企业应设置"其他货币资金"账户,并按照其他货币资金的种类,设置"外埠存款""银行汇票存款""银行本票存款""信用证存款""在途货币资金""信用卡存款"等明细账户。

（一）外埠存款

外埠存款是指企业到外地进行临时或零星采购时,汇往采购地银行开立采购专户的款项。企业将款项汇往外地时,应填写汇款委托书,委托开户银行办理汇款。汇入地银行以汇款单位名义开立临时采购账户,该账户的存款不计利息、只付不收、付完清户。除采购员差旅费可支取少量现金外,一律采用转账结算。

【例3-3】　企业委托当地开户银行,将5 000元汇往在采购地开立的临时银行存款账户,编制会计分录如下:

借:其他货币资金——外埠存款　　　　　　　　　　　　　5 000
　　贷:银行存款　　　　　　　　　　　　　　　　　　　　5 000

企业收到采购员交来的供应单位发票账单等报销凭证4 850元时(假设不考虑增值税,下同),所购材料已验收入库,编制的会计分录如下:

借:原材料　　　　　　　　　　　　　　　　　　　　　　4 850
　　贷:其他货币资金——外埠存款　　　　　　　　　　　　4 850

采购员完成采购任务后将多余的外埠存款转回当地银行时,根据银行的收账通知,转销"其他货币资金——外埠存款"账户,编制的会计分录如下:

借:银行存款　　　　　　　　　　　　　　　　　　　　　　150
　　贷:其他货币资金——外埠存款　　　　　　　　　　　　　150

（二）银行汇票存款

银行汇票存款是指企业为取得银行汇票,按照规定存入银行的款项。银行汇票存款的多余款项可由银行自动退交汇款人。

【例3-4】　企业向银行申请,办理8 000元银行汇票,在企业向银行提交银行汇票委

托书取得银行汇票后,编制会计分录如下:

借:其他货币资金——银行汇票存款 8 000
　　贷:银行存款 8 000

企业使用银行汇票采购材料后,应根据发票账单及开户行转来的银行汇票有关副联等凭证,经核对无误后,编制会计分录如下:

借:原材料 8 000
　　贷:其他货币资金—— 银行汇票存款 8 000

（三）银行本票存款

银行本票存款是指企业为取得银行本票按照规定存入银行的款项。银行本票存款只用于办理全额结算,票面金额与实际交易金额之间的差额,由交易双方自行结清。

【例3-5】　企业申请办理银行本票10 000元,在企业向银行提交银行本票申请书,取得银行本票时,根据银行盖章退回的原申请书存根联,编制会计分录如下:

借:其他货币资金——银行本票存款 10 000
　　贷:银行存款 10 000

企业使用银行本票采购材料后,应根据发票账单等有关凭证,编制会计分录如下:

借:原材料 10 000
　　贷:其他货币资金——银行本票存款 10 000

（四）信用卡存款

信用卡存款是指企业为取得信用卡,按规定存入银行信用卡专户的款项。将资金存入信用卡以及用信用卡购买办公用品等,通过"其他货币资金——信用卡存款"账户核算。

（五）信用证保证金存款

信用证保证金存款是指采用信用证结算方式的企业为开具信用证而存入银行信用证保证金专户的款项;国际信用证存款指企业存入中国银行信用证保证金专户的款项。

企业采用信用证方式与供货单位结算货款时,根据开户银行盖章退回的信用证委托书回单,记入"其他货币资金——信用证存款"账户;企业收到供货单位信用证结算凭证及所附发票账单,结转"其他货币资金——信用证存款"账户。

第二节　应收项目

一、应收账款

（一）应收账款的确认

应收账款是应收项目的重要组成部分,是因企业赊销商品、产品或提供劳务而形成的债权,包括应该向购货单位收取的货款及代垫的运费等。应收账款的确认一般应与收入实现的确认同步进行,对企业赊销商品,如符合销售商品收入确认条件,则在确认销售商品收入的同时,确认应收账款。

(二)应收账款的计价

企业的应收账款应当以交易发生的公允价值加上相关交易费用计价,具体包括销售商品的价款,增值税销项税额以及代垫的运费、包装费等。

由于应收账款的收账期限比较短,因此,应收账款通常应按实际交易价格计价,但是在商业信用中存在现金折扣、销货退回与折让、因坏账产生应收账款减值等,均会影响应收账款的计价,具体内容详见第十章。

企业应设置"应收账款"账户,核算应收账款的增减变动及结存情况。该账户借方登记企业因赊销商品和提供服务等而应向购货方收取的款项;贷方登记实际收回或因发生坏账等转销的应收账款;期末余额一般在借方,表示企业尚未收回的赊销款。该账户一般应按结算单位设置明细账户。

【例3-6】 某企业根据与A公司订立的赊销合同发出商品一批,价款计40 000元,增值税税率13%,符合收入确认条件,同日以银行存款垫付运输费2 800元,编制会计分录如下:

(1)销售商品时:

借:应收账款——A公司	48 000
贷:主营业务收入	40 000
应交税费——应交增值税(销项税额)	5 200
银行存款	2 800

(2)收到货款时:

借:银行存款	48 000
贷:应收账款——A公司	48 000

(三)坏账的确认与账务处理

1. 坏账的确认

企业向客户提供商业信用,有利于企业通过信用交易扩大销路和市场规模。大量的应收账款也会产生信用损失风险。因此,企业应当根据以往的经验、债务单位的实际财务状况和现金流量,在期末分析客户违约的可能性,预计信用损失,并计提坏账准备。

所谓坏账又称呆账,是指无法收回的应收账款。根据我国现行会计准则,符合下列条件之一的应收账款应确认为坏账。

(1)债务人破产,依照破产清算程序进行清偿后确实无法收回的部分。

(2)债务人死亡,既无财产可供清偿,又无义务承担人,确实无法收回的部分。

(3)债务人较长时期内未履行其偿债义务,并有足够证据表明无法收回或收回可能性极小。

2. 坏账损失的账务处理

(1) 坏账损失的核算方法。坏账损失也称预期信用损失,是指以发生违约的风险为权重的信用损失的加权平均值。坏账损失的核算应采用备抵法,即企业于会计期末按一定的方法,估计可能发生的信用损失。在确认信用减值损失的同时,设置"坏账准备"账户作为应收账款的抵减项目,以反映应收账款的可变现净值。

"坏账准备"账户是应收账款的备抵账户。该账户借方登记已确认坏账损失的转销数及冲销的坏账准备数;贷方登记各期计提的坏账准备数及坏账回收转回的坏账准备数;期末余额一般在贷方,表示企业已提取的坏账准备。

(2) 坏账损失的估计方法。运用备抵法核算坏账,会计期末必须事先估计坏账损失。坏账损失的估计方法主要有余额百分比法、账龄分析法、销货百分比法和个别认定法。

余额百分比法是根据过去的经验和当前的有关资料,估计坏账率(客户违约的概率),再根据会计期末应收账款的余额和估计的坏账率预计坏账损失的方法。

$$估计坏账损失 = 期末应收账款余额 \times 估计坏账率$$

余额百分比法简便易行,但它假设所有应收账款(不论是否已超过信用期、过期的时间长短)产生的坏账风险是相同的,这又与现实不符。一般说来,账款被拖欠的时间越长,发生坏账的可能性就越大。为了更准确地估计期末应计提的坏账准备,应采用账龄分析法。

账龄分析法是根据应收账款入账时间的长短,对应收账款按账龄分组,结合以往的经验估计各账龄组的坏账损失率,分别对各账龄组的应收账款预计坏账损失的方法,即以坏账比例为权重估计信用损失的加权平均值。一般来说,应收账款账龄越长,发生坏账的可能性就越大,因此估计的坏账损失率也就越大。

【例 3-7】 某企业通过分析 20×3 年 12 月 31 日客户的应收账款明细账,同时根据历史资料和有关变化条件,为不同账龄的应收账款分别估计坏账率,并编制坏账损失估计表,如表 3-2 所示。

表 3-2 坏账损失估计表　　　　单位:元

账　龄	应收账款金额	估计坏账百分比	估计坏账损失
未到期	200 000	1%	2 000
逾期 1~3 个月	100 000	3%	3 000
逾期 3~6 个月	60 000	5%	3 000
逾期 6 个月以上	30 000	8%	2 400
合　计	390 000	—	10 040

销货百分比法又称赊销百分比法,是根据赊销金额的一定百分比来估计坏账损失、计提坏账准备的一种方法。这种方法的理论依据是,坏账损失的产生与赊销业务密切相关,当期赊销业务越多,产生坏账损失的可能性就越大。

个别认定法是根据每一笔应收账款的情况单独分析估计坏账损失的方法。如果企业某项应收账款的可收回性与其他应收账款存在明显的差别或金额符合重要性标准时,可考虑对其采用个别认定法。

(3)坏账损失的账务处理。备抵法下,企业如采用余额百分比法、账龄分析法估计坏账,首次计提坏账准备时,按估计的坏账金额,借记"信用减值损失"账户,贷记"坏账准备"账户,以后各会计期末分别不同情况调整"坏账准备"账户余额。如果当期按应收账款计算的应提坏账准备大于"坏账准备"账户已有的贷方余额,应按差额补提坏账准备;如果当期按应收账款计算的应提坏账准备小于"坏账准备"账户已有的贷方余额,应按差额冲减已提取的坏账准备。

备抵法下,实际发生坏账时不再确认损失,而应由已计提的坏账准备金抵补,按确认发生的坏账金额,借记"坏账准备"账户,贷记"应收账款"账户;如果已确认并转销的坏账以后又收回,则应按收回的金额恢复原账面记录,借记"应收账款"账户,贷记"坏账准备"账户,同时,借记"银行存款"账户,贷记"应收账款"账户。

【例 3-8】　甲公司采用余额百分比法估计坏账,坏账准备的提取比例为 1%。20×3 年年初,"坏账准备"账户有贷方余额 3 000 元。20×3 年 8 月,因客户违约确认有一笔应收账款 2 000 元无法收回,经批准作为坏账转销,20×3 年 12 月 31 日,应收账款余额为 600 000 元。编制会计分录如下:

(1)20×3 年 8 月,确认发生坏账时:

借:坏账准备 2 000
　　贷:应收账款 2 000

(2)20×3 年年末,估计坏账并计提坏账准备:

$$20×3 年年末估计坏账金额＝600 000×1\%＝6 000(元)$$

20×3 年应提坏账准备金额 6 000 元,大于账面已提坏账准备 1 000 元,按差额补提:

借:信用减值损失 5 000
　　贷:坏账准备 5 000

【例 3-9】　承[例 3-8],20×4 年 3 月接到银行通知,甲公司 20×3 年确认并核销的坏账 2 000 元,又重新收回,款项存入银行。编制会计分录如下:

借:应收账款 2 000
　　贷:坏账准备 2 000
借:银行存款 2 000
　　贷:应收账款 2 000

以上两笔会计分录也可合并编制。

二、应收票据

（一）应收票据的确认

应收票据是指企业持有的、尚未到期兑现的商业汇票。商业汇票是由出票人签发，委托付款人在指定日期无条件支付确定金额给收款人或者持票人的票据。

商业汇票按承兑人不同，分为商业承兑汇票和银行承兑汇票。

商业承兑汇票是指由付款人承兑的商业汇票，付款人负有到期无条件支付票款的责任；商业承兑汇票到期时，若付款人银行存款账户余额不足支付票款，银行不承担付款责任，只负责将汇票退还收款人，由双方自行处理。银行承兑汇票是指由承兑银行承兑的商业汇票，银行承兑汇票到期时，若承兑申请人银行存款账户余额不足支付票款，承兑银行应向收款人或贴现银行无条件支付票款。

企业申请使用银行承兑汇票时，应向其承兑银行交纳手续费，企业应将支付的银行手续费记入"财务费用"账户借方。

商业汇票按其是否计息，可分为不带息商业汇票和带息商业汇票。

不带息商业汇票是指票据到期时，承兑人只按票面金额向收款人或被背书人支付款项的汇票，其票据到期值等于其面值。带息商业汇票是指票据到期时，承兑人应按票面金额，加上票据规定利息率计算的到期利息，向收款人或被背书人支付款项的汇票。带息票据的到期值等于其面值加上到期应计利息。

（二）应收票据的计价

企业会计准则规定，企业收到商业汇票时，无论是带息票据还是不带息票据，都应按票据面值入账。

（三）应收票据的账务处理

为了反映和监督应收票据取得、收回等经济业务，企业应设置"应收票据"账户。该账户借方登记取得的应收票据的面值；贷方登记到期收回票据或贴现转让的应收票据金额；期末余额在借方，反映企业持有的应收票据金额。企业还应设置应收票据备查簿，逐笔登记商业汇票的种类、出票日、票面金额、交易合同号、付款人、承兑人等资料。

（1）企业因销售商品、提供劳务等收到的商业汇票，按商业汇票的面值，借记"应收票据"账户，按确认的营业收入，贷记"主营业务收入"账户，涉及增值税销项税额的，还应贷记"应交税费——应交增值税（销项税额）"账户。

（2）未到期的商业汇票向银行贴现，应按实际收到的金额（即到期值减去贴现息后的净额），借记"银行存款"账户，按实际收到的金额与商业汇票金额的差额，借记"财务费用"账户，按商业汇票的金额，贷记"应收票据"账户。如商业汇票贴现不符合金融资产转移准则有关金融资产终止确认条件的，则不应结转应收票据。

（3）应收票据到期时，不带息票据按收回票据面值，借记"银行存款"账户，贷记"应收票据"；带息票据按收到的本息，借记"银行存款"账户，按票据面值，贷记"应收票据"账户，按应计利息，贷记"财务费用"账户。商业承兑汇票，到期时如付款人无力付款，应将应收票据转入应收账款。

（4）企业将持有的商业汇票背书转让以取得所需物资，应按取得物资成本的金额，借记"材料采购"或"原材料""库存商品"等账户，按增值税专用发票上注明的可抵扣的增值税额，借记"应交税费——应交增值税（进项税额）"账户，按商业汇票的票面金额，贷记"应收票据"账户，如有差额，借记或贷记"银行存款"等账户。

【例3－10】　20×3年9月1日，甲公司向乙公司销售一批产品，货款为1 500 000元，适用增值税税率为13%。甲公司收到乙公司签发并承兑的商业承兑汇票一张，面值为1 695 000元，3个月期，利率6%。甲公司有关账务处理如下：

（1）收到商业票据时：

借：应收票据	1 695 000
贷：主营业务收入	1 500 000
应交税费——应交增值税（销项税额）	195 000

（2）商业票据到期收回本息：

借：银行存款	1 720 425
贷：应收票据	1 695 000
财务费用(1 695 000×6%×3/12)	25 425

【例3－11】　承[例3－10]，假设甲公司于10月1日，以该商业汇票到银行办理贴现，银行扣除贴现息9 000元，实际收到贴现净额1 686 000元，假设商业汇票贴现后甲公司不负连带付款责任。对该项贴现业务，甲公司有关账务处理如下：

借：银行存款	1 686 000
财务费用	9 000
贷：应收票据	1 695 000

三、预付账款

预付账款是企业按照购货合同规定预付给供应单位的各类款项，如预付的材料、商品采购货款，预先发放的农副产品预购定金等。

对购货企业来说，预付账款是一项流动资产。为了反映企业预付给供应单位的货款及结算情况，企业应设置"预付账款"账户。该账户借方登记预付供应单位的货款；贷方登记收到材料或商品时与供应单位实际结算的货款；该账户具有资产负债双重性质，期末余额如在借方，表示企业实际预付的货款，是一项债权，如在贷方，表示应付供应单位的货款,是一项债务。对于预付货款业务不多的企业,也可以不设置"预付账款"账户,而通过"应付账款"账户核算。

企业应当定期或者至少于每年终了时,对预付账款进行检查,预计其可能发生的坏账损失,并计提坏账准备。

【例 3 - 12】 20×3 年 9 月,甲公司按合同规定向供应商预付购买材料货款共8 000 元,12 月收到供应商发来货物,增值税专用发票表明价款 7 000 元,增值税额910 元,余款以现金结清。甲公司有关账务处理如下:

(1)预付货款时:

借:预付账款 8 000
　　贷:银行存款 8 000

(2)收到材料,根据发票账单结算货款时:

借:原材料 7 000
　　应交税费——应交增值税(进项税额) 910
　　　贷:预付账款 7 910

(3)结算余款时:

借:库有现金 90
　　贷:预付账款 90

四、非营业应收项目

企业除了因营业,如出售商品、产品或提供劳务产生应收账款与应收票据以外,还有一些非营业的流动性项目,如向职工收取的各种垫付款、应收股利、应收利息、应收租金等其他各种应收款项。

在会计上,企业应设置"其他应收款""应收股利""应收利息"等账户,反映企业非营业活动产生的应收款项。这些账户一般按往来单位或个人设置明细账户。例如职工预借差旅费时,借记"其他应收款"等账户,贷记"库存现金"等账户;结算报销时,再借记"管理费用"等账户,贷记"其他应收款"账户。

本 章 小 结

货币资金是指直接以货币形态存在的资金,它是流动性最强的一项资产,包括库存现金、银行存款和其他货币资金。企业必须保持足够的货币资金,以保证资金周转的需要;同时又要充分运用货币资金,防止闲置浪费。为了全面反映库存现金和银行存款的收支及结存情况,企业应设置"库存现金"和"银行存款"总分类账户。此外,企业还应设置现金日记账和银行存款日记账,进行现金和银行存款的序时核算。其他货币资金包括外埠存款、银行汇票存款、银行本票存款、在途货币资金、信用卡存款或信用证保证金存款等。

应收项目是企业在日常生产经营活动中发生的各项短期债权,在企业的流动资产中占有相当比重。合理地确认、核算应收及预付款项不仅影响企业资产的计量,还会影响企业的损益情况。加强对应收及预付款项的管理,可以加快企业资金的回笼,增强企业的竞争力。应收账款的入账价值包括销售商品或提供劳务从购货方或接受劳务方应收的合同或协议价款、增值税销项税额,以及代购货单位垫付的包装费、运费等。预付账款应当按实际预付的金额入账。其他应收款应当按实际发生的金额入账。

主 要 术 语

- 现金　　　　　　　　银行存款
- 未达账项　　　　　　银行余额调节表
- 其他货币资金　　　　应收账款
- 预付账款　　　　　　其他应收款
- 应收票据　　　　　　商业承兑汇票
- 银行承兑汇票　　　　坏账损失
- 备抵法　　　　　　　余额百分比法
- 账龄分析法

复 习 思 考 题

1. 会计实务中对现金的范围是如何界定的?
2. 企业应如何对现金的收支进行控制?
3. 常见的未达账项有哪些情况? 如何编制银行存款余额调节表?
4. 比较应收票据、应收账款、其他应收款及预付账款的异同。
5. 什么是坏账? 简述坏账准备的计提范围与核算方法。
6. 应收票据如何进行计价核算?
7. 简述"预付账款"账户结构与核算方法。

练 习 题

一、单项选择题

1. 下列关于企业现金清查说法错误的是(　　　)。

A. 现金清查一般采用账目核对法

B. 对于现金清查结果,应编制现金盘点报告单

C. 对于无法查明原因的现金短缺,经批准后计入管理费用

D. 对于无法查明原因的现金溢余,经批准后计入营业外收入

2. 下列各项中,不通过"其他货币资金"账户核算的是(　　)。

A. 信用证保证金存款　　　　　　　B. 备用金

C. 银行汇票存款　　　　　　　　　D. 银行本票存款

3. 下列各项中,不会引起其他货币资金发生变动的是(　　)。

A. 销售商品收到商业汇票

B. 以银行本票购入生产设备

C. 将款项汇往外地开立采购专业账户

D. 为购买基金将资金存入在证券公司指定银行开立账户

4. 下列各项中,关于银行存款业务的表述中不正确的是(　　)。

A. 企业单位信用卡存款账户可以存取现金

B. 企业信用保证金存款余额不可以转存其开户行结算户存款

C. 企业银行汇票存款的收款人可以将其收到的银行汇票背书转让

D. 企业外埠存款除采购人员可从中提取少量现金外,一律采取转账结算

5. 企业银行存款日记账余额与银行对账单不符,企业银行日记账余额 150 万元,企业日记账和银行对账单差异包括:企业收到货款 10 万元,银行尚未入账,企业开出支票 5 万元,对方尚未到银行办理收款,银行代扣水电费 2 万元,企业尚未入账,调节之后的企业银行存款余额为(　　)万元。

A. 160　　　　　　B. 165　　　　　　C. 152　　　　　　D. 148

6. 下列各项中,不考虑其他因素,应在"预付账款"科目贷方核算的是(　　)。

A. 收回多预付的款项　　　　　　　B. 预付设备采购款

C. 支付以前的购货款　　　　　　　D. 收回以前的赊销货款

7. 某企业采用托收承付结算方式销售一批商品,增值税专用发票注明的价款为 1 000 万元,增值税额为 130 万元,销售商品为客户代垫运输费 5 万元,全部款项已办妥托收手续。该企业应确认的应收账款为(　　)万元。

A. 1 000　　　　　　B. 1 005　　　　　　C. 1 130　　　　　　D. 1 135

8. 20×3年12月初,"坏账准备"账户贷方余额为 6 万元,12月31日"应收账款"账户借方余额为 100 万元,经减值测试,该企业应收账款预计未来可收回金额为 95 万元。该企业 20×3 年年末应计提的坏账准备金额为(　　)万元。

A. −1　　　　　　B. 1　　　　　　C. 5　　　　　　D. 11

9. 下列各项中,应通过"应收票据"账户核算的是(　　)。

A. 银行本票　　　B. 商业汇票　　　C. 支票　　　D. 银行汇票

10. 某公司采用应收账款余额百分比法计提坏账准备,计提比率为2%,20×3年年末应收账款余额500万元,20×4年上半年确认发生坏账7万元,20×4年年末应收账款余额400万元,该企业20×4年年末计提坏账准备的金额是(　　)万元。

A. 3　　　　　B. 4　　　　　C. 5　　　　　D. 8

二、多项选择题

1. 货币资金内部控制的基本要求有(　　)。

A. 严格职责分工　　　　　　　B. 实行交易分开

C. 实施内部稽核　　　　　　　D. 实施定期轮岗

2. 下列选项中,符合现金核算要求的有(　　)。

A. 现金日记账由出纳员根据收付款凭证,按照业务发生顺序逐笔登记

B. 每日终了,应当在现金日记账上计算出当日的现金收入合计额、现金支出合计额和结余额,并将现金日记账的账面结余额与实际库存现金额相核对,保账实款相符

C. 月度终了,现金日记账的余额应当与总账的余额核对,做到账账相符

D. 企业应当设立库存现金总账账户和库存现金日记账,分别进行库存现金的总分类核算和明细分类核算

3. 对现金清查结果,按照管理权限报经批准后,分别按(　　)情况处理。

A. 无法查明原因的现金短缺,计入管理费用

B. 属于无法查明原因的现金溢余,计入营业外收入

C. 现金溢余,属于应支付给有关人员或单位的,计入其他应付款

D. 现金短缺,属于应由责任人赔偿的部分,计入其他应收款

4. 下列各项中,企业应确认为其他货币资金的有(　　)。

A. 向银行申请银行本票划转的资金　　B. 为开信用证而存入银行的专户资金

C. 汇往外地临时采购专户的资金　　　D. 为购买股票向证券公司划出的资金

5. 下列各项中,影响应收账款账面价值减少的有(　　)。

A. 计提坏账准备　　　　　　　B. 收回转销的应收账款

C. 收回应收账款　　　　　　　D. 转销无法收回的坏账

6. 下列选项中,通过"其他应收款"账户核算有(　　)。

A. 应收保险公司的赔款

B. 收取的出借包装物押金

C. 应向职工收取的各种垫付款项

D. 应向购货方收取的代垫运费

三、判断题

1. 预付账款属于债权,当存在发生坏账损失风险时,应按一定的比例提取坏账准备。
（　　）

2. 采购材料或接受劳务通过银行汇票结算的,应通过"应付票据"账户核算。（　　）

3. 如果不存在未达账项,银行存款日记账账面余额与银行对账单余额之间有差额,说明企业与银行两方或其中一方存在记账错误。
（　　）

4. "银行存款日记账"应定期与"银行对账单"核对,至少每月核对一次,企业银行存款账面余额与银行对账单余额之间如有差额,应编制"银行存款余额调节表"进行调节,调节后的双方余额一定相等。
（　　）

5. 库存现金的清查包括出纳人员每日的清点核对和清查小组定期和不定期的清查。
（　　）

6. 预付货款不多的企业,可以将预付的货款直接记入"应收账款"账户的借方,而不单独设置"预付账款"账户。
（　　）

7. 企业的一般存款账户可以办理转账结算手续和现金缴存,但不能办理现金支取。
（　　）

8. 对于带息应收票据,应按票据面值与应收利息之和入账。
（　　）

四、业务核算题

【习题一】

（一）目的：练习货币资金的核算。

（二）资料：力诺公司 20×3 年 8 月发生如下经济业务：

（1）2 日,企业进行现金清查时,发现库存现金短缺 420 元。

（2）3 日,经查 2 日短缺的现金 300 元是因出纳过失所造成的,其余 120 元无法查明原因,经批准转入管理费用。

（3）5 日,收到 B 公司偿还货款 1 000 000 元,存入银行。

（4）11 日,向 A 公司销售商品一批,价款 2 000 000 元,应收增值税销项税额 260 000 元。货款直接付讫,已存入银行。

（5）15 日,向银行申请签发银行汇票一张,金额 1 000 000 元。

（6）20 日,以银行汇票,购入材料一批,价款 700 000 元,增值税额 91 000 元,余款退回。

（7）28 日,向 C 公司销售商品一批,价款 200 000 元,增值税额 26 000 元,收到 226 000 元的银行本票存入银行。

（三）要求：根据上述资料,编制相关会计分录。

【习题二】

（一）目的：练习银行存款清查中未达账项的调节。

（二）资料：环宇公司 20×3 年 12 月 31 日银行存款日记账余额为 149 300 元，银行对账单余额为 161 500 元，经逐笔核对，发现以下未达账项：

（1）25 日，委托银行代收的销货款 8 000 元，银行已收到入账，但企业未收到收款通知，尚未入账。

（2）26 日，企业销售货物，将月末收到的转账支票 16 400 元送存银行，企业已入账而银行未入账。

（3）26 日，银行代企业支付水电费 1 800 元，企业尚未收到付款通知。

（4）27 日，企业采购货物，于月末开出转账支票 23 400 元，持票人尚未到银行办理转账手续。

（5）28 日，银行结算银行贷款利息 8 000 元，企业尚未入账。

（6）29 日，企业开出一张支票 7 000 元，支付购入材料运输费，银行尚未入账。

（三）要求：根据以上资料，编制银行存款余额调节表。

【习题三】

（一）目的：练习应收账款、应收票据的核算。

（二）资料：天威公司 20×3 年 12 月 1 日"应收账款"账户借方余额为 1 536 000 元，"坏账准备"账户贷方余额为 15 000 元。该公司采用应收账款余额百分比法计提坏账损失，坏账准备提取比例为 1%。20×3 年 12 月有关资料如下：

（1）1 日，收到盛达公司开出的银行承兑汇票抵付以前的应收账款，票据面值为 163 800 元，期限为 6 个月。

（2）8 日，向天宝公司赊销商品一批，价款 900 000 元，增值税额 117 000 元，以银行存款支付代垫包装费 9 000 元。

（3）14 日，收回应收账款 600 000 元，存入银行。

（4）20 日，因客户违约本月确认无法收回 A 公司应收账款 200 000 元，经董事会批准同意核销。

（5）25 日，收回已作为坏账转销的应收账款 100 000 元存入银行。

（6）31 日，计提应收账款坏账准备。

（三）要求：根据上述资料，编制相关会计分录。

【习题四】

（一）目的：练习应收票据的核算。

（二）资料：甲公司 20×3 年 6 月 1 日向乙公司销售商品一批，价款 200 000 元，增值税额 26 000 元，商品已交付乙公司，该商品成本为 150 000 元。当日收到乙公司开出并由其承兑的商业汇票，面值 226 000 元，期限 3 个月。20×3 年 9 月 1 日，该商业汇票到期，收到票款存入银行。

（三）要求：

（1）根据上述资料编制甲公司有关会计分录。

（2）假设商业汇票到期日，乙公司无力支付票款，编制甲公司到期日的会计分录。

课程思政与案例

应收商业承兑汇票减值问题

【案例背景】 20×1年年末，甲上市公司应收商业承兑汇票8.4亿元，其中，应收乙公司5.4亿元，分类为以摊余成本计量的金融资产，均未计提减值准备；甲公司同时对乙公司有应收账款约10亿元，分类为以摊余成本计量的金融资产，已按公司会计政策计提坏账准备。乙公司为上市公司，发生严重亏损，年末资产负债率为90%，营运资本为负，已发生严重财务困难。

【思考问题】 甲公司应收乙公司商业承兑汇票期末未计提减值准备是否恰当？如上述商业承兑汇票为银行承兑汇票，是否应计提减值准备？

【案例启示】 以摊余成本计量的应收票据及应收账款，无论是否存在发生信用减值的客观证据，甲公司均应采用预期信用损失的方法按照整个存续期内预期信用损失或12个月内预期信用损失计提坏账准备。

本案例中，乙公司已发生严重财务困难，表明甲公司应收乙公司账款及商业承兑汇票均已发生信用减值，甲公司应按照整个存续期内的预期信用损失计量其损失准备，具体核算科目的不同不应影响减值的判断和计提。

在计量预期信用损失时，对于应收票据，应考虑不同票据的违约风险。例如，对于银行承兑汇票与商业承兑汇票，由于交易对手方性质不同，其违约风险可能不同；而对于银行承兑汇票，信用等级较高的银行与信用等级不高的银行，其签发的银行承兑汇票的违约风险也可能不同；同样，对于商业承兑汇票，信用和财务状况较好的企业与信用和财务状况较差的企业，其签发的商业承兑汇票的违约风险也可能不同，取得汇票的企业面临的票据减值风险亦可能有所不同。

实务中，很多公司忽视对应收票据减值的考虑。无论是应收银行承兑汇票，还是应收商业承兑汇票，均应按照企业会计准则预期信用损失的计提要求恰当计提减值。

第四章 存 货

学习目标

  理解存货的概念、性质及内容；

  熟悉存货的确认条件；

  掌握存货的初始计量、发出存货的计量及存货的期末计量；

  熟悉存货清查的核算；

  掌握会计实务中存货具体内容的核算。

第一节 存 货 概 述

一、存货的性质

存货是指企业在日常活动中持有以备出售的产成品或商品、处于生产过程中的在产品、在生产过程或提供劳务过程中耗用的材料和物料等，包括原材料、包装物、低值易耗品、在产品、自制半成品、委托加工物资和库存商品等。

存货是一项重要的流动资产，往往占流动资产的比例比较大。企业的一项资产是否是存货，关键看其是否在 1 年或超过 1 年的一个营业周期内出售或耗用。在实务工作中，一项资产是否是存货，应视企业性质、持有目的而定，不能一概而论。一个企业的存货，对于另一个企业来说，可能是固定资产或其他资产。例如房屋、建筑物在房地产企业中，一般是以销售为目的的，应作为存货处理；而在其他企业中，一般是为生产商品、提供劳务或经营管理为目的而持有的，应作为固定资产处理；已出租的房屋、建筑物应作为投资性房地产处理。应当注意的是，企业为建造固定资产而储备的各种工程物资、特准储备以及按国家指令专项储备的资产等，均不属于为日常活动而持有的货物，应不属于存货范畴。

二、存货的分类

（一）按行业不同分类

1. 制造业存货

制造业存货按所处不同生产经营过程的特点，分为产成品、自制半成品、在产品、委托加工物资、原材料、包装物和低值易耗品等。

2. 商品流通企业存货

商品流通企业存货主要包括库存商品、材料物资、低值易耗品等。商品流通企业库存商品是指为销售而购入的商品。

3. 服务性行业企业存货

服务性行业主要提供各种劳务,该类企业存货主要是各种物料用品,如供企业业务活动使用的办公用品、家具等。

4. 建筑施工企业存货

建筑施工企业存货主要包括库存材料、周转材料、委托加工物资、在建工程等。其中,在建工程是指正处在建造过程的存货。

(二) 按存放地点不同分类

存货按存放地点不同分为库存存货、在途存货、在制存货及发出存货。

1. 库存存货

库存存货是指已经购进或生产完成并经验收入库的各种原材料、包装物、低值易耗品、自制半成品、产成品或商品。

2. 在途存货

在途存货是指已经购买取得所有权但尚在运输途中或已运抵企业但尚未验收入库的各种材料物资、商品。

3. 在制存货

在制存货是指正处在生产过程中加工或装配的在产品,以及委托外单位加工但尚未完成的材料或产品。

4. 发出存货

发出存货是指已经发给购货单位但未实现销售,所有权尚未转移的存货。

(三) 按存货取得方式不同分类

存货按取得方式不同分为外购存货、自制存货、委托加工存货、投资者投入存货、以债务重组方式取得存货、以非货币性交易方式取得存货和盘盈存货等。

三、存货的确认与计量

存货的确认与计量是存货核算正确与否的关键,不仅影响产品生产成本、销售成本、期末存货成本以及损益的计算和确定,而且还关系到是否能为财务报告使用者预测企业未来现金流量提供客观、相关的存货信息。

(一) 存货的确认

某个项目要确认为存货,首先要符合存货的定义,在此前提下,应当同时符合以下两个条件:

（1）与该存货有关的经济利益很可能流入企业。存货是企业的一项重要的流动资产，因此对存货的确认，关键是判断其是否很可能给企业带来经济利益。通常，存货的所有权是判断存货的经济利益很可能流入企业的一个重要标志。凡是所有权属于企业，不论其存放地点是否在本企业，都应作为企业的存货，如已购买但尚未到达入库的材料或商品、委托加工材料、委托代销商品等；如果某项物品的法定所有权不属于企业，即使其存放在企业，也不能确认为本企业存货，如已售出但未运离企业的商品、受托加工材料、受托代销商品等。

（2）该存货的成本能够可靠地计量。成本能够可靠地计量是资产确认的条件之一。存货作为企业资产的组成部分，成本能够可靠地计量也应作为存货确认的条件。所谓存货的成本能够可靠地计量，是指其成本的取得必须有确凿、可靠的证据，并且具有可验证性。如果存货成本不能可靠地计量，则不能确认存货。

（二）存货的计量

存货的计量是存货核算的一个重要方面，包括存货的初始计量、发出存货的计量和存货的期末计量。

1. 存货的初始计量

存货的初始计量是指取得存货时的价值计量。存货初始成本一般由采购成本、加工成本和其他成本构成。不同方式取得的存货，其实际成本的构成内容也有所不同。

（1）外购存货。外购存货的实际成本由采购成本构成，包括：① 购买价款。购买价款是指企业购入的存货发票账单上列明的价款，但不包括按规定允许抵扣的增值税。② 相关税费。相关税费是指企业购入的存货发生的进口关税、消费税、资源税和不能从销项税额中抵扣的增值税等。③ 可归属于存货采购成本的费用。可归属于存货采购成本的费用是指采购成本中除上述各项以外的可归属于存货采购的费用，如在存货采购过程中发生的运输费、装卸费、保险费、仓储费、包装费、运输途中合理损耗、入库前的挑选整理费等。

（2）自制存货。自制存货实际成本由采购成本、加工成本以及使存货达到目前场所和状态所发生的其他支出构成。

加工成本是指企业在存货加工过程中发生的追加费用，包括直接人工以及制造费用。直接人工是指直接从事产品生产工人的工资、福利费、社会保险费及住房公积金等薪酬。制造费用是指企业为生产产品和提供劳务而发生的未专设成本项目的直接生产费用和各项间接生产费用。

其他成本是指除采购成本、加工成本以外的，使存货达到目前场所和状态所发生的其他可归属支出，如为特定客户设计产品所发生的、可直接确定的设计费用等。

（3）委托外单位加工存货。委托外单位加工存货，其成本由实际耗用的原材料或半成品成本、加工费、运输费、装卸费、保险费等费用以及按规定应计入委托加工存货成本的税金构成。计入委托加工存货成本的税金包括不允许抵扣的增值税额和消费税额。一般纳税企业支付的增值税,若取得增值税专用发票,则允许抵扣,不计入存货成本;委托加工应税消费品若收回后用于连续加工应税消费品,支付的由受托方代收代缴的消费税,不计入成本,记入"应交税费——应交消费税"账户的借方,留待抵扣最终消费品销售时应交纳的消费税;若收回后直接对外销售,支付的由受托方代收代缴的消费税应计入委托加工成本。

(4)投资者投入的存货。投资者投入存货的成本按照投资合同或协议约定的价值确定,但如果合同或协议约定的价值不公允,应当按照该存货的公允价值确定其实际成本。

【例 4-1】 中华制药厂为增值税一般纳税人,5 月份购入 2 000 千克化工原料一批,增值税专用发票显示价格为 100 000 元,增值税额 13 000 元,另付给物流公司运费 2 500 元(假设不考虑增值税,下同),支付保险费 550 元,装卸费 500 元,运输途中发生合理损耗 100 千克,则入库材料的总成本和单位成本计算如下:

$$入库材料总成本 = 100\ 000 + 2\ 500 + 550 + 500 = 103\ 550(元)$$
$$入库材料单位成本 = 103\ 550 \div 1\ 900 = 54.5(元)$$

2. 发出存货的计量

存货在生产经营过程中处于不断的流动状态,存货流转包括实物流转和价值流转两个方面。从理论上而言,存货成本流转应当与实物流转一致,但在企业实务中,由于存货实物流转的复杂性与不确定性,其成本流转难以完全依据实物流转来确定。因此,当发出存货时,需要对存货成本流转做出假设,根据不同的假设确定发出存货的计价方法。企业会计准则规定,存货发出的计价可采用先进先出法、月末一次加权平均法、移动加权平均法、个别计价法和计划成本法等方法。

(1)先进先出法。先进先出法是以先入库的存货先发出这样一种存货实物流转假设为前提,对发出存货进行计价的一种方法。

【例 4-2】 2019 年 8 月 1 日,甲公司结存 A 种材料 300 千克,单价 20 元;8 月 3 日,发出存货 200 千克;8 月 6 日,购进存货 200 千克,单价 18.50 元;8 月 15 日,发出存货 160 千克;8 月 20 日,购进存货 500 千克,单价 19.64 元;8 月 29 日,发出存货 240 千克。按先进先出法计价计算发出和结存材料成本,如表 4-1 所示。

表 4-1 原材料明细账

A 种材料

数量单位:千克
金额单位:元

2019 年		凭证号	摘要	收　　入			发　　出			结　　存		
月	日			数量	单价	金额	数量	单价	金额	数量	单价	金额
8	1	(略)	期初结存							300	20	6 000
8	3		发出				200	20	4 000	100	20	2 000
8	6		购进	200	18.5	3 700				100 200	20 18.5	2 000 3 700

（续表）

2019年		凭证号	摘要	收　　入			发　　出			结　　存		
月	日			数量	单价	金额	数量	单价	金额	数量	单价	金额
8	15		发出				100 60	20 18.5	2 000 1 110	140	18.5	2 590
8	20		购进	500	19.64	9 820				140 500	18.5 19.64	2 590 9 820
8	29		发出				140 100	18.5 19.64	2 590 1 964	400	19.64	7 856
8	31		合计	700		13 520	600		11 664	400	19.64	7 856

发出存货计价采用先进先出法的优点是：期末存货以最近入库的价值计价，库存存货的成本接近市价，存货资产的计价较为合理；发出存货时可以随时结转其成本，有利于均衡核算工作。但在物价持续上涨的情况下，先进先出法将较低的销售成本同销售收入相配比，会使销售利润虚增，税负加重，将较高的成本留在存货中，存在潜亏的风险；若存货收发业务频繁，一批发货涉及几批收入的存货时，计价比较繁琐，工作量比较大。

（2）月末一次加权平均法。月末一次加权平均法是以期初结存存货的数量和本期收入存货的数量之和为权数，计算确定存货的加权平均单位成本，并据以计算本期发出存货和期末结存存货成本的一种方法。其计算公式如下：

$$存货加权平均单价 = \frac{期初结存存货金额 + 本期收入存货金额}{期初结存存货数量 + 本期收入存货数量}$$

$$本期发出存货成本 = 本期发出存货数量 \times 加权平均单位成本$$

$$期末结存存货成本 = 期末结存存货数量 \times 加权平均单位成本$$

或

$$期末结存存货成本 = 期初结存存货成本 + 本期收入存货成本 - 本期发出存货成本$$

【例4-3】　承［例4-2］，采用加权平均法计算A种材料发出、结存的成本，如表4-2所示。

表4-2　原材料明细账

数量单位：千克
金额单位：元

A种材料

2019年		凭证号	摘要	收　　入			发　　出			结　　存		
月	日			数量	单价	金额	数量	单价	金额	数量	单价	金额
8	1	（略）	期初结存							300	20	6 000

（续表）

2019年		凭证号	摘要	收 入			发 出			结 存		
月	日			数量	单价	金额	数量	单价	金额	数量	单价	金额
8	3		发出				200			100		
8	6		购进	200	18.5	3 700				300		
8	15		发出				160			140		
8	20		购进	500	19.64	9 820				640		
8	29		发出				240			400		
8	31		本期发生额及期末余额	700		13 520	600	19.52	11 712	400	19.52	7 808

采用月末一次加权平均法，加权平均单位成本只在月末计算一次，平时不计算发出存货和结存存货的成本，计算简便，简化了存货的日算核算工作；但是由于平时不能及时反映发出存货和结存存货成本，因而不利于加强存货的日常管理和控制。

（3）移动加权平均法。移动加权平均法是在每次收入存货时就计算一次加权平均单位成本，并据以计算发出存货和结存存货成本的一种方法。其计算公式如下：

$$存货移动加权平均单价 = \frac{本次购进前存货结存金额 + 本次购进存货金额}{本次购进前存货结存数量 + 本次购进存货数量}$$

【例4-4】　承［例4-2］，采用移动加权平均法计算 A 种材料的成本，如表 4-3 所示。

表 4-3　原材料明细账

A 种材料

数量单位：千克

金额单位：元

2019年		凭证号	摘要	收 入			发 出			结 存		
月	日			数量	单价	金额	数量	单价	金额	数量	单价	金额
8	1	（略）	期初结存							300	20	6 000
8	3		发出				200	20	4 000	100	20	2 000
8	6		购进	200	18.5	3 700				300	19	5 700
8	15		发出				160	19	3 040	140	19	2 660

（续表）

2019年		凭证号	摘要	收　入			发　出			结　存		
月	日			数量	单价	金额	数量	单价	金额	数量	单价	金额
8	20		购进	500	19.64	9 820				640	19.5	12 480
8	29		发出				240	19.5	4 680	400	19.5	7 800
8	31		本期发生额及期末余额	700		13 520	600		11 720	400	19.5	7 800

采用移动加权平均法能随时反映发出存货和结存存货成本,移动加权平均单位成本比较接近市场价格,比较客观地反映发出和结存存货的成本。但若存货收入批次太多,计算移动加权平均单位成本较为频繁,核算的工作量较大。

（4）个别计价法。个别计价法又称分批认定法,是以每一批存货收入时的实际成本作为该批发出存货的实际成本,期末结存存货的实际成本按每批存货收入时的实际成本计算的一种方法。采用这种方法,日常必须对存货进行详细记录,对存货应有明确的标志以区别存货的进货批次。

个别计价法下,存货实物流转和成本流转完全一致,发出存货和结存存货的成本比较合理、准确,符合实际情况。但在存货收发频繁、涉及不同批次的情况下,存货发出成本分辨的工作量较大,而且有可能会导致人为选择成本较高或较低的存货作为发出存货的成本,以调节当期利润。个别计价法适合于数量较少、单位成本较高、能分批保管的存货,如名画、珠宝和贵金属等。

（5）计划成本法。计划成本法是指企业对每种存货根据实际成本预先确定计划单位成本,并据以对存货进行收入、发出和结存的日常核算,实际成本与计划成本之间的差异,通过设置有关成本差异账户反映,期末将发出存货和期末结存存货的计划成本调整为实际成本的一种方法。

企业存货品种规格繁多、收发频繁,为简化存货的日常核算,可采用按计划成本计价。计划单位成本一般在年度内不作调整。

对于以上各种存货发出计价方法,企业可以根据实际情况选择使用,但一旦选定某种方法,不得随意变更。如确需变更,应在附注中加以说明。

3. 存货的期末计量

存货的期末计量采用成本与可变现净值孰低法,该方法在本章第四节中作具体介绍。

第二节 原材料收发核算

一、原材料按实际成本计价的核算

原材料按实际成本计价方法进行日常收发核算,其主要特点是材料的收发凭证、材料明细账以及总分类账均按实际成本计价。取得材料时,应当按照实际成本计价,材料实际成本的构成内容取决于其来源;发出材料时,也应当按照实际成本计价,发出材料的实际成本可按先进先出法、月末一次加权平均法、移动加权平均法和个别计价法等方法确定。

（一）账户设置

1. "原材料"账户

"原材料"账户是用于核算企业库存各种材料的实际成本的账户。该账户借方登记入库材料的实际成本;贷方登记发出材料的实际成本;期末余额在借方,表示库存材料的实际成本。该账户按材料的保管地点、类别及品种和规格设置明细账。

2. "在途物资"账户

"在途物资"账户用于核算企业收到发票账单或货款已支付,但尚未验收入库的材料、商品的采购成本。该账户借方登记已购入但尚在运输途中的采购物资成本;贷方登记结转验收入库在途物资的采购成本;期末如有余额在借方,表示尚在运输途中的材料、商品的采购成本。该账户一般按材料商品类别、品种和规格及供应单位设置明细账。

外购材料中,为反映与供应单位之间因购货而引起的款项结算及清偿,还需设置"应付账款""应付票据""库存现金""银行存款"等账户。在预先支付货款的情况下,应设置"预付账款"账户。

按税法规定,企业采购材料时应向供应单位等支付的增值税额若允许抵扣,应在"应交税费——应交增值税"账户"进项税额"专栏核算;若不允许抵扣,应计入外购材料采购成本。

（二）材料采购业务的账务处理

企业原材料按实际成本计价核算方式下,材料采购业务核算的一般程序为:采购材料如已验收入库,企业应根据发票、运单、结算凭证等单据确定材料的采购成本,借记"原材料"账户,根据增值税专用发票上注明的允许抵扣的增值税额借记"应交税费——应交增值税(进项税额)"账户,按实际支付的款项或开出、承兑的商业汇票面值,贷记"银行存款""应付票据"等账户,若款项未付或未开出、承兑的商业汇票,贷记"应付账款"账户,若款项已预先支付,贷记"预付账款"账户。如采购材料尚未到达,则将采购成本先记入"在途物资"账户的借方,材料验收入库时,企业应根据收料单,结转入库材料采购成本,借记"原材料"账户,贷记"在途物资"账户。

以下举例说明材料采购业务的账务处理。甲公司为增值税一般纳税企业。20×1 年 8 月发生如下经济业务：

【例 4-5】 8 月 5 日，从乙公司购入 A 材料一批，取得的增值税专用发票上注明价款为 12 000 元，增值税额为 1 560 元，款项以支票付讫。A 材料已到达并验收入库。根据上述资料，应编制的会计分录如下：

借：原材料——A 材料	12 000
应交税费——应交增值税(进项税额)	1 560
贷：银行存款	13 560

【例 4-6】 8 月 10 日，从丙公司购入 B 材料一批，取得的增值税专用发票上注明材料价款为 80 000 元，增值税额为 10 400 元；取得的增值税专用发票上注明材料运费 700 元，增值税额 63 元。全部款项以支票付讫，但材料尚未到达。根据上述资料，应编制会计分录如下：

借：在途物资——B 材料	80 700
应交税费——应交增值税(进项税额)(10 400＋63)	10 463
贷：银行存款	91 163

【例 4-7】 承[例 4-6]，8 月 20 日，上述购入的 B 材料已到达并验收入库。应编制会计分录如下：

借：原材料——B 材料	80 700
贷：在途物资——B 材料	80 700

【例 4-8】 8 月 25 日，按照与乙公司签订的购销合同规定，委托银行预付购买 A 材料货款 300 000 元。根据上述资料，应编制会计分录如下：

借：预付账款——乙公司	300 000
贷：银行存款	300 000

10 月 20 日，收到乙公司发运的 A 材料并验收入库，取得的增值税专用发票上注明价款为 400 000 元，增值税额为 52 000 元，委托银行支付所欠款项。根据上述资料，应编制会计分录如下：

借：原材料——A 材料	400 000
应交税费——应交增值税(进项税额)	52 000
贷：预付账款——乙公司	452 000
借：预付账款——乙公司	152 000
贷：银行存款	152 000

【例 4-9】 20×1 年 11 月，甲公司从丙公司购入下列材料：A 材料 3 000 千克，每千克单价 10 元，买价为 30 000 元；B 材料 2 000 千克，每千克单价 20 元，买价为 40 000 元，

取得的增值税专用发票上注明增值税额为 9 100 元;两种材料在运输途中共发生运费,取得的增值税专用发票上注明运费为 6 000 元,增值税额为 540 元,由丙公司垫付,货款尚未支付。两种材料均已运达并验收入库。

运费系材料的采购费用,应计入材料采购成本。在外购过程中共同发生的运费 6 000 元,应选择适当的标准分配计入各种材料的采购成本。所谓适当的标准,是指分配标准应与费用的发生有密切的联系,以合理反映各种材料应分摊的费用。常见的分配标准有重量、体积、买价、数量等。假定本例中运费以材料的重量为分配标准。计算公式如下:

$$分配率 = \frac{6\,000}{3\,000 + 2\,000} = 1.2(元/千克)$$

$$A\,材料应分摊的运费 = 3\,000 \times 1.2 = 3\,600(元)$$

$$B\,材料应分摊的运费 = 2\,000 \times 1.2 = 2\,400(元)$$

根据上述资料及计算结果,应编制会计分录如下:

借:原材料——A 材料(30 000+3 600)   33 600

   ——B 材料(40 000+2 400)   42 400

  应交税费——应交增值税(进项税额)   9 640

 贷:应付账款——丙公司   85 640

(三)材料发出业务的账务处理

企业发出材料业务一般比较频繁,为简化核算,实务处理中,在月末根据各种发料凭证、退料凭证,按领用部门和用途汇总,编制发料凭证汇总表,并据以进行发出材料的账务处理。

【例 4-10】 20×1 年 8 月,A 公司根据发料凭证编制的发料凭证汇总表,如表 4-4 所示。根据发料凭证汇总表,编制发出材料业务的会计分录。

表 4-4　发料凭证汇总表

20×1 年 8 月

科目	原 材 料			
	原料及主要材料	辅助材料	修理用备件	合　计
生产成本——甲产品	200 000	13 200		213 200
制造费用		3 800	2 600	6 400
管理费用		7 300	1 200	8 500
销售费用		12 000	2 600	14 600
合　　计	200 000	36 300	6 400	242 700

借：生产成本——甲产品	213 200
制造费用	6 400
管理费用	8 500
销售费用	14 600
贷：原材料——原料及主要材料	200 000
——辅助材料	36 300
——修理用备件	6 400

二、原材料按计划成本计价的核算

原材料按计划成本计价方法进行日常收发核算,其主要特点是材料的收发凭证、材料明细账以及总分类账均按计划成本计价,并通过设置"材料成本差异"账户核算实际成本与计划成本之间的差异,会计期末应对计划成本进行调整,以确定发出材料和期末结存材料的实际成本。

（一）账户设置

1. "原材料"账户

"原材料"账户核算企业库存材料的增加、减少和结存情况。该账户借方登记入库材料的计划成本;贷方登记发出材料的计划成本;期末借方余额,表示结存材料的计划成本。

2. "材料采购"账户

"材料采购"账户核算企业购入的各种材料物资的采购成本。该账户借方登记购入材料物资的实际成本以及入库材料结转至"材料成本差异"账户的节约差异;贷方登记入库材料的计划成本以及入库材料结转至"材料成本差异"账户的超支差异;期末借方余额,表示在途材料物资的实际成本。"材料采购"明细账户一般按材料物资的品种、规格或种类设置。

3. "材料成本差异"账户

"材料成本差异"账户核算各种材料物资的实际成本与计划成本之间的差异。该账户借方登记从"材料采购"账户贷方转入的入库材料成本的超支差异以及发出材料应分摊的成本节约差异;贷方登记从"材料采购"账户借方转入的入库材料成本的节约差异以及发出材料应分摊的成本超支差异;期末若为借方余额,表示库存材料的超支差异,若为贷方余额,表示库存材料的节约差异。"材料成本差异"账户系"原材料"账户的调整账户,期末将"原材料"账户借方余额加上（或减去）"材料成本差异"账户借方余额（或贷方余额）,便可计算得出结存材料的实际成本。"材料成本差异"明细账户的设置应与"材料采购"账户口径一致。

（二）材料采购业务的账务处理

企业原材料按计划成本计价核算方式下,材料采购业务核算的一般程序为:购入材料时应通过"材料采购"账户核算实际成本;材料验收入库时再将计划成本转入"原材料"账户,同时结转成本差异。

下面举例说明按计划成本计价情况下,材料采购业务的账务处理。乙公司为增值税一般纳税企业,2019 年 8 月发生如下经济业务:

【例 4－11】　从丙公司购入 A 材料一批,取得的增值税专用发票上注明价款为30 000 元,增值税额为 3 900 元,款项委托银行付讫。该批材料已到达并验收入库,计划成本为 29 800 元。

根据发票账单等单据,确定采购材料实际成本,应编制会计分录如下:

借:材料采购——A 材料　　　　　　　　　　　　　　　　　　　　30 000
　　应交税费——应交增值税(进项税额)　　　　　　　　　　　　　3 900
　　贷:银行存款　　　　　　　　　　　　　　　　　　　　　　　　33 900

根据收料凭证,确定入库材料计划成本,应编制会计分录如下:

借:原材料——A 材料　　　　　　　　　　　　　　　　　　　　　29 800
　　贷:材料采购——A 材料　　　　　　　　　　　　　　　　　　　29 800

同时结转入库材料的超支差异 200 元(30 000－29 800),应编制会计分录如下:

借:材料成本差异——A 材料　　　　　　　　　　　　　　　　　　200
　　贷:材料采购——A 材料　　　　　　　　　　　　　　　　　　　200

【例 4－12】　从丁公司购入 B 材料一批,取得的增值税专用发票上注明价款为9 000 元,增值税额为 1 170 元;供应单位代垫运费,取得的增值税专用发票上注明价款为300 元,增值税额为 27 元。材料尚未入库,双方以商业承兑汇票方式结算,付款期限为2 个月。

根据发票账单等单据按实际成本,应编制会计分录如下:

借:材料采购——B 材料　　　　　　　　　　　　　　　　　　　　9 300
　　应交税费——应交增值税(进项税额)　　　　　　　　　　　　　1 197
　　贷:应付票据——丁公司　　　　　　　　　　　　　　　　　　　10 497

待材料验收入库时,再根据收料凭证等按计划成本从"材料采购"账户转入"原材料"账户,并结转相应的材料成本差异。

【例 4－13】　与 N 公司签订的购销合同规定,委托银行预付购买 A 材料货款100 000 元。根据委托付款凭证,应编制会计分录如下:

借:预付账款——N 公司　　　　　　　　　　　　　　　　　　　　100 000
　　贷:银行存款　　　　　　　　　　　　　　　　　　　　　　　　100 000

【例 4－14】　收到 N 公司发运的 A 材料并验收入库,取得的增值税专用发票上注明价款为 200 000 元,增值税额为 26 000 元,委托银行支付所欠款项。该批材料的计划成本为 200 800 元。

根据发票账单等单据,按实际成本,应编制会计分录如下:

借:材料采购——A 材料　　　　　　　　　　　　　　　　　　　200 000
　　应交税费——应交增值税(进项税额)　　　　　　　　　　　　26 000
　　　贷:预付账款——N 公司　　　　　　　　　　　　　　　　　　226 000
借:预付账款——N 公司　　　　　　　　　　　　　　　　　　　126 000
　　贷:银行存款　　　　　　　　　　　　　　　　　　　　　　　126 000

根据收料凭证,按计划成本,应编制会计分录如下:

借:原材料——A 材料　　　　　　　　　　　　　　　　　　　　200 800
　　贷:材料采购——A 材料　　　　　　　　　　　　　　　　　　200 800

同时结转入库材料的节约差异 800 元(200 000－200 800),应编制会计分录如下:

借:材料采购——A 材料　　　　　　　　　　　　　　　　　　　　800
　　贷:材料成本差异——A 材料　　　　　　　　　　　　　　　　　800

【例 4－15】　从丁公司购入 B 材料 1 000 千克,取得的增值税专用发票上注明价款为 4 100 元,增值税额为 533 元,材料尚未到达,款项尚未支付。

根据发票账单等单据,编制会计分录如下:

借:材料采购——B 材料　　　　　　　　　　　　　　　　　　　4 100
　　应交税费——应交增值税(进项税额)　　　　　　　　　　　　533
　　　贷:应付账款——丁公司　　　　　　　　　　　　　　　　　4 633

(三) 材料发出业务的账务处理

企业发出的各种材料,与采用实际成本计价核算相同,应按其领用部门和用途分别作不同的账务处理。但由于按计划成本借记“生产成本”“制造费用”“管理费用”“销售费用”等账户,贷记“原材料”账户,因而月末必须计算材料成本差异率,以便据以计算应分摊的成本差异额,将发出材料的计划成本调整为实际成本。材料成本差异率的计算公式如下:

$$材料成本差异率=\frac{月初库存材料成本差异额＋本月收入材料成本差异额}{月初库存材料计划成本＋本月收入材料计划成本}\times100\%$$

在上述公式中,如差异额为超支额,金额以正数表示;如差异为节约额,则金额以负数表示。公式中,本月收入材料计划成本中不包括月末暂估入账材料的计划成本。

发出材料应分摊的成本差异额的计算公式如下:

$$发出材料应分摊的成本差异额=发出材料的计划成本\times材料成本差异率$$

发出材料的实际成本的计算公式如下:

发出材料的实际成本＝发出材料的计划成本＋发出材料应分摊的成本差异额

在上述公式中,发出材料应分摊的成本差异额为超支额,金额以正数表示;若差异为节约额,则金额以负数表示。

【例4-16】 丙公司2019年8月初结存原材料的计划成本为120 000元,"材料成本差异"账户月初借方余额为2 130元。本月收入原材料的计划成本为367 000元,实际成本为360 000元,本月发出材料计划成本为380 000元,则:

(1) 本月收入材料差异＝360 000－367 000＝－7 000(元)

(2) 材料成本差异率＝$\frac{2\,130+(-7\,000)}{120\,000+367\,000}\times 100\%=-1\%$

(3) 发出材料应分摊的成本差异＝380 000×(－1%)＝－3 800(元)

【例4-17】 丙公司2019年8月根据发料凭证汇总表的记录,原材料发出情况如下:基本生产车间生产甲产品领用300 000元,基本生产车间一般消耗领用20 000元,企业行政管理部门领用10 000元。

(1) 根据发料凭证汇总表,按计划成本编制会计分录如下:

借:生产成本——基本生产成本(甲产品)	300 000
制造费用	20 000
管理费用	10 000
贷:原材料	330 000

(2) 发出材料应分摊成本差异额,应编制会计分录如下:

借:材料成本差异	3 300
贷:生产成本——基本生产成本(甲产品)	3 000
制造费用	200
管理费用	100

(四) 原材料按计划成本计价核算的评价

原材料按计划成本计价核算的优点主要是:

(1) 有利于考核采购部门的业绩。在保证材料质量的前提下,将各批采购存货的实际成本与计划成本对比,可以考核评价采购部门的工作业绩。

(2) 可以简化会计核算工作。材料按计划成本计价,材料收入、发出原始凭证只记收入、发出数量,明细账平时可以只记收入、发出和结存的数量,简化、加速了凭证的填制及传递,减少了登记明细账的工作量。

原材料按计划成本计价核算的不足之处主要是:在材料的价格变动较频繁、变动幅度较大的情况下,计划成本脱离实际,影响其所起的作用。若经常修订计划成本,会加大修订的工作量。

　　材料按计划成本计价核算，一般适用于实际成本相对比较稳定、价格变动幅度较小的企业。

第三节　其他存货的核算

一、包装物

（一）包装物的核算内容

包装物是指为包装企业商品而储备的和在销售过程中周转使用的各种包装容器，如桶、箱、瓶、坛、袋等。包装物按用途可分为：

（1）生产过程中用于包装产品作为产品组成部分的包装物。

（2）随同商品出售而不单独计价的包装物。

（3）随同商品出售而单独计价的包装物。

（4）出租或出借给购买单位使用的包装物。

（二）包装物的账务处理

为了反映和监督各种包装物的收入、发出及其价值损耗、结存等情况，企业应设置"周转材料——包装物"账户或"包装物"账户进行核算，并按包装物的种类设置明细账。

包装物的日常核算与原材料一样，可以按实际成本计价，也可以按计划成本计价。企业取得包装物的核算，与原材料取得的核算基本相同；发出包装物的核算，应按其用途分别进行。

1. 生产领用包装物的处理

企业生产部门领用的用于包装产品并构成产品组成部分的包装物，应按领用包装物的实际成本或计划成本，借记"生产成本"账户，贷记"包装物"账户。如包装物日常核算按计划成本计价，月末应分摊其成本差异。

【例4-18】　甲公司对包装物采用实际成本核算，20×1年8月，生产产品领用包装物一批，其实际成本为30 000元。应编制会计分录如下：

借：生产成本　　　　　　　　　　　　　　　　　　　　　　　　　　　30 000
　　贷：包装物　　　　　　　　　　　　　　　　　　　　　　　　　　　　　30 000

2. 随同产品出售包装物的处理

随同产品出售而不单独计价的包装物，由于企业免费提供包装物的目的是为扩大、促进产品的销售，因此，其成本应作为包装费记入"销售费用"账户；随同产品出售而单独计价的包装物，实际上是在销售产品的同时也出售了包装物，为单独确认包装物销售损益,其销售收入记入"其他业务收入"账户,其销售成本记入"其他业务成本"账户。

【例4－19】 20×1年8月,甲公司销售商品领用不单独计价包装物一批,其实际成本为8 000元。应编制会计分录如下:

借:销售费用　　　　　　　　　　　　　　　　　　　　　　　8 000
　　贷:包装物　　　　　　　　　　　　　　　　　　　　　　　　　　8 000

【例4－20】 20×1年8月,甲公司销售商品领用单独计价包装物一批,其实际成本为5 000元,销售收入为6 000元,增值税额为780元,款项已收到并存入银行。应编制会计分录如下:

(1)出售包装物确认收入时:

借:银行存款　　　　　　　　　　　　　　　　　　　　　　　6 780
　　贷:其他业务收入　　　　　　　　　　　　　　　　　　　　　　6 000
　　　　应交税费 ——应交增值税(销项税额)　　　　　　　　　　　780

(2)结转已售包装物成本时:

借:其他业务成本　　　　　　　　　　　　　　　　　　　　　5 000
　　贷:包装物　　　　　　　　　　　　　　　　　　　　　　　　　5 000

3. 出租、出借包装物的账务处理

企业出租、出借包装物在使用过程中可多次周转使用,其价值逐渐损耗,应采用适当的方法摊销包装物的成本。企业可根据包装物价值的大小、领用数量的多少及使用期限的长短等因素,分别采用一次转销法、分次摊销法和五五摊销法摊销。出租包装物是企业为促进产品销售而提供的一种有偿服务,其租金收入记入"其他业务收入"账户,出租包装物成本应摊销记入"其他业务成本"账户;出借包装物是企业为促进产品销售而提供的一种免费服务,其成本应摊销记入"销售费用"账户。出租、出借包装物报废时,若有残值收入,其残料价值应分别冲减"其他业务成本""销售费用"账户。

若包装物采用计划成本进行日常核算,发出包装物时,还应同时结转应分摊的成本差异。

二、低值易耗品

低值易耗品是指单位价值较低、使用期限较短、不能作为固定资产的各种用具物品,如工具、管理用具、玻璃器皿、劳动保护用品以及在生产经营过程中周转使用的包装容器等。

为了反映和监督低值易耗品的收入、发出及其价值损耗、结存等情况,企业应设置"周转材料——低值易耗品"账户或"低值易耗品"账户进行核算,并按低值易耗品的种类设置明细账。

低值易耗品的日常核算与原材料一样,可以按实际成本计价,也可以按计划成本计价。企业取得低值易耗品的核算,与取得原材料的核算基本相同;领用低值易耗品应按一次摊销法或五五摊销法进行摊销。施工企业也可以采用分次摊销法摊销钢模板、木模板、脚手架和其他周转材料的价值。

一次摊销法下,在领用低值易耗品时,将其价值按用途一次计入成本、费用。报废时,其残料价值应冲减有关成本、费用。

【例 4-21】 假定甲公司 20×1 年 8 月基本生产车间领用生产工具一批,实际成本为 800 元。本月有一批生产工具报废,残料作价 20 元作为辅助材料入库。应编制会计分录如下:

(1)领用时:

借:制造费用 800
    贷:低值易耗品 800

(2)报废时:

借:原材料 40
    贷:制造费用 40

一次摊销法核算比较简便,但各月成本、费用负担不合理,不利于加强对低值易耗品实物的管理,适用于单位价值较低、使用期限较短或容易破损的低值易耗品。

三、委托加工物资

委托加工物资是指企业现有的材料物资不能直接满足产品生产或销售的需要,需要委托外单位加工成新的材料或包装物、低值易耗品、产成品的物资,如将木板加工成木箱,橡胶加工成轮胎等就是委托加工业务。

(一)账户设置

企业委托外单位加工的物资,其实际成本包括:实际耗用原材料或者半成品的实际成本、支付或应付的加工费和往返运费以及应支付的有关税金等,但不包括按规定允许抵扣的增值税。

为了反映和监督各种委托加工物资的实际成本,企业应设置"委托加工物资"账户进行核算,并按受托加工单位及加工合同设置明细账。该账户借方登记委托加工物资过程中所发生的实际成本;贷方登记退回的多余物资的实际成本以及加工完成并验收入库物资的实际成本;期末借方余额,表示企业尚未完工物资所发生的实际成本。

(二)委托加工物资的账务处理

委托加工物资的账务处理主要包括以下步骤:

1. 发出加工物资的账务处理

企业外发加工的物资,应按其实际成本,借记"委托加工物资"账户,贷记"原材料"账户。若材料日常核算按计划成本计价的,应同时分摊成本差异。

2. 加工费、运费、增值税和消费税等的账务处理

企业支付或应付的加工费、运费、增值税和消费税等时,根据发票账单等,应计入委托加工物资成本的,借记"委托加工物资"账户,允许抵扣的增值税,应借记"应交税费——应交增值税(进项税额)"账户,允许抵扣的消费税,应借记"应交税费——应交消费税"账户,按支付或应付的全部款项,贷记"银行存款""应付账款"等账户。

3. 加工物资完工入库的账务处理

加工物资完工验收入库时,应按其实际成本,借记"原材料""包装物""库存商品"等账户,贷记"委托加工物资"账户。材料日常核算按计划成本计价的,应按其计划成本,借记"原材料""库存商品"等账户,按实际成本,贷记"委托加工物资"账户,实际成本与计划成本之间的差异,借记或贷记"材料成本差异"账户。

【例 4 - 22】甲公司为增值税一般纳税企业,20×1 年 8 月 1 日,委托乙公司加工包装产品用木箱,发出木材一批,实际成本为 160 000 元。8 月 16 日,以银行存款支付加工费,取得的增值税专用发票上注明价款为 50 000 元,增值税额 6 500 元;往返运费,取得的增值税专用发票上注明的价款为 1 000 元,增值税额为 90 元。8 月 18 日,木箱加工完成,退回多余木材 3 000 元,木箱及木材均已验收入库。应编制会计分录如下:

(1)发出材料时:

借:委托加工物资 160 000
　　贷:原材料 160 000

(2)支付加工费运费和增值税时:

借:委托加工物资 51 000
　　应交税费——应交增值税(进项税额) 6 590
　　贷:银行存款 57 590

(3)退回余料及木箱加工完毕验收入库时:

借:原材料 3 000
　　贷:委托加工物资 3 000
借:包装物 208 000
　　贷:委托加工物资 208 000

四、产成品

产成品是指工业企业已经完成全部生产过程并验收入库,可以作为商品对外销售的产品,包括企业接受外单位来料加工制造的代制品和为外单位修理的代修品。

为了反映和监督产成品的收入、发出及其结存情况,企业应设置"库存商品"账户进

行核算,并按产成品的品种、规格设置明细账。该账户借方登记生产完工入库的产成品成本;贷方登记因销售等原因而发出的产成品成本;期末借方余额,表示企业库存产成品成本。

第四节　存货清查与期末计价

一、存货清查

(一)存货的盘存制度

存货期末计量是否正确,关键在于存货数量的确定是否准确及计价方法的选用是否恰当。存货数量的确定取决于存货的盘存制度。存货的盘存制度按账面结存数量确定的方法和依据不同,分为实地盘存制和永续盘存制两种。

实地盘存制又称定期盘存制,是指在各种存货明细账中平时只登记存货收入,不登记存货发出,期末通过对各种存货进行实地盘点,来确定存货实际结存数,并作为账面结存数,倒算出本期存货发出数。实地盘存制是一种以存计耗的盘存制度。实地盘存制一般适用于品种规格繁多、单位价值较低的企业。实地盘存制度下,本期发出存货数量=期初结存存货数量+本期收入存货数量-期末结存存货数量。

永续盘存制又称账面盘存制,是指存货的收入和发出,必须根据会计凭证在各种存货明细账中逐日逐笔进行连续登记,并随时结出账面结存数的一种方法。永续盘存制是一种比较严密的盘存制度,能及时发现存货管理中存在的问题,有利于加强对存货的日常管理,企业一般应采用永续盘存制。永续盘存制下,期末账面结存存货数量=期初账面结存存货数量+本期收入存货数量-本期发出存货数量。

(二)账户设置

存货盘点后为了全面反映清查的结果及其处理情况,企业应设置"待处理财产损溢——待处理流动资产损溢"账户。存货盘点盈亏、毁损时,应首先将盈亏、毁损存货的实际成本记入"待处理财产损溢——待处理流动资产损溢"账户,经批准后应于期末结账前再予以转销。该账户期末没有余额。"待处理财产损溢"账户的结构,如图4-1所示。

借方	待处理财产损溢	贷方
(1) 发现的盘亏、毁损		(1) 发现的盘盈
(2) 经批准转销盘盈		(2) 经批准转销盘亏、毁损

图4-1　"待处理财产损溢"账户结构

（三）存货盈亏及毁损的账务处理

1. 存货盘盈的账务处理

存货盘盈是指实存数大于账存数或实物存在而账面上无记录的一种账实不符情况。存货的盘盈，通常是企业日常收发计量或核算上的错误所致，应根据"存货盘点盈亏报告表"及时调整存货的账存数，以使账实相符，借记有关存货账户，贷记"待处理财产损溢"账户。报经批准后，冲减管理费用，借记"待处理财产损溢"账户，贷记"管理费用"账户。

【例 4-23】 甲公司 20×1 年年末财产清查中盘盈 A 材料 200 千克，A 材料估计单位成本为 1.50 元。经查明系收发计量错误造成。其账务处理如下：

（1）批准处理前：

借：原材料——A 材料   300
    贷：待处理财产损溢——待处理流动资产损溢   300

（2）批准处理后：

借：待处理财产损溢——待处理流动资产损溢   300
    贷：管理费用   300

2. 存货盘亏及毁损的账务处理

存货盘亏是指实存数小于账存数或账面上有记录而实物不存在的一种账实不符的情况。发现存货盘亏、毁损时，应根据存货盘点盈亏报告表及时冲减存货的账存数，以使账实相符，同时将冲减存货的成本记入"待处理财产损溢"账户的借方，贷记有关存货账户。

存货盘亏的原因比较多，有自然损耗、日常收发计量错误、过失人责任、发生灾害和管理不善等，对盘亏毁损的存货，报经批准后，按不同原因分别转销，借记"管理费用"（自然损耗、日常收发计量错误和管理不善等原因）、"营业外支出"（灾害原因）、"其他应收款"（责任人赔偿）账户，贷记"待处理财产损溢"账户。

【例 4-24】 甲公司为增值税一般纳税企业，20×1 年年末财产清查时发现 B 材料盘亏 100 千克，B 材料实际单位成本为 20 元；C 材料毁损 15 000 千克，C 材料实际单位成本为 1.2 元。经查明，盘亏 B 材料系管理不善造成；毁损 C 材料系连下暴雨造成，残料估值 800 元作为辅助材料入库，应收保险公司赔偿 6 000 元。应编制会计分录如下（假设不考虑增值税）：

（1）批准处理前：

借：待处理财产损溢——待处理流动资产损溢   20 000
    贷：原材料——B 材料   2 000
          ——C 材料   18 000

（2）批准处理后，转销盘亏 B 材料损失：

借：管理费用　　　　　　　　　　　　　　　　　　　　　　2 000
　　贷：待处理财产损溢——待处理流动资产损溢　　　　　　　　　　　2 000

（3）批准后，转销毁损 C 材料损失：

借：原材料——辅助材料　　　　　　　　　　　　　　　　　　800
　　其他应收款　　　　　　　　　　　　　　　　　　　　　6 000
　　营业外支出　　　　　　　　　　　　　　　　　　　　11 200
　　贷：待处理财产损溢——待处理流动资产损溢　　　　　　　　　18 000

二、存货期末计价

为客观反映企业期末存货的价值，充分考虑跌价风险，符合谨慎性信息质量要求，存货期末应当按照成本与可变现净值孰低法计量。

（一）成本与可变现净值孰低法的涵义

成本与可变现净值孰低法是指在会计期末通过比较存货成本与可变现净值，取两者中较低者进行计量的方法。采用这种方法，当期末存货成本低于可变现净值时，存货仍按成本反映，不确认增值收益；当可变现净值低于成本时，存货按可变现净值计价，应确认跌价损失。

存货的期末成本是指期末存货的实际成本，是以实际成本为计价基础计算得出的账面余额。若企业存货日常核算按计划成本计价，则存货的期末成本应为经调整后的实际成本。

存货的可变现净值是指在日常活动中，存货的估计售价减去至完工时估计将要发生的成本、估计的销售费用以及相关税费后的金额，也就是存货的预计未来净现金流量。企业在确定存货的可变现净值时，应当以取得的确凿证据为基础。存货可变现净值的确凿证据是指对确定存货的可变现净值有直接影响的客观证明，如产成品或商品的合同价格、市场销售价格、与产成品或商品相同或类似商品的市场销售价格、销货方提供的有关资料和生产成本资料等。不同存货可变现净值的确定如下：

（1）产成品、商品和用于出售的材料存货，在正常生产经营过程中，应当以该存货的估计售价减去估计的销售费用和相关税费后的金额，确定其可变现净值。

（2）需要经过加工的材料存货，在正常生产经营过程中，应当以所生产的产成品的估计售价减去至完工时估计将要发生的成本、估计的销售费用和相关税费后的金额，确定其可变现净值。

（3）资产负债表日，同一项存货中一部分有合同价格约定、其他部分不存在合同价格的，应当分别确定其可变现净值。

【例 4－25】　20×1 年 12 月 31 日，甲公司库存 C 材料的实际成本为 720 000 元，市场购买价格为 660 000 元，假设不发生其他购买费用。由于 C 材料的市场销售价格下降，用 C 材料生产的 D 型机器的市场销售价格总额由 1 800 000 元下降为 1 620 000 元,其生产成本预计为 1 680 000 元,将 C 材料加工成 D 型机器尚需投入 960 000 元,估计销售费用及税金为 60 000 元。对库存材料期末计价的程序如下:

（1）计算用该原材料所生产的产成品的可变现净值。

$$D 型机器的可变现净值 = D 型机器估计售价 - 估计销售费用及税金$$
$$= 1\ 620\ 000 - 60\ 000 = 1\ 560\ 000(元)$$

（2）将用该原材料所生产的产成品的可变现净值与其成本进行比较。

D 型机器的可变现净值 1 560 000 元小于其成本 1 680 000 元,D 型机器的可变现净值低于其成本,因此,可判断 C 材料应当按可变现净值计量。

（3）计算该原材料的可变现净值,并确定其期末价值。

$$C 材料的可变现净值 = D 型机器的估计售价 - 将 C 材料加工成 D 型机器尚需投入的成本 -$$
$$估计销售费用及税金 = 1\ 620\ 000 - 960\ 000 - 60\ 000 = 600\ 000(元)$$

C 材料的可变现净值 600 000 元小于其成本 720 000 元,因此,期末按其可变现净值 600 000 元计量。

（二）成本与可变现净值孰低法的账务处理

1. "存货跌价准备"账户

"存货跌价准备"账户用于核算存货的跌价准备,系存货类账户的抵减账户。该账户贷方登记提取的存货跌价准备;借方登记发出存货结转的存货跌价准备和已计提跌价准备的存货价值得以恢复时冲销的跌价准备;期末余额在贷方,表示已计提但尚未转销的存货跌价准备。"存货跌价准备"账户一般按存货项目设置明细账。

2. 存货跌价准备的计提

企业通常应当按照单个存货项目计提存货跌价准备。会计期末,如果某项存货可变现净值低于其成本,两者的差额即为该存货应计提的存货跌价准备,如应提数大于原账面已提数,则应按两者差额补提存货跌价准备。企业计提的存货跌价准备,应计入当期损益,借记"资产减值损失"账户,贷记"存货跌价准备"账户。如影响以前减计存货价值的影响因素已经消失,减计的金额应予以恢复,在原已计提的存货跌价准备金额内转回,转回的金额计入当期损益,借记"存货跌价准备"账户,贷记"资产减值损失"账户。

对于数量繁多、单价较低的存货,以及与在同一地区生产和销售的产品系列相关,具有相同或类似最终用途或目的,且难以与其他项目分开计量的存货,也可以按照存货类别计提存货跌价准备。

【例 4 - 26】 甲公司按年计提存货跌价准备,20×1 年年末 A 产品未发生减值。20×2 年 12 月 31 日,甲公司 A 产品的成本为 50 000 元,预计可变现净值为 38 000 元;20×3 年 12 月 31 日,由于市场供需发生变化,A 产品的预计可变现净值为 16 000 元,其成本为 30 000 元。各年年末对存货期末计价的账务处理如下：

（1）20×2 年 12 月 31 日,计提的存货跌价准备为 12 000 元(50 000－38 000)。应编制会计分录为：

借：资产减值损失——计提存货跌价准备　　　　　　　　　　　　12 000
　　贷：存货跌价准备——A产品　　　　　　　　　　　　　　　　　　12 000

（2）20×3 年 12 月 31 日,A产品可变现净值低于成本 14 000 元(30 000－16 000),应补提的存货跌价准备 2 000 元(14 000－12 000)。应编制的会计分录为：

借：资产减值损失——计提的存货跌价准备　　　　　　　　　　　　2 000
　　贷：存货跌价准备——A产品　　　　　　　　　　　　　　　　　　2 000

（3）假设 20×3 年 12 月 31 日,A产品的预计可变现净值为 26 000 元,其他条件不变,A产品可变现净值低于成本 4 000 元(30 000－26 000),则应冲减原已计提的存货跌价准备 8 000 元(12 000－4 000)。应编制会计分录为：

借：存货跌价准备——A产品　　　　　　　　　　　　　　　　　　8 000
　　贷：资产减值损失——计提的存货跌价准备　　　　　　　　　　　　8 000

本 章 小 结

存货是企业的一项重要流动资产,是指在日常活动中持有以备出售的产成品或商品、处在生产过程中的在产品、在生产过程或提供劳务过程中消耗的材料和物料等。存货的内容繁多,不同行业存货的具体内容不完全相同。

确认存货,除应符合其定义外,还须同时符合以下两个条件：第一,该项存货的经济利益很可能流入企业；第二,该存货的成本能够可靠地计量。

存货的初始计量应按实际成本计价,存货的来源不同,其实际成本的构成内容也有所不同；存货发出的计量取决于不同的存货成本流转假设,分别有先进先出法、月末一次加权平均法、移动加权平均法和个别计价法；存货期末计量按成本与可变现净值孰低法计价,以使存货符合资产的定义。

存货的日常核算可以采用实际成本计价,也可以采用计划成本计价,两种日常核算方法虽然在账户设置、具体核算等方面有很大区别,但计入成本、费用的存货成本及期末与可变现净值比较时的成本均必须是实际成本。

其他存货的核算包括包装物、低值易耗品、委托加工物资和产成品核算。包装物、低值易耗品取得的核算与原材料的核算相同,发出的核算取决于各自的用途和摊销方法；委托加工物资核算正确与否的基础是其实际成本的确定；产成品收发及其结存的核算应通过“库存商品”账户进行。

确定存货的数量是存货管理的一个重要方面,有永续盘存制和实地盘存制两种。永续盘存制与实地盘存制的主要区别在于存货明细账的登记方法不同、盘点的目的不同、清查结果的处理方法不同等方面。

主 要 术 语

- 存货   先进先出法
- 月末一次加权平均法   移动加权平均法
- 个别计价法   计划成本法
- 包装物   低值易耗品
- 一次转销法   五五摊销法
- 实地盘存制   永续盘存制
- 可变现净值   成本与可变现净值孰低法

复 习 思 考 题

1. 什么是存货? 存货包括哪些内容? 有哪些确认条件?
2. 存货按实际成本核算方式下,发出存货计价有哪些成本流转假设? 各有什么特点?
3. 简述"材料成本差异"账户的结构。
4. 简述原材料按实际成本计价核算的特点及核算方法。
5. 简述原材料按计划成本计价核算的特点及核算方法。
6. 简述包装物的核算范围。领用包装物的成本如何进行列支?
7. 简述委托加工物资成本的构成内容。
8. 什么是成本与可变现净值孰低法? 可变现净值如何确定?
9. 什么是永续盘存制? 什么是实地盘存制? 两种盘存制度有何区别?
10. 简述存货清查结果的账务处理。

练 习 题

一、单项选择题

1. 下列各项中,不能确认为本企业存货的是(   )。
A. 工程物资   B. 正在生产过程中的在产品
C. 库存商品   D. 原材料

2. 增值税一般纳税企业,购入材料时,不应计入存货成本的是(   )。

A. 买价和运费　　　　　　　　　　　B. 应付的增值税额

C. 运输途中的合理损耗　　　　　　　D. 入库前的挑选整理费用

3. 甲企业为增值税一般纳税人,本期购入原材料200千克,增值税专用发票上列明价款为30 000元,增值税额为3 900元。验收入库时发现短缺5‰,经查属于运输途中的合理损耗。该批原材料入库前发生挑选整理费用210元。材料入库后发生仓库保管费用570元。该批原材料的实际单位成本为每千克(　　)元。

A. 150　　　　　　B. 158　　　　　　C. 162　　　　　　D. 159

4. 20×1年12月1日,某企业甲材料账面实际成本为600元,结存量为300千克;本月购进甲材料500千克,每千克实际单位成本为3元,本月发出甲材料600千克。该企业采用月末一次加权平均法计算发出甲材料的实际成本,则20×1年12月31日甲材料的账面余额为(　　)元。

A. 535　　　　　　B. 575　　　　　　C. 675　　　　　　D. 525

5. 下列存货发出的计价方法中,不能随时结转存货发出成本的是(　　)。

A. 先进先出法　　　　　　　　　　　B. 移动加权平均法

C. 月末一次加权平均法　　　　　　　D. 个别计价法

6. 成本与可变现净值孰低法中的"可变现净值"是指(　　)。

A. 销售价格　　　　　　　　　　　　B. 估计售价减去估计的销售税费

C. 预计未来净现金流量　　　　　　　D. 合同价格

7. 存货盘点清查中发现盘亏的材料,若属于收发计量差错,在报经批准后应将其净损失计入(　　)。

A. 管理费用　　　B. 营业费用　　　C. 其他业务成本　　D. 营业外支出

8. 下列各项中,不应计入委托加工存货成本的是(　　)。

A. 发出材料的成本　　　　　　　　　B. 支付的加工费

C. 支付的增值税　　　　　　　　　　D. 收回加工存货运输费

9. 20×1年12月31日,甲公司期末库存商品结存200件,其账面余额为3 150万元。市场上同类商品的预计售价为16万元/件,预计销售税费为0.5万元/件。假定甲公司存货跌价准备期初余额为40万元,不考虑其他因素,则期末对存货跌价准备处理正确的是(　　)。

A. 补提50万元　　　B. 补提10万元　　　C. 补提30万元　　　D. 转回40万元

二、多项选择题

1. 下列关于存货资产的表述中,正确的有(　　)。

A. 存货属于非货币性资产

B. 存货属于流动资产

C. 是企业在日常活动中持有的

D. 在 1 年或超过 1 年的一个营业周期内出售或消耗

E. 持有目的是在日常活动中出售或进一步加工后出售或消耗的

2. 下列各项目中,属于存货的有( )。

A. 原材料　　　　B. 工程物资　　　　C. 包装物　　　　　D. 在产品

E. 低值易耗品

3. 下列项目中,构成外购存货实际成本的有( )。

A. 购买价格　　　　　　　　　　B. 进口关税

C. 运输途中的超定额损耗　　　　D. 不允许抵扣的增值税

E. 采购人员的差旅费

4. 下列各项中,属于以实际成本为基础的发出存货的计价方法有( )。

A. 先进先出法　　　　　　　　　B. 月末一次加权平均法

C. 成本与可变现净值孰低法　　　D. 个别认定法

E. 一次转销法

5. 下列各项中,关于存货计量的相关表述正确的有( )。

A. 发出原材料应采用先进先出法计价

B. 材料采购过程中发生的运输途中损耗应计入材料成本

C. 资产负债表日原材料应当按照成本与可变现净值孰低计量

D. 外购库存商品应当按照实际成本入账

E. 存货盘盈经批准冲减管理费用

6. 按计划成本法进行材料日常收发核算,需设置运用的账户有( )。

A. "原材料"　　　　　　　　　　B. "在途物资"

C. "材料采购"　　　　　　　　　D. "材料成本差异"

E. "存货跌价准备"

7. 下列各方法中,属于期末存货盘存制度的有( )。

A. 技术推算制　　　B. 实地盘存制　　　C. 权责发生制　　　D. 永续盘存制

E. 收付实现制

8. 期末计提存货跌价准备时,所涉及的账户有( )。

A. "管理费用"　　　B. "营业外支出"　　　C. "资产减值损失"　　D. "投资收益"

E. "存货跌价准备"

9. 企业月初"原材料"账户借方余额 24 000 元,本月购入原材料的计划成本为 176 000 元,本月发出原材料的计划成本为 150 000 元,"材料成本差异"账户月初贷方余额 300 元,本月购入材料的超支差异为 4 300 元,则本月发出材料和月末结存材料分别应负担的材料成本差异为( )元。

A. −3 000　　　　B. 3 000　　　　C. 1 000　　　　D. −1 000

三、判断题

1. 企业采购存货入库后发生的仓储费用应计入存货成本。　　　　　　　　（　　）

2. 企业购进材料发生的定额内合理损耗，应计入发生当期损益。　　　　　（　　）

3. 存货发出采用个别计价法，成本计算准确，符合实际情况，但在存货收发频繁、涉及不同批次的情况下，发出存货成本的确定工作量较大。　　　　　　　　　　（　　）

4. 材料日常核算采用计划成本法核算方式下，期末，应将发出材料的计划成本调整为实际成本。　　　　　　　　　　　　　　　　　　　　　　　　　　　　（　　）

5. 在永续盘存制下，由于存货明细账上随时可结出结存存货的数量和成本，所以期末不需要进行实地盘点。　　　　　　　　　　　　　　　　　　　　　　（　　）

6. 在实地盘存制下，存货明细账平时只记录购进存货的数量和成本，不记录发出存货的数量和成本。　　　　　　　　　　　　　　　　　　　　　　　　（　　）

7. 在财产清查中发现的原材料短缺，报经批准后，应将扣除应收赔偿款后的净损失计入管理费用。　　　　　　　　　　　　　　　　　　　　　　　　　　（　　）

8. 由于自然灾害造成的存货毁损，报经批准后，应将扣除残值和应收保险赔偿款后的净损失计入营业外支出。　　　　　　　　　　　　　　　　　　　　　　（　　）

9. 采用成本与可变现净值孰低法确定存货的期末价值，当存货的计划成本高于可变现净值时，期末存货应按可变现净值计量。　　　　　　　　　　　　　　　（　　）

10. 企业持有的存货发生减值的，如果以后期间由于减值因素的消失使得价值得以回升，已经计提的减值准备可以转回，但转回的金额以已经计提的存货跌价准备为限。

（　　）

四、业务核算题

【习题一】

（一）目的：练习实际成本计价法下发出存货的计价。

（二）资料：甲公司存货数量的确定采用永续盘存制。该公司20×1年9月初A种材料结存500千克，实际成本20 000元，9月份收发情况，如表4-5所示。

表4-5　材料收入发出表

日　　期	本 期 收 入		本 期 发 出
	数量（千克）	单位成本（元/千克）	数量（千克）
2 日	1 000	40.90	
6 日			800

（续表）

日　　期	本　期　收　入		本　期　发　出
	数量（千克）	单位成本（元/千克）	数量（千克）
15 日	3 900	41	
26 日			3 000
30 日	4 600	41.50	

（三）要求：分别采用先进先出法、月末一次加权平均法计算 20×1 年 9 月份发出材料和月末结存材料的实际成本。

【习题二】

（一）目的：练习存货按实际成本计价的日常核算。

（二）资料：乙公司为增值税一般纳税企业，该公司原材料按实际成本进行日常核算。20×1 年 9 月初，"原材料"账户余额为 50 000 元，"材料采购"账户余额为 6 000 元（为 8 月 25 日购入的 A 材料）。9 月份发生的有关经济业务如下：

（1）3 日，月初在途 A 材料全部到达并验收入库。

（2）12 日，向胜利公司购入下列材料：A 材料 7 000 千克，买价 100 000 元；B 材料 3 000 千克，买价 80 000 元。取得的增值税专用发票上注明价款共计 180 000 元，增值税额为 23 400 元。对方代垫运费，取得的增值税专用发票上注明的运费为 5 000 元，增值税额为 450 元。款项均采用商业汇票结算，开出并经银行承兑的商业汇票一张已交胜利公司。该批材料已验收入库，运费按材料重量比例分配。

（3）18 日，向兴旺公司购入 B 材料一批，取得的增值税专用发票上注明价款为 8 000 元，增值税额为 1 040 元，款项委托银行汇出，材料尚未到达本企业。

（4）26 日，向开兴公司购入 C 材料一批，取得的增值税专用发票上注明价款为 10 000 元，增值税额为 1 300 元，货款上月已预付 7 000 元，余款尚未支付。该批材料已验收入库。

（5）30 日，仓库发料汇总本月耗用原材料的实际成本为 52 000 元，其中：基本生产车间生产产品耗用 40 000 元，基本生产车间一般耗用 9 000 元，行政管理部门耗用 3 000 元。

（三）要求：根据以上有关资料编制会计分录。

【习题三】

（一）目的：练习存货按计划成本计价的日常核算。

（二）资料：丙公司为增值税一般纳税企业，该公司原材料按计划成本进行日常核算。20×1 年 10 月初，"材料采购"账户余额为 4 500 元，"原材料"账户余额为 12 000 元，"材料成本差异"账户期初借方余额为 692 元。10 月份发生的有关经济业务如下：

（1）9 日，月初在途材料全部到达并验收入库，其计划成本为 4 300 元。

（2）17 日，向宏盛公司购料，取得的增值税专用发票上注明价款为 8 000 元，增值税额为 1 040 元,款项采用商业汇票结算,将商业承兑汇票一张交给宏盛公司。该批材料已验收入库,计划成本为 8 400 元。

(3) 22 日,向天华公司购料,取得的增值税专用发票上注明价款为 3 000 元,增值税额为 390 元,款项委托银行汇出,材料尚未到达本企业。

(4) 28 日,向百丽公司购料,取得的增值税专用发票上注明价款为 5 000 元,增值税额为 650 元,货款上月已预付 4 000 元,余款委托银行付讫。该批材料已验收入库计划成本为 4 900 元。

(5) 31 日,仓库发料汇总本月耗用原材料的计划成本为 24 000 元,其中:基本生产车间生产产品耗用 18 000 元,基本生产车间一般耗用 2 000 元,厂部管理部门耗用 1 000 元。

(三) 要求:

(1) 根据以上有关资料编制会计分录。

(2) 计算 20×1 年 10 月份材料成本差异率。

(3) 计算 20×1 年 10 月末库存材料的实际成本。

【习题四】

(一) 目的:练习包装物及低值易耗品发出的核算。

(二) 资料:甲公司为增值税一般纳税企业,适用增值税税率为 13%,包装物及低值易耗品按实际成本核算。20×1 年 12 月发生下列经济业务:

(1) 产品生产领用包装物 1 000 件,实际单位成本为 20 元。

(2) 出租全新包装物 2 000 件,实际单位成本为 12 元,收到包装物租金及增值税额 3 390 元已存入银行。该包装物采用五五摊销法核算。

(3) 销售部门出售产品时领用包装物 3 000 件,实际单位成本为 20 元,单位售价(不含增值税)为 26 元,款项已存入银行。

(4) 出借全新的包装物 100 件,实际单位成本为 10 元。该包装物采用一次摊销法核算。

(5) 基本生产车间领用 20 件专用工具,报废上月领用的专用工具 5 件,残料价值 100 元作为辅助材料入库。该专用工具的实际单位成本为 900 元,采用一次摊销法核算。

(三) 要求:根据上述资料编制有关会计分录。

【习题五】

(一) 目的:练习委托加工物资的核算。

(二) 资料:丁公司于 20×1 年 10 月委托信阳公司加工一批应税消费品,丁公司、信阳公司两企业均为增值税一般纳税企业,适用增值税税率为 13%,消费税税率为 8%。丁公司存货按实际成本进行日常核算。该物资收回后将用于连续生产应税消费品。11 月初,"委托加工物资"账户余额为 72 000 元,11 月份发生的有关经济业务如下:

(1) 15 日,以银行存款支付加工费、增值税和消费税,其中加工费为 20 000 元,增值税额为 2 600 元,消费税为 8 000 元。

（2）20 日,以银行存款支付往返运输费,取得的增值税专用发票注明的价款为 1 000 元,增值税为 90 元。

（3）28 日,委托加工物资加工完毕并验收入库。

（三）要求:编制丁公司支付加工费及有关税费、收回委托加工物资等业务的会计分录。

【习题六】

（一）目的:练习存货盘盈、盘亏的核算。

（二）资料:乙公司 20×1 年年末对其存货进行盘点,根据盘点结果和账簿资料编制的实存账存对比表,如表 4-6 所示。

表 4-6　实存账存对比表　　　　　　　　　　金额单位:元

类别名称	计量单位	单位成本	实存		账存		对比				备注
			数量	金额	数量	金额	盘盈		盘亏		
							数量	金额	数量	金额	
材料 A	千克	50	980	49 000	1 000	50 000			20	1 000	收发计量原因造成
材料 B	千克	80	600	48 000	590	47 200	10	800			自然升溢原因产生
产品 C	件	360	50	18 000	53	19 080			3	1 080	仓库保管员责任原因,按制度规定赔偿 50%

（三）要求:根据实存账存对比表,编制乙公司存货盘盈、盘亏及批准转销的会计分录。

【习题七】

（一）目的:练习存货按成本与可变现净值孰低法计价。

（二）资料:戊公司存货日常核算按实际成本计价。20×1 年年初,"存货跌价准备——A 类存货"账户余额为 2 000 元;20×1 年 6 月 30 日,该存货账面余额为 32 000 元,可变现净值为 29 300 元;20×1 年 12 月 31 日,该存货账面余额为 26 000 元,可变现净值为 27 600 元。

（三）要求:分别编制 20×1 年 6 月 30 日和 12 月 31 日调整存货跌价准备的有关会计分录。

【习题八】

（一）目的:练习存货按成本与可变现净值孰低法计价。

（二）资料:丙公司存货日常核算按实际成本计价,期末成本与可变现净值采用单项比较法。20×1 年年初,"存货跌价准备——A 材料"账户余额为 12 330 元,"存货跌价准备——甲产品"账户余额为 11 620 元。

20×1 年年末"原材料——A 材料"账户余额为 297 000 元,该企业 A 材料用于甲产品生产,A 材料市场销售价格为 278 000 元,该批材料加工成甲产品估计将发生加工成本 36 200 元,甲产品的预计销售价格为 319 000 元,销售税费为 2 100 元。

20×1年年末"库存商品——甲产品"账户余额为 338 600 元。甲产品销售价格为 327 000 元,估计销售税费为 5 690 元。至 20×1 年年末该企业未签订甲产品的有关销售合同。

(三)要求:20×1 年年末计算原材料、库存商品存货的可变现净值,编制有关存货跌价准备的会计分录。

课程思政与案例

存货跌价准备成为上市公司利润调节池

【案例背景】   乙上市公司是一家连锁零售的服饰类品牌公司,依据其披露的 20×1 年年报,其全年实现营业收入 190.09 亿元,同比下降 10%,净利润为 32.68 亿元,同比下降 0.63%。年报显示,截至资产负债表日,乙上市公司存货为 94.74 亿元,存货跌价损失在其年末存货余额中的占比不到 4%,而在同行业已披露年报的 13 家上市公司中,该比例平均值为 7.81%,中位数为 5.49%。相比于同行业其他上市公司,乙上市公司的存货跌价计提比例较低,这与其计提政策相关。

进一步研读其年报可知,乙上市公司的存货主要是采购来的服饰类库存商品,其采购合作模式分为可退货和不可退货两种。对于附有可退货条款的 49.32 亿元库存商品,乙上市公司不计提存货跌价准备;而对于不可退货的存货部分,乙上市公司按照不同品牌,分库龄来设定计提比例,其中男装品牌库龄在 2 年以内的不计提存货跌价准备,2~3 年的计提比例为 70%,3 年以上的全额计提;时尚休闲女装品牌库龄在 1 年以内的不计提存货跌价准备,1~2 年的计提比例为 25%,2 年以上的全额计提。根据报表附注披露信息,服装连锁品牌不可退货的商品中,库龄在 1 年以内的有 32.59 亿元,因此,整体来看,乙上市公司在 20×1 年报告期内不计提存货跌价准备的库存商品合计约 81.8 亿元,约占 20×1 年年末存货余额的 86%。

【思考问题】   乙上市公司存货减值计提方法是否符合会计准则规定,是否有通过存货跌价准备调节利润之嫌?

【案例启示】   乙上市公司的服饰类商品存货价值对于积压时间比较敏感,因此,乙公司存货跌价准备的计提也是以存货的库龄为基础确定,这种做法在实务中相对简单、易操作,且能够在一定程度上反映这类存货的减值风险。同时,通过查询服装行业其他上市公司披露的存货跌价计提政策可知,部分企业也是按照存货的库龄来设定计提比例,不同的只是商品的分类及相同库龄设定的比例。由此可见,这种以库龄分类来计提存货跌价准备的做法在某些行业的实务中存在一定的应用基础。但是,这种做法的主观性比较大,上市公司管理层在设定类别和比例时存在操纵利润的便利,在一定程度上影响其利润的含金量,也不符合会计准则中确定可变现净值取得确凿证据的相关规定。

第五章 固定资产

学习目标

了解固定资产的概念、分类及确认条件；

熟悉各种方式取得固定资产的初始计量与期末计价；

熟悉"固定资产""在建工程""累计折旧"账户；

掌握固定资产折旧的计算方法与账务处理；

掌握固定资产取得、处置的账务处理。

第一节 固定资产概述

一、固定资产的性质

固定资产是企业生产经营过程中的重要劳动资料,它能够在若干个生产经营周期中发挥作用,并保持其原有的实物形态,但其价值随着使用中发生损耗而逐渐减少。然而,并不是生产经营过程中的所有劳动资料都属于固定资产。在会计上,固定资产是指企业具有以下特征的有形资产:① 为生产商品、提供劳务、出租或经营管理而持有;② 使用寿命超过一个会计年度(1 年或大于 1 年的一个经营周期)。

二、固定资产的分类

企业的固定资产根据不同的分类标准,可以进行不同的分类,主要有以下三种。

(一) 按照固定资产经济用途分类

按照固定资产的经济用途,可分为生产经营用固定资产和非生产经营用固定资产。

(1) 生产经营用固定资产是指直接服务于企业生产经营过程的各种固定资产,如生产用的房屋、机器、设备、建筑物等。

(2) 非生产经营用固定资产是指不直接服务于生产经营过程的各种固定资产,如职工的浴室、食堂等房屋、设备和其他固定资产等。

（二）按照固定资产使用情况分类

按固定资产使用情况，可分为使用中固定资产、未使用固定资产和不需用固定资产。

（1）使用中固定资产是指正在使用中的固定资产，包括经营性的固定资产和非经营性的固定资产。由于大修理等原因暂停使用的固定资产仍属于企业使用中的固定资产。

（2）未使用固定资产是指已经完工或购入但尚未正式使用的新增固定资产以及因改扩建等原因暂停使用的固定资产。

（3）不需用固定资产是指不适合本企业的需要，准备出售处理的固定资产。

（三）按照固定资产所有权归属分类

按照固定资产所有权归属，可分为自有固定资产和租入固定资产。

三、固定资产的确认与计量

（一）固定资产的确认条件

一般情况下，固定资产在同时满足以下两个条件时，才能予以确认：

（1）固定资产包含的经济利益很可能流入企业。这一条件中所谓的"经济利益"，是指直接或间接地流入企业的现金或现金等价物。固定资产导致经济利益流入企业的方式多种多样，如单独或与其他资产组合为企业带来经济利益，以固定资产交换其他资产，以固定资产偿还债务等。

在实际工作中，判断与固定资产有关的经济利益是否很可能流入企业，主要的判断依据是：与该固定资产所有权相关的风险与报酬是否转移到了企业。其中，与固定资产所有权相关的"风险"，是指由于经营情况变化，造成相关收益的变动，以及由于资产闲置、技术陈旧造成的损失等；与固定资产所有权相关的"报酬"，是指在固定资产可使用的年限内，直接使用固定资产而获得的经济利益或资产增值，以及处置固定资产所实现的收益等。企业在做出这种判断时，需要考虑多种相关因素，如企业的经营战略、在消费者中的信誉度、企业的地理位置、企业的技术开发能力、与该固定资产相关的技术发展程度、该固定资产所生产产品的市场占有率等。

（2）固定资产的成本能够可靠地计量。成本能够可靠地计量，是资产确认的一项基本条件，对于固定资产确认来说尤其如此。如果固定资产的成本不能够可靠地计量，即使其满足了固定资产的定义以及固定资产确认的第一个条件，由于其金额无法确定，企业也不可能对其予以确认。

（二）固定资产的初始计量

按企业会计准则规定，企业取得的固定资产应当按其成本入账。由于固定资产的取得方式多种多样，因而其成本构成也各不相同。

1. 购置的固定资产

企业外购固定资产的成本，包括购买价款、相关税费、使固定资产达到预定可使用状态前所发生的可归属于该项资产的运输费、装卸费、安装费和专业人员服务费等。企业取得固定资产支付的增值税,如按规定允许从销项税额中抵扣的,不计入固定资产成本,应记入"应交税费——应交增值税"账户借方。

2. 自行建造的固定资产

企业自行建造固定资产的成本,由建造该项资产达到预定可使用状态前所发生的必要支出构成,包括工程用物资成本、人工成本、交纳的相关税费、应予资本化的借款费用以及应分摊的间接费用等。

3. 投资者投入的固定资产

对于接受投资投入的固定资产,企业在办理了固定资产移交手续之后,应按投资合同或协议约定的价值加上应支付的相关税费作为固定资产的入账价值,但合同或协议约定价值不公允的除外。

4. 租入的固定资产

固定资产,承租人虽无资产所有权,但承租人可以支配、控制、使用该项资产。因此,承租企业应将租入的资产确认入账,在租赁期开始日,对租入资产按最低租赁付款额现值计量。

第二节　固定资产取得的核算

一、账户设置

1. "固定资产"账户

"固定资产"账户,是以原始价值反映企业全部固定资产的增减变动以及结存情况的账户。该账户借方登记增加的固定资产原始价值;贷方登记减少的固定资产原始价值;期末借方余额,表示企业现有全部固定资产的原始价值。该账户一般按固定资产类别和项目进行明细核算,对固定资产增减进行明细核算时,需设置固定资产登记簿和固定资产卡片,并保证与固定资产总账核对相符。

2. "在建工程"账户

"在建工程"账户,用于核算企业基建、固定资产更新改造等在建工程发生的支出。该账户借方登记在建工程发生的各项实际支出;贷方登记结转的完工项目工程成本;期末借方余额,表示尚未完工的工程成本。该账户应按"建筑工程""安装工程""在安装设备"以及单项工程等进行明细核算。

3. "工程物资"账户

"工程物资"账户,用于核算企业为在建工程准备的各种物资的实际成本,包括工程用材料、尚未安装的设备以及为生产准备的工器具等。该账户借方登记购入工程物资的实际成本;贷方登记领用工程物资的实际成本;期末借方余额,表示结存工程物资的实际成本。该账户应按工程物资种类及品种等进行明细核算。

二、购置固定资产的核算

1. 购入不需安装的固定资产

购入不需安装的固定资产,是指企业购入的固定资产不需要安装就可以直接交付使用。企业购入不需安装的固定资产,应按实际支付的价款,加上包装费、运费等支出,借记"固定资产"账户,允许抵扣的增值税借记"应交税费——应交增值税(进项税额)"账户,贷记"银行存款"等账户。

【例 5-1】 某一般纳税企业购入不需安装的设备一台,增值税专用发票上注明的价格为 31 200 元,支付的增值税额为 4 056 元;另外支付包装费,增值税普通发票上注明的金额为 800 元,其款项已由银行存款支付。企业应编制会计分录如下:

借:固定资产	32 000
应交税费——应交增值税(进项税额)	4 056
贷:银行存款	36 056

2. 购入需要安装的固定资产

购入需要安装的固定资产,是指购入的固定资产需要经过安装以后才能交付使用。企业购入需要安装固定资产如直接投入安装,应按实际支付的价款(包括买价、税金、包装费、运输费等),借记"在建工程"账户,允许抵扣的增值税借记"应交税费——应交增值税(进项税额)"账户,贷记"银行存款"等账户;发生的安装费用,借记"在建工程"账户,贷记"银行存款""原材料"等账户;安装完成达到可使用状态时,应结转固定资产成本,借记"固定资产"账户,贷记"在建工程"账户。

【例 5-2】 某一般纳税企业购入一台需要安装的设备,取得的增值税专用发票上注明的设备买价为 100 000 元,增值税额为 13 000 元;支付的运输费,取得的增值税专用发票上注明的价款为 3 000 元,增值税额为 270 元。设备当即交付安装,安装设备中发生以下支出:应付安装人员工资 2 000 元,领用原材料价值为 3 000 元。设备安装完毕交付使用,转入固定资产。企业应编制会计分录如下:

(1)支付设备价款、税金、运输费、包装费:

借:在建工程	103 000
应交税费——应交增值税(进项税额)	13 270
贷:银行存款	116 270

(2)发生安装支出时:

借:在建工程	5 000
贷:应付职工薪酬	2 000
原材料	3 000

(3)设备安装完毕交付使用时:

借：固定资产(10 300＋5 000)   108 000
  贷：在建工程   108 000

三、自行建造的固定资产的核算

企业自行建造的固定资产,有自营建造和出包建造两种方式,无论采用何种方式,所建工程都应当按照实际发生的支出确定其工程成本并单独核算。

1. 自营工程

企业以自营方式建造固定资产,意味着企业自行组织工程物资采购、自行组织施工人员从事工程施工,因此,企业需要设置"在建工程"账户,用于核算自营工程发生的各项支出,计算工程成本。

企业购入为工程准备的物资,按购入物资的实际成本,借记"工程物资"账户,允许抵扣的增值税额借记"应交税费——应交增值税(进项税额)"账户,贷记"银行存款"等账户。企业自营工程领用的工程物资等,按领用物资的实际成本,借记"在建工程"账户,贷记"工程物资"等账户。自营工程发生的其他费用(如支付职工工资等),按实际发生额,借记"在建工程"账户,贷记"应付职工薪酬""银行存款"等账户。自营工程完工并交付使用时,按实际发生的全部支出,借记"固定资产"账户,贷记"在建工程"账户。

【例 5－3】 某一般纳税企业采用自营方式建造厂房一幢,购置工程物资一批,增值税专用发票注明买价 100 000 元,增值税额 13 000 元,全部用于工程建造;应付建设人员的工资 45 000 元;企业辅助生产部门为工程提供的有关劳务支出为 48 500 元,本期应支付的计入工程成本的长期借款利息 3 000 元;工程完工,达到可使用状态。企业应编制会计分录如下:

(1)购买工程物资时:

借：工程物资   100 000
  应交税费——应交增值税(进项税额)   13 000
  贷：银行存款   113 000

(2)领用工程物资时:

借：在建工程   100 000
  贷：工程物资   100 000

(3)分配结转建设人员工资时:

借：在建工程   45 000
  贷：应付职工薪酬   45 000

(4)分配辅助生产车间为工程提供的劳务成本时:

借：在建工程   48 500
  贷：生产成本——辅助生产成本   48 500

（5）结转为工程借款而发生的利息时：

借：在建工程　　　　　　　　　　　　　　　　　　　　　　　3 000
　　贷：应付利息　　　　　　　　　　　　　　　　　　　　　　　　3 000

（6）工程完工达到可使用状态，结转工程成本时：

借：固定资产　　　　　　　　　　　　　　　　　　　　　　196 500
　　贷：在建工程　　　　　　　　　　　　　　　　　　　　　　196 500

2. 出包工程

企业采用出包方式建造固定资产，企业应将与承包单位结算的工程价款作为工程成本，通过"在建工程"账户核算。企业在按规定预付承包单位工程价款时，借记"在建工程"账户，贷记"银行存款"等账户；工程完工收到承包单位账单，补付或补记工程价款时，借记"在建工程"账户，贷记"银行存款"等账户；工程完工并交付使用时，按实际发生的全部支出，借记"固定资产"账户，贷记"在建工程"账户。

四、投入固定资产的核算

企业接受其他单位投资转入的机器设备等固定资产，一方面反映本企业固定资产的增加；另一方面反映投资人投资额的增加。投入者投入的固定资产，应按合同或协议约定的价值，借记"固定资产"账户，按增值税专用发票上注明的增值税额借记"应交税额——应交增值税（进项税额）"账户，贷记"实收资本"或"股本"等账户。

第三节　固定资产折旧

固定资产的折旧是指固定资产在使用过程中逐渐损耗的那部分价值。固定资产损耗的这部分价值，应当在固定资产的有效使用期内进行分摊，形成折旧费用，计入各期成本，并在产品销售收入中得到补偿。由此可见，正确地计算和计提折旧，不仅是正确计算产品成本的一个前提条件，也是保证固定资产再生产正常进行的重要措施。

一、影响固定资产折旧的主要因素

企业计算各期折旧额，需考虑的影响折旧的因素主要有四个方面：

（1）折旧的基数。计算固定资产折旧的基数，一般为取得固定资产的原始成本，即固定的账面原价。

（2）预计净残值。固定资产的净残值，是指预计的固定资产报废时可以收回的残余价值扣除预计清理费用后的数额。

（3）预计使用寿命。固定资产使用寿命是指固定资产预计可以使用的期间或者该资产能生产的产品或提供服务的数量。企业确定固定资产使用寿命时主要应当考虑该资产预计生产能力或实物产量、该资产有形损耗和无形损耗和法律或者类似规定对该资产使用的限制等因素。

（4）已计提的固定资产减值准备。

二、计提折旧的固定资产范围

固定资产准则规定，企业应对所有的固定资产计提折旧，但是，已提足折旧仍继续使用的固定资产和单独计价入账的土地除外。

固定资产应当按月计提折旧，但为简化核算，当月增加的固定资产，当月不计提折旧，从下月起计提折旧；当月减少的固定资产，当月仍计提折旧，从下月起不计提折旧。提前报废的固定资产不补提折旧。

已达到预定可使用状态但尚未办理竣工决算的固定资产，应当按照估计价值确定其成本，并计提折旧；待办理竣工决算后再按实际成本调整原来的暂估价值，但不需要调整原已计提的折旧额。

三、计算固定资产折旧的方法

企业应当根据与固定资产有关的经济利益的预期消耗方式合理选择折旧方法。可选用的折旧方法包括年限平均法、工作量法、双倍余额递减法和年数总和法等。企业选用不同的固定资产折旧方法，将影响固定资产使用寿命期间内不同时期的折旧费用，因此，固定资产的折旧方法一经确定，不得随意变更。

1. 年限平均法

年限平均法又称直线法，是指将固定资产的应计折旧额均衡地分摊到固定资产预计使用寿命内的一种方法。采用这种方法计算的每期折旧额均相等。其计算公式如下：

$$年折旧额 = \frac{固定资产原价 - 预计净残值}{预计使用年限}$$

$$月折旧额 = 年折旧额 \div 12$$

$$年折旧率 = \frac{年折旧额}{固定资产原价} \times 100\%$$

$$= (1 - 预计净残值率) \div 预计使用年限 \times 100\%$$

$$月折旧率 = 年折旧率 \div 12$$

$$月折旧额 = 固定资产原价 \times 月折旧率$$

【例 5-4】 甲企业 20×1 年 5 月份购入的固定资产，原价为 50 000 元，预计使用年限为 10 年，预计残值收入为 3 000 元，预计清理费用为 1 000 元，则该项固定资产月折旧额及 20×1 年计提的折旧额计算如下：

固定资产年折旧额＝[50 000－(3 000－1 000)]÷10＝4 800(元/年)

固定资产月折旧额＝4 800÷12＝400(元/月)

20×1年应计提7个月的折旧额＝400×7＝2 800(元)

2. 工作量法

工作量法是指根据实际工作量计算每期应提折旧额的一种方法。其计算公式如下：

单位工作量折旧额＝固定资产原价×(1－预计净残值率)÷预计总工作量

某项固定资产月折旧额＝该项固定资产当月工作量×单位工作量折旧额

3. 双倍余额递减法

双倍余额递减法是指在不考虑固定资产预计净残值的情况下，根据每期期初固定资产原价减去累计折旧后的金额和双倍的直线法折旧率计算固定资产折旧的一种方法。应用这种方法计算折旧额时，由于期初固定资产净值没有扣除预计净残值，所以，在计算固定资产折旧额时，应在其折旧年限到期前2年内，将固定资产净值扣除预计净残值后的余额平均摊销。其计算公式如下：

年折旧率＝2÷预计使用年限×100％

月折旧率＝年折旧率÷12

年折旧额＝期初固定资产净值×年折旧率

月折旧额＝年折旧率÷12

【例5－5】 某电子生产企业进口一条生产线，安装完毕后固定资产原价为300 000元，预计净残值为8 000元，预计使用年限5年。该生产线按双倍余额递减法计算的各年折旧额如下：

双倍直线年折旧率＝2÷5×100％＝40％

第一年应提折旧＝300 000×40％＝120 000(元)

第二年应提折旧＝(300 000－120 000)×40％＝72 000(元)

第三年应提折旧＝(300 000－120 000－72 000)×40％＝43 200(元)

第四年固定资产账面价值＝300 000－120 000－72 000－43 200＝64 800(元)

第四、第五年应提折旧＝(64 800－8 000)÷2＝28 400(元)

4. 年数总和法

年数总和法又称年限合计法，是指将固定资产的原价减去预计净残值后的余额，乘以一个以固定资产尚可使用寿命为分子、以预计使用寿命逐年数字之和为分母的逐年递减的分数计算每年的折旧额的一种方法。其计算公式如下：

年折旧率＝尚可使用年限÷预计使用寿命的年数总和×100％

月折旧率＝年折旧率÷12

年折旧额＝(固定资产原价－预计净残值)×年折旧率

月折旧额＝年折旧额÷12

【例 5-6】 甲公司某项固定资产原值 610 000 元,预计净残值为 10 000 元,预计使用年限为 5 年,按年数总和法该项固定资产各年折旧额计算,如表 5-1 所示。

表 5-1 固定资产折旧计算表

年次	应计提折旧总额 ①	尚可使用年限 ②	年折旧率 ③=②/15	年折旧额 ④=①×③	累计折旧额 ⑤
1	610 000−10 000=600 000	5	5/15	200 000	200 000
2	610 000−10 000=600 000	4	4/15	160 000	360 000
3	610 000−10 000=600 000	3	3/15	120 000	480 000
4	610 000−10 000=600 000	2	2/15	80 000	560 000
5	610 000−10 000=600 000	1	1/15	40 000	600 000
合计	600 000	—	—	600 000	600 000

四、固定资产折旧的账务处理

固定资产折旧的核算应设置"累计折旧"账户。该账户贷方登记企业各月计提的固定资产折旧额;借方登记由于固定资产减少而冲减的折旧额;期末贷方余额,表示现有全部固定资产的累计折旧额。该账户一般按固定资产类别和项目进行明细核算。企业计提折旧时应根据固定资产的用途,分别将折旧费计入相关资产成本或当期费用,借记"制造费用""管理费用""销售费用"等账户,贷记"累计折旧"账户。

"累计折旧"账户是资产类固定资产的备抵调整账户,与"固定资产"账户性质相同,结构相反。固定资产账户借方余额减去累计折旧账户的贷方余额即为现有固定资产的净值。各账户之间关系,如图 5-1 所示。

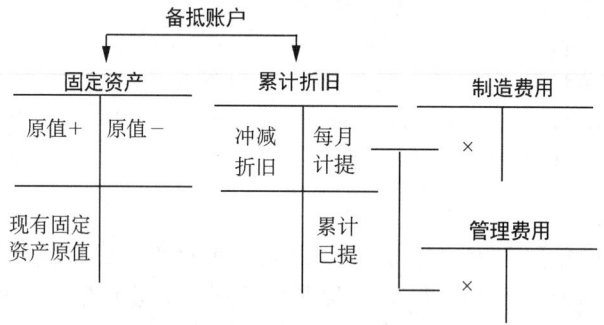

图 5-1 累计折旧与固定资产账户关系

【例 5-7】 某企业 20×1 年 3 月固定资产折旧计算分配情况如下:生产车间固定资产折旧 37 000 元,企业管理部门固定资产折旧 48 000 元,专设销售机构使用固定资产折旧 12 000 元,应编制计提折旧的会计分录如下:

借：制造费用	37 000
管理费用	48 000
销售费用	12 000
贷：累计折旧	97 000

需注意的是,固定资产在使用中,其所处的经济环境、技术环境等有可能对企业固定资产的使用寿命产生较大影响。因此,企业至少应当于每年年度终了,对固定资产使用寿命和预计净残值进行复核,如与原先估计有差异的,应当相应调整固定资产使用寿命和净残值。如果与固定资产有关的经济利益预期消耗方式也发生重大变化,企业也要相应改变固定资产折旧方法。

第四节　固定资产的后续支出

固定资产的后续支出是指固定资产使用过程中发生的更新改造和维护修理等支出。对于这些支出的账务处理,主要集中在是将其作为收益性支出确认,还是作为资本性支出进行资本化。对于发生的后续支出,如果使流入企业的经济利益超过了原先的估计,并符合固定资产确认条件,则应当计入固定资产成本;否则,应当计入当期损益。

一、费用化的后续支出

固定资产投入使用后,由于使用中发生磨损以及各组成部分耐用程度不同,可能会导致固定资产的局部损坏,为了维持固定资产的正常运转和使用,充分发挥其使用效能,企业会对固定资产进行必要的维护,从而发生固定资产的日常维护、修理支出,这类支出只是确保固定资产的正常工作状况,通常不会使流入企业的经济利益超过了原先的估计,且不满足固定资产的确认条件,应在发生时作为费用化处理,直接计入当期管理费用或销售费用等。

【例 5－8】　某一般纳税企业管理部门的车辆委托汽车修理厂进行经常性修理,以银行存款支付修理费用为 5 000 元,增值税额为 650 元。企业应编制会计分录如下：

借：管理费用	5 000
应交税费——应交增值税（进项税额）	650
贷：银行存款	5 650

二、资本化的后续支出

1. 改建扩建支出

改建扩建又称增置是指在原有的实体上增加新的实物,如办公楼里增置中央空调系统。增置固定资产的支出受益期较长,一般均为 1 年以上,增加了设备的服务潜力,如符合固定资产确认条件,应将其支出资本化。

2. 更新改造支出

更新改造又称改良,是指较大程度上对固定资产质量或功能上的改进。改良花费的支出较大而且质量上有显著提高,如自动装置替代非自动装置。改良支出如符合固定资产确认条件,应在发生支出时计入固定资产的成本。

固定资产发生可资本化的后续支出,通过"在建工程"账户核算,其核算程序为:首先,将固定资产的账面价值转入在建工程,并停止计提折旧;其次,发生的后续支出,记入"在建工程"账户的借方;最后,固定资产完工并达到预定可使用状态时,再从在"建工程"账户转回"固定资产"账户,并按重新确定的使用年限、预计净残值和折旧方法计提折旧。

【例 5-9】 某一般纳税企业对一条生产线进行改建。该生产线的原始成本为 1 200 000 元,已提折旧 320 000 元。改建过程中发生各种支出,取得的增值税专用发票上注明的价款为 500 000 元,增值税额为 65 000 元,拆卸部分零配件的售价为 70 000 元,增值税额为 9 100 元。改建后,该生产线直接投入使用。与改建业务有关的会计分录如下:

(1) 将原生产线转入在建工程:

借:在建工程——改建工程 880 000
　　累计折旧 320 000
　　贷:固定资产 1 200 000

(2) 支付改建工程支出:

借:在建工程——改建工程 500 000
　　应交税费——应交增值税(进项税额) 65 000
　　贷:银行存款 565 000

(3) 收回零配件变价收入:

借:银行存款 79 100
　　贷:在建工程——改建工程 70 000
　　　　应交税费——应交增值税(销项税额) 9 100

(4) 改建后生产线投入使用:

借:固定资产 1 310 000
　　贷:在建工程——改建工程 1 310 000

第五节 固定资产处置的核算

固定资产的处置是指固定资产的出售、转让报废或毁损、对外投资、非货币资产交换、债务重组等。企业处置固定资产,要按规定程序办理报废、转让手续,如实反映和严格监督固定资产的清理过程,做好固定资产的清理核算工作。

一、账户设置

"固定资产清理"账户用于核算企业因出售、报废和毁损等原因转入清理的固定资产价值及其在清理过程中所发生的清理费用和清理收入等。该账户借方登记转入清理的固定资产的净值、发生的清理费用,结转处置固定资产净收益等;贷方登记清理固定资产的变价收入、应由保险公司或过失人承担的损失,结转处置固定资产净损失等。该账户期末无余额,并应按被清理的固定资产设置明细账,进行明细核算。

二、固定资产处置的账务处理

固定资产清理的账务处理主要包括以下五方面内容。

1. 固定资产转入清理

企业出售、报废、毁损的固定资产转入清理时,应按清理固定资产的账面价值,借记"固定资产清理"账户;按已提的折旧,借记"累计折旧"账户,按已提的减值准备,借记"固定资产减值准备"账户;按固定资产的原价,贷记"固定资产"账户。

2. 发生的清理费用

固定资产清理过程中发生的清理费用(如支付清理人员的工资等),应记入"固定资产清理"账户,按实际发生的清理费用,借记"固定资产清理"账户,允许抵扣的增值税借记"应交税费——应交增值税(进项税额)"账户,贷记"银行存款"等账户。

3. 收回残料、出售价款或保险赔款

企业收回出售固定资产的价款、报废固定资产的残料价值和变价收入、应由保险公司或过失人赔偿的损失等,应冲减清理支出,按实际收到的出售价款及残料变价收入以及保险公司或过失人赔款等,借记"银行存款""其他应收款"等账户,贷记"固定资产清理"账户,出售设备等应收取的增值税,贷记"应交税费——应交增值税(销项税额)"账户。

4. 清理净损益

企业经营期间发生的固定资产清理净收益或净损失,应计入当期损益。出售固定资产发生的净损益计入"资产处置损益";非正常原因导致的固定资产报废、毁损发生的净损益计入"营业外收入"或"营业外支出"。

【例5-10】 某公司(系增值税一般纳税人)将一台不需用的设备出售,该设备原值为 200 000 元,已提折旧 100 000 元,支付清理费用 2 000 元(取得增值税普通发票),实际售价为 80 000 元,增值税额为 10 400 元,已通过银行转账收回。企业应编制会计分录如下:

(1)将出售的固定资产转入清理时:

借:固定资产清理	100 000
累计折旧	100 000
贷:固定资产	200 000

(2)收到出售固定资产价款时:

借:银行存款	90 400
贷:固定资产清理	80 000
应交税费——应交增值税(销项税额)	10 400

(3)发生清理费用时:

借:固定资产清理	2 000
贷:银行存款	2 000

(4)结转出售固定资产的净损益时:

借:资产处置损益	22 000
贷:固定资产清理	22 000

第六节　固定资产的清查与期末计价

一、固定资产的清查

为确保固定资产的安全与完整,做到账实相符,企业应当健全制度,加强管理,定期或者至少于每年年末对固定资产进行清查盘点,以保证固定资产核算的真实性和完整性。在固定资产清查过程中,如果发现有盘盈、盘亏的固定资产,应查明原因,填制固定资产盘点清查报告表,并及时查明原因,在期末结账前处理完毕。

企业在财产清查中盘亏的固定资产,通过"待处理财产损溢——待处理固定资产损溢"账户核算。对于盘亏的固定资产,企业应及时办理固定资产注销手续。在按规定程序批准之前,按盘亏固定资产的净值,借记"待处理财产损溢"账户;按已提折旧数额,借记"累计折旧"账户;按固定资产原价,贷记"固定资产"账户。按照规定程序,经批准后,应按盘亏固定资产的原价扣除累计折旧和过失人及保险公司赔款后的差额,借记"营业外支出"账户;同时,按过失人及保险公司应赔偿额,借记"其他应收款"账户;按盘亏固定资产的净值,贷记"待处理财产损溢"账户。

【例 5-11】　某企业在财产清查中,发现盘亏设备一台,其原价为 50 000 元,累计折旧 4 000 元。企业应编制会计分录如下：

（1）发现固定资产盘亏时：

借：待处理财产损溢——待处理固定资产损溢　　　　　　　　　46 000
　　累计折旧　　　　　　　　　　　　　　　　　　　　　　　4 000
　　贷：固定资产　　　　　　　　　　　　　　　　　　　　　　　　50 000

（2）盘亏固定资产按规定程序批准后转账时：

借：营业外支出——固定资产盘亏　　　　　　　　　　　　　　46 000
　　贷：待处理财产损溢——待处理固定资产损溢　　　　　　　　　　46 000

企业在财产清查中盘盈的固定资产，作为前期差错处理。盘盈的固定资产通过"以前年度损益调整"账户核算。

二、固定资产的期末计价

企业应于会计期末，判断固定资产是否存在可能发生减值的迹象，如果出现了固定资产市价在当期大幅度下跌或企业所处经营环境发生重大变化，并对企业产生负面影响等减值迹象，企业应对固定资产进行减值测试，估计资产的可收回金额。如果固定资产可收回金额低于账面价值，则应按两者差额计提固定资产减值准备。固定资产可收回金额，是指资产的销售净价与预期从该资产的持续使用和使用寿命结束时的处置中形成的现金流量的现值两者之中的较高者。

当企业确定固定资产发生减值时，应当根据所确认的资产减值金额，借记"资产减值损失"账户，贷记"固定资产减值准备"账户。在会计期末，将"资产减值损失"账户余额转入"本年利润"账户，结转后该账户没有余额。

固定资产计提了减值准备后，固定资产账面价值将根据计提的减值准备相应抵减，因此，固定资产在未来计提折旧时，应当以新的固定资产账面价值为基础计提每期折旧。固定资产减值损失一经确认，在以后会计期间不得转回。已计提的固定资产减值准备，在资产处置、出售、对外投资、以非货币性资产交换中换出、在债务重组中抵偿债务时，才可予以转出。

【例 5 - 12】　20×1 年 12 月 20 日，甲公司购置了一台设备，价值为 520 000 元，预计该设备使用寿命为 5 年，预计净残值为 20 000 元，采用年限平均法计提折旧。20×4 年 12 月 31 日，公司在进行检查时发现该设备发生减值，可收回金额为 100 000 元。假设该设备在以前没有计提固定资产减值准备。

2019 年 12 月 31 日，计提减值准备之前该项固定资产的累计折旧为 300 000 元 [（520 000－20 000）÷5×3]，账面价值为 220 000 元（520 000－300 000），而其可收回金额为 100 000 元，账面价值高于其可回收金额 120 000 元，因此，该项固定资产应计提 120 000 元的减值准备。20×3 年年末，计提减值时，应编制会计分录如下：

借：资产减值损失——计提的固定资产减值准备　　　　　　　　　　120 000
　　贷：固定资产减值准备　　　　　　　　　　　　　　　　　　　　　　120 000

　　假设上项固定资产计提减值后，重新复核净残值为 10 000 元，预计使用寿命没有发生变更，则该项固定资产 20×4 年计提折旧为 45 000 元［(100 000－10 000)÷2］。

本 章 小 结

　　固定资产准则规定，固定资产是指同时具有下列特征的有形资产：① 为生产商品提供劳务、出租或经营管理而持有的；② 使用寿命超过一个会计年度。企业将一项资产作为固定资产确认，除符合固定资产定义外，还应同时具备以下条件：① 固定资产包含的经济利益很可能流入企业；② 固定资产的成本能够可靠地计量。

　　按企业会计准则规定，企业取得的固定资产应当按其成本入账。企业外购固定资产，其成本包括购买价款、相关税费、使固定资产达到预定可使用状态前所发生的可归属于该项资产的运输费、装卸费、安装费和专业人员服务费等。企业自行建造固定资产的成本，由建造该项资产达到预定可使用状态前所发生的必要支出构成。接受投资转入的固定资产，一般应按投资合同或协议约定的价值加上应支付的相关税费作为固定资产的入账价值。

　　固定资产在使用期间，应按一定方法将固定资产成本在其预计使用寿命期内进行分摊，即计提固定资产折旧。除已提足折旧仍继续使用的固定资产和单独计价入账的土地外，企业应对所有的固定资产计提折旧。企业应当根据与固定资产有关的经济利益的预期实现方式合理选择折旧方法，固定资产的折旧方法一经确定，不得随意变更。固定资产使用中发生的后续支出，如更新改造支出、维护修理等，如符合固定资产确认条件，则应当资本化，计入固定资产成本；如不符合固定资产确认条件，应当计入当期损益。

　　企业因出售、报废和毁损等原因处置固定资产，通过"固定资产清理"账户核算，处置固定资产的净损益，分别计入资产处置损益、营业外收支。企业应于会计期末，判断固定资产是否存在可能发生减值的迹象，如果出现了减值迹象，应对固定资产进行减值测试，估计资产的可收回金额。如果固定资产可收回金额低于其账面价值，则应按两者差额计提固定资产减值准备。固定资产减值损失一经确认，在以后会计期间不得转回。

主 要 术 语

■ 固定资产　　　　　　　　　　未使用固定资产
■ 在建工程　　　　　　　　　　累计折旧
■ 净残值　　　　　　　　　　　平均年限法
■ 工作量法　　　　　　　　　　双倍余额递减法

■ 年数总和法　　　　　　　　　　固定资产的后续支出
■ "固定资产清理"账户　　　　　　固定资产可收回金额

复习思考题

1. 什么是固定资产？确认固定资产有哪些条件？
2. 简述企业自营固定资产核算内容与账务处理。
3. 什么是固定资产折旧？有哪些影响因素？
4. 试说明"固定资产"账户与"累计折旧"账户的关系。
5. 试说明固定资产清理核算设置运用的账户与核算程序。
6. 如何进行固定资产后续支出的会计核算？
7. 如何进行固定资产期末计价核算？有哪些要求？

练 习 题

一、单项选择题

1. 不会导致固定资产账面价值发生增减变动的是（　　）。

A. 盘盈固定资产　　　　　　　　B. 固定资产的日常维修费用

C. 以固定资产对外投资　　　　　D. 计提固定资产减值准备

2. 下列关于企业计提固定资产折旧会计处理的表述中，不正确的是（　　）。

A. 对管理部门使用的固定资产计提的折旧应计入管理费用

B. 对工程建设使用的固定资产计提的折旧应计入在建工程

C. 对生产车间未使用的固定资产计提的折旧应计入生产成本

D. 对专设销售机构使用的固定资产计提的折旧应计入销售费用

3. 下列固定资产中，应计提折旧的是（　　）。

A. 季节性暂停使用的设备　　　　B. 当月达到预定可使用状态的设备

C. 上月提前报废未提足折旧的设备　　D. 已提足折旧继续使用的设备

4. 甲公司系增值税一般纳税人，购入一套需安装的生产设备，取得的增值税专用发票上注明的价款为 300 万元，增值税额为 39 万元，自行安装领用材料成本 20 万元，发生安装人工费 5 万元。不考虑其他因素，该生产设备安装完毕达到预定可使用状态转入固定资产的入账价值为（　　）万元。

A. 320　　　　　B. 325　　　　　C. 328.4　　　　D. 376

5. 某公司处置一台旧设备，取得价款 100 万元，发生清理费用 5 万元，该设备原值为 200 万元，已提折旧 60 万元。假定不考虑其他因素，处置该设备影响当期损益的金额为

( )万元。

    A. -40   B. -45   C. -50   D. 50

6. 20×1年12月31日,甲公司购入一台设备,入账价值为100万元,预计使用年限为5年,预计净残值4万元,采用双倍余额递减法计算折旧,则该设备2019年应计提的折旧额为( )万元。

    A. 25.6   B. 19.2   C. 40   D. 24

7. 甲公司系增值税一般纳税人,20×1年8月31日以不含增值税的价格100万元售出一台生产用机床,增值税销项税额为13万元,该机床原价为200万元(不含增值税),已计提折旧120万元,已计提减值准备30万元,不考虑其他因素,甲公司处置该机床的利得为( )万元。

    A. 3   B. 20   C. 33   D. 50

8. 20×1年12月31日,甲公司某项固定资产计提减值准备前的账面价值为1 000万元,公允价值为980万元,预计处置费用为80万元,预计未来现金流量的现值为1 050万元。20×1年12月31日,甲公司应对该项固定资产计提的减值准备为( )万元。

    A. 0   B. 20   C. 50   D. 100

二、多项选择题

1. 企业购入的不需安装即可使用的固定资产,其入账价值的包括( )。

A. 实际支付的买价   B. 可抵扣的增值税进项税额

C. 进口关税   D. 运输费

2. 下列各项中,影响固定资产处置损益的有( )。

A. 固定资产原价   B. 固定资产清理费用

C. 固定资产处置收入   D. 固定资产减值准备

3. 下列关于固定资产会计处理的表述中,正确的有( )。

A. 为生产商品或提供劳务、出租或经营管理而持有

B. 达到预定可使用状态前发生的所有支出都计入固定资产入账成本

C. 固定资产费用化后续支出应计入当期损益

D. 预期通过使用或处置不能产生经济利益的固定资产应终止确认

4. 下列固定资产中应计提折旧的有( )。

A. 自行建造达到可使用状态的固定资产 B. 大修理停用的固定资产

C. 未使用的房屋及建筑物   D. 已全额计提折旧的固定资产

5. 下列有关固定资产折旧的会计处理中,不正确的表述有( )。

A. 因固定资产改良而停用的生产设备应继续计提折旧

B. 根据固定资产经济利益预期消耗方式确定折旧方法

C. 自行建造的固定资产应自达到预定可使用状态时的当月开始计提折旧

D. 在固定资产使用寿命期内不得改变固定资产折旧方法

6. 下列有关固定资产会计处理的表述中,正确的有(　　)。

A. 固定资产盘亏净损失计入当期损益

B. 固定资产日常维护发生的支出计入当期损益

C. 固定资产折旧计入当期损益

D. 计提减值准备后的固定资产,以扣除减值准备后的账面价值为基础计提折旧

7. 下列各项中,应记入"固定资产清理"账户借方的有(　　)。

A. 因出售厂房而发生的清理费用

B. 报废固定资产账面价值

C. 因自然灾害毁损的固定资产取得的保险赔款

D. 清理固定资产应付的职工薪酬

8. "资产处置损益"账户核算的内容包括(　　)。

A. 出售固定资产的净收益

B. 出售固定资产的净损失

C. 报废固定资产的净收益

D. 报废固定资产的净损失

三、判断题

1. 固定资产是指使用寿命超过一个会计年度的有形资产。　　　　　　(　　)

2. 按暂估价值入账的固定资产在办理竣工结算后,企业应当根据暂估价值与竣工结算价值的差额调整原已计提的折旧金额。　　　　　　　　　　　　　(　　)

3. 已达到预定可使用状态但尚未办理竣工决算的固定资产不应计提折旧。(　　)

4. 采用双倍余额递减法计提折旧时,应以账面原价减去预计净残值后的金额乘以折旧率计算各期折旧额。　　　　　　　　　　　　　　　　　　　(　　)

5. 投资者投入企业的固定资产,应按投资合同或协议约定的价值入账,但合同或协议约定价值不公允的除外。　　　　　　　　　　　　　　　　　　(　　)

6. 固定资产出售、报废、毁损以及盘亏,均应通过"固定资产清理"账户,如发生处置固定资产的净损失,应转入营业外支出。　　　　　　　　　　　　(　　)

7. 企业应当按月计提折旧,当月增加的固定资产,当月计提折旧;当月减少的固定资产,当月不提折旧。　　　　　　　　　　　　　　　　　　　(　　)

四、业务核算题

【习题一】

(一)目的:练习固定资产取得核算。

（二）资料：甲企业为增值税一般纳税人，20×1年取得固定资产有关资料如下：

1. 购入一台不需要安装即可投入使用的设备，取得的增值税专用发票上注明的设备价款为 30 000 元，增值税额为 3 900 元；另支付运输费 1 000 元、检验费 500 元（均取得增值税普通发票），款项以银行存款支付。

2. 以银行存款购入需要安装的设备一台，增值税专用发票上注明的设备买价为 200 000 元，增值税额为 26 000 元；以银行存款支付保险费，取得的增值税专用发票上注明的设备保险费 12 000 元，增值税额为 720 元。

3. 收到乙企业作为资本投入的不需要安装的机器设备一台，该设备按投资合同或协议确认的价值为 100 000 元，增值税额 13 000 元，取得乙公司开具的增值税专用发票。

（三）要求：编制以上各项经济业务的会计分录。

【习题二】

（一）目的：练习固定资产购建的核算。

（二）资料：甲公司为增值税一般纳税人，20×1年购入需安装的设备一台，有关资料如下：

（1）4 月 5 日，购入设备，以银行存款支付价款 50 000 元，增值税额 6 500 元，投入安装。

（2）4 月 8 日，购入工程物资，以银行存款支付价款 10 000 元，增值税额 1 300 元，工程物资验收入库。

（3）4 月 9 日，设备安装工程领用工程物资一批，计价 9 000 元，领用库存原材料成本 4 680 元。

（4）4 月 18 日，辅助生产部门为安装工程提供的有关劳务支出为 117 000 元。

（5）4 月 30 日，设备安装工程应分配的安装人员工资 3 000 元。

（6）5 月 10 日，设备安装完毕，交付使用。

（三）要求：编制以上各项经济业务的会计分录。

【习题三】

（一）目的：练习固定资产折旧的核算。

（二）资料：甲公司购入固定资产有关资料如下：

（1）20×1 年 9 月 1 日，购入办公用房屋一套，取得成本为 1 200 万元，预计使用年限为 30 年，预计净残值为 120 万元。

（2）20×3 年 6 月 20 日，甲公司购入生产用设备一台，取得成本为 216 万元，预计使用年限为 5 年，预计净残值为 24 万元。

（三）要求：

（1）按平均年限法计算办公用房 20×3 年折旧额、年折旧率、至 20×3 年 12 月 31 日累计折旧额、20×3 年 12 月 31 日账面价值，并编制 20×3 年计提折旧的会计分录。

（2）分别按平均年限法、双倍余额递减法、年数总和法计算 20×3 年生产设备折旧额,并编制 20×3 年计提折旧的会计分录。

【习题四】

(一)目的:练习固定资产后续支出的核算。

(二)资料:20×1 年 9 月 5 日,甲公司对一生产线进行改扩建,改扩建前该生产线的原价为 1 200 万元,已提折旧 200 万元,已提减值准备 50 万元。在改扩建过程中领用工程物资 200 万元,领用生产用原材料 58.5 万元。发生改扩建人员工资 80 万元,用银行存款支付其他费用 61.5 万元(取得增值税普通发票)。该生产线于 20×1 年 11 月 20 日达到预定可使用状态。该企业对改扩建后的固定资产采用双倍余额递减法计提折旧,预计尚可使用年限为 10 年,预计净残值为 50 万元。

(三)要求:编制固定资产改扩建业务的会计分录,并计算 20×1 年 12 月应计提的折旧额。

【习题五】

(一)目的:练习固定资产处置、清查、期末计价的核算。

(二)资料:甲公司为增值税一般纳税人,20×3 年发生下列有关事项:

(1)一台设备使用期满,不能继续使用,进行报废清理,该设备原价为 180 000 元,已提折旧 178 000 元。取得的残料变价收入为 3 000 元,增值税额为 390 元;支付清理费用,取得的增值税专用发票上注明的价款为 4 000 元,增值税额为 520 元。固定资产清理完毕。

(2)在财产清查中发现盘亏设备一台,其原值为 100 000 元,已提折旧额为 60 000 元,经查明系管理不善原因造成,经批准决定,应由过失人赔偿损失 20 000 元,其余作当期损益转销,固定资产清理完毕。

(3)以银行存款支付行政管理部门固定资产日常维护修理费,取得的增值税专用发票上注明的价款为 20 000 元,增值税额为 2 600 元。

(4)20×1 年 12 月,购入一项管理用固定资产,原价为 600 000 元,预计使用年限为 10 年,预计净残值为 50 000 元。采用直线法计提折旧。20×3 年年末,甲公司对该项固定资产的减值测试表明,其可收回金额为 400 000 元,预计使用年限、折旧方法与净残值不变。

(三)要求:

(1)编制以上各项经济业务的会计分录。

(2)计算管理用固定资产计提减值后 20×4 年应计提的折旧。

课程思政与案例

建设项目延期"转固",隐匿经营亏损

【案例背景】　甲有限责任公司是一家国有煤矿企业,注册资本 1.5 亿元,自 20×1 年

获批产项开工建设 90 万吨/年矿井建设项目,公司长期进行基建会计核算。20×6 年 10 月,该建设项目联合试运转顺利完成,11 月基建项目竣工验收,经市煤炭工业局批复后,由基建矿井转为生产矿井。20×7 年审计检查发现,矿井建设已达立项批复的预定可使用状态并开展正常生产经营,但该公司未将其转入固定资产管理,至 20×7 年年底在建工程账面累计余额 101 717.90 万元。该公司在 20×7 年 10 月将当年损益打包转入"在建工程——20×7 年联合试运行"科目下核算。违反企业会计准则和基建矿井核算规定,在"在建工程"项下自行设置管理费用、财务费用、销售费用、其他业务收入、其他业务成本和试运转累计折旧等明细科目,隐匿年度经营亏损 4 210.93 万元。

【思考问题】 分析说明基建工程未及时办理竣工决算手续并转入固定资产管理核算的后果是什么,企业应如何加强建设项目的审查验收与核算管理?

【案例启示】 基建工程未及时办理竣工决算手续并转入固定资产管理核算,就会产生资产不实、损益失真等一系列会计核算不规范的问题。建设工程项目完工、投产并达到转入固定资产条件后,建设单位应及时以设计概算和工程结算数据为依据,准确编制建设项目财务决算草案,确定建设项目总投资情况、资金使用结余情况和资产交付情况,审查建安投资、设备投资和待摊投资等建设成本费用开支明细,全面分析建设项目投资效果,配合国有资产监督管理部门做好国有资产形成的确认和审查,并按照企业会计准则要求,在满足固定资产建造已完成,固定资产与设计要求基本相符、继续发生在所构建固定资产上的支出金额很少等三个条件时,及时将在建工程转入企业固定资产管理核算,采用计提折旧等方法合理摊销资产损耗,投产后清晰开展经营损益核算,杜绝延迟"转固"规避损益核算调节利润等违规行为,加强企业资产管理,在保证国有资产安全完整的同时,积极发挥投资的最大经济效益。

第六章　无　形　资　产

学习目标

　　了解无形资产的特征、分类及内容；

　　掌握无形资产的确认和计量；

　　掌握无形资产取得的账务处理；

　　掌握无形资产摊销和转让的账务处理；

　　熟悉无形资产减值的账务处理。

第一节　　无形资产概述

一、无形资产的特征

　　无形资产是指企业拥有或者控制的没有实物形态的可辨认非货币性资产，主要包括专利权、专有技术、商标权、著作权、特许权、土地使用权等。企业的无形资产表明企业所拥有的一种技术或特殊权利，有助于企业取得高于一般水平的经济收益。

　　概括起来，无形资产具有以下特征：

　　第一，无形资产不具有实物形态。不具有实物形态是无形资产区别于固定资产及其他有形资产的显著标志。

　　第二，无形资产属于非货币性长期资产。无形资产能在多个生产经营周期内使用，使企业长期受益。

　　第三，企业持有无形资产的主要目的是为企业的经营管理服务，而不是对外销售。

　　第四，无形资产能给企业带来经济利益，但这些经济利益存在较大的不确定性，并且有效期难以确定。

　　第五，无形资产具有可辨认性，即可以单独取得或转让，具有相对独立性，不必依附于有形资产。

二、无形资产的分类

无形资产可依据不同的标志进行分类,常见的分类方式有:

(1)无形资产按取得方式划分,可分为外部购置、企业内部自行研究开发形成、投资人投入、非货币性资产交换、债务重组等方式取得的无形资产。

(2)无形资产按使用期限划分,可分为使用寿命有限的无形资产和使用寿命不确定的无形资产。使用寿命有限的无形资产是指可以根据法律、合同规定并结合生产、技术、市场等因素估计其有效期限的无形资产;如无法预见为企业带来经济利益期限的,则视为使用寿命不确定的无形资产。

(3)按可否单独辨认划分,可分为可辨认无形资产和不可辨认无形资产。

可辨认无形资产是指可以单独取得或转让,具有相对独立性,不必依附于有形资产,如专利权、著作权、商标权、专有技术、土地使用权、经营特许权等。不可辨认无形资产则不能单独取得或转让,必须依附于有形资产,如商誉等。

商誉是一项特殊的、重要的无形资产,根据会计的重要性原则的要求,在资产负债表中应将商誉作为一个单独的资产项目列示,所以,企业会计准则规定,无形资产仅指可辨认无形资产。本书以下所涉及的无形资产均不包括商誉。

三、无形资产的确认与计量

(一)无形资产的确认

某一资产项目,如果要作为无形资产加以确认,应符合无形资产的定义,并满足以下两个条件。

1. 与该无形资产有关的经济利益很可能流入企业

资产最基本的特征是产生的经济利益预期很可能流入企业。作为无形资产确认的项目,必须具备其所产生的经济利益很可能流入企业这一条件。通常情况下,无形资产产生的未来经济利益可能包括在销售商品、提供劳务的收入当中,或者企业使用该项无形资产而减少或节约了成本,或者体现在获得的其他利益当中。例如,生产加工企业在生产工序中使用了某种知识产权,使其降低了未来生产成本。

会计实务中,要确定无形资产所创造的经济利益是否很可能流入企业,需要实施职业判断。在实施这种判断时,需要对无形资产在预计使用寿命内可能存在的各种经济因素进行合理估计,并且应当有确凿的证据支持。例如,企业是否有足够的人力资源、高素质的管理队伍、相关的硬件设备、相关的原材料等来配合无形资产为企业创造经济利益。同时,更为重要的是关注一些外界因素的影响,如是否存在与该无形资产相关的新技术、新产品冲击,或其生产的产品是否存在市场等。在实施判断时,企业的管理当局应对在无形资产的预计使用寿命内存在的各方面影响因素做出稳健的估计。

2. 该无形资产成本能够可靠地计量

无形资产的成本应该能够可靠计量,企业若不能计量为取得该项资产所发生的支出,则不能将其作为无形资产确认。例如,一些高新科技领域的高科技人才,假定其与企业签订了服务合同,且合同规定其在一定期限内不能为其他企业提供服务。在这种情况下,虽然这些高科技人才的知识在规定的期限内预期能够为企业创造经济利益,但由于这些高科技人才的知识难以准确或合理辨认,加之为形成这些知识所发生的支出难以计量,从而不能作为企业的无形资产加以确认。

(二)无形资产的计量

无形资产应按实际成本进行初始计量,即以取得无形资产并使之达到预定用途而发生的全部支出作为无形资产的成本。不同方式取得的无形资产,其实际成本的构成内容也有所不同。

1. 外购无形资产

外购无形资产的成本通常是以公平交易中所付出对价的公允价值来计量,包括购买价款、相关税费以及直接归属于使该资产达到预定用途所发生的其他支出。如购入专利技术的测试费,购入土地使用权的契税等均可计入无形资产成本,但对于购入无形资产支付的增值税,如按规定允许抵扣,则不计入无形资产入账成本。

2. 企业内部自行研究开发取得的无形资产

企业内部自行研究开发项目的支出,应当区分研究阶段支出与开发阶段分别进行核算支出。

(1)研究阶段。研究是指为获取并理解新的科学或技术知识而进行的独创性的有计划的调查。研究阶段是探索性的,是为进一步的开发活动进行资料及相关方面的准备,已进行的研究活动将来是否会转入开发、开发后是否会形成无形资产等均具有较大的不确定性。在这一阶段不会形成阶段性成果,并且企业也不能证明该项研究存在能够带来未来经济利益的无形资产。因此,研究阶段的有关支出,在发生时应当费用化计入当期损益。

(2)开发阶段。开发是指在进行商业性生产或使用前,将研究成果或其他知识应用于某项计划或设计,以生产出新的或具有实质性改进的材料、装置、产品等。相对于研究阶段而言,开发阶段应当是已完成了研究阶段的工作,在很大程度上具备了形成一项新产品或新技术的基本条件。此时,如果有证据表明开发支出满足下列条件时,则可将其资本化,确认为无形资产,否则只能费用化,作当期损益处理。

第一,该无形资产在开发技术上具有可行性。

第二,具有完成该无形资产并使用或出售的意图。

第三,无形资产产生经济利益的方式,包括能够证明运用该无形资产生产的产品存在市场或无形资产自身存在市场;若无形资产将在内部使用的,应当证明其有用性。

第四,有足够的技术、财务和其他资源支持,以完成该无形资产的开发,并有能力使用或出售该无形资产。

第五,归属于该无形资产开发阶段的支出能够可靠地计量。

第二节 无形资产的取得、摊销与转让的核算

一、账户设置

为了核算无形资产的取得、摊销和处置等情况,企业应当设置"无形资产""累计摊销"等账户。

"无形资产"账户用来核算企业无形资产实际成本,借方登记取得无形资产的实际成本;贷方登记转出、出售无形资产实际成本;期末借方余额,表示企业现有无形资产的实际成本。该账户一般应按无形资产项目设置明细账户,进行明细核算。

"累计摊销"账户属于"无形资产"账户的调整账户,用来核算企业对使用寿命有限的无形资产计提的累计摊销,贷方登记企业计提的无形资产摊销额;借方登记处置无形资产转出的累计摊销额;期末贷方余额,表示企业现有无形资产的累计摊销额。

此外,为反映企业无形资产发生减值情况,还应当设置"无形资产减值准备"账户进行核算。

二、无形资产取得的核算

1. 外购无形资产

企业购入的无形资产,按购入时支付的购买价款(不包括可抵扣的增值税)以及直接归属于使该项资产达到预定用途所发生的其他支出,作为无形资产成本,借记"无形资产"账户,贷记"银行存款"等账户。

【例6-1】 甲公司(一般纳税人)购入一项非专利技术,支付的买价900 000元,增值税额54 000元,测试费10 000元。以银行存款支付,资产达到预定可使用状态。甲公司应编制会计分录如下:

借:无形资产	910 000
应交税费——应交增值税(进项税额)	54 000
贷:银行存款	964 000

对于一揽子购入的无形资产,其成本通常应按该项无形资产和其他资产的公允价值相对比例确定。比如,甲股份有限公司从乙公司购入一项专利权和相关设备,价格及相关费用共计300万元。其中,专利权可以单独辨认,但与其相关设备的价格没有分别标明。在这种情况下,应通过该专利权和相关设备的公允价值的相对比例来分配实际支付的300万元价款。假设该专利权和相关设备公允价值的相对比为5∶1,同时不考虑其

他相关税费,那么专利权的成本应为250万元,而相关设备的成本应为50万元。

2. 自行开发无形资产

企业自行开发无形资产发生的研发支出,不满足资本化条件的,借记"研发支出——费用化支出"账户,满足资本化条件的,借记"研发支出——资本化支出"账户,贷记"原材料""银行存款""应付职工薪酬"等账户。研究开发项目达到预定用途形成无形资产的,应按"研发支出——资本化支出"账户的余额,借记"无形资产"账户,贷记"研发支出——资本化支出"账户。期(月)末,应将"研发支出——费用化支出"账户归集的金额转入"管理费用"账户,借记"管理费用"账户,贷记"研发支出——费用化支出"账户。

企业自行开发无形资产的会计处理程序,如图6-1所示。

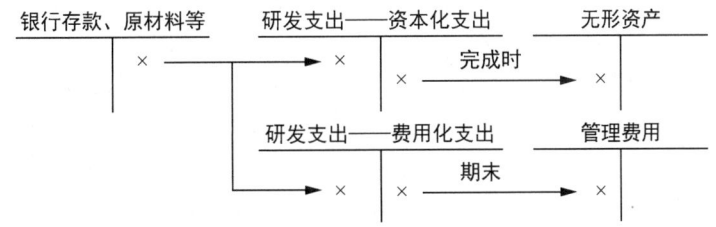

图6-1 企业自行开发无形资产的会计处理程序

【**例6-2**】 甲公司自行研究开发一项技术,截至20×1年12月31日,发生研究支出合计1 680 000元,经测试,该项研发活动完成了研究阶段的工作,从20×2年1月1日开始进入开发阶段。20×2年发生研发支出580 000元,假定均符合资本化条件。20×3年7月31日,该项研发活动结束,最终开发出一项非专利技术。甲公司应编制会计分录如下:

(1) 20×1年发生研究支出时:

借:研发支出——费用化支出   1 680 000
 贷:银行存款等   1 680 000

(2) 20×1年12月31日,发生的研发支出转入当期损益时:

借:管理费用   1 680 000
 贷:研发支出——费用化支出   1 680 000

(3) 20×2年,发生开发支出并满足资本化确认条件:

借:研发支出——资本化支出   580 000
 贷:银行存款等   580 000

(4) 20×3年7月31日,该技术研发完成并形成无形资产:

借:无形资产   580 000
 贷:研发支出——资本化支出   580 000

三、无形资产摊销的核算

无形资产的后续计量以其使用寿命为基础,在取得无形资产后,应合理预计其使用寿命,并至少于每年年度终了,进行使用寿命的复核。对于使用寿命有限的无形资产,企业应当将其应摊销额在使用寿命期内系统合理地摊销;而使用寿命不确定的无形资产则不必摊销。

无形资产的应摊销额是指其成本扣除预计残值后的金额。如果已计提了无形资产减值准备,则应摊销额还应扣除已计提的无形资产减值准备。一般情况下,无形资产的预计残值应为零。但下列情况下无形资产会有残值:① 有第三方承诺在无形资产使用寿命结束时购买该无形资产;② 可以根据活跃市场得到预计残值信息,并且该市场在无形资产使用寿命结束时很可能存在。

无形资产的摊销期为自其可供使用(即其达到预定用途)当月起至终止确认时止。无形资产的摊销有多种方法,包括直线法、生产总量法、年数总和法等,企业选择的无形资产摊销方法,应当能够反映与该项无形资产有关的经济利益预期消耗方式,如若无法可靠地确定其预期消耗方式的,则应当采用直线法进行摊销。

无形资产的摊销金额一般应当计入当期损益。企业自用的无形资产,其摊销额一般应计入当期管理费用;出租的无形资产,其摊销额应计入其他业务成本。但如果某项无形资产是专门用于生产某种产品或其他资产,则无形资产的摊销金额应当计入相关资产的成本。

无形资产摊销时,按当期应摊销额,借记"管理费用""其他业务成本""制造费用"等账户,贷记"累计摊销"账户。

【例 6 - 3】 20×1 年 1 月 1 日,甲公司购入一项特许权,成本为 7 200 000 元,合同规定受益年限为 10 年,甲公司每月应摊销 60 000 元(7 200 000÷10÷12)。每月摊销时,甲公司应编制会计分录如下:

借:管理费用	60 000
贷:累计摊销	60 000

【例 6 - 4】 20×1 年 1 月 1 日,甲公司将其自行开发取得的一项专利技术出租给丁公司,该专利技术成本为 3 600 000 元,双方合同约定的租赁期限为 10 年,法律规定的有效期限为 15 年,甲公司每月应摊销 20 000 元(3 600 000÷15÷12)。每月摊销时,甲公司应编制会计分录如下:

借:其他业务成本	20 000
贷:累计摊销	20 000

四、无形资产转让的核算

企业所拥有的无形资产可以依法转让。企业转让无形资产的方式有两种:一是转让其所有权;二是转让其使用权。两者的账务处理有所区别。

（一）转让无形资产所有权

转让无形资产的所有权,即出售无形资产。对出让方来说,不再拥有占有、使用、收益、处置的权利,所以应注销无形资产的账面价值。转让成本主要是无形资产的账面价值及相关税费。

出售无形资产不属于一般企业的日常经营活动,因此,出售所得在会计上不作为收入确认,而是采取与固定资产出售核算相同的方式,将所得价款与该无形资产账面价值及相关税费之和的差额计入当期损益。

企业应按实际取得的转让收入,借记“银行存款”等账户,按累计已摊销额,借记“累计摊销”账户,按无形资产的初始入账价值,贷记“无形资产”账户,按应支付的相关税费,贷记“银行存款”“应交税费”等账户,按其差额,贷记或借记“资产处置损益”账户。如无形资产已计提减值准备,出售时还应冲减其已计提的减值准备。

【例 6 - 5】　20×1 年 5 月 3 日,乙股份有限公司将拥有的一项专利权出售,收取价款 150 000 元,增值税 9 000 元。该专利权的成本为 128 000 元,累计摊销 6 000 元。乙公司转让出售无形资产时,应编制会计分录如下:

借:银行存款	159 000
累计摊销	6 000
贷:无形资产——专利权	128 000
应交税费——应交增值税（销项税额）	9 000
资产处置损益	28 000

（二）转让无形资产使用权

无形资产使用权的转让仅仅是将部分使用权让渡给其他单位或个人,出让方仍保留对该项无形资产的所有权。受让方只能取得无形资产的使用权,在合同规定的范围内合理使用而无权转让。在转让无形资产使用权的情况下,由于转让企业仍拥有无形资产的所有权,因此,不应注销无形资产的账面摊余价值,转让取得的收入,计入其他业务收入,摊销无形资产成本以及发生的与转让有关的各项费用,计入其他业务成本。

【例 6 - 6】　20×1 年 1 月 1 日,丁股份有限公司将一项商标权出租给乙股份有限公司,合同规定期限为 2 年,每月租金 8 000 元,2019 年 1 月收到当月的租金及增值税合计 8 480 元（增值税率 6%）。该商标权的账面余额为 360 000 元,摊销年限为 5 年。丁公司应编制会计分录如下:

（1）每月收取租金时:

借:银行存款	8 480
贷:其他业务收入	8 000
应交税费——应交增值税（销项税额）	480

（2）每月摊销无形资产成本时：

借：其他业务成本（360 000÷5÷12）　　　　　　　　　　　　　　　6 000
　　贷：累计摊销——专利权　　　　　　　　　　　　　　　　　　　　6 000

第三节　无形资产期末计价

无形资产所带来的经济利益具有很大的不确定性，随着科技的发展和市场竞争的加剧等因素的影响，会计期末无形资产账面摊余价值有可能会低于其可收回金额，为真实、准确地反映会计期末无形资产价值，企业应当定期或者至少于每年年度终了时，检查各项无形资产预计给企业带来未来经济利益的能力，如无形资产预计可收回金额低于其账面价值，应当计提减值准备。

一、无形资产减值准备的判断标准

当存在下列一项或若干项情况时，企业应当计提无形资产减值准备，确认为减值损失，计入当期损益：

（1）某项无形资产已被其他新技术等所替代，使其为企业创造经济利益的能力受到重大不利影响。

（2）某项无形资产的市价在当期大幅下跌，在剩余摊销年限内预期不会恢复。

（3）某项无形资产已超过法律保护期限，但仍然具有部分使用价值。

（4）其他足以证明某项无形资产实质上已经发生了减值的情形。

当存在下列一项或若干项情况时，应当将无形资产的账面价值全部转入当期损益，计入资产减值损失：

（1）某项无形资产已被其他新技术等所替代，并且该项无形资产已无使用价值和转让价值。

（2）某项无形资产已超过其法律保护期限，并且已不能为企业带来未来经济利益。

（3）其他足以证明某项无形资产已经丧失了使用价值和转让价值的情形。

二、无形资产减值的账务处理

无形资产在资产负债表日存在可能发生减值的迹象时，应当进行减值测试，估计无形资产的可收回金额。如可收回金额低于账面价值，企业应当将该无形资产的账面价值减计至可收回金额，减计的金额确认为减值损失，计入当期损益。按应减计的金额，借记"资产减值损失——计提的无形资产减值准备"账户，贷记"无形资产减值准备"账户。无形资产减值损失一经确认，在以后会计期间不得转回。

【例6-7】20×1年12月31日，由于市场上以某项新技术生产的产品销售势头较好,对甲公司专利产品的销售产生重大不利影响。甲公司该项专利技术的账面价值为800 000元,剩余摊销年限为4年,经减值测试,该专利技术的可收回金额为380 000元。

由于该专利权在资产负债表日的账面价值为800 000元,可收回金额为380 000元,可收回金额低于其账面价值,应按其差额420 000元(800 000−380 000)计提减值准备。甲公司应编制会计分录如下:

借:资产减值损失——计提的无形资产减值准备　　　　　　　　　　420 000
　　贷:无形资产减值准备　　　　　　　　　　　　　　　　　　　　　420 000

【例6-8】　甲企业于20×1年开始研究开发一项用于制造某大型专用设备的专门技术,发生研究支出800万元,开发支出4 000万元,其中符合资本化的开发支出为3 000万元,并在20×2年1月1日正式确认为无形资产。假定上述支出均用银行存款支付。甲企业用该专门技术计划生产该专用设备200台,并按生产数量摊销该项无形资产。20×2年度,甲企业共生产该专用设备50台。20×2年12月31日,经减值测试,该项无形资产的可收回金额为1 800万元。20×3年度,甲企业共生产该专用设备20台。假定每年年末摊销无形资产,对上述业务,甲企业应编制会计分录如下(单位:万元):

(1) 20×1年发生研发支出时:

借:研发支出——资本化支出　　　　　　　　　　　　　　　　　　3 000
　　　　　　　——费用化支出　　　　　　　　　　　　　　　　　　1 800
　　贷:银行存款　　　　　　　　　　　　　　　　　　　　　　　　4 800

(2) 20×1年末结转研发支出时:

借:管理费用　　　　　　　　　　　　　　　　　　　　　　　　　1 800
　　贷:研发支出——费用化支出　　　　　　　　　　　　　　　　　1 800

(3) 20×2年1月确认无形资产时:

借:无形资产　　　　　　　　　　　　　　　　　　　　　　　　　3 000
　　贷:研发支出——资本化支出　　　　　　　　　　　　　　　　　3 000

(4) 20×2年年末,摊销无形资产时:

$$摊销金额=3\,000×50÷200=750(万元)$$

借:管理费用　　　　　　　　　　　　　　　　　　　　　　　　　　750
　　贷:累计摊销　　　　　　　　　　　　　　　　　　　　　　　　　750

(5) 20×2年年末,计提无形资产减值准备时:

$$计提无形资产减值准备=3\,000−750−1\,800=450(万元)$$

借:资产减值损失　　　　　　　　　　　　　　　　　　　　　　　　450
　　贷:无形资产减值准备　　　　　　　　　　　　　　　　　　　　　450

(6) 20×3年年末,摊销无形资产时:

$$摊销金额＝1\,800×20÷150＝240(万元)$$

借：管理费用　　　　　　　　　　　　　　　　　　　　　　　240
　　贷：累计摊销　　　　　　　　　　　　　　　　　　　　　　　240

本 章 小 结

　　无形资产是指企业拥有或控制的没有实物形态的可辨认非货币性资产。无形资产应当按照成本进行初始计量。外购的无形资产,其成本包括购买价款、相关税费以及直接归属于使该项资产达到预定用途所发生的其他支出。企业内部研究开发项目所发生的支出应区分研究阶段支出和开发阶段支出。

　　无形资产的后续计量涉及无形资产是否具有有限使用寿命。企业应当于取得无形资产时分析判断其使用寿命。使用寿命有限的无形资产,企业应当将其应摊销金额在其使用寿命内系统合理地摊销;而使用寿命不确定的无形资产则不应摊销。对于使用寿命有限的无形资产,应当自可供使用(即其达到预定用途)当月起开始摊销,处置当月不再摊销。无形资产摊销方法包括直线法、生产总量法等。

　　无形资产的处置和报废,主要是指无形资产出售和无形资产无法为企业带来经济利益应终止确认等情形。企业处置无形资产,应当将取得的价款扣除该无形资产账面价值以及出售相关费用后的差额计入当期损益。

主 要 术 语

- 无形资产　　　　　　　　可辨认无形资产
- 商誉　　　　　　　　　　专利权
- 专有技术　　　　　　　　商标权
- 研究阶段　　　　　　　　开发阶段
- 无形资产摊销　　　　　　累计摊销
- 无形资产减值　　　　　　无形资产可收回金额

复 习 思 考 题

1. 什么是无形资产? 无形资产具有哪些特征? 包括哪些内容?
2. 简述无形资产的确认条件。
3. 如何进行无形资产的初始计量? 外购无形资产如何进行账务处理?

4. 如何区分研究阶段支出与开发阶段支出？企业内部自行开发取得的无形资产如何处理？

5. 简述无形资产应摊销额、摊销方法及摊销起止日期的确定。

6. 无形资产的价值摊销与固定资产折旧在账务处理上有何区别？

7. 如何对无形资产转让所有权与使用权进行核算？为什么要采取不同的方式？

8. 在哪些情况下应计提无形资产减值准备？如何计提无形资产减值准备？

练　习　题

一、单项选择题

1. 下列各项中，不属于无形资产的是（　　）。

A. 土地使用权 　　　　　　　　　B. 特许经营权

C. 非专利技术 　　　　　　　　　D. 商誉

2. 企业出售无形资产发生的净损失应计入（　　）。

A. 其他业务支出 　　　　　　　　B. 主营业务成本

C. 投资收益 　　　　　　　　　　D. 资产处置损益

3. "无形资产"账户的期末余额，反映企业无形资产的（　　）。

A. 初始成本 　　　　　　　　　　B. 摊余价值

C. 账面价值 　　　　　　　　　　D. 可收回金额

4. 生产产品使用的无形资产，其各期摊销额应计入（　　）。

A. 制造费用 　　　　　　　　　　B. 管理费用

C. 生产成本 　　　　　　　　　　D. 其他业务支出

5. 下列各项中，关于无形资产会计处理的表述不正确的是（　　）。

A. 预期不能给企业带来经济利益的专利权应终止确认无形资产

B. 无形资产减值损失应计入资产减值损失

C. 出售无形资产形成的净损失应计入资产处置损益

D. 转让无形资产使用权的净收益应计入营业外收入

6. 甲公司自行研发一项新技术，累计发生研究开发支出 800 万元，其中符合资本化条件的支出为 500 万元。研发成功后向国家专利局提出专利权申请并获得批准，实际发生注册登记费 8 万元；为使用该项新技术，发生的有关人员培训费为 6 万元。不考虑其他因素，甲公司该项无形资产的入账价值为（　　）万元。

A. 508 　　　　　　B. 514 　　　　　　C. 808 　　　　　　D. 814

7. 20×1 年 1 月 1 日，甲公司某项特许使用权的原价为 960 万元，已摊销 600 万元，已计提减值准备 60 万元。预计尚可使用年限为 2 年，预计净残值为零，采用直线法按月摊销。不考虑其他因素,20×1年1月末甲公司对该项特许使用权应计提摊销额为( )万元。

    A. 12.5   B. 15   C. 37.5   D. 40

    8. 20×1年12月31日,甲公司某项无形资产的原价为120万元,已摊销42万元,未计提减值准备,当日,甲公司对该无形资产进行减值测试,无形资产可收回金额为60万元,20×1年12月31日,甲公司应为该无形资产计提的减值准备为( )万元。

    A. 18   B. 23   C. 60   D. 65

    9. 20×1年1月1日,甲公司购入一项无形资产。该无形资产的实际成本为1 000万元,摊销年限为10年,采用直线法摊销。20×5年12月31日,该无形资产发生减值迹象,预计可收回金额为360万元。假设计提减值准备后,该无形资产原摊销年限和摊销方法不变。20×6年12月31日,该无形资产的账面价值为( )万元。

    A. 288   B. 72   C. 360   D. 500

二、多项选择题

    1. 无形资产属于资产,因而具有资产的一般特征。此外,作为无形资产,它还同时具有( )的特点。

    A. 不具有实物形态

    B. 属于非货币性长期资产

    C. 属于非货币性流动资产

    D. 在创造经济利益方面存在较大的不确定性

    E. 具有不可辨认性

    2. 下列各项中,不应确认为无形资产的有( )。

    A. 接受捐赠取得的非专利技术

    B. 相关硬件运行不可缺少的计算机软件

    C. 有偿取得的高速公路15年的收费权

    D. 已出租的土地使用权

    3. 下列各项中,影响无形资产摊销额的有( )。

    A. 无形资产成本   B. 无形资产残值

    C. 无形资产预计使用寿命   D. 无形资产摊销方法

    4. 下列有关无形资产会计处理的表述中,正确的有( )。

    A. 购入的土地使用权应确认为无形资产

    B. 内部研发项目研究阶段发生的支出不应确认为无形资产

    C. 无形资产均应确定预计使用年限并分期摊销

    D. 外购无形资产按支付的增值税计入取得成本

5. 20×1年1月1日,某企业购入一项专利技术,当日投入使用,初始入账价值为500万元,摊销年限为10年,采用直线法摊销。20×4年12月31日专利技术预计可收回金额为270万元。假定不考虑其他因素,20×4年12月31日关于该项专利技术的会计处理,结论正确的有(　　)。

A. 20×4年12月31日该项专利技术的账面价值为270万元

B. 20×4年度的摊销额为50万元

C. 20×4年度的摊销额为45万元

D. 20×4年12月31日该项专利技术的账面价值为300万元

6. 下列关于无形资产的表述中,正确的有(　　)。

A. 自达到预定用途的下月起开始摊销

B. 对使用寿命有限的无形资产,选择的摊销方法应当一致地运用于不同会计期间

C. 无法可靠确定与其有关的经济利益预期消耗方式的,应采用直线法进行摊销

D. 出租无形资产的租金收入计入利润表"营业收入"项目

三、判断题

1. 无形资产是指企业拥有或者控制的没有实物形态的可辨认非货币性资产。(　　)

2. 企业自行研发无形资产,研究阶段发生的支出计入管理费用,开发阶段的支出符合资本化条件的,计入无形资产成本。(　　)

3. 企业用于生产某种产品的、已确认为无形资产的非专利技术,其摊销金额应计入当期管理费用。(　　)

4. 企业对于无法合理确定使用寿命的无形资产,应将其成本在不超过10年的期限内摊销。(　　)

5. 企业自行开发无形资产发生的研发支出,对于不符合资本化条件的研发支出,直接借记"管理费用"账户。(　　)

6. 无形资产应当自取得的当月起,在合同规定的受益年限内平均摊销。(　　)

7. 企业为提升其商标知名度而投入的广告费应计入商标权成本。(　　)

8. 企业无论是转让无形资产的所有权还是使用权,均通过"其他业务收入"和"其他业务成本"账户核算。(　　)

四、业务核算题

【习题一】

(一)目的:练习无形资产取得的核算。

(二)资料:甲股份有限公司有关无形资产业务如下:

(1) 20×1年1月,甲公司以银行存款1 200万元购入一项土地使用权(不考虑相关

税费),该土地使用年限为30年。

(2) 20×1年6月,甲公司研发部门准备研究开发一项专有技术。在研究阶段,企业开展成果的应用研究、评价,以银行存款支付了相关费用800万元。

(3) 20×1年8月,上述专有技术研究成功,转入开发阶段。企业将研究成果应用于该项专有技术的设计,直接发生的研发人员工资、材料费,以及相关设备折旧费等分别为1 000万元、900万元和400万元,同时以银行存款支付了其他相关费用100万元。以上开发支出均满足无形资产的确认条件。

(4) 20×1年10月,上述专有技术的研究开发项目达到预定用途,形成无形资产。甲公司预计该专有技术的预计使用年限为10年。甲公司无法可靠确定与该专有技术有关的经济利益的预期消耗方式。

(三)要求:

(1) 编制甲公司20×1年1月购入该项土地使用权的会计分录。

(2) 编制甲公司20×1年研究开发专利权的有关会计分录。

(3) 计算甲公司专利权20×1年年末的账面摊余价值。

【习题二】

(一)目的:练习无形资产取得、摊销及出租核算。

(二)资料:甲公司(一般纳税企业)有关无形资产业务资料如下:

(1) 20×1年1月1日,购入一项用于产品生产的专利技术,支付买价350 000元,增值税额21 000元,直接归属于该项专利技术的其他支出10 000元,预计使用年限10年。

(2) 20×1年12月31日,计提无形资产摊销额。

(3) 20×2年7月1日,将专利技术使用权出租给乙公司,期限为1年,每半年收取租金及增值税额,20×2年年末收到租金21 200元(含6%增值税)。

(4) 20×2年6月30日、12月31日,分别计提无形资产摊销额。

(三)要求:编制以上各项经济业务的会计分录。

【习题三】

(一)目的:练习无形资产减值的核算。

(二)资料:

1. 20×1年1月1日,某电子有限公司以银行存款300万元购入一项专利权。该项无形资产的预计使用年限为10年,20×4年年末预计该项无形资产的可收回金额为100万元,尚可使用年限为5年。

2. 20×3年1月,该公司内部研发成功并可供使用非专利技术的无形资产账面价值为150万元,但无法预见这一非专利技术为企业带来未来经济利益期限,2019年年末预计其可收回金额为130万元,该企业按直线法摊销无形资产。

(三)要求:根据以上资料,计算20×4年计提无形资产减值准备和20×5年无形资产摊销额,并编制会计分录。

【习题四】

(一)目的:练习无形资产转让的核算。

(二)资料:甲股份有限公司 20×1~20×4 年无形资产业务有关的资料如下:

(1)20×1 年 12 月 1 日,以银行存款购入一项专利技术,支付买价 300 万元,增值税额 18 万元。该无形资产的预计使用年限为 10 年,采用直线法摊销该无形资产。

(2)20×3 年 12 月 31 日,对该无形资产进行减值测试时,其预计未来现金流量现值为 190 万元,公允价值减去处置费用后的金额为 180 万元。减值测试后该资产的使用年限不变。

(3)20×4 年 4 月 1 日,将该无形资产对外出售,售价 160 万元,增值税 9.6 万元,收存银行。

(三)要求:

(1)编制购入该无形资产的会计分录。

(2)计算 20×1 年 12 月 31 日无形资产的摊销金额。

(3)编制 20×1 年 12 月 31 日摊销无形资产的会计分录。

(4)计算 20×2 年 12 月 31 日该无形资产的账面价值。

(5)计算该无形资产 20×3 年年末计提的减值准备金额并编制会计分录。

(6)计算该无形资产出售形成的净损益。

(7)编制该无形资产出售的会计分录。

课程思政与案例

研发项目因故终止时已资本化的开发支出如何处理?

【案例背景】 A 公司为医药企业,同时开展多个新药研发项目,按项目分别进行核算。A 公司对研发支出的会计处理为:各项目研发阶段的支出在发生时计入当期损益,仅将其中满足五项资本化条件的开发阶段支出予以资本化。20×1 年,A 公司管理层对研发项目进行梳理,考虑市场前景和投入资源等因素,终止了部分在研项目,并将这些终止项目以前年度已资本化确认的开发支出全部转出并确认为当期研发费用。

【思考问题】 研发项目终止时,以前年度已资本化确认的开发支出能否计入当期研发费用?

【案例启示】 根据《企业会计准则第 6 号——无形资产》及其应用指南,企业内部研究开发项目研究阶段的支出,应当于发生时计入当期损益,开发阶段满足资本化五项条件的支出确认为无形资产。无形资产的减值应当按照《企业会计准则第 8 号——资产减值》处理。

本案例中,首先,A公司需判断以前年度已资本化的开发支出是否满足无形资产准则规定的五项条件。如果以前年度未满足资本化条件,则以前年度确认开发支出的会计处理存在差错,应按照《企业会计准则第28号——会计政策、会计估计变更和差错更正》的相关规定进行差错更正处理。

其次,如果A公司以前年度资本化的会计处理不存在差错,则应按照无形资产后续计量的相关规定考虑。对于尚未达到可使用状态的无形资产,由于其价值通常具有较大的不确定性,应每年进行减值测试。因此,A公司应进一步判断以前年度计提的减值是否充分。项目终止的决定虽然在20×1年做出的,但若以前年度已经发生减值,则应按照会计差错更正追溯调整以前年度对开发支出计提的减值,相关损失计入"资产减值损失"项目。

如果以前年度资本化和减值的会计处理均不存在差错,20×1年A公司决定终止部分在研项目很可能表明这些项目在20×1年发生了减值,相关损失同样应计入当期资产减值损失而非转出后计入研发费用。

综上所述,A公司以前年度已资本化的开发支出,不属于当年度所发生的开发阶段支出,计入当期研发费用是不恰当的。

第七章 金融资产与长期股权投资

学习目标

了解金融资产的概念、内容及分类；

熟悉以摊余成本计量的金融资产的确认；

熟悉以公允价值计量且其变动计入其他综合收益的金融资产的确认；

熟悉以公允价值计量且其变动计入当期损益的金融资产的确认；

掌握以摊余成本计量的金融资产的计量与账务处理；

掌握以公允价值计量且其变动计入其他综合收益的金融资产的计量与账务处理；

掌握以公允价值计量且其变动计入当期损益的金融资产的计量与账务处理；

掌握企业合并形成的长期股权投资初始成本的计量；

掌握长期股权投资的成本法与权益法的会计处理。

第一节 以摊余成本计量的金融资产

金融资产是指企业持有的现金、其他方的权益工具以及从其他方收取现金或其他金融资产的合同权利，以及在潜在有利条件下，与其他方交换金融资产或金融负债的合同权利等。金融资产主要包括库存现金、银行存款、应收账款、应收票据、贷款、其他应收款、应收利息、债权投资、股权投资、基金投资和衍生金融资产等。本章主要介绍企业因债权投资、股权投资形成的金融资产与长期股权投资的确认与计量问题。

企业应当根据其管理金融资产的业务模式和金融资产的合同现金流量特征，将金融资产划分为以摊余成本计量的金融资产、以公允价值计量且其变动计入其他综合收益的金融资产、以公允价值计量且其变动计入当期损益的金融资产。

一、以摊余成本计量的金融资产的确认

金融资产同时符合下列条件的，应当分类为以摊余成本计量的金融资产：① 企业管

理该金融资产的业务模式是以收取合同现金流量为目标。② 该金融资产的合同条款规定,在特定日期产生的现金流量,仅为对本金和以未偿付本金金额为基础的利息的支付。例如,企业正常商业往来形成的具有一定信用期限的应收账款,如果企业拟根据应收账款的合同现金流量收取现金,且不打算提前处置应收账款,则该应收账款可以分类为以摊余成本计量的金融资产;又如,普通债券的合同现金流量是到期收回本金及按约定利率在合同期间按时收取固定或浮动利息。在没有其他特殊安排的情况下,普通债券通常可能符合本金加利息的合同现金流量特征。如果企业管理该债券的业务模式是以收取合同现金流量为目标,则该债券可以分类为以摊余成本计量的金融资产。本节介绍以摊余成本计量的债权投资。

二、以摊余成本计量的金融资产的初始计量

以摊余成本计量的金融资产取得时,以实际支付的价款计量,包括取得时的公允价值,以及发生的相关交易费用。其中交易费用包括支付给代理机构、咨询公司、券商等的手续费和佣金,以及其他必要支出。企业取得该项资产的公允价值中若包含了已到付息期但尚未领取的债券利息,应单独确认为应收项目,不计入该项资产的初始金额。

企业应设置"债权投资"账户反映此类投资的增减变动,并设置"成本""利息调整""应计利息"等明细账户。"成本"明细账户反映该投资的面值;"利息调整"明细账户反映该投资的初始成本与面值的差额及其摊销额;"应计利息"明细账户反映到期一次付息方式下计算确定的各期应收未收利息。

【例 7-1】 20×1 年 1 月 1 日,甲公司以 1 060 000 元的价格(括买价和交易费用)购入乙公司面值为 1 000 000 元、3 年期、10% 利率的公司债券。该债券每年年末付息,到期偿还本金。甲公司将其确认为以摊余成本计量的金融资产。购入债券时,甲公司应编制会计分录如下:

借:债权投资——成本	1 000 000	
债权投资——利息调整	60 000	
贷:银行存款		1 060 000

三、以摊余成本计量的金融资产的后续计量

以摊余成本计量的金融资产采用实际利率法按摊余成本进行后续计量。所谓摊余成本,是指该项投资在初始确认金额的基础上加上或减去采用实际利率法将该初始确认金额与到期日金额之间的差额进行摊销形成的累计摊销额。

债权投资通常是企业购入的公司债券。由于债券票面利率高于或低于市场利率,公司债券价格就会高于或低于债券面值,即债券溢价或折价。对债券投资者来说,溢价是

以后各期多得利息收入而预先付出的代价;债券折价则是以后各期少收利息而预先得到的补偿。因此,债券的溢价或折价主要起着平衡债券发行公司和投资公司利息水平的作用,使双方最终都能按市场利率公平合理地支付利息费用和取得利息收入。所以,债券溢价或折价实际上是债券利息调整。交易费用也是为以后各期取得利息付出的代价,因此,也是债券利息调整的内容。

债权投资的利息收入按照实际利率法确定。所谓实际利率法,是指按照金融资产或负债的实际利率计算其摊余成本及各期利息收入或利息费用的方法。

【例 7 - 2】　承[例 7 - 1],甲公司持有债券的现值为 1 060 000 元,经计算确定该项投资的实际利率为 7.6889%。根据这一结果,可以为甲公司编制债券投资摊余成本计算表,如表 7 - 1 所示。

表 7 - 1　债券投资摊余成本计算表

项　　目	应收利息	利息收入	溢价摊销	摊余成本
	①=面值×票面利率	②=上一期④×实际利率	③=①-②	④=上一期④-③
20×1 年 1 月 1 日				1 060 000
20×1 年 12 月 31 日	100 000	81 502	18 498	1 041 502
20×2 年 12 月 31 日	100 000	80 080	19 920	1 021 582
20×3 年 12 月 31 日	100 000	78 418	21 582	1 000 000

注:最后一期考虑计算中出现金的尾差。

溢价或折价的摊销应与确认相关债券利息收入同时进行。溢价摊销时,调整较高的票面利息收入,并逐期减少"债权投资"摊余成本,至到期收回本金时,溢价额已摊销完毕,"债权投资"的摊余成本恰好等于债券面值。相反,折价摊销额逐期增加"债权投资"摊余成本,至到期收回本金时,"债权投资"的摊余价值也恰好等于债券面值。

资产负债表日,应按票面利率计算确定的应收未收利息,区分分期付息还是到期一次付息,分别借记"应收利息"或债权投资——应计利息"账户;按债权投资摊余成本和实际利率计算确定的利息收入,贷记"投资收益"账户;按其差额,借记或贷记"债权投资——利息调整"账户。

【例 7 - 3】　承[例 7 - 1],各年年末甲公司根据债券投资摊余成本计算表编制会计分录如下:

(1) 20×1 年 12 月 31 日,计算应收利息和确认实际利息收入:

借:应收利息　　　　　　　　　　　　　　　　　　　　　　　　100 000
　　贷:投资收益　　　　　　　　　　　　　　　　　　　　　　　81 502
　　　　债权投资——利息调整　　　　　　　　　　　　　　　　18 498

借：银行存款   100 000

  贷：应收利息   100 000

（2）20×2 年 12 月 31 日，计算应收利息和确认实际利息收入：

借：应收利息   100 000

  贷：投资收益   80 080

   债权投资——利息调整   19 920

借：银行存款   100 000

  贷：应收利息   100 000

（3）20×3 年 12 月 31 日，计算应收利息和确认实际利息收入：

借：应收利息   100 000

  贷：投资收益   78 418

   债权投资——利息调整   21 582

借：银行存款   100 000

  贷：应收利息   100 000

（4）20×3 年 12 月 31 日，收到债券本金及利息时：

借：银行存款   1 100 000

  贷：债权投资——成本   1 000 000

   应收利息   100 000

四、以摊余成本计量的金融资产的减值

在资产负债表日，企业应当采用预期信用损失模型对以摊余成本计量的金融资产进行减值测试，将该金融资产的账面价值与预计收取的现金流量现值进行比较，若前者高于后者，两者之间的差额确认为减值损失，计入当期损益，借记"信用减值损失"账户，贷记"债权投资减值准备"账户。

第二节　以公允价值计量且其变动计入
其他综合收益的金融资产

金融资产同时符合下列条件的，应当分类为以公允价值计量且其变动计入其他综合收益的金融资产：①企业管理该金融资产的业务模式，既以收取合同现金流量为目标，又以出售该金融资产为目标。②该金融资产的合同条款规定，在特定日期产生的现金流量，仅为对本金和以未偿付本金金额为基础的利息的支付。对于企业持有的债券，如果企业管理该债券的业务模式，既以收取合同现金流量为目标，又以出售该债券

为目标,则该债券应当分类为以公允价值计量且其变动计入其他综合收益的金融资产。

初始确认时,对于单项非交易性权益工具投资,企业可将其指定为以公允价值计量且其变动计入其他综合收益的金融资产,其公允价值的后续变动计入其他综合收益。除了获得的股利收入(明确作为投资成本部分收回的股利收入除外)计入当期损益外,其他相关的利得和损失(包括汇兑损益)均应当计入其他综合收益,且后续不得转入损益。当金融资产终止确认时,之前计入其他综合收益的累计利得或损失应当从其他综合收益中转出,计入留存收益。

一、以公允价值计量且其变动计入其他综合收益的金融资产的初始计量

以公允价值计量且其变动计入其他综合收益的金融资产取得时,以实际支付的价款计量,包括取得时的公允价值,以及取得时发生的相关交易费用。企业取得该项资产的公允价值中若包含了已到付息期但尚未领取的债券利息或已宣告但尚未发放的现金股利,应单独确认为应收项目,不计入该项资产的初始金额。

对于以公允价值计量且其变动计入其他综合收益的债券投资,企业应设置"其他债权投资"账户反映此类投资的增减变动,并设置"成本""利息调整""应计利息""公允价值变动"明细账户。企业取得的以公允价值计量且其变动计入其他综合收益的债券投资,应按该投资的面值,借记"其他债权投资——成本"账户,按支付的价款中包含的已到付息期但尚未领取的利息,借记"应收利息"账户;按实际支付的金额,贷记"银行存款"等账户;按其差额,借记或贷记"其他债权投资——利息调整"账户。

对于以公允价值计量且其变动计入其他综合收益的非交易性权益工具投资,企业应设置"其他权益工具投资"账户反映此类投资的增减变动,并设置"成本""公允价值变动"明细账户。企业取得的以公允价值计量且其变动计入其他综合收益的权益工具投资,应按该投资的成本,借记"其他权益工具投资——成本"账户,按支付的价款中包含的已宣告但尚未领取的现金股利,借记"应收股利"账户;按实际支付的金额,贷记"银行存款"等账户。

【例7-4】　20×1年8月20日,甲公司购入乙公司股票20 000股进行投资,甲公司将该项投资划归为以公允价值计量且其变动计入其他综合收益的金融资产。乙公司股票当日市价为每股12.6元,每股含有已宣告但尚未领取的现金股利0.2元。甲公司取得该项投资时应编制会计分录如下:

借:其他权益工具投资——成本	248 000
应收股利	4 000
贷:银行存款	252 000

二、以公允价值计量且其变动计入其他综合收益的金融资产的后续计量

（一）以公允价值计量且其变动计入其他综合收益金融资产的利息、现金股利处理

以公允价值计量且其变动计入其他综合收益的债券投资，资产负债表日按票面利率计算确定的应收未收利息，区分分期付息还是到期一次付息，分别借记"应收利息"或"其他债权投资——应计利息"账户；按其摊余成本和实际利率计算确定的利息收入，贷记"投资收益"账户；按其差额，借记或贷记"其他债权投资——利息调整"账户。

以公允价值计量且其变动计入其他综合收益的权益工具投资，持有期间被投资单位宣告分派的现金股利，按应享有的份额，借记"应收股利"账户，贷记"投资收益"账户。收到该项投资的现金股利，借记"银行存款"等账户，贷记"应收股利"账户。

（二）资产负债表日以公允价值计量且其变动计入其他综合收益的金融资产的计量

资产负债表日，企业应将金融资产的公允价值与其账面价值进行比较，如金融资产的公允价值高于其账面价值，按差额分别借记"其他债权投资——公允价值变动""其他权益工具投资——公允价值变动"账户，贷记"其他综合收益"账户；如公允价值低于其账面价值，按差额，作相反的账务处理。

【例 7-5】　承[例 7-4]，假设 20×1 年 12 月 31 日，甲公司持有的乙公司股票每股市价为 13 元，公允价值上升 12 000 元，则该项金融资产公允价值变动调整的会计分录如下：

借：其他权益工具投资——公允价值变动　　　　　　　　　　12 000
　　贷：其他综合收益　　　　　　　　　　　　　　　　　　　　　12 000

三、以公允价值计量且其变动计入其他综合收益的金融资产的处置

以公允价值计量且其变动计入其他综合收益的债券投资处置时，按出售实际收到的金额，借记"银行存款"账户，按其账面余额，贷记"其他债权投资——成本"账户，贷记或借记"其他债权投资——利息调整""其他债权投资——公允价值变动"账户，按其差额，借或贷记"投资收益"账户。同时，将原已计入其他综合收益的累计利得或损失应从"其他综合收益"账户转入"投资收益"账户。

以公允价值计量且其变动计入其他综合收益的权益工具投资处置时，应先确认从上一会计期末至终止日的公允价值变动，并计入其他综合收益；再按出售实际收到的金额，借记"银行存款"账户，按其账面余额，贷记"其他权益工具投资——成本""其他权益工具投资——公允价值变动"账户，按其差额，借或贷记"盈余公积""利润分配——未分配利润"等账户，处置时不确认投资收益。

【例 7-6】　承[例 7-5]，假设 20×2 年 3 月 20 日，乙公司股票每股市价为 13.10 元。

甲公司当日将持有的乙公司股票全部出售,收到价款 262 000 元,该企业按净利润的
10%提取盈余公积。则转让出售时的会计分录如下:

```
借:其他权益工具投资——公允价值变动                              2 000
    贷:其他综合收益                                           2 000
借:银行存款                                              262 000
    贷:其他权益工具投资——成本                                248 000
                  ——公允价值变动                          14 000
借:其他综合收益                                          14 000
    贷:盈余公积(14 000×10%)                               1 400
        利润分配——未分配利润(14 000×90%)                  12 600
```

四、以公允价值计量且其变动计入其他综合收益的债券投资的减值

在资产负债表日,企业应当对以公允价值计量且其变动计入其他综合收益的债券投资进行减值测试,将该金融资产的账面价值与预计未来现金流量现值进行比较,若发生减的,企业应当在其他综合收益中确认其损失准备,计入当期损益。应按减记的金额,借记"信用减值损失"账户,贷记"其他综合收益——信用减值准备"账户。

以公允价值计量且其变动计入其他综合收益的权益工具投资,资产负债表日不涉及计提减值准备的问题。

五、以公允价值计量且其变动计入其他综合收益的债券投资账务处理举例

【例 7 - 7】　20×1 年 1 月 2 日,甲企业购入 B 企业 20×1 年 1 月 1 日发行的 5 年期分期付息公司债券,票面利率 6%,实际利率为 7.103%。债券面值 2 000 万元,甲企业支付价款 1 900 万元,另支付交易费用 10 万元。甲企业购入债券时,将该债券投资划分为以公允价值计量且其变动计入其他综合收益的金融资产。假定该债券每年年末支付利息,到期还本并支付最后一期利息。甲企业按年计算债券利息。该债券 20×1 年年末公允价值为 1 930 万元,20×2 年年末公允价值为 1 950 万元。20×3 年 1 月 6 日,将该债券全部出售,取得的出售价款 1 990 万元。

(1)甲企业购入该债券时,编制的会计分录如下:

$$该债券投资的初始成本=1\,910(万元)$$
$$该债券投资的利息调整(折价)=2\,000-1\,910=90(万元)$$

```
借:其他债权投资——成本                                   20 000 000
    贷:其他债权投资——利息调整                                900 000
        银行存款                                        19 100 000
```

(2)该债券投资计息、确认利息收益以及公允价值变动额计算,如表 7 - 2 所示。

表 7-2　债券投资摊余成本及公允价值变动额计算表　　　　　　单位：元

项　目	应收利息	利息收入	折价摊销	摊余成本	公允价值	公允价值变动额	公允价值变动累计金额
	①=面值×票面利率	②=上一期④×实际利率	③=②-①	④=上一期④+③	⑤	⑥=⑤-④-期初⑦	⑦=期初⑦+⑥
20×1.12.1				19 100 000	19 100 000	0	0
20×1.12.31	1 200 000	1 356 673	156 673	19 256 673	19 300 000	43 327	43 327
20×2.12.31	1 200 000	1 367 801	167 801	19 424 474	19 500 000	32 199	75 526
20×3.12.31	1 200 000	1 379 720	179 720	19 604 194			
20×4.12.31	1 200 000	1 392 486	192 486	19 796 680			
20×5.12.31	1 200 000	1 403 320	203 320	2 000 000			
合　计	6 000 000	6 900 000	900 000				

（3）20×1 年年末编制的会计分录如下：

计算应收利息和确认利息收入时：

20×1 年 12 月 31 日，计算利息时：

借：应收利息　　　　　　　　　　　　　　　　　　　　　　1 200 000

　　其他债权投资——利息调整　　　　　　　　　　　　　　　156 673

　　　贷：投资收益（1 910×7.103%）　　　　　　　　　　　　　　1 356 673

20×1 年 12 月 31 日，确认公允价值变动额时：

　　　　　　该债券公允价值＝19 300 000（元）

　　　　　　该债券摊余成本＝19 100 000＋156 673＝19 256 673（元）

　　　　　　该债券公允价值变动额＝19 300 000－19 256 673＝43 327（元）

借：其他债权投资——公允价值变动　　　　　　　　　　　　43 327

　　　贷：其他综合收益　　　　　　　　　　　　　　　　　　　43 327

20×1 年 12 月 31 日，收到利息时：

借：银行存款　　　　　　　　　　　　　　　　　　　　　　1 200 000

　　　贷：应收利息　　　　　　　　　　　　　　　　　　　　　1 200 000

（4）20×2 年：

20×2 年 12 月 31 日，计算利息和确认利息收入时：

借：应收利息　　　　　　　　　　　　　　　　　　　　　　1 200 000

　　其他债权投资——利息调整　　　　　　　　　　　　　　　167 801

　　　贷：投资收益（19 256 673×7.103%）　　　　　　　　　　　1 367 801

20×2 年 12 月 31 日,确认公允价值变动额时:

该债券公允价值＝19 500 000(元)

该债券摊余成本＝19 256 673＋167 801＝19 424 474(元)

该债券公允价值变动额＝19 500 000－(19 424 474＋43 327)＝32 199(元)

借:其他债权投资——公允价值变动　　　　　　　　　　　　　　32 199

　　贷:其他综合收益　　　　　　　　　　　　　　　　　　　　　　　32 199

20×2 年 12 月 31 日,收到利息时:

借:银行存款　　　　　　　　　　　　　　　　　　　　　　　　1 200 000

　　贷:应收利息　　　　　　　　　　　　　　　　　　　　　　　　1 200 000

(3) 20×3 年 1 月 6 日,出售时:

公允价值变动累计变动金额＝43 327＋32 199＝75 526(元)

借:银行存款　　　　　　　　　　　　　　　　　　　　　　　19 900 000

　　其他债权投资——利息调整　　　　　　　　　　　　　　　　　575 526

　　贷:其他债权投资——成本　　　　　　　　　　　　　　　　20 000 000

　　　　　　　　　　——公允价值变动　　　　　　　　　　　　　75 526

　　　投资收益　　　　　　　　　　　　　　　　　　　　　　　　400 000

借:其他综合收益　　　　　　　　　　　　　　　　　　　　　　　75 526

　　贷:投资收益　　　　　　　　　　　　　　　　　　　　　　　　75 526

第三节　以公允价值计量且其变动计入当期损益的金融资产

　　企业分类为以摊余成本计量的金融资产和以公允价值计量且其变动计入其他综合收益的金融资产之外的金融资产,应当分类为以公允价值计量且其变动计入当期损益的金融资产。例如,股票、基金、可转换债券通常应当分类为以公允价值计量且其变动计入当期损益的金融资产。

一、以公允价值计量且其变动计入当期损益的金融资产的初始计量

　　以公允价值计量且其变动计入当期损益的金融资产,取得时以公允价值计量。相关交易费用应当直接计入当期损益(投资收益的借方)。企业取得该项资产的公允价值中若包含了已到付息期但尚未领取的债券利息或已宣告但尚未发放的现金股利,应单独确认为应收项目,不计入该项资产的初始金额。

　　对于以公允价值计量且其变动计入当期损益的金融资产,企业应当设置"交易性金融资产"账户反映该项投资的增减变动。企业取得该项金融资产时,按其公允价值,借记

"交易性金融资产——成本"账户,按发生的交易费用,借记"投资收益"账户,按已到付息期但尚未领取的利息或已宣告但尚未发放的现金股利,借记"应收利息"或"应收股利"账户,按实际支付的金额,贷记"银行存款"等账户。

【例7-8】 20×1年12月10日,甲公司购入乙公司的流通股票10 000股,每股市价4.5元。在交易时发生相关交易费用300元。上述款项甲公司均用银行存款付讫。该公司将其分类为以公允价值计量且其变动计入当期损益的金融资产。

借:交易性金融资产——成本	45 000
投资收益	300
贷:银行存款	45 300

二、以公允价值计量且其变动计入当期损益的金融资产的后续计量

以公允价值计量且其变动计入当期损益的金融资产,按其公允价值后续计量,以公允价值计量且其变动计入当期损益的金融资产的公允价值高于其账面价值的差额,借记"交易性金融资产——公允价值变动"账户,贷记"公允价值变动损益"账户;公允价值低于其账面价值的差额做相反的会计处理。

【例7-9】 承[例7-8],假定甲公司持有的乙公司股票在20×1年年末的市价为每股5.2元,则甲企业应编制会计分录如下:

借:交易性金融资产——公允价值变动	7 000
贷:公允价值变动损益	7 000

以公允价值计量且其变动计入当期损益的金融资产持有期间,被投资单位宣告发放的现金股利,或在资产负债表日按分期付息、一次还本债券投资的票面利率计算的利息,借记"应收股利"或"应收利息"账户,贷记"投资收益"账户。

以公允价值计量且其变动计入当期损益的金融资产,资产负债表日不涉及对其计提减值准备的问题。

三、以公允价值计量且其变动计入当期损益的金融资产的处置

企业可能因需要现金或捕捉获利机会而将以公允价值计量且其变动计入当期损益的金融资产抛售变现,其售出的净收入(售价减去佣金、税金等附带费用)与账面价值的差额,即为出售投资的损益。企业将以公允价值计量且其变动计入当期损益的金融资产出售时,应按实际收到的金额,借记"银行存款"等账户;按该金融资产投资的账面余额,贷记"交易性金融资产——成本"账户,贷记或借记"交易性金融资产——公允价值变动"账户;按其差额,贷记或借记"投资收益"账户。

【例7-10】 承[例7-9],假设20×2年1月15日,甲公司将所持有股票全部出售,在扣除相关费用后,甲公司收到了银行存款56 000元存入银行。对此项业务,甲公司应

编制会计分录如下：

借：银行存款		56 000
贷：交易性金融资产——成本		45 000
交易性金融资产——公允价值变动		7 000
投资收益		4 000

第四节 长期股权投资

长期股权投资是指长期持有某公司股权的权益性投资。长期股权投资依据对被投资单位产生的影响，分为以下三种类型：① 企业持有的能够对被投资单位实施控制的权益性投资，即对子公司投资。② 企业持有的能够与其他合营方一同对被投资单位实施共同控制的权益性投资，即对合营企业投资。③ 企业持有的能够对被投资单位施加重大影响的权益性投资，即对联营企业投资。上述情况的权益性投资，应按《企业会计准则第2号——长期股权投资》的规定处理。

一、长期股权投资初始成本的确定

（一）企业合并形成的长期股权投资的初始计量

企业合并是指将两个或两个以上单独的企业合并形成一个报告主体的交易或事项。按照合并所涉及的法律形式，可以将企业合并区分为兼并、新设合并和控股合并三种。其中，前两种合并下，被并企业的法律地位不复存在，本节所言的长期股权投资，是指其中第三种类型的合并（控股合并）。

按照合并中各企业之间的关系，可以将企业合并分为同一控制下的企业合并和非同一控制下的企业合并。

1. 同一控制下的企业合并，长期股权投资初始成本的计量

参与合并的各方在合并前后均受同一方最终控制且该控制并非暂时性，即为同一控制下的企业合并。

由于同一控制下的企业合并从最终控制方的角度来看，其所能支配和运用的经济资源是不变的，因此，应当以合并日被合并方所有者权益在最终控制方合并财务报表中的账面价值份额作为长期股权的初始投资成本。合并方如以支付现金、转让非现金资产或承担债务方式作为合并对价，所支付的对价与该项初始投资成本的差额，应当调整资本公积（资本溢价或股本溢价），资本公积不足冲减的，调整留存收益。

【例7-11】 P公司和S公司均为甲公司的子公司。P公司于20×1年4月1日，以银行存款1 500万元购入了S公司80%的股份，当日S公司在最终控制方合并报表中所有者权益的账面价值为1 000万元。合并日，P公司应编制会计分录如下（假设P公司有

足够的资本公积可供冲减）：

借：长期股权投资 8 000 000
　　资本公积——资本溢价 7 000 000
　　贷：银行存款 15 000 000

2. 非同一控制下的企业合并，长期股权投资初始成本的计量

参与合并的各方在合并前后不受同一方最终控制的，即为非同一控制下的企业合并。

由于非同一控制下的企业被认为是一种公平交易，公允价值较为客观可靠，因此，非同一控制下的企业合并，其长期股权投资的初始投资成本，应当以合并日购买方为取得对被购买方的控制权而付出的资产、发生或承担的负债以及发行的权益性证券的公允价值入账。

此外，购买方为进行企业合并发生的相关费用，如审计、法律服务、评估咨询等中介费用，应于发生时计入当期损益，不计入长期股权投资的初始成本。

【例 7-12】 丁公司与 A 公司（A 公司原投资者为丙公司）属于不同的企业集团，两者之间不存在关联关系。20×1 年 1 月 1 日，丁公司以固定资产作为对价取得 A 公司的 100％股权（保留 A 公司法人资格），该项固定资产原值 3 000 万元，已提折旧 500 万元，公允价值 2 800 万元，A 公司支付固定资产清理费用 10 万元，支付资产评估费用 20 万元。购买日，A 公司应编制会计分录如下：（假设不考虑增值税）

借：长期股权投资 28 000 000
　　贷：固定资产清理 28 000 000
借：固定资产清理 25 100 000
　　累计折旧 5 000 000
　　贷：固定资产 30 000 000
　　　　银行存款 100 000
借：固定资产清理 2 900 000
　　贷：资产处置损益 2 900 000
借：管理费用 200 000
　　贷：银行存款 200 000

（二）企业合并之外形成的长期股权投资的初始计量

除企业合并之外，企业还可通过其他方式形成长期股权投资。通过其他方式取得的长期股权投资，其初始投资成本的确定原则如下：

（1）以支付现金取得的长期股权投资，应当按照实际支付的购买价款作为初始投资成本。初始投资成本包括与取得长期股权投资直接相关的费用、税金及其他必要支出，如交易佣金、手续费等。

（2）以发行权益性证券取得的长期股权投资，应当按照发行权益证券的公允价值作为初始投资成本。发行权益性证券的佣金、手续费等费用，应当冲减资本公积——股本溢价。

（3）投资者投入的长期股权投资，应当按照投资合同或协议约定的价值作为初始投资成本。

【例 7 - 13】 20×1 年 3 月，A 公司通过增发 9 000 万股（每股面值 1 元）自身普通股取得 B 公司 20%的股权，对 B 公司具有重大影响。A 公司发行的普通股公允价值为 15 600 万元。为增发股份，A 公司支付了 600 万元的发行股票佣金和手续费。A 公司取得投资时的会计处理如下：

借：长期股权投资		156 000 000
贷：股本		90 000 000
资本公积——股本溢价		66 000 000
借：资本公积——股本溢价		6 000 000
贷：银行存款		6 000 000

二、长期股权投资的后续计量

长期股权投资在持有期间，根据投资企业对被投资单位的影响程度等情况的不同，应当分别采用成本法和权益法进行核算。

（一）长期股权投资的成本法

1. 成本法的适用范围

成本法是企业在取得长期股权投资时，按长期股权投资的成本入账。在投资持有期间，"长期股权投资"账户以成本反映的投资金额始终保持不变。因股权投资取得的股利作为投资收益而不影响投资账户的账面价值，被投资企业实现利润，导致了企业期末净资产价值的增加，或发生了亏损导致了净资产价值的减少，不影响投资企业的"长期股权投资"账户所反映的成本金额。按长期股权投资准则规定，企业持有的能够对被投资单位实施控制的长期股权投资，即对子公司的长期股权投资，采用成本法进行核算，编制合并报表时再按权益法进行调整。

2. 成本法的账务处理

采用成本法核算的长期股权投资，初始投资或追加投资时，按照初始投资或追加投资的成本增加长期股权投资的账面价值。被投资单位宣告分派的现金股利或利润，投资企业按应享有的部分确认为当期投资收益。

【例 7 - 14】 甲公司于 20×1 年 1 月 1 日支付 600 万元，取得乙公司 60%的股权，能够对乙公司实施控制（假设甲与乙为非同一控制）。20×2 年 4 月 10 日，乙公司宣告以 20×1 年实现的净利润分派现金股利 100 万元。乙公司于 20×2 年 6 月 12 日实际分派现金股利。甲公司应编制会计分录如下：

（1）20×1 年 1 月 1 日，投资时：

```
借：长期股权投资——乙公司                                              6 000 000
    贷：银行存款                                                                6 000 000
```

（2）20×2 年 4 月 10 日，乙公司宣告分派股利时：

```
借：应收股利                                                     600 000
    贷：投资收益                                                        600 000
```

（3）20×2 年 6 月 12 日，乙公司分派现金股利时：

```
借：银行存款                                                     600 000
    贷：应收股利                                                        600 000
```

（二）权益法

1. 权益法的适用范围

权益法是指长期股权投资最初以初始投资成本计价，以后根据投资企业享有被投资单位所有者权益份额的变动对长期股权投资的账面价值进行调整的方法。长期股权投资准则规定，投资企业对被投资单位具有共同控制（即合营企业）或重大影响（即联营企业）的长期股权投资，应当采用权益法核算。

2. 权益法的账务处理

权益法核算的特点是，在长期股权投资账面反映应享有的被投资单位可辨认净资产公允价值。这种方法一般的核算程序为：

（1）取得投资时的账务处理。初始投资或追加投资时，按照初始投资成本或追加投资成本，增加长期股权投资的账面价值。

按初始投资成本入账后，还需比较初始投资成本与投资时应享有被投资单位可辨认净资产公允价值的份额。如果初始投资成本小于应享有的被投资单位可辨认净资产公允价值份额的，两者之间的差额体现为双方在交易作价过程中转让方的让步，该部分经济利益流入计入取得投资当期的营业外收入，同时调整增加长期股权投资的账面价值。

如果初始投资成本大于取得投资时应享有的被投资单位可辨认净资产公允价值份额，该部分差额是投资企业在取得投资过程中通过作价体现出的与取得股权份额相对应的商誉及不符合确认条件的资产价值，这种情况下不要求对长期股权投资的成本进行调整。

【例 7-15】 20×1 年 1 月 1 日 A 公司支付 2 000 万元取得 B 公司 30％的股权，取得投资时被投资单位可辨认净资产的公允价值为 6 000 万元。假设 A 公司能够对 B 公司施加重大影响，则 A 公司应编制的会计分录如下：

```
借：长期股权投资——B公司（投资成本）                              20 000 000
    贷：银行存款                                                        20 000 000
```

注：取得的 B 公司可辨认净资产公允价值份额为 1 800 万元（6 000×30％），取得成本为 2 000 万元，多支付的 200 万元为商誉，仍保留在长期股权投资的余额中。

假设投资时，B 公司可辨认净资产的公允价值为 7 000 万元，则 A 公司应编制会计分录如下：

借：长期股权投资——B公司（投资成本）　　　　　　　　20 000 000
　　贷：银行存款　　　　　　　　　　　　　　　　　　　　20 000 000
借：长期股权投资——B公司（投资成本）　　　　　　　　1 000 000
　　贷：营业外收入　　　　　　　　　　　　　　　　　　　1 000 000

注：取得的B公司可辨认净资产公允价值份额为2 100万元（7 000×30%），取得成本为2 000万元，少支付的100万元视同接受捐赠，计入营业外收入。

（2）持有投资期间的账务处理。

第一，根据被投资单位实现的净损益对投资企业长期股权投资账面价值的调整。在权益法下，被投资单位当年实现的净利润或净亏损均影响所有者权益的变动，因此，投资企业长期股权投资的账面价值需要作相应调整，具体会计处理如下：

投资后，被投资单位当年实现的净利润或发生的净亏损，投资企业应按所持表决权资本的比例计算应享有或承担的损益份额，增加或减少长期股权投资账面价值，同时确认为当期投资损益。根据应享有的利润份额，借记"长期股权投资——损益调整"账户，贷记"投资收益"账户。根据应分担的亏损份额，作相反的账务处理。

根据被投资单位实现的净损益对投资企业长期股权投资账面价值进行调整时，应注意以下问题：

其一，投资企业按所持表决权资本比例确认应享有被投资单位实现的净利润时，不应包括法规或公司章程规定不属于投资企业的净利润。

其二，投资企业按投资比例确认被投资单位发生的净损失时，应该以长期股权投资账面价值及其他实质上对被投资单位净投资的长期权益减至零为限。被投资单位以后期间如实现盈利，投资企业应在计算的收益分享额超过未确认的亏损分担额以后，按超过未确认的亏损分担额，恢复长期股权投资的账面价值，确认投资收益。

其三，投资企业在确认应享有被投资单位净损益的份额时，应当以取得投资时被投资单位各项可辨认净资产等的公允价值为基础，对被投资单位的净利润进行调整后确认。如果无法可靠确定投资时被投资单位各项可辨认资产等的公允价值，或者投资时被投资单位可辨认资产等的公允价值与其账面价值之间的差额较小，以及其他原因导致无法对被投资单位净损益进行调整，可以按照被投资单位的账面净损益与持股比例计算确认投资收益，但应在附注中说明这一事实及其原因。

【例7-16】　甲公司20×1年1月5日购入乙公司发行的股票500万股，占乙公司30%股权，对乙公司具有重大影响。每股买价6元，款项以银行存款支付，20×1年1月1日乙公司可辨认净资产公允价值与账面价值相同，均为100 000 000元。

乙公司20×1年实现净利润8 000 000元，20×2年发生亏损3 000 000元。甲公司按权益法对该项投资的有关会计处理如下：

（1）20×1年1月5日取得投资时：

借：长期股权投资——投资成本　　　　　　　　　　　　　　　　　30 000 000
　　贷：银行存款　　　　　　　　　　　　　　　　　　　　　　　　　30 000 000

由于取得投资时,投资成本与被投资单位可辨认净资产公允价值份额相同,均为3 000万元,所以,不存在投资差额。

(2)根据乙公司20×1年实现净利润,确认投资收益时：

借：长期股权投资——损益调整　　　　　　　　　　　　　　　　　2 400 000
　　贷：投资收益　　　　　　　　　　　　　　　　　　　　　　　　　2 400 000

(3)根据乙公司20×2年发生亏损,确认投资损失时：

借：投资收益　　　　　　　　　　　　　　　　　　　　　　　　　　900 000
　　贷：长期股权投资——损益调整　　　　　　　　　　　　　　　　　900 000

【例7-17】 甲公司于20×1年1月1日以银行存款1 000万元取得了乙公司25%股权,能够对乙公司的财务和经营政策施加重大影响。当日乙公司净资产公允价值为3 000万元。除表7-3中两项资产外,其他资产、负债的公允价值与账面价值相同。乙公司当年实现净利润1 000万元。

表7-3　乙公司资产账面价值、公允价值情况　　　　　　　　金额单位:元

项　目	账面原价	已提折旧	公允价值	备　注
存　货	8 000 000		11 000 000	先进先出法计价,均在本年出售
固定资产	21 000 000	4 000 000	24 000 000	剩余折旧年限期10年,直线法

根据上述业务,甲公司应编制会计分录如下：

(1)取得投资时：

借：长期股权投资——投资成本　　　　　　　　　　　　　　　　　10 000 000
　　贷：银行存款　　　　　　　　　　　　　　　　　　　　　　　　　10 000 000

初始投资成本大于取得投资时应享有被投资单位可辨认净资产公允价值份额,该部分差额视为商誉,不对长期股权投资的成本进行调整。

(2)根据乙公司账面净利润按权益法确认投资收益：

借：长期股权投资——损益调整　　　　　　　　　　　　　　　　　2 500 000
　　贷：投资收益　　　　　　　　　　　　　　　　　　　　　　　　　2 500 000

(3)按公允价值基础调整投资收益：

借：投资收益[(3 000 000+7 000 000÷10)×25%]　　　　　　　　925 000
　　贷：长期股权投资——损益调整　　　　　　　　　　　　　　　　　925 000

其中第(3)笔会计分录的本质是：如果乙公司以公允价值为基础编制利润表的话，那么当年净利润应当为630万元(1 000－300－700÷10)，甲公司按25%的份额确认的投资收益应当为157.5万元(630×25%)。上述第(2)与第(3)笔会计分录也可以合并为一个会计分录。

第二，根据被投资单位其他综合收益、资本公积的变动调整长期股权投资。被投资单位其他综合收益或资本公积发生变动的，投资方应当按照归属于本企业的部分，相应调整长期股权投资的账面价值，同时，增加或减少其他综合收益或资本公积。

【例7-18】　甲企业持有乙企业20%的股份，能够对乙企业施加重大影响。当期乙企业因持有的以公允价值计量且其变动计入其他综合收益的金融资产的公允价值变动金额为1 000万元，除该事项外，乙企业当期实现的净利润为5 000万元。假定甲企业与乙企业适用的会计政策、会计期间相同，投资时乙企业有关资产、负债的公允价值与其账面价值亦相同。

A企业在确认应享有被投资单位所有者权益的变动时，应编制会计分录如下：

借：长期股权投资——损益调整　　　　　　　　　　　　10 000 000
　　　　　　　　——其他综合收益　　　　　　　　　　　2 000 000
　　贷：投资收益　　　　　　　　　　　　　　　　　　　　　　10 000 000
　　　　其他综合收益　　　　　　　　　　　　　　　　　　　　　2 000 000

第三，取得现金股利或利润的账务处理。按照权益法核算的长期股权投资，自被投资单位分得的现金股利或利润，应冲减长期股权投资的账面价值。在被投资单位宣告分派现金股利或利润时，借记"应收股利"账户，贷记"长期股权投资(损益调整)"账户。

【例7-19】　A公司股本总额为1 000 000元，B公司于20×1年年初以300 000元投资于A公司，取得A公司30%的股份，投资成本与应享有A公司可辨认净资产公允价值份额相等，按投资比例，B公司对A公司的财务和经营政策有重要的影响。此外，B公司对A公司不负额外的担保责任和其他的财务承诺。自20×1至20×3年，A公司实现的净利润(净亏损)与分派现金股利，如表7-4所示。

表7-4　A公司各年净损益及分派股利情况　　　　　　　单位:元

年　　份	净利润(净亏损)	分派现金股利
20×1	200 000	
20×2	(1 200 000)	120 000(20×1年4月宣告分派)
20×3	600 000	

B公司购入A公司全部普通股的30%，并且对A公司有重要的影响力，则按权益法，各年应编制会计分录如下：

(1) 20×1年,初始投资:

借:长期股权投资——A公司   300 000
 贷:银行存款   300 000

(2) 20×1年,确认应分享的利润:

借:长期股权投资——A公司(损益调整)   60 000
 贷:投资收益(200 000×30%)   60 000

(3) 20×2年,分得现金股利及确认应分担的净亏损:

借:应收股利   36 000
 贷:长期股权投资——A公司(损益调整) 36 000
借:投资收益   324 000
 贷:长期股权投资——A公司(损益调整) 324 000

  20×2年应承担的亏损额为360 000元(1 200 000×30%),但冲减投资账面价值时,应以账面金额324 000元(300 000+60 000-36 000)为限,未冲减长期股权投资的损失金额为36 000元(360 000-324 000)。

(4) 20×3年,确认应分享的利润:

借:长期股权投资——A公司(损益调整) 144 000
 贷:投资收益   144 000

  20×3年可恢复金额144 000元(600 000×30%-36 000)是当年应分享利润大于未确认亏损数后的差额。

本 章 小 结

  金融资产是指可以在有组织的金融市场上进行交易、具有现实价格和未来估价的金融工具的总称。本章主要介绍企业因债权投资、股权投资形成的金融资产的确认与计量问题,包括以摊余成本计量的金融资产、以公允价值计量且其变动计入其他综合收益的金融资产、以公允价值计量且其变动计入当期损益的金融资产投资和长期股权投资。

  以摊余成本计量的金融资产取得时以实际支付的价款计量,包括其取得时的公允价值,以及发生的相关交易费用。企业应设置"债权投资"总分类账户,并设置成本、利息调整、应计利息等明细账户,进行相关会计处理。取得时公允价值与相关交易费用之和与债券投资的面值的差额,记入"债券投资—利息调整"明细账户,在持有投资期间对"债券投资—利息调整"金额按实际利率法进行摊销,按账面摊余成本对该项投资进行后续计量。

  以公允价值计量且其变动计入其他综合收益的金融资产取得时以实际支付的价款计量,包括其取得时的公允价值,以及取得时发生的相关交易费用。以公允价值计量且其变动计入其他综合收益的债券投资有关溢价或折价的摊销处理与以摊余成本计量的金融资产相同。以公允价值计量且其变动计入其他综合收益的金融资产后续计量时，公允价值变动的差额，记入"其他综合收益"账户。

以公允价值计量且其变动计入当期损益的金融资产取得时按公允价值计量，在取得投资时所发生的交易费用不计入该项资产的初始成本，直接计入当期损益。以公允价值计量且其变动计入当期损益的金融资产后续计量时，公允价值变动的差额，记入"公允价值变动损益"账户。

长期股权投资包括控制、共同控制、重大影响三种类型。计量长期股权投资初始成本，需区别由于合并形成与合并之外形成的长期股权投资两种情况。除同一控制下的企业合并，是以合并日合并方占被并企业所有者权益账面价值的份额作为长期股权的初始投资成本外，其他情况下，一般是以合并日购买方为取得对被购买方的股权而付出的资产、发生或承担的负债以及发行的权益性证券的公允价值及相关税费作为初始投资成本。

按长期股权投资准则规定，投资企业对被投资单位具有共同控制（即合营企业）或重大影响（即联营企业）的长期股权投资，应当采用权益法核算。投资企业能够对被投资企业实施控制的长期股权投资，应当采用成本法核算。

主 要 术 语

- 金融资产　　　　　　　　　以摊余成本计量的金融资产
- 以公允价值计量且其变动计入其他综合收益的金融资产
- 以公允价值计量且其变动计入当期损益的金融资产
- 实际利率摊销法　　　　　　成本法
- 企业合并　　　　　　　　　非同一控制
- 长期股权投资　　　　　　　权益法
- 同一控制　　　　　　　　　重大影响
- 共同控制

复 习 思 考 题

1. 什么是金融资产？金融资产包括哪些内容？

2. 简述以摊余成本计量的金融资产的确认条件。

3. 以摊余成本计量的金融资产与以公允价值计量且其变动计入其他综合收益的债券投资的会计计量有何异同？

4. 实际利率法下如何计算以摊余成本计量的金融资产各期的利息收入？

5. 比较以公允价值计量且其变动计入其他综合收益的金融资产、以公允价值计量且其变动计入当期损益的金融资产的公允价值变动差额的会计处理,试分析说明两者的会计处理为何不同。

6. 长期股权投资分为哪几种类型? 如何对长期股权投资的初始成本进行计量?

7. 什么是长期股权投资的成本法、权益法,其适用范围有何不同?

8. 权益法下投资时如何对初始投资成本与享有的被投资单位可辨认净资产公允价值的份额的差额进行处理? 如何确认投资损益?

练 习 题

一、单项选择题

1. 下列项目中,计入以摊余成本计量的金融资产取得时的成本,以(　　)计量。

A. 支付的购买价款　　　　　　　　B. 支付的交易费用

C. 摊余成本　　　　　　　　　　　D. 支付的购买价款和交易费用

2. 20×1 年 1 月 1 日,甲公司支付 125 000 元,购入乙公司同日发行的 5 年期债券,债券票面总额为 150 000 元。票面年利率为 4%,实际年利率为 8%,债券利息于每年年末支付(即每年利息为 6 000 元),本金和最后一年利息在债券到期时一次性偿还。甲公司将其划分为以摊余成本计量的金融资产,20×2 年 12 月 31 日,该债券的账面价值为(　　)元。

A. 150 000　　　　B. 125 000　　　　C. 133 320　　　　D. 129 000

3. 以公允价值且其变动计入其他综合收益的债券投资进行后续计量的,公允价值变动形成的差额,记入"其他综合收益"账户同时,还应记入(　　)账户。

A. "其他权益工具投资——公允价值变动"

B. "投资收益"

C. "其他债券投资——公允价值变动"

D. "债券投资——公允价值变动"

4. 以公允价值计量且其变动计入当期损益的金融资产的,其公允价值与其账面价值的差额,应计入(　　)。

A. 公允价值变动损益　　　　　　　B. 其他综合收益

C. 投资收益　　　　　　　　　　　D. 其他债权投资

5. 甲公司出资 600 万元,取得了乙公司 60% 的控股权,甲公司对该项长期股权投资应采用(　　)核算。

A. 权益法　　　　　　　　　　　　B. 成本法

C. 市价法　　　　　　　　　　　　D. 成本与市价孰低法

6. 甲公司购买乙公司股票 300 万股,每股 5 元,另外支付交易费用 4 万元,占乙公司 20％的股份,对乙公司有重大影响,乙公司可辨认净资产公允价值 8 000 万元,投资后甲公司该项长期股权投资的账面价值为(　　)万元。

A. 1 604　　　　　　B. 1 600　　　　　　C. 1 500　　　　　　D. 1 504

7. 根据企业会计准则规定,长期股权投资采用权益法核算时,下列各项不会引起长期股权投资账面价值减少的是(　　)。

A. 被投资单位计提盈余公积　　　　　B. 被投资单位发生净亏损

C. 被投资单位其他综合收益减少　　　D. 被投资单位宣告发放现金股利

8. A、B 两家公司属于非同一控制下的独立公司。A 公司于 20×1 年 7 月 1 日以固定资产对 B 公司投资,取得 B 公司 60％的股份。该固定资产原值 1 500 万元,已计提折旧 400 万元,已提取减值准备 50 万元,7 月 1 日该固定资产公允价值为 1 300 万元。B 公司 20×1 年 7 月 1 日所有者权益为 2 000 万元。甲公司该项长期股权投资的成本为(　　)万元。

A. 1 500　　　　　　B. 1 300　　　　　　C. 1 050　　　　　　D. 1 200

9. 20×1 年 2 月 3 日,甲公司以银行存款 2003 万元(其中含相关交易费用 3 万元)从二级市场购入乙公司股票 100 万元股,作为交易性金融资产核算。20×1 年 5 月 25 日乙公司宣告分配现金股利,甲公司应得 40 万元。20×1 年 7 月 10 日,甲公司收到乙公司于 5 月 25 日宣告分配的现金股利,20×1 年 12 月 31 日,股票的公允价值为 2 800 万元,不考虑其他因素,该项投资使甲公司 20×1 年营业利润增加的金额为(　　)万元。

A. 837　　　　　　B. 800　　　　　　C. 797　　　　　　D. 840

二、多项选择题

1. 初始计量时,应将发生的相关交易费用计入初始确认金额的有(　　)。

A. 以摊余成本计量的金融资产

B. 合并以外形成的长期投资

C. 以公允价值且其变动计入其他综合收益的金融资产

D. 以公允价值且其变动计入当期损益的金融资产

2. 下列各项中,关于以公允价值且其变动计入其他综合收益的金融资产会计处理表述正确是有(　　)。

A. 以公允价值且其变动计入其他综合收益的金融资产处置的净收益应计入投资收益

B. 以公允价值且其变动计入其他综合收益的金融资产持有期间取得的现金股利应冲减投资成本

C. 以公允价值且其变动计入其他综合收益的金融资产取得时发生的交易费用应计

入初始投资成本

D. 以公允价值且其变动计入其他综合收益的金融资产有期间的公允价值变动应计入当期损益

3. 下列各项中,导致以公允价值且其变动计入其他综合收益的金融资产账面价值发生增减变动的有( )。

A. 收到购买价款中包含的已到付息期但尚未领取的债券利息

B. 资产负债表日以公允价值且其变动计入其他综合收益的金融资产公允价值的增减变动

C. 以公允价值且其变动计入其他综合收益的金融资产在持有期间取得现金股利

D. 确认到期一次还本付息的以公允价值且其变动计入其他综合收益的债券投资的应计利息

4. 下列各项中,不应作为长期股权投资取得时初始成本入账的有( )。

A. 投资时支付的价款中包含的应收股利

B. 为取得长期股权投资而发生的评估、审计、咨询费

C. 购买方作为合并对价发行的权益性证券的佣金和手续费

D. 同一控制下企业合并付出资产的公允价值

5. 下列关于金融资产后续计量基础的表述中,正确的表述是( )。

A. 以公允价值且其变动计入其他综合收益的金融资产应以公允价值为基础

B. 以摊余成本计量的金融资产应以摊余成本为基础

C. 以公允价值且其变动计入当期损益的金融资产应以摊余成本为基础

D. 以公允价值且其变动计入当期损益的金融资产应以公允价值为基础

6. 下列各项中,不应确认为投资收益的是( )。

A. 权益法下被投资单位实现净利润

B. 支付与取得长期股权投资直接相关的费用

C. 处置长期股权投资净损益

D. 计提长期股权投资减值准备

三、判断题

1. 现金、银行存款、应收账款、应收票据、预付账款、贷款、股权投资、债权投资等都属于金融资产。 ( )

2. 以公允价值且其变动计入其他综合收益的金融资产和以公允价值且其变动计入当期损益的金融资产的相同点是都按公允价值进行后续计量,且公允价值变动计入当期损益。 ( )

3. 以摊余成本计量的金融资产在持有期间应当按照面值和票面利率计算确认利息

收入,计入投资收益。 （　　）

4. 企业取得的股票投资在初始确认时可划分为以摊余成本计量的金融资产、以公允价值且其变动计入其他综合收益的金融资产或以公允价值且其变动计入当期损益的金融资产。 （　　）

5. 长期股权投资采用权益法核算时,初始投资成本大于应享有被投资单位可辨认资产公允价值份额之间的差额应确认为商誉资产。 （　　）

6. 出售以公允价值且其变动计入当期损益的金融资产时,应将出售时实际收到的金额与其账面价值之间的差额确认为当期投资收益。 （　　）

7. 出售其他权益工具投资,应将出售时实际收到的金额与其账面价值之间的差额计入当期损益。 （　　）

四、业务核算题

【习题一】

（一）目的：练习以摊余成本计量的金融资产的核算。

（二）资料：天和公司于20×1年1月2日从证券市场上购入乙公司于20×1年1月1日发行的债券,该债券5年期、票面年利率为4%、每年1月5日支付上年度的利息,到期日为20×6年1月1日,到期日一次归还本金和最后一次利息。天和公司购入债券的面值为100万元,实际支付价款为90万元,另支付相关费用5万元。天和公司购入后将其划分为以摊余成本计量的金融资产。实际利率为5.16%。

（三）要求：编制天和公司从20×1年1月2日至20×6年1月1日上述经济业务的会计分录。

【习题二】

（一）目的：练习以公允价值计量且其变动计入其他综合收益的金融资产的核算。

（二）资料：通达集团公司发生下列有关经济业务事项：

（1）20×1年3月10日,购入B上市公司股票150 000股,并划分为以公允价值计量且其变动计入其他综合收益的金融资产,每股价格5.4元,支付相关税费计5 000元。

（2）20×1年4月2日,B公司宣告每股分派现金股利0.1元,4月12日,收到分派的股利。

（3）20×1年6月30日,B公司股票市价下降至每股5元。

（4）20×1年12月31日,B公司股票每股市价为5.6元。

（5）20×2年2月,通达集团公司将持有的B公司股票37 500股出售,每股售价5.5元。

（三）要求：编制通达集团公司该项金融资产投资业务的会计分录。

【习题三】

（一）目的：练习以公允价值计量且其变动计入当期损益的金融资产投资的核算。

（二）资料：蓝海公司 20×2 年发生下列有关经济业务事项：

（1）5 月 20 日，以 330 000 元购入 A 公司股票 10 000 股作为以公允价值计量且其变动计入当期损益的金融资产，另支付手续费 8 000 元。A 公司已于 5 月 10 日宣告每 10 股分派现金股利 5 元。

（2）6 月 16 日，收到 A 公司分派的现金股利 5 000 元。

（3）6 月 30 日，A 公司股票每股市价为 32.2 元。

（4）8 月 10 日，A 公司宣告分派现金股利，每 10 股 2 元，8 月 20 日，蓝海公司收到分派的现金股利。

（5）9 月 5 日，将 A 公司股票全部出售，收回现金 319 000 元。

（三）要求：

（1）编制上述经济业务的会计分录。

（2）计算该金融资产投资的累计损益。

【习题四】

（一）目的：练习长期股权投资成本法的核算。

（二）资料：鸿瑞公司有关长期股权投资业务资料如下：

（1）20×1 年 1 月 1 日，支付现金 1 800 万元，受让甲公司持有的乙公司 60％的股权，并能够对乙公司实施控制，假设未发生直接相关费用和税金，鸿瑞公司与甲公司非同一控制。

（2）20×1 年 4 月 10 日，乙公司宣告以 20×0 年利润分配现金股利 50 万元。

（3）20×1 年 8 月 10 日，收到乙公司分派的现金股利，20×1 年乙公司实现净利润 100 万元。

（4）20×2 年 5 月 15 日，乙公司宣告分配现金股利 120 万元，20×2 年乙公司实现净利润 150 万元。

（三）要求：编制鸿瑞公司有关该项长期股权投资的会计分录。

【习题五】

（一）目的：练习长期股权投资权益法的核算。

（二）资料：长兴公司有关长期股权投资业务资料如下：

（1）20×1 年 7 月 1 日，以 750 万元购入 B 公司 20％的股权，对 B 公司具有重大影响，该项投资按权益法核算。当日 B 公司所有者权益账面价值如下：

实收资本	2 000 万元
资本公积	800 万元
盈余公积	200 万元
未分配利润	500 万元
合计	3 500 万元

B 公司 20×1 年 7 月 1 日可辨认净资产公允价值 4 000 万元，公允价值与账面价值的

差额均为固定资产差额,固定资产剩余折旧年限 10 年,按直线法计提,不考虑残值。

(2) 20×1 年 B 公司实现净利润 450 万元,其中 7~12 月净利润 300 万元。

(3) 20×1 年 12 月 31 日,被投资单位 B 公司持有的以公允价值计量且其变动计入其他综合收益的金融资产公允价值高于账面价值差额为 100 万元。

(4) 20×2 年 3 月,B 公司宣告分派现金股利 100 万元。

(三)要求:编制长兴公司有关该项长期股权投资的会计分录。

课程思政与案例

对被投资单位是否具有重大影响的判断

【案例背景】 甲公司是一家从事基础设施项目投资、融资和经营管理的企业。乙公司成立于 20×1 年 11 月,由包括甲公司在内的多家行业内企业合资组建,甲公司持有乙公司 21.75% 的股权,乙公司的股东之间不存在关联方关系。乙公司董事会共设 5 席,甲公司委派 1 人,担任乙公司副董事长,参与乙公司的生产经营决策,其他董事由各股东按约定委派。此外,甲公司委派 1 人担任乙公司的副总经理,全职参与乙公司的日常经营管理。

乙公司的议事规则为:股东会按照出资比例行使表决权,股东会作出的决议,必须经代表 1/2 以上表决权的股东通过;但是,股东会作出修改公司章程、增加或者减少注册资本的决议,以及公司合并、分立、解散或者变更公司形式的决议,必须经代表 2/3 以上表决权的股东通过;董事会决议的表决实行一人一票,董事会作出的决议必须经全体董事过半数通过。不存在其他事实或情况表明股东对乙公司存在共同控制的情形。

20×1 年 11 月,甲公司在投资开始日判断对乙公司具有重大影响,将对乙公司的投资作为长期股权投资核算,并采用权益法进行后续计量。20×2 年,乙公司在经营中开始出现亏损,20×3 年乙公司经营状况并未好转,且预测当年可能出现较大幅度亏损。20×3 年 6 月 30 日,甲公司将其对乙公司的投资从权益法核算的长期股权投资转换为以公允价值计量且其变动计入其他综合收益的金融资产,在"其他权益工具投资"账户核算。其理由是,甲公司当年在董事会发表的部分重要意见未被采纳,表明其不能实质性参与乙公司的经营管理,因此不再作为长期股权投资进行核算。

【思考问题】 20×3 年 6 月 30 日甲公司将其对乙公司的投资从长期股权投资转换为以公允价值计量且其变动计入其他综合收益的金融资产,该会计处理是否恰当?为什么?

【案例启示】 对于权益性投资,投资方需要判断对被投资单位的影响程度,从而进一步确定其会计处理。实务中,在被投资单位出现持续亏损的情况下,个别投资方为规避因按照长期股权投资准则要求采用权益法核算而确认投资损失，可能以个别"事实"为借口或理由，主观故意将相关投资分类为金融资产。

投资方在判断对被投资单位是否具有重大影响时，应当严格遵循长期股权投资准则及其应用指南等相关规定，遵循实质重于形式的原则，综合考虑所有相关事实和情况做出恰当的判断。本案例中，在乙公司出现较大亏损的会计期间，在乙公司的决策机制、股权结构以及甲公司对乙公司的持股比例等方面未发生实质变化的情况下，甲公司以不合理的理由为依据变更对被投资单位是否存在重大影响的判断并改变会计处理，在报表上规避联营企业亏损对投资方的影响，这种会计处理方式体现出主观故意调整利润、粉饰财务报表的典型特征。通过变更对外投资的核算方法调节当期损益的错误做法已成为财会监督的重要关注点，企业应重视会计处理的合规性，确保财务报表真实反映企业的财务状况和经营成果，充分披露股权投资业务的经营风险。

第八章　负　　债

学习目标

　　了解负债的性质及分类；

　　掌握短期借款、应付票据、应付账款、合同负债、应付职工薪酬等流动负债的核算；

　　掌握增值税一般纳税企业应交增值税的核算；

　　熟悉应交消费税等税费的核算；

　　掌握借款费用的确认、借款利息费用资本化金额的确定；

　　了解应付利息、应付股利、其他应付款等流动负债的核算；

　　熟悉借款费用开始资本化、暂停资本化、停止资本化的期间确定；

　　了解长期借款、应付债券等非流动负债的核算。

　　负债是指企业过去的交易或者事项形成的、预期会导致经济利益流出企业的现实义务，是企业资金来源的一个重要组成部分。负债具有以下特征：① 负债是企业承担的现时义务。② 负债的清偿预期会导致经济利益流出企业。③ 负债是由企业过去的交易或者事项形成的。

　　负债按流动性分类，可分为流动负债和非流动负债。流动负债的内容包括短期借款、应付票据、应付账款、合同负债、应付职工薪酬、应交税费、预收账款、应付利息、应付股利和其他应付款等；非流动负债的内容包括长期借款、应付债券、长期应付款、预计负债、递延所得税负债等。流动负债和非流动负债的划分是否正确，直接影响到对企业短期和长期偿债能力的判断，如果混淆了负债的类别，将歪曲企业的实际偿债能力，误导报表使用者的决策。

第一节　流动负债

　　流动负债是指预计 1 年内或超过 1 年的一个营业周期内清偿的负债，主要包括短期借款、应付票据、应付账款、合同负债、应付职工薪酬、应交税费、预收账款、应付利息、应付股利、其他应付款等。

从理论上讲,流动负债应按未来应偿付金额的现值计价。但是,流动负债的期限较短,到期值和现值差别不大,会计实务中一般按未来应付金额计价,这主要是出于简化核算和重要性原则考虑,同时也符合谨慎性原则。

一、短期借款

短期借款是指企业因正常生产经营周转所需,向银行或其他金融机构等借入的、偿还期限在 1 年以内(含 1 年)的各种借款。

为反映短期借款的借入、偿还情况,企业应设置"短期借款"账户。该账户的贷方登记取得借款的本金;借方登记偿还借款的本金;期末余额在贷方,表示尚未偿还的短期借款。该账户应按贷款人、借款种类和币种进行明细核算。

短期银行借款利息一般按季度偿付,为此,企业短期借款的利息通常应遵循权责发生制,可以按月预提方式进行核算,月末按计算的应付利息费用,借记"财务费用"账户,贷记"应付利息"账户;实际支付利息时,按已预提利息金额,借记"应付利息"账户,按尚未预提的利息,借记"财务费用"账户,按实际支付的利息金额,贷记"银行存款"账户。如果企业短期借款利息是按月支付,或是在借款到期时连同本金一并支付且金额不大的,也可以在实际支付利息时,将其直接计入当期损益。企业实际支付利息时,借记"财务费用"账户,贷记"银行存款"账户。

【例 8 - 1】 甲公司于 20×1 年 4 月 1 日向银行借入一笔生产经营借款 800 000 元,期限 3 个月,年利率 6.12%。根据借款合同,该借款的本息到期后一次归还。企业按月计提应付利息。甲公司应编制会计分录如下:

(1) 4 月 1 日,借入款项时:

借:银行存款	800 000
贷:短期借款	800 000

(2) 4 月、5 月每月月末计提利息时:

$$应计提利息＝800\,000×6.12\%×1÷12＝4\,080(元)$$

借:财务费用	4 080
贷:应付利息	4 080

(3) 6 月末到期一次支付利息时:

借:应付利息	8 160
财务费用	4 080
贷:银行存款	12 240

(4) 6 月末到期偿还本金时:

借:短期借款	800 000
贷:银行存款	800 000

二、应付票据和应付账款

(一)应付票据

应付票据是企业在购买商品、材料和接受劳务等的交易过程中,由于采用商业汇票结算方式而形成的负债。商业汇票包括商业承兑汇票和银行承兑汇票。我国商业汇票的付款期限最长不超过 6 个月,因此,将应付票据归于流动负债进行管理和核算。

企业应设置"应付票据"账户,用于核算应付票据的发生、偿还等情况。该账户贷方登记开出并承兑的商业汇票票面金额;借方登记到期承兑支付的票据本金、转出的票据本金;期末余额在贷方,表示尚未到期兑付的应付票据的本金。

企业因购买商品、材料等开出承兑商业汇票时,借记"库存商品""原材料"等账户,贷记"应付票据"账户;对于带息商业汇票,到期偿付本金时,按票据账面余额,借记"应付票据"账户,按实际支付的利息,借记"财务费用"账户,贷记"银行存款"账户。

【例 8-2】 某企业于 20×1 年 6 月 1 日开出为期 3 个月,面值为 339 000 元,年利率为 8% 的商业承兑汇票购买材料,材料成本为 300 000 元,增值税额为 39 000 元,材料尚在途中,该企业应编制会计分录如下:

(1)6 月 1 日,购买材料开出商业汇票时:

借:在途物资	300 000	
应交税费——应交增值税(进项税额)	39 000	
贷:应付票据		339 000

(2)9 月 1 日,票据到期,支付票据本金及利息时:

借:应付票据	339 000	
财务费用	6 780	
贷:银行存款		345 780

对于商业汇票到期,企业无力支付票款的,应区别商业承兑汇票和银行承兑汇票分别进行账务处理。如果商业承兑汇票不能如期付款,银行将票据退回收款人,由收款人为承兑人双方自行协商解决;付款人则将"应付票据"账户余额转入"应付账款"账户。如果银行承兑汇票不能如期付款,承兑银行应无条件支付票款,同时,对付款人尚未支付的票款转作逾期贷款处理,付款人应将"应付票据"账户余额转入"短期借款"账户。

(二)应付账款

应付账款是指企业因购买材料、商品或接受劳务供应等经营活动,而应支付供应单位的款项。企业应设置"应付账款"账户,用于核算应付账款的发生、偿还和转销等情况,并按债权人单位或个人设置明细账户,进行明细核算。企业购入材料、商品等验收入库,但货款尚未支付的,根据有关发票账单或暂估价值,借记"材料采购""原材料"等账户,贷记"应付账款"账户;企业接受供应单位提供劳务而发生的应付未付款项的,根据供应单位的发票账单,借记"生产成本""管理费用"等账户,按应付金额,贷记"应付账款"账户。企业实际支付款项时,借记"应付账款"账户,贷记"银行存款"等账户。

另外,企业有些应付账款,由于债权单位发生变故无法支付,需要转销的,应将无法支付的应付款项的账面余额转作营业外收入处理。

【例 8 - 3】　乙企业为增值税一般纳税企业。20×1 年 5 月 6 日,乙企业从 A 公司购进一批原材料,增值税专用发票上注明的价款为 100 000 元,增值税额 13 000 元;对方代垫运费,增值税专用票上注明的价款为 2 000 元,增值税额为 180 元。材料已运到并验收入库,货款尚未支付。乙企业应编制会计分录如下:

借:原材料	102 000
应交税费——应交增值税(进项税额)	13 180
贷:应付账款——A 公司	115 180

【例 8 - 4】　根据自来水公司通知,甲企业(系一般纳税人)本月应支付水费,取得的增值税专用发票上注明的价款为 52 000 元,增值税额为 1 560 元。其中,生产车间水费 38 000 元,企业行政管理部门水费 14 000 元,款项尚未支付。甲企业应编制会计分录如下:

借:制造费用	38 000
管理费用	14 000
应交税费——应交增值税(进项税额)	1 560
贷:应付账款——××自来水公司	53 560

三、合同负债

合同负债是指企业已收或应收客户对价而应向客户转让商品的义务。如果企业尚未将商品转让给客户,但客户已支付了对价或者企业已经拥有一项无条件收取对价金额的权利,则企业应当在客户付款或付款到期时将向客户转让商品的合同义务确认为合同负债。企业应设置"合同负债"账户,用于核算合同负债的发生、转销等情况,并按合同设置明细账户进行明细核算。该账户贷方登记转让商品前已收或应收合同对价金额,借方登记向客户转让商品时的转销额,期末余额在贷方,表示已收或应收客户对价,但尚未履行向客户转让商品的义务。企业转让商品前,按合同预收或应收货款时,借记"银行存款"或"应收账款"账户,贷记"合同负债"账户;向客户转让商品时,借记"合同负债"账户,贷记"主营业务收入"等账户。

【例 8 - 5】　A 公司为增值税一般纳税企业,20×1 年 4 月 10 日,与 B 公司签订供货合同,向其出售一批商品,价款金额共计 800 000 元,增值税额 104 000 元。根据合同规定,B 公司在合同签订当天,向 A 公司预付货款的 20%,剩余货款和增值税在交货后付清。6 月 20 日,A 公司将货物发给 B 公司并开出了增值税专用发票,B 公司验收合格后付清了剩余货款和全部增值税。A公司应编制会计分录如下：

（1）4月10日,收到B公司交来的预付货款160 000元：

借：银行存款　　　　　　　　　　　　　　　　　　　　160 000
　　贷：合同负债　　　　　　　　　　　　　　　　　　　　　160 000

（2）6月20日,将货物发给B公司并收到剩余款项：

借：合同负债　　　　　　　　　　　　　　　　　　　　160 000
　　银行存款　　　　　　　　　　　　　　　　　　　　744 000
　　贷：主营业务收入　　　　　　　　　　　　　　　　　　　800 000
　　　　应交税费——应交增值税（销项税额）　　　　　　　　104 000

四、应付职工薪酬

（一）应付职工薪酬的核算内容

职工薪酬是指企业为获得职工的服务或解除劳务关系而给予各种形式的报酬或补偿。既包括提供给职工的在职期间薪酬、离职后福利,也包括提供给职工配偶、子女或其他被赡养人的福利等。

职工薪酬包括短期薪酬、离职后福利、辞退福利和其他长期职工福利四个部分。

1. 短期薪酬

短期薪酬是指企业在职工提供相关服务的年度报告期间结束后12个月内需要全部予以支付的职工薪酬,不包括因解除与职工的劳动关系而给予的补偿。具体包括以下内容：

（1）职工工资、奖金、津贴和补贴,包括构成工资总额的计时工资、计件工资、支付给职工的超额劳动报酬,为特殊或额外的劳动消耗等支付给职工的津贴,以及为了保证职工工资水平不受物价影响支付给职工的物价补贴等。

（2）职工福利费,是指企业为职工或与职工相关人员提供的福利支出,如补助生活困难职工、丧葬补助费、抚恤费、职工异地安家费、防暑降温费等职工福利支出。

（3）社会保险费,是指企业按照国家规定的基准和比例计提,向社会保险经办机构缴纳的医疗保险费、失业保险费、工伤保险费和生育保险费等。

（4）住房公积金,是指企业按照国家规定的基准和比例计算,向住房公积金管理机构缴存的住房公积金。

（5）工会经费和职工教育经费,是指根据国家规定的基准和比例,从成本费用中计提,用于开展工会活动和职工教育及职业技能培训等方面支出。

（6）短期带薪缺勤,是指职工虽然缺勤但企业仍向其支付报酬的安排,包括年休假、病假、婚假、产假、丧假、探亲假等期间的薪酬。

（7）短期利润分享计划,是指因职工提供服务而与职工达成的基于利润或其他经营成果提供薪酬的协议,如根据经营业绩给予职工分享的利润。

(8) 非货币性福利,是指企业以自己的产品或其他有形资产发放给职工作为福利,或企业将拥有或租赁资产供职工无偿使用,以及为职工无偿提供医疗保健服务等。

(9) 其他职工薪酬,是指除上述薪酬以外的其他为获得职工提供的服务而给予的短期薪酬。

2. 离职后福利

离职后福利是指企业为获得职工提供的服务而在职工退休或与企业解除劳动关系后,提供的各种形式的报酬和福利,属于短期薪酬和辞退福利的除外。离职后福利是为了回报职工在职时为企业发展所做出的贡献给予的福利,是企业与职工就其离职后在养老金、医疗保险等福利方面达成的协议,如企业为职工交纳的基本养老金,部分企业实行的企业年金计划等。

3. 辞退福利

辞退福利是指企业在职工劳动合同到期之前解除与职工的劳动关系,或者为鼓励职工自愿接受裁减而给予职工的补偿。如企业因实施改组,公司控制权发生变动时,对辞退的管理层人员所承担的补偿义务。

4. 其他长期职工福利

其他长期职工福利是指除短期薪酬、离职后福利和辞退福利以外的所有职工薪酬,包括长期带薪缺勤,如其他长期服务福利、长期残疾福利、长期利润分享计划和长期奖金计划等。

(二)应付职工薪酬的确认与计量

企业应按照劳动工资制度的规定,根据考勤记录、工时记录、产量记录、工资标准、工资等级等,编制"工资单",计算职工薪酬。企业应设置"应付职工薪酬"账户,核算应付职工薪酬的提取、结算、发放、使用等情况,该账户的贷方登记分配计入有关成本费用的职工薪酬,借方登记实际发放的职工薪酬;该账户期末贷方余额反映企业应付未付的职工薪酬。"应付职工薪酬"账户应分别设置"短期薪酬""离职后福利""辞退福利""其他长期职工薪酬"二级明细账户,并按各部分薪酬具体内容设置三级明细账户,进行明细核算。

1. 货币性职工薪酬的账务处理

企业应当在职工为其提供服务的会计期间,将应付职工薪酬确认为负债。实务中,企业一般按月发放职工薪酬,会计部门应根据工资结算的有关凭证每月编制"职工薪酬结算汇总表",据以与职工进行薪酬结算,并进行工资发放的账务处理。月末,再根据职工提供服务的受益对象,编制"职工薪酬费用分配表",并分别下列情况处理:应由生产产品、提供劳务负担的职工薪酬,计入产品成本或劳务成本,借记"生产成本""制造费用""合同履约成本"等账户;应由在建工程、无形资产开发成本负担的职工薪酬,计入建造固定资产或无形资产开发成本,借记"在建工程""研发支出"等账户,企业管理人员、专设销售机构人员薪酬分别记入"管理费用""销售费用"账户借方。

【例8-6】　20×1年1月,甲公司应付职工工资、奖金、津贴等薪酬总额1 426 000元,"工资费用分配表"中列示的生产部门直接生产工人薪酬520 000元;生产部门管理人员薪酬365 000元;公司管理人员薪酬354 000元;公司专设销售机构人员薪酬118 000元;在建工程人员薪酬69 000元。月末工资、奖金、津贴分配的会计处理如下:

借:生产成本	520 000
制造费用	365 000
管理费用	354 000
销售费用	118 000
在建工程	69 000
贷:应付职工薪酬——短期薪酬(工资、奖金、津贴)	1 426 000

【例8-7】　20×1年1月,甲公司按地方政府规定按工资总额12%计提医疗保险金、按7%计提住房公积金、按22%计提基本养老保险金。月末计提缴存的各项保险费、公积金的会计处理如下:

借:生产成本[520 000×(12%+7%+22%)]	213 200
制造费用[365 000×(12%+7%+22%)]	149 650
管理费用[354 000×(12%+7%+22%)]	145 140
销售费用[118 000×(12%+7%+22%)]	48 380
在建工程[69 000×(12%+7%+22%)]	28 290
贷:应付职工薪酬——短期薪酬(社会保险费)	171 120
——短期薪酬(住房公积金)	99 820
——离职后福利(提存计划)	313 720

【例8-8】　20×1年2月3日,甲公司通过银行转账发放1月份工资1 268 380元,代扣个人所得税57 620元,代扣职工个人应缴纳的医疗保险费100 000元。为职工缴存1月末计提的医疗保险、住房公积金,养老保险金,分别编制会计处理如下:

借:应付职工薪酬——短期薪酬(工资、奖金、津贴)	1 426 000
贷:银行存款	1 268 380
应交税费——应交个人所得税	57 620
其他应付款——社会保险费	100 000
借:应付职工薪酬——短期薪酬(社会保险费)	171 120
——短期薪酬(住房公积金)	99 820
——离职后福利(提存计划)	313 720
贷:银行存款	584 660

【例 8 - 9】 代缴职工个人负担的医疗保险费：

借：其他应付款——社会保险费   100 000

   贷：银行存款   100 000

2. 非货币性职工薪酬的核算

企业如果以自产产品作为非货币福利发放给职工的，应当按照公允价值和相关税费计量，根据受益对象，按照该产品的公允价值和应交增值税销项税额，计入相关资产成本或当期损益，同时确认应付职工薪酬。

企业将拥有的房屋等资产无偿提供给职工使用的，应当根据受益对象，将该住房每期应计提的折旧计入相关资产成本或当期损益，同时确认应付职工薪酬。租赁住房等资产供职工无偿使用的，应当根据受益对象，将每期应付的租金计入相关资产成本或当期损益，并确认应付职工薪酬。

【例 8 - 10】 D公司（系一般纳税人）为一家洗衣机生产企业，共有职工 150 名，20×1 年 2 月，公司董事会决定以其生产的成本为 2 800 元的洗衣机作为福利发放给公司每个职工。该型号洗衣机的售价为每台 3 500 元，D公司适用的增值税税率为13%。假定 150 名职工中有 110 名为直接参加生产的职工，40 名为公司管理人员。D公司应编制会计分录如下：

（1）公司决定发放福利时：

借：生产成本   435 050

   管理费用   158 200

   贷：应付职工薪酬——短期薪酬（非货币性福利）   593 250

（2）实际发放时：

借：应付职工薪酬——短期薪酬（非货币性福利）   593 250

   贷：主营业务收入   525 000

      应交税费——应交增值税（销项税额）   68 250

借：主营业务成本   420 000

   贷：库存商品   420 000

五、应交税费

企业在生产经营中，必须依照我国税法规定，承担各种税金及附加费的缴纳义务，主要包括增值税、消费税、资源税、土地增值税、城市维护建设税、房产税、土地使用税、车船税、印花税、教育费附加、矿产资源补偿费、所得税，以及代扣代缴的个人所得税等。

为了核算各种税费的计算和交纳的情况，企业设置"应交税费"账户，并按应交税费的种类设置明细账户,进行明细核算。该账户贷方登记应交纳的各种税费,借方登记实际交纳的税费;期末余额在贷方,反映企业尚未交纳的税费,期末余额如在借方,反映企业多交或尚未抵扣的税费。企业交纳的印花税,不通过"应交税费"账户核算。

（一）应交增值税

增值税是指对生产、销售、进口货物,提供加工、修理修配劳务以及销售服务、无形资产、不动产的各环节的增值额征收的一种流转税。2016 年,财政部、国家税务总局颁布了《关于全面推开营业税改征增值税试点的通知》,在我国全面推行增值税。2019 年 3 月 20 日,财政部、税务总局、海关总署三部门联合发布《关于深化增值税改革有关政策的公告》,推进增值税实质性减税。

按照纳税人的经营规模及会计核算的健全程度,按我国税法及相关法规规定,增值税的纳税人分为一般纳税人和小规模纳税人,并采用不同的计征纳税方法。

1. 一般纳税企业应交增值税核算

符合增值税一般纳税人认定标准的企业,即一般纳税企业实行税款抵扣制度,应交纳的增值税额,按当期销项税额减去进项税额计算确定。为了反映企业应交增值税的发生、抵扣、交纳、退税以及转出等情况,在"应交税费"账户下设置"应交增值税""未交增值税""待认证进项税额""待转销销项税额"等二级明细账户,"应交增值税"明细账户设置"进项税额""已交税金""销项税额""进项税额转出""转出未交增值税""转出多交增值税"等三级明细专栏。

（1）销项税额。销项税额是企业在出售资产,提供劳务、服务时,向购买方在价外收取的增值税额。一般纳税企业应按不含税销售额计量收入,记入相关收入账户,按收取的增值税销项税额,贷记"应交税费——应交增值税（销项税额）"账户。如果企业以含税价格销售,应将价税分离,按不含增值税的金额确认收入。这里所说的出售资产包括存货、机器设备、运输工具、无形资产及不动产;劳务是指加工、修理修配劳务;服务包括交通运输服务、电信服务、建筑服务、金融服务、生活服务等。

【例 8-11】　W 公司对外销售生产的大型设备一台,并承担设备安装服务。合同规定,设备售价 100 000 元,安装服务收费 100 000 元（均不包含增值税）。销售产品增值税税率 13%,安装服务增值税税率 9%。W 公司在完成安装并检验合格时,收到合同款项,确认收入和销项税额会计处理如下:

借:银行存款　　　　　　　　　　　　　　　　　　　　　　　　　222 000

　　贷:主营业务收入——销售商品收入　　　　　　　　　　　　　　100 000

　　　　　　　　　　——提供安装收入　　　　　　　　　　　　　　100 000

　　　　应交税费——应交增值税（销项税额）　　　　　　　　　　　　22 000

（2）进项税额。进项税额是指企业购进资产、接受劳务、服务等支付的增值税。一般纳税企业购进资产,接受劳务、服务等,如取得增值税专用发票,或从海关取得完税凭证,支付的准予从当期销项税额中抵扣的增值税额,记入"应交税费——应交增值税(进项税额)"账户借方。

企业购入免征增值税货物,一般不能抵扣增值税销项税额,但是,如果企业收购免税农产品,基于农产品收购的特殊性,我国税法及相关法规规定,可以按照买价和规定的扣除率计算进项税额,并准予从企业的销项税额中抵扣。

【例 8 - 12】 某企业为一般纳税人,购入设备一台及配套使用的专用材料,增值税专用发票上注明设备买价 500 000 元,增值税额 65 000 元,材料买价 30 000 元,增值税额 3 900 元。设备交付使用,材料验收入库,货款尚未支付。增值税当月已认证。该企业购货业务的有关会计处理如下:

借:固定资产　　　　　　　　　　　　　　　　　　　　 500 000
　　原材料　　　　　　　　　　　　　　　　　　　　　 30 000
　　应交税费——应交增值税(进项税额)　　　　　　　 68 900
　　贷:应付账款　　　　　　　　　　　　　　　　　　　　 598 900

【例 8 - 13】 某一般纳税企业,适用增值税税率13%,收购免税农产品一批作为原材料,价款 300 000 元,已用银行存款支付,按规定可按收购价的 10% 进行抵扣(已经税务机关认证),收购的农产品已经验收入库。企业有关会计处理如下:

借:原材料　　　　　　　　　　　　　　　　　　　　　 270 000
　　应交税费——应交增值税(进项税额)(300 000×10%)　 30 000
　　贷:银行存款　　　　　　　　　　　　　　　　　　　　 300 000

(3)视同销售。有些交易或事项,从会计角度看不属于销售行为,但是根据税法和相关法规规定,应视同对外销售处理,计算应交增值税。具体包括:①将货物交付他人代销,以及销售代销货物;②企业将自产、委托加工或购买的货物分配给股东或投资者;③将自产、委托加工的货物用于集体福利或个人消费;④将自产、委托加工或购买的货物无偿赠送给其他单位或个人;⑤向其他单位或个人无偿提供劳务、无偿转让无形资产或不动产等。

对于税法上视同销售的行为,应按照税法规定的价格或税务机关按照税法认定的价格计算应交纳的增值税。将货物用于对外投资、分配股利、捐赠、福利消费等,按应按确认的营业收入和增值税额,借记"长期股权投资""应付股利""营业外支出""应付职工薪酬"等账户,按确认的营业收入或应结转的成本金额,贷记"主营业务收入""其他业务收入""库存商品"等账户,按增值税专用发票上注明的增值税额,贷记"应交税费——应交增值税(销项税额)"账户。

【例 8 - 14】 某企业以自产的产品对外投资,产品的实际成本为 100 000 元,计税价格(公允价值)为 160 000 元,适用增值税税率为 13%,企业对外投资时有关会计处理如下:

借：长期股权投资   180 800

    贷：主营业务收入   160 000

        应交税费——应交增值税（销项税额）(160 000×13%)   20 800

借：主营业务成本   100 000

    贷：库存商品   100 000

（4）不予抵扣项目。根据税法和相关法规规定，以下情况的购入货物的增值税不予抵扣：①用于免税项目、集体福利、或个人消费的购进货物；②非正常损失的购进货物及相关的加工、修理、修配劳务和交通运输服务；③非正常损失的在产品、产成品所耗用的购进货物（不包括固定资产）及相关劳务。这里的"非正常损失"是指因管理不善造成货物被盗、丢失和霉烂变质发生的损失。

如果购入货物或接受劳务时即能认定其进项税额不得抵扣的，应将相关增值税款计入所购货物成本或接受劳务的成本。如果购入货物时不能立即认定其进项税额能否抵扣的，仍先列入"进项税额"专栏核算，在所购货物用于不予抵扣项目或发生非正常损失等，再将其通过"进项税额转出"专栏转入有关成本、费用科目。

【例8-15】 某一般纳税企业外购的包装材料，成本为200 000元，增值税额26 000元，因保管不善，潮湿霉烂而毁损。发生非正常损失时，会计处理如下：

借：待处理财产损溢   226 000

    贷：原材料   200 000

        应交税费——应交增值税（进项税额转出）   26 000

（5）待认证进项税额。待认证进项税额是指一般纳税人由于未经税务机关认证而不得从当期销项税额中抵扣的进项税额。一般纳税企业购进货物、加工修理修配劳务、服务、无形资产、固定资产等，按当月已认证的可抵扣的增值税额，借记"应交税费——应交增值税（进项税额）"账户，按当月未认证的可抵扣的增值税额，借记"应交税费——待认证进项税额"账户，通过认证后再转入"应交税费——应交增值税（进项税额）"账户。

【例8-16】 某一般纳税企业，20×1年6月1日购入原材料一批，取得的增值税专用发票上注明价款为100 000元，增值税额为13 000元，材料已到并验收入库，款项用银行存款支付。购买材料取得的增值税专用发票当月还未经税务机关认证。该企业材料日常核算按实际成本计价。该企业购买材料时，会计处理如下：

借：原材料   100 000

    应交税费——待认证进项税额   13 000

    贷：银行存款   113 000

假设该购买材料取得的增值税专用发票于20×1年7月通过税务机关认证准予在纳税申报期抵扣，会计处理如下：

借：应交税费——应交增值税（进项税额）   13 000

    贷：应交税费——待认证进项税额   13 000

（6）交纳增值税的核算。为了分别反映增值税一般纳税企业欠交增值税款和待抵扣增值税的情况，企业应在"应交税费"账户下设置"未交增值税"明细账户。企业交纳当月的增值税时，借记"应交税费——应交增值税（已交税金）"账户，贷记"银行存款"账户；当月如有应交未交的增值税，按未交金额，借记"应交税费——应交增值税（转出未交增值税）"账户，贷记"应交税费——未交增值税"账户；当月如有多交增值税，按多交金额，借记"应交税费——未交增值税"账户，贷记"应交税费——应交增值税（转出多交增值税）"账户。上述结转后，如"应交税费——应交增值税"账户有借方余额，则表示企业本期尚未抵扣应结转至下期继续抵扣的进项税额。

【例 8 - 17】 甲公司为增值税一般纳税企业，20×1 年 9 月份发生的销项税额为 468 000 元，进项税额为 249 600 元，进项税额转出额为 4 160 元。9 月份以银行存款交纳了本月增值税额为 180 000 元。则甲公司 9 月份有关增值税计算如下：

$$9 月份应交增值税额 = 468\ 000 - (249\ 600 - 4\ 160) = 222\ 560(元)$$
$$9 月份尚未交纳的增值税额 = 222\ 560 - 180\ 000 = 42\ 560(元)$$

9 月份交纳当月增值税 180 000 元，应编制会计分录如下：

借：应交税费——应交增值税（已交税金）   180 000

    贷：银行存款   180 000

9 月末转出未交增值税额，应编制会计分录如下：

借：应交税费——应交增值税（转出未交增值税）   42 560

    贷：应交税费——未交增值税   42 560

假定 9 月份以银行存款交纳了本月增值税额为 230 000 元，其他条件不变。则甲公司 9 月份多交了增值税额 7 440 元（230 000 - 222 560）。

9 月末转出多交增值税额，应编制会计分录如下：

借：应交税费——未交增值税   7 440

    贷：应交税费——应交增值税（转出多交增值税）   7 440

2. 小规模纳税企业应交增值税核算

小规模纳税企业是指年应纳税销售额在规定标准以下，并且会计核算不够健全，不能按规定报送会计资料，实行简易办法征收增值税的企业。小规模纳税企业购进资产或接受劳务、服务，不论是否取得增值税专用发票，其所支付的增值税，均计入所购入资产或劳务的成本，不得抵扣；销售资产或提供劳务、服务时，按不含增值税的销售额确认收入，按不含增值税的销售额和规定的征收率（3%）计算应交增值税，记入"应交税费——

应交增值税"账户的贷方。"应交税费——应交增值税"明细账不需要设置三级明细专栏。

小规模纳税企业应交增值税 = 不含税销售额×征收率

【例 8 - 18】 某企业为小规模纳税企业,本期购入原材料一批,增值税专用发票上注明的材料成本为 100 000 元,支付的增值税额为 13 000 元,款项已支付,材料到达已验收入库;同时该企业本期销售产品一批,开出增值税普通发票上的含税销售价格为 82 400 元,货款尚未收到。增值税征收率为 3%。该小规模纳税企业的购销业务有关会计处理如下:

① 购进货物:

借:原材料 113 000
　　贷:银行存款 113 000

② 销售货物:

不含税销售额=含税销售额÷(1+征收率)=82 400÷(1+3%)=80 000(元)

应交增值税=80 000×3%=2 400(元)

借:应收账款 82 400
　　贷:主营业务收入 80 000
　　　　应交税费——应交增值税 2 400

(二)应交消费税

消费税是企业在我国境内从事生产、委托加工和进口应税消费品时应交纳的税金。消费税实行价内征收,即应税消费品售价中包含了消费税。

企业应在"应交税费"账户下设置"应交消费税"明细账户,核算应交消费税的发生、交纳情况。

企业销售应税消费品,按规定计算应交的消费税,应借记"税金及附加"账户,贷记"应交税费——应交消费税"账户。

【例 8 - 19】 某增值税一般纳税企业销售所生产的化妆品,价款 300 000 元(不含增值税),适用的增值税税率为 13%,化妆品消费税税率为 30%,货款尚未收到。企业应编制会计分录如下:

借:应收账款 339 000
　　贷:主营业务收入 300 000
　　　　应交税费——应交增值税(销项税额) 39 000
借:税金及附加 90 000
　　贷:应交税费——应交消费税 90 000

企业将生产的应税消费品对外投资,或用于在建工程、非生产机构等其他方面,按规定应交纳的消费税,计入有关成本。

按照税法规定,企业对于需要交纳消费税的委托加工物资,委托方在提货时由受托方代收代缴税款(除受托加工或翻新改制金银首饰按规定由受托方交纳消费税外)。

委托加工物资收回后,委托方直接用于销售的,应将受托方代收代缴的消费税计入委托加工物资成本,借记"委托加工物资"等账户;委托加工物资收回后,委托方用于连续生产的,按规定准予抵扣消费税的,借记"应交税费——应交消费税"账户,留待抵扣最终消费品销售时应交纳的消费税。

(三)其他税费

1. 应交城市维护建设税和教育费附加

城市维护建设税是对从事工商经营并交纳增值税和消费税的纳税人按其实际应交纳的税额之和及适用税率征收的一种税。企业应根据按规定计算出的城市维护建设税,借记"税金及附加"等账户,贷记"应交税费——应交城市维护建设税"账户。

教育费附加是为了发展教育事业,提高人民文化素质而向企业征收的一项附加费用。企业按应交流转税的一定比例计算,并随同流转税一起交纳。企业按规定计算的应交纳教育费附加,借记"税金及附加"等账户,贷记"应交税费——应交教育费附加"账户。

2. 应交房产税、土地使用税、车船税和矿产资源补偿费

企业按规定计算应交的房产税、土地使用税、车船税和矿产资源补偿费,借记"税金及附加"账户,贷记"应交税费"账户。

六、其他流动负债

(一)预收账款

预收账款是指企业预收的款项,如预收租金、预收转让投资款等,预收的商品款属于合同负债,不属于预收账款。企业应设置"预收账款"账户核算上述内容,并按照结算单位名称设置明细账户进行明细核算。

(二)应付利息

应付利息是指企业按照合同约定应支付的利息,包括分期付息到期还本的长期借款、企业债券等应支付的利息。企业应设置"应付利息"账户进行核算。

(三)应付股利

应付股利是指企业经股东大会或类似机构审议批准分配给投资者的现金股利或利润。企业股东大会或类似机构审议批准的利润分配方案、宣告分派的现金股利或利润,在实际支付前,形成企业的负债。企业应通过"应付股利"账户核算已宣告分派但尚未实际支付的现金股利或利润。

(四)其他应付款

其他应付款是指企业除应付票据、应付账款、预收账款、应付职工薪酬、应交税费、应

付利息和应付股利等经营活动以外发生的其他各项应付、暂收的款项,一般包括应付经营租入包装物租金、存入的保证金、关联单位借入的款项等。企业应设置"其他应付款"账户核算上述内容,并按照应付、暂收等款项的类别和单位或个人设置明细账户,进行明细核算。

第二节　非流动负债

非流动负债是指流动负债以外的负债,主要是企业为了获取购建生产经营所需的厂房、大型设备等各种长期耐用的资产,以满足扩大经营规模或改善经营条件而举借的债务。非流动负债主要包括长期借款、应付债券、长期应付款、专项应付款、预计负债、递延所得税负债等。非流动负债除了具有负债的共同特征外,与流动负债相比,还具有债务偿还期限长、可以分期偿还的特点。

一、借款费用

（一）借款费用的内容

借款费用是指企业因借入资金而付出的代价,包括借款利息、折价或溢价的摊销、辅助费用以及因外币借款而发生的汇兑差额等。对于企业发生的权益性融资费用,不包括在借款费用中。

（二）借款费用的确认原则

关于借款费用的确认原则问题,主要集中在企业每期发生的借款费用是作资本化处理,计入相关资产的成本,还是作费用化处理,直接计入当期损益？我国企业会计准则规定,企业发生的借款费用,可直接归属于符合资本化条件的资产的购建或生产的,应当予以资本化,计入相关资产成本;其他借款费用,应当在发生时根据其发生额确认为费用,计入当期损益。

符合资本化条件的资产,是指需要经过相当长时间的购建或者生产活动才能达到预定可使用或者可销售状态的固定资产、投资性房地产和存货等资产。而"相当长时间",是指为资产的购建或者生产所必需的时间,通常为 1 年以上(含 1 年)。借款费用应予以资本化的借款则包括为购建或生产符合资本化条件的资产而借入的专门借款和为购建或生产符合资本化条件的资产而占用的一般借款。

资本化期间的确定是借款费用确认和计量的重要前提。资本化的期间的确定包括借款费用开始资本化时点的确定、借款费用暂停资本化时间的确定和借款费用停止资本化时点的确定。

1. 借款费用开始资本化的时点

借款费用允许开始资本化必须同时具备三个条件:

（1）资产支出已经发生。资产支出包括企业为购建或者生产符合资本化条件的资产已经发生了支付现金、转移非现金资产或者承担带息债务形式所发生的支出。

（2）借款费用已经发生。借款费用已经发生是指企业已经发生了因购建或者生产符合资本化条件的资产而借入款项的利息、折价或溢价的摊销、辅助费用或汇兑差额等。

（3）为使资产达到预定可使用或者可销售状态所必要的购建或者生产活动已经开始。

只有在上述三个条件同时满足的情况下，有关借款费用才可开始资本化，只要其中一个条件没有满足，借款费用就不能开始资本化。

2. 借款费用暂停资本化的时间

企业会计准则规定，符合资本化条件的资产在购建或者生产过程中如果发生非正常中断，且中断时间连续超过 3 个月的，应当暂停借款费用的资本化，计入当期损益。如果中断是使所购建或者生产的符合资本化条件的资产达到预定可使用或者可销售状态必要的程序或者事先可预见的不可抗力因素导致的中断，则不影响借款费用的资本化。

非正常中断，通常是由于企业管理决策上的原因或者其他不可预见的原因等所导致的中断。例如，企业因与施工方发生了质量纠纷，或者施工、生产发生了安全事故，或者资金周转发生了困难等。

3. 借款费用停止资本化的时点

购建或者生产的符合资本化条件的资产达到预定可使用或可销售状态时，借款费用应当停止资本化。在这之后发生的借款费用，应作费用化处理，计入当期损益。

资产达到预定可使用或者可销售状态，是指所购建或者生产的符合资本化条件的资产已经达到建造方、购买方或者企业自身等预先设计、计划或者合同约定的可以使用或可以销售的状态。企业在确定借款费用停止资本化的时点时，需要运用职业判断，应当遵循实质重于形式的原则。

（三）借款费用资本化金额的确定

1. 借款利息费用（包括折价或者溢价的摊销）资本化金额的确定

在借款费用资本化期间内，每一会计期间的利息（包括折价或溢价的摊销）资本化金额的确定，应当区别专门借款、一般借款分别计算确定：

为购建或者生产符合资本化条件的资产而借入的专门借款，其利息资本化金额应当以专门借款当期实际发生的利息费用，减去将尚未动用的借款资金存入银行取得的利息收入或进行暂时性投资取得的投资收益后的金额确定。

为购建或者生产符合资本化条件的资产而占用了一般借款的，企业应当根据累计资产支出超过专门借款部分的资产支出加权平均数乘以所占用一般借款的资本化率，计算确定一般借款应予资本化的利息金额。资本化率应当根据一般借款加权平均利率计算确定。有关计算公式如下：

一般借款利息费用资本化金额＝累计资产支出超过专门借款部分的资产支出加权平均数×
一般借款的资本化率

一般借款的资本化率＝一般借款当期实际发生的利息之和÷一般借款本金加权平均数

一般借款本金加权平均数＝$\sum$（每笔一般借款本金×每笔一般借款在当期所占用的天数÷当期天数）

此外，借款存在折价或者溢价的，应当按照实际利率法确定每一会计期间应摊销的折价或者溢价金额，调整每期利息金额。在资本化期间，每一会计期间的利息资本化金额，不应当超过当期相关借款实际发生的利息金额。

【例 8-20】 某公司准备建造一栋仓库，预计工期 15 个月，20×1 年 1 月 1 日正式动工兴建，工程采用出包方式，分别于 20×1 年 1 月 1 日、6 月 1 日、11 月 1 日和 20×2 年 1 月 1 日支付工程进度款。工程于 20×2 年 3 月 31 日完工，达到预定可使用状态。

公司为建造仓库于 20×1 年 1 月 1 日专门借款 6 000 万元，借款期限为 3 年，年利率为 8%，利息按年支付。闲置借款资金均存入银行，假定银行月存款利率为 0.3%。公司为建造仓库所发生资产支出金额，如表 8-1 所示。

表 8-1 资产支出情况表 单位：万元

日　　　期	每期资产支出金额	资产支出累计金额	闲置借款资金用于短期投资金额
20×1 年 1 月 1 日	1 200	1 200	4 800
20×1 年 6 月 1 日	600	1 800	4 200
20×1 年 11 月 1 日	2 700	4 500	1 500
20×2 年 1 月 1 日	1 000	5 500	500
总　　　计	5 500		

公司为建造仓库应予资本化的利息金额计算如下：

(1) 确定借款费用资本化期间为 20×1 年 1 月 1 日至 20×2 年 3 月 31 日。

(2) 计算在资本化期间内专门借款实际发生的利息金额：

20×1 年专门借款发生的利息金额＝6 000×8%＝480（万元）

20×2 年 1 月 1 日至 3 月 31 日专门借款发生的利息金额＝6 000×8%×3÷12＝120（万元）

(3) 计算在资本化期间内闲置的专门借款资金存入银行的利息金额：

20×1 年闲置的专门借款资金银行存款利息金额＝4 800×0.3%×5＋4 200×0.3%×5＋
1 500×0.3%×2
＝144（万元）

20×2 年 1 月 1 日至 3 月 31 日闲置的专门借款资金银行存款利息金额＝500×0.3%×3
＝4.5（万元）

（4）计算建造仓库应予资本化的利息金额：

$$20×1\text{ 年专门利息资本化金额}=480-144=336（\text{万元}）$$
$$20×2\text{ 年专门利息资本化金额}=120-4.5=115.5（\text{万元}）$$

（5）会计期末，有关专门借款利息的账务处理如下：

20×1 年 12 月 31 日：

借：在建工程	3 360 000	
应收利息（或银行存款）	1 440 000	
贷：应付利息		4 800 000

20×2 年 3 月 31 日：

借：在建工程	1 155 000	
应收利息（或银行存款）	45 000	
贷：应付利息		1 200 000

【例 8 - 21】　承［例 8 - 20］，假定该公司为建造仓库，于 20×1 年 1 月 1 日专门借款 4 000 万元，借款期限为 3 年，年利率为 8%，按年支付利息。除此之外，没有其他专门借款。

在仓库建造过程中，占用了一般借款，具体资料如下：企业某笔银行长期贷款 3 000 万元，期限为 20×0 年 9 月 1 日至 20×2 年 9 月 1 日，年利率为 6%，按年支付利息。

（1）计算专门借款利息资本化金额：

$$20×1\text{ 年专门借款利息资本化金额}=4\,000×8\%-(2\,800×0.3‰×5+$$
$$2\,200×0.3‰×5)=245（\text{万元}）$$
$$20×2\text{ 年专门借款利息资本化金额}=4\,000×8\%×3÷12=80（\text{万元}）$$

（2）计算一般借款利息资本化金额：

$$20×1\text{ 年占用一般借款的资产支出加权平均数}=500×2÷12=83.33（\text{万元}）$$
$$20×1\text{ 年应予资本化的一般借款利息金额}=83.33×6\%=5（\text{万元}）$$
$$20×2\text{ 年占用一般借款的资产支出加权平均数}=(500+1\,000)×3÷12=375（\text{万元}）$$
$$20×2\text{ 年应予资本化的一般借款利息金额}=375×6\%=22.5（\text{万元}）$$

（3）计算建造仓库应予以资本化的利息费用金额：

$$20×1\text{ 年专门利息资本化金额}=245+5=250（\text{万元}）$$
$$20×2\text{ 年专门利息资本化金额}=80+22.5=102.5（\text{万元}）$$

（4）会计期末，有关专门借款利息的账务处理如下：

20×1 年 12 月 31 日：

借：在建工程	2 500 000	
财务费用	1 750 000	
应收利息（或银行存款）	750 000	
贷：应付利息		5 000 000

注：20×1年实际借款利息＝4 000×8‰＋3 000×6‰＝500(万元)

20×1年闲置的专门借款资金银行存款利息＝2 800×0.3‰×5＋2 200×0.3‰×5＝75(万元)

20×2年3月31日：

借：在建工程 1 025 000

财务费用 225 000

贷：应付利息 1 250 000

注：20×2年实际借款利息＝4 000×8‰×3÷12＋3 000×6‰×3÷12＝125(万元)

2. 辅助费用以及因外币借款而发生的汇兑差额资本化金额的确定

对于企业发生的专门借款辅助费用,在所购建或者生产的符合资本化条件的资产达到预定可使用或者可销售状态之前发生的,应当在发生时根据其发生额直接予以资本化,计入符合资本化条件的资产成本;在所购建或者生产的符合资本化条件的资产达到预定可使用或者可销售状态之后发生的,应当在发生时根据其发生额直接确认为费用,计入当期损益。一般借款发生的辅助费用,也应当按照上述原则确定其发生额并进行账务处理。

至于企业为购建或者生产的符合资本化条件的资产所借入的专门借款为外币借款时,出于简化核算的考虑,在资本化期间内,外币专门借款本金及利息的汇兑差额,应当予以资本化,计入符合资本化条件的资产的成本。除外币专门借款之外的其他外币专门借款本金及利息所发生的汇兑差额则应当作为财务费用,全部计入当期损益。

二、长期借款

长期借款是指企业向银行或其他金融机构借入的偿还期限在1年以上(不含1年)的借款。企业应设置"长期借款"账户,用于核算长期借款的借入、归还等情况。该账户应当按照贷款单位和贷款种类设置明细账,分别"本金""应计利息"和"利息调整"等进行明细核算。

长期借款利息应当在资产负债表日按照实际利率法计算确定。长期借款计算确定的利息费用,应当按照以下原则计入有关成本、费用：按借款利息费用处理原则确定的资本化金额,计入符合资本化条件资本的成本;其余的利息费用属于筹建期间的,计入管理费用;属于生产经营期间的,计入财务费用。

长期借款按偿还方式可分为到期一次还本付息、分期付息到期还本和分期偿还本息等几种方式。现以分期付息到期还本的人民币长期借款为例,说明长期借款的一般账务处理。

【例8-22】 20×1年1月1日,甲公司与某银行签订借款合同,借款600万元,期限为3年,年利率为5%,借款每年年末付息一次,期满后一次还清本金,款项已存入银行。甲公司应编制会计分录如下：

(1) 20×1年1月1日,取得借款：

借：银行存款   6 000 000

 贷：长期借款——某银行(本金)   6 000 000

（2）每月月末预提利息：

借：财务费用   25 000

 贷：应付利息——某银行   25 000

（3）每年年末支付利息：

借：应付利息   300 000

 贷：银行存款   300 000

（4）到期归还长期借款本金：

借：长期借款——某银行(本金)   6 000 000

 贷：银行存款   6 000 000

三、应付债券

（一）债券的发行价格

应付债券是指企业发行的期限在 1 年以上的债券。债券的发行价格一般取决于以下因素：债券票面金额、债券票面利率、发行当时的市场利率以及债券期限的长短等因素。在其他条件不变的情况下，当票面利率等于市场利率时，债券按面值发行；当票面利率高于市场利率时，债券发行价格高于债券面值，称为溢价发行；当票面利率低于市场利率时，债券发行价格低于债券面值，称为折价发行。实际上，债券的溢价是发行企业为以后多支付利息而事先得到的补偿，而债券的折价则是发行企业为以后少支付利息而事先付出的代价。因此，债券的溢价或折价都是发行债券企业在债券存续期内对利息费用的一种调整。

（二）应付债券的核算

为了核算企业为筹集长期资金而发行债券的本金和利息，企业应设置"应付债券"账户。该账户应当按照"面值""利息调整""应计利息"等设置明细项目，进行明细分类核算。对于分期付息、一次还本的债券，企业还应设置"应付利息"账户，用于核算企业在会计期末应计提的债券利息。应付债券核算的内容主要包括：

1. 债券的发行

企业发行债券时，无论是按面值发行，还是溢价发行或折价发行，均按实际收到的款项，借记"银行存款"账户，按债券票面价值贷记"应付债券——面值"账户，按实际收到的款项与票面价值之间的差额，贷记或借记"应付债券——利息调整"账户。

2. 利息调整的摊销

利息调整应在债券存续期间内采用实际利率法进行摊销。利息调整的实际利率法是指按应付债券的实际利率计算各期利息费用及账面摊余成本的方法。其计算公式

如下:

$$实际利息费用＝期初债券摊余成本×实际利率$$
$$应付利息＝债券面值×票面利率$$
$$当期利息调整的摊销额＝当期利息费用－当期应付利息(或当期应付利息－当期利息费用)$$
$$期末债券摊余成本＝期初债券摊余成本±当期利息调整的摊销额$$

资产负债表日,企业应按应付债券的摊余成本和实际利率计算确定的债券利息费用,借记"在建工程""财务费用"等账户,按票面利率计算确定的应付未付利息,贷记"应付债券——应计利息"(或"应付利息")账户,按其差额,借记或贷记"应付债券——利息调整"账户。

3. 债券的偿还

采用到期一次还本付息方式发行的债券,企业应于到期时,借记"应付债券——面值、应计利息"账户,贷记"银行存款"账户。采用一次还本、分期付息方式发行的债券,企业应在每期支付利息时,借记"应付利息"账户,贷记"银行存款"账户;到期偿还本金时,借记"应付债券——面值"账户,贷记"银行存款"账户。

【例 8 - 23】　甲公司经批准于 20×1 年 1 月 1 日发行面值为 50 000 000 元的 5 年期债券,票面利率为 5%,每年年末支付利息,到期一次偿还本金。假定债券发行时的市场利率为 5%。甲公司应编制会计分录如下(假设不考虑交易费用):

由于债券票面利率与市场利率相同,则甲公司该批债券的实际发行价格为 50 000 000 元。

(1) 20×1 年 1 月 1 日,发行时:

借:银行存款	50 000 000
贷:应付债券——面值	50 000 000

(2) 20×1 年 12 月 31 日,计算利息费用时:

借:财务费用等	2 500 000
贷:应付利息	2 500 000

20×2—20×5 年年末,确认利息费用的账务处理同 20×1 年年末。

(3) 20×6 年 1 月 1 日,归还本金及最后一期利息费用时:

借:应付债券——面值	50 000 000
应付利息	2 500 000
贷:银行存款	52 500 000

【例 8 - 24】　承[例 8 - 23],假定债券发行时的市场利率为 6%,债券的实际发行价格为 47 896 000 元。

甲公司根据上述资料,采用实际利率法和摊余成本计算确定的利息费用,如表 8 - 2 所示。

表 8 - 2　实际利率法利息调整摊销计算表(折价)　　　　单位：元

付 息 日 期	支付利息(1)	利息费用(2)	摊销的利息调整(3)	摊余成本(4)
	面值×票面利率	上一期(4)×实际利率6%	(2)－(1)	上一期(4)＋(3)
20×1 年 1 月 1 日				47 896 000.00
20×1 年 12 月 31 日	2 500 000	2 873 760.00	373 760.00	48 269 760.00
20×2 年 12 月 31 日	2 500 000	2 896 185.60	396 185.60	48 665 945.60
20×3 年 12 月 31 日	2 500 000	2 919 956.74	419 956.74	49 085 902.34
20×4 年 12 月 31 日	2 500 000	2 945 154.14	445 154.14	49 531 056.48
20×5 年 12 月 31 日	2 500 000	2 031 056.48*	468 943.52	50 000 000.00

＊尾数调整。

(1) 20×1 年 1 月 1 日,发行时：

借：银行存款　　　　　　　　　　　　　　　　　　　　47 896 000

　　应付债券——利息调整　　　　　　　　　　　　　　2 104 000

　　　贷：应付债券——面值　　　　　　　　　　　　　　　　50 000 000

(2) 20×1 年 12 月 31 日,计算利息费用时：

借：财务费用等　　　　　　　　　　　　　　　　　　　2 873 760

　　　贷：应付利息　　　　　　　　　　　　　　　　　　　　2 500 000

　　　　应付债券——利息调整　　　　　　　　　　　　　　373 760

20×2—20×5 年年末,确认利息费用的账务处理同 20×1 年年末,各年金额见表 8 - 2。

(3) 20×6 年 1 月 1 日,归还本金及最后一期利息费用时：

借：应付债券——面值　　　　　　　　　　　　　　　　50 000 000

　　应付利息　　　　　　　　　　　　　　　　　　　　2 500 000

　　　贷：银行存款　　　　　　　　　　　　　　　　　　　　52 500 000

【例 8 - 25】　承[例 8 - 23],假定债券发行时的市场利率为 4%,债券的实际发行价格为 52 224 500 元。

甲公司根据上述资料,采用实际利率法和摊余成本计算确定的利息费用,如表 8 - 3 所示。

表 8－3　实际利率法利息调整摊销计算表(溢价)　　　单位：元

付 息 日 期	支付利息(1)	利息费用(2)	摊销的利息调整(3)	摊余成本(4)
	面值×票面利率	上一期(4)×实际利率4%	(1)－(2)	上一期(4)－(3)
20×1年1月1日				52 224 500
20×1年12月31日	2 500 000	2 088 980	411 020	51 813 480
20×2年12月31日	2 500 000	2 072 539.20	427 460.80	51 386 019.20
20×3年12月31日	2 500 000	2 055 440.77	444 559.23	50 941 459.97
20×4年12月31日	2 500 000	2 037 658.40	462 341.60	50 479 118.37
20×5年12月31日	2 500 000	2 020 881.63*	479 118.37	50 000 000

* 尾数调整。

(1) 20×1年1月1日,发行时：

借：银行存款　　　　　　　　　　　　　　　　　　52 224 500
　　贷：应付债券——面值　　　　　　　　　　　　　　50 000 000
　　　　　　——利息调整　　　　　　　　　　　　　　2 224 500

(2) 20×1年12月31日,计算利息费用时：

借：财务费用等　　　　　　　　　　　　　　　　　2 088 980
　　应付债券——利息调整　　　　　　　　　　　　　411 020
　　贷：应付利息　　　　　　　　　　　　　　　　　2 500 000

20×2—20×5年年末,确认利息费用的账务处理同20×1年年末。各年金额见表8－3。

(3) 20×6年1月1日,归还本金及最后一期利息费用时：

借：应付债券——面值　　　　　　　　　　　　　　50 000 000
　　应付利息　　　　　　　　　　　　　　　　　　2 500 000
　　贷：银行存款　　　　　　　　　　　　　　　　　52 500 000

四、长期应付款

长期应付款是指除了长期借款和应付债券之外的其他各种长期的非流动负债,主要包括应付租赁款、以分期付款方式购入固定资产、无形资产发生的应付款项等。

需要指出的是,一些长期的非流动负债是以分期付款方式予以支付的,在这种情况下,如果是在1年(或一个正常营业周期)内到期应予清偿的数额应被认为是一项流动负债,而债务的剩余部分则归类为一项长期的非流动负债;或者当一项长期的非流动负债的到期日接近时,即该债务将在次年内最后到期支付的,应在资产负债表中将该债务重新分类为流动负债,称为一年内到期的长期负债,当然,这种一项负债的分类变更不需要调账。

本 章 小 结

负债是指企业过去的交易或者事项形成的、预期会导致经济利益流出企业的现实义务,是企业资金来源的一个重要组成部分。负债具有以下特征:① 负债是企业承担的现时义务。② 负债的清偿预期会导致经济利益流出企业。③ 负债是由企业过去的交易或者事项形成的。

负债按流动性分类,可分为流动负债和非流动负债。流动负债的内容包括短期借款、应付票据、应付账款、合同负债、应付职工薪酬、应交税费、预收账款、应付利息、应付股利和其他应付款等;非流动负债的内容包括长期借款、应付债券、长期应付款、预计负债、递延所得税负债等。流动负债和非流动负债的划分是否正确,直接影响到对企业短期和长期偿债能力的判断,如果混淆了负债的类别,将歪曲企业的实际偿债能力,误导报表使用者的决策。

流动负债按未来应付金额入账,不采用现值计价。其中,应付职工薪酬的处理,应考虑短期薪酬、离职后福利、辞退福利和其他长期职工福利等不同内容;应交税费中的应交增值税应分别增值税一般纳税企业和小规模纳税企业进行处理,对于委托加工物资应交的消费税,应区分收回后直接用于销售还是用于连续生产,分别计入委托加工物资成本或应交税费。

对于非流动负债中的长期借款或应付债券,企业实际收到的款项与借款本金或债券面值的差额,应当采用实际利率法在负债存续期间内进行摊销,分别计入财务费用或相关资产成本。

企业发生的借款费用,应当按照以下原则计入有关成本、费用:按借款费用处理原则确定的资本化金额,计入符合资本化条件的成本;其余的借款费用属于筹建期间的,计入管理费用;属于生产经营期间的,计入财务费用。在借款费用的处理过程中,应同时注意对符合资本化条件的资产的界定、借款费用资本化期间的确定、借款费用资本化金额的计算等问题的判断。

主 要 术 语

■ 流动负债   非流动负债
■ 短期借款   应付票据
■ 应付账款   合同负债

- 应交税费　　　　　　应付职工薪酬
- 借款费用　　　　　　长期借款
- 应付债券　　　　　　利息调整
- 长期应付款

复习思考题

1. 什么是负债？流动负债与非流动负债一般是如何区分的？包括哪些内容？

2. 简述应付票据入账、期末计息及票据到期时的账务处理。

3. 应付职工薪酬包括哪些内容？应付职工薪酬应当如何进行计量？

4. 小规模纳税企业与增值税一般纳税企业关于增值税的核算方法有什么不同？

5. 企业应交的增值税应当如何进行账务处理？

6. 借款费用包括哪些内容？借款费用资本化应具备哪几个条件？

7. 借款费用资本化金额如何计算确定？如何进行账务处理？

8. 应付债券发行价格与债券面值之间的差额应当如何进行分摊？

练　习　题

一、单项选择题

1. 企业应付账款由于债权单位撤销或其他原因而无法支付，报经批准后应转作为（　　）处理。

A. 管理费用　　　　B. 其他业务收入　　C. 营业外收入　　　D. 其他综合收益

2. 不带息商业承兑汇票到期无法偿付的款项，企业应当（　　）。

A. 转作应付账款　　　　　　　　B. 转作短期借款

C. 不进行处理　　　　　　　　　D. 转作其他应付款

3. 企业按合同预收商品款时，应记入（　　）。

A. "应收账款"账户的贷方　　　　B. "预收账款"账户的贷方

C. "预付账款"账户的贷方　　　　D. "合同负债"账户的贷方

4. 一般纳税企业交纳当月增值税应通过（　　）账户进行核算。

A. "应交税费——预交增值税"　　B. "应交税费——未交增值税"

C. "预付账款"　　　　　　　　　D. "应交税费——应交增值税（已交税金）"

5. 企业销售应税消费品应交纳的消费税，应借记（　　）账户，贷记"应交税费——应交消费税"账户。

A. "其他业务成本"　　　　　　　　B. "销售费用"

C. "税金及附加"　　　　　　　　D. "主营业务成本"

6. 企业以现金支付生产工人生活困难补助费 3 000 元,应编制的会计分录是(　　)。

   A. 借:制造费用　　　　　　　　　　　　　　　　　　　3 000

      贷:库存现金　　　　　　　　　　　　　　　　　　　　　　3 000

   B. 借:生产成本　　　　　　　　　　　　　　　　　　　3 000

      贷:库存现金　　　　　　　　　　　　　　　　　　　　　　3 000

   C. 借:应付职工薪酬——短期薪酬(职工福利)　　　　　3 000

      贷:库存现金　　　　　　　　　　　　　　　　　　　　　　3 000

   D. 借:管理费用　　　　　　　　　　　　　　　　　　　3 000

      贷:库存现金　　　　　　　　　　　　　　　　　　　　　　3 000

7. 下列事项中,不属于短期薪酬的是(　　)。

   A. 应付管理人员工资、奖金　　　　　　B. 应交纳的职工医疗保险费

   C. 为企业高管提供非货币性福利　　　　D. 辞退福利

8. 一般纳税企业发生的下列事项中,增值税不允许抵扣的是(　　)。

   A. 购入生产设备支付的增值税　　　　　B. 购入专利技术支付的增值税

   C. 接受运输服务支付的增值税　　　　　D. 用于职工福利购进货物支付的增值税

9. 专门借款是指(　　)。

   A. 为购建符合资本化条件的资产而专门借入的款项

   B. 为生产符合资本化条件的资产而专门借入的款项

   C. 为购建固定资产而专门借入的款项

   D. 为购建或者生产符合资本化条件的资产而专门借入的款项

10. 2019 年 1 月 1 日,乙公司发行分期付息、到期一次还本的 5 年期的公司债券,实际收到的款项为 18 800 万元,该债券面值总额为 18 000 万元,票面年利率为 5%,利息于每年年末支付,实际年利率为 4%。2019 年 12 月 31 日,乙公司该项应付债券的摊余成本为(　　)万元。

   A. 18 000　　　　　B. 18 652　　　　　C. 18 800　　　　　D. 18 948

二、多项选择题

1. 下列各项中,属于职工薪酬的有(　　)。

   A. 职工教育经费　　　　　　　　　　　B. 非货币性福利

   C. 工伤保险费　　　　　　　　　　　　D. 因解除与职工的劳动关系给予的补偿

   E. 临时雇员薪酬

2. 下列各项中,应计入其他应付款的有(　　)。

A. 应付租入包装物的租金

B. 应付由职工负担的企业代扣的个人所得税

C. 应付罚款

D. 应付由职工负担的企业代扣代缴的职工社会保险费

E. 存出保证金

3. 企业分配职工薪酬时,一般借记的账户有( )。

A."生产成本" B."制造费用"

C."销售费用" D."管理费用"

E."在建工程"

4. 增值税一般纳税企业委托加工一批应税消费品,收回后用于连续生产应税消费品,由受托方代收代缴的消费税和增值税专用发票上列明的增值税额的处理正确的有( )。

A. 两者都计入委托加工成本

B. 两者都不能计入委托加工成本

C. 消费税额不计入委托加工成本,增值税应计入委托加工成本

D. 增值税额不计入委托加工成本,消费税应计入委托加工成本

E. 消费税额应记入"应交税费——应交消费税"账户借方

5. 下列经济业务中,税法上视同销售的有( )。

A. 以自产的货物换取生产资料

B. 以自产的货物用于对外投资

C. 以自产的货物用于抵偿债务

D. 以自产的货物用于对外捐赠

E. 将自产的货物作为福利发放给职工

6. 一般纳税企业进行增值税的核算时,下列业务中属于进项税额转出的有( )。

A. 购进货物用于对外投资

B. 购进货物入库后发生非正常损失

C. 安装生产流水线领用库存材料

D. 购进货物入库后用于免税项目

E. 生产的产品发生非正常损失

7. 下列各项中,属于借款费用的有( )。

A. 银行借款利息 B. 债券利息调整摊销

C. 外币借款汇兑差额 D. 发行股票的手续费

E. 应付债券利息

8. 在同时满足( )条件时,借款费用开始资本化。

    A. 资产支出已经发生

    B. 借款费用已经发生

    C. 为使资产达到预定可使用或者可销售状态所必要的购建或者生产活动已经开始

    D. 专门借款已经全部用于符合资本化条件资产的购建或生产

    E. 符合资本化条件资产的购建或生产达到预定可使用状态

三、判断题

1. 企业向职工提供的非货币性福利,应按公允价值进行计量。（　　）

2. 月末分配职工薪酬费用时,将本月应付职工薪酬根据受益对象分别计入相关资产成本或当期费用。（　　）

3. 增值税一般纳税企业"应交税费——应交增值税"账户月末如有余额,其余额可能在借方,也可能在贷方。（　　）

4. 增值税一般纳税企业"应交税费——未交增值税"账户月末如有余额,其余额在贷方,表示未交的增值税额。（　　）

5. 不带息商业承兑汇票到期,如果企业到期无力支付票款,应将应付票据的账面价值转入应付账款。（　　）

6. 一般纳税企业原材料存货,因管理不善发生毁损,应当将原材料账面价值和该材料购进时的增值税进项税额一并转入"待处理财产损溢"账户。（　　）

7. 专门借款的借款费用在资本化期间应当计入相关资产的成本或当期损益。
（　　）

8. 企业每一会计期间的利息资本化金额不应当超过当期相关借款实际发生的利息金额。（　　）

四、业务核算题

【习题一】

（一）目的:练习短期借款的核算。

（二）资料:甲企业 20×1 年发生的有关经济业务如下:

（1）3 月 1 日,向工商银行借入生产周转借款 600 000 元,期限为 6 个月,年利率 6.20%。借款合同规定,该借款本息到期时一次归还。

（2）6 月 1 日,向中国银行借入临时借款 200 000 元,期限为 5 个月,年利率 5.40%。借款合同规定,该借款按月付息,最后一个月利息到期时与本金一起归还。

（三）要求:

（1）编制甲公司 3 月 1 日、6 月 1 日借款时的会计分录。

（2）编制甲公司按月计提生产周转借款利息的会计分录。

(3) 编制甲公司每月支付临时借款利息的会计分录。

(4) 编制甲公司 9 月 1 日归还生产周转借款本息的会计分录。

(5) 编制甲公司 11 月 1 日归还临时借款本息的会计分录。

【习题二】

(一) 目的：练习应付票据、应付账款的核算。

(二) 资料：某企业(系增值税一般纳税人)20×1 年 9 月份发生如下经济业务：

(1) 2 日，从甲公司购入一批原材料，价款为 10 000 元，增值税额为 1 300 元；对方代垫运费价款为 1 000 元，增值税额为 90 元。企业开出为期 4 个月的银行承兑汇票一张，材料已到达并验收入库。

(2) 8 日，从乙公司购入一批原材料，价款 50 000 元，增值税额为 6 500 元，材料已到达并验收入库，货款未付。

(3) 12 日，按合同规定向丙公司销售产品一批，价款 30 000 元，增值税额为 3 900 元，原预收 32 000 元，不足部分对方开出转账支票付讫。

(4) 15 日，开出转账支票支付欠乙公司购料款。

(5) 30 日，确定应付丁公司账款 60 000 元为无法支付的款项，予以转销。

(三) 要求：根据上述经济业务编制会计分录。

【习题三】

(一) 目的：练习应付职工薪酬的核算。

(二) 资料：甲公司为增值税一般纳税人，适用的增值税税率为 13%。20×1 年 4 月份发生的有关职工薪酬业务如下：

(1) 4 月 30 日，结算本月应付职工工资为 570 000 元，其中车间生产工人工资 320 000 元，车间管理人员工资 28 000 元，行政部门管理人员工资 86 000 元，销售部门人员工资 97 000 元，工程建设人员工资 39 000 元，如表 8-4 所示。

表 8-4 工资结算汇总表

20×1 年 4 月

项 目	应付工资	代扣款项					实发工资
		失业保险金	养老保险金	住房公积金	个人所得税	合计	
车间生产工人	320 000	6 400	70 400	22 400	3 600	102 800	217 200
车间管理人员	28 000	560	6 160	1 960	440	9 120	18 880
行政部门管理人员	86 000	1 720	18 920	6 020	1 780	28 440	57 560
销售部门人员	97 000	1 940	21 340	6 790	810	30 880	66 120
工程建设人员	39 000	780	8 580	2 730	470	12 560	26 440
合 计	570 000	11 400	125 400	39 900	7 100	183 800	386 200

（2）4 月 30 日,按本月工资的 2% 计提失业保险费。

（3）4 月 30 日,按本月工资的 22% 计提养老保险费。

（4）4 月 30 日,按本月工资的 7% 计提住房公积金。

（三）要求:根据上述资料编制会计分录。

【习题四】

（一）目的:练习职工薪酬发放及上缴职工保险费核算。

（二）资料:接上题,甲公司 5 月份职工薪酬相关业务事项如下:

（1）5 月 5 日,通过银行发放 4 月份工资 386 200 元,转入职工个人账户,代扣失业保险费 11 400 元,养老保险费 125 400 元,住房公积金 39 900 元,个人所得税 7 100 元,如表 8-4 所示。

（2）5 月 10 日,以银行存款为职工缴存 4 月份的失业保险费、养老保险费、住房公积金,并缴纳代扣个人所得税。

（3）5 月 26 日,企业决定以其生产的产品作为福利发放给直接从事生产活动的职工,该批产品的市场售价总额为 45 000 元(不含增值税),成本总额为 30 000 元。

（三）要求:根据上述资料编制会计分录。

【习题五】

（一）目的:练习应交增值税的核算。

（二）资料:某企业为增值税一般纳税企业。该企业 20×1 年 7 月 1 日"应交税费——应交增值税"账户有借方余额 3 800 元,20×1 年 7 月份该企业发生如下经济业务:

（1）购进不需要安装的生产设备一台,取得的增值税专用发票上注明的价款 200 000 元,增值税额为 26 000 元,价税款已支付。

（2）企业销售商品一批,不含增值税的价款 1 390 000 元,增值税额 180 700 元,货款尚未收到。

（3）向甲公司捐赠库存商品一批,该批库存商品成本 850 000 元,计税价格为 1 000 000 元。增值税税率为 13%。

（4）购进免税农产品一批,以银行存款支付价款 15 000 元,该批农产品已验收入库。假定扣除率为 9%。

（5）库存商品因管理不善发生非正常毁损,其成本为 27 500 元,其中材料成本 10 000 元,该批材料进项税额 1 300 元。

（6）为其他单位提供信息系统管理服务,不含增值税的价款 300 000 元,增值税额 18 000 元,服务费收到存入银行。

（7）购入仓库 1 幢,取得的增值税专用发票上注明的价款 3 000 000 元,增值税额 270 000 元,款项以银行存款支付。

(8) 以银行存款交纳本月份增值税 18 500 元。

(9) 月末结转本月未交或多交的增值税。

(三) 要求：

(1) 计算企业 20×1 年 7 月应交纳增值税额(假定进项税额已经认定抵扣)。

(2) 根据上述资料编制会计分录。

【习题六】

(一) 目的：练习其他税费的核算。

(二) 资料：甲企业为增值税一般纳税企业,适用的增值税税率为 13%,应税消费品的消费税税率为 8%,20×1 年 7 月份该企业发生如下业务：

(1) 销售应税消费品一批,不含增值税的收入 100 000 元,货款尚未收到。该批应税消费品的成本为 80 000 元。

(2) 本月应交城市维护建设税为 16 590 元,应交教育费附加为 7 110 元。

(3) 企业以一批自产的应税消费品对乙公司投资,取得乙公司 15% 股权。该批应税消费品的成本 500 000 元,计税价格为 600 000 元。

(4) 以银行存款交纳消费税 12 800 元。

(三) 要求：根据上述经济业务编制会计分录。

【习题七】

(一) 目的：练习借款费用的核算。

(二) 资料：W 公司于 20×1 年 1 月 1 日动工兴建一幢办公大楼,工程采用出包方式,每半年支付一次工程进度款。公司为建造办公大楼于 20×1 年 1 月 1 日借入专门借款 3 000 万元,借款期限 4 年,年利率为 8%。除此之外,无其他专门借款。办公大楼的建造还占用了两笔一般借款：向甲银行长期借款 2 000 万元,期限为 20×0 年 11 月 1 日至 20×3 年 11 月 1 日,年利率为 6%,按年支付利息;向乙银行长期借款 3 000 万元,期限为 20×1 年 1 月 1 日至 20×3 年 1 月 1 日,年利率为 5%,按年支付利息。工程于 20×2 年 6 月 30 日完工,达到预定可使用状态。

建造工程资产支出如下：

20×1 年 1 月 1 日,支出 2 000 万元;

20×1 年 7 月 1 日,支出 1 800 万元,累计支出 3 800 万元;

20×2 年 1 月 1 日,支出 1 500 万元,累计支出 5 300 万元。

另外,闲置专门借款用于固定收益短期债券投资,假定月收益率为 0.5%。

(三) 要求：根据上述资料计算 20×1 年、20×2 年借款费用资本化的金额,并编制相关会计分录(假定全年按 360 天计算)。

【习题八】

(一) 目的：练习应付债券的核算。

（二）资料：20×1 年 1 月 1 日，甲股份有限公司发行面值 500 000 000 元，票面利率为 6%，期限 5 年，每年 12 月 31 日计算并支付利息一次、到期还本的债券，该债券按面值发行。假定不考虑发生的相关税费，该公司付息债券筹集的资金没有用于购建或者生产符合资本化条件的资产。

（三）要求：

（1）根据上述经济业务编制债券发行、每年年末利息调整及付息、到期还本的会计分录。

（2）假定债券发行时市场利率为 8%，债的实际发行价格为 460 081 000 元，根据上述经济业务编制债券发行、每年年末利息调整及付息、到期还本的会计分录。

（3）假定债券发行时市场利率为 5%，债的实际发行价格为 521 635 000 元，根据上述经济业务编制债券发行、每年年末利息调整及付息、到期还本的会计分录。

课程思政与案例

应收账款与应付账款能否相互抵销

【案例背景】 A 公司主营业务为铂合金网加工，其主要业务模式为采购贵金属或者含贵金属的废旧网，将其加工成铂合金网销售给客户，同时通常会将客户拆卸下来的废旧网作价采购，作为原材料用于再生产新网销售。因此，A 公司多数交易对象既是客户又是供应商。公司与客户的销售合同未约定差额结算，通常约定是货到付款或预付款，也未约定账期。

由于公司从事铂合金网加工业务多年，与部分客户（供应商）有长期合作历史，双方就货款结算方式形成了差额结算的行业习惯，会与公司口头约定差额结算方式，双方达成默契，互为认可。因此，公司按照应收应付对抵后的差额进行结算和列报应收账款。

【思考问题】 应收账款及应付账款能否以相互抵销后的净额列报为应收账款？

【案例启示】 根据《企业会计准则第 37 号——金融工具列报》第二十八条规定，金融资产和金融负债应当在资产负债表内分别列示，不得相互抵销。但同时满足下列条件的，应当以相互抵销后的净额在资产负债表内列示：①企业具有抵销已确认金额的法定权利，且该种法定权利是当前可执行的。②企业计划以净额结算，或同时变现该金融资产和清偿该金融负债。对于不满足终止确认条件的金融资产转移，转出方不得将已转移的金融资产和相关负债进行抵销。

关于条件①，A 公司仅基于过去合作期间形成的行业习惯与双方的口头默契，认为具有抵销已确认金额的法定权利，判断依据不充分。本案例中，A 公司没有与交易对象签署应收账款与应付账款以净额结算的相关合同，当前签订的销售合同中也未约定差额结算条款,初步判断不具有通常意义上的基于合同的法定权利。

关于条件②,A公司有净额结算的计划及实务操作,符合该条件。

因此,本案例中的金融资产和金融负债能否以相互抵销后的净额在资产负债表内列示,关键在于如何判断法定权利,可能 A公司需要进一步证据充分说明其满足前述条件①,如交易的频率、律师的意见等。

第九章　所有者权益

学习目标

　　了解公司的组织形式及其特征；

　　掌握非股份有限公司和股份有限公司对实收资本的会计核算；

　　掌握实收资本、资本公积的会计核算；

　　掌握股票发行费用的会计核算；

　　掌握盈余公积的会计核算。

第一节　所有者权益的性质与分类

一、所有者权益的性质

　　所有者权益又称净权益或净资产，是企业所有者对企业净资产的要求权，即企业资产扣除负债后由所有者享有的剩余权益。所有者权益只是一种剩余权益，当企业进行清算时，变现后的资产必须首先用于偿还企业的负债，剩余的资产才可按出资比例或所占股份比例在所有者之间进行分配。

　　与负债相比，所有者权益具有如下特点：① 数量上等于企业资产总额减去负债总额后的净额；② 产生于权益性投资行为；③ 滞后于债权人权益；④ 没有固定的偿还期限和偿还金额；⑤ 具有比债权人权益更大的风险。

二、所有者权益的分类

　　所有者权益按形成来源，可分为所有者投入的资本、直接计入所有者权益的利得和损失、留存收益等，主要由实收资本（或股本）、资本公积、其他综合收益、盈余公积和未分配利润等项目构成。

　　所有者投入的资本是指所有者投入企业的资本部分，包括构成企业注册资本或者股本部分的金额，也包括投入资本超过注册资本或者股本部分的金额，即资本溢价或者股本溢价。在会计核算上，前者列入实收资本项目，后者列入资本公积。

直接计入所有者权益的利得和损失,是指不应计入当期损益、会导致所有者权益发生增减变动的、与所有者投入资本或者向所有者分配利润无关的利得或者损失。主要包括其他债权投资、其他权益工具投资的公允价值变动额等。直接计入所有者权益的利得和损失一般作为其他综合收益核算。

留存收益是企业历年实现的净利润留存于企业的部分,包括盈余公积和未分配利润。

第二节　实收资本(或股本)

一、企业组织形式与实收资本

实收资本是指投资人以资本形式投入到企业中的各种资产的价值。所有者向企业投入的资本,在一般情况下无须偿还,可以长期周转使用。由于企业组织形式不同,所有者投入资本的会计核算方法也有所不同,实收资本的会计核算与企业的组织形式有着密切关系。

1. 国有独资公司

国有独资公司是我国《公司法》单独规定的一种特殊类型的有限责任公司,是由国家授权投资的机构或者国家授权的部门单独投资设立的有限责任公司。由于投资主体的单一性,其在会计核算上有独特性,即所有者投入的资本以及后来追加的资本,全部作为实收资本入账。

2. 有限责任公司

有限责任公司组建时,投资人按照合同协议或公司章程投入公司的资本,应记入"实收资本"账户,公司的实收资本应等于其注册资本,投入资本超过注册资本的部分计入资本公积。

3. 股份有限公司

股份有限公司一经批准筹建,就应当确定公司股本总额(注册资本)以及股份总额。股份公司一般通过发行股票方式筹集股本,即将公司股本总额划分为若干相等的份额(股份总额),由投资人认购出资。股本总额与股份总额之比为股票面值,股票面值代表的是每股股票的注册资本。

值得注意的是,企业发行股票筹集的资本往往与股本总额不一致,公司发行股票取得的收入大于股本总额的称为溢价发行;小于股本总额的称为折价发行;等于股本总额的称为面值发行。我国不允许企业折价发行股票。

二、实收资本的核算

(一)账户设置

公司制企业应当设置"实收资本"账户,用于核算投资者出资额在企业注册资本中享有的份额。该账户贷方登记实收资本的增加;借方登记实收资本的减少;期末余额在贷方,表示现有实收资本总额。企业对实收资本应按投资人名称设置明细账户进行明细核算。此外,企业还应设实收资本备查簿,详细记录核定资本总额、各投资人的出资比例和认缴的资本金额。

股份有限公司对股东投入的资本,应设置"股本"账户进行核算,登记发行股票面值总额。

(二)实收资本增加的核算

1. 所有者投入资本

投资人可以现金、实物或无形资产出资。企业收到货币资金时,借记"银行存款"账户,企业收到实物资产投资时,在办理实物交接手续后,按协议或评估价值,借记"固定资产""无形资产""原材料""库存商品"等账户,按其在企业注册资本中享有的份额贷记"实收资本"账户,实际投入资本大于注册资本的差额,贷记"资本公积——资本溢价"账户。

【例9-1】　长江有限责任公司组建时,按投资协议乙公司以原材料作为投资,双方确认的价值为226 000元,其中增值税额26 000元。长江公司在取得乙公司原材料投资时,应编制会计分录如下(假设投入的资产价值与投资人在企业注册资本中享有的份额相同):

借:原材料	200 000
应交税费——应交增值税(进项税额)	26 000
贷:实收资本	226 000

股份有限公司通过发行股票筹集股本,如按面值发行,应按发行股票取得的收入,借记"银行存款"账户,贷记"股本"账户;如按溢价发行,应按发行股票取得的收入,借记"银行存款"账户,按相当于股票面值的部分,贷记"股本"账户,超出股票面值的部分,记入"资本公积"账户。股份公司溢价发行股票,其应付券商的佣金手续费等发行费,应从溢价中抵扣,冲减资本公积,溢价金额不足抵扣的部分,调整留存收益。

【例9-2】　恒通股份有限公司按面值发行普通股票1 000 000股,股票面值为每股1元,收到股东认股款1 000 000元。对此项业务,恒通股份有限公司应编制会计分录如下:

借:银行存款	1 000 000
贷:股本——普通股	1 000 000

【例9-3】　承[例9-2],假定普通股股票每股发行价格为6元,收到股东缴入的股款6 000 000元。应编制会计分录如下:

借:银行存款	6 000 000
贷:股本——普通股	1 000 000
资本公积——股本溢价	5 000 000

2. 资本公积转增资本

企业以资本公积转增资本时,企业应按照转增的资本金额,借记"资本公积"账户,贷记"实收资本"或"股本"账户。

3. 盈余公积转增资本

企业以盈余公积转增资本时,企业应按照转增的资本金额,借记"盈余公积"账户,贷记"实收资本"或"股本"账户。

（三）实收资本的减少

在企业按照法定程序报经批准减少注册资本时,应按照减资金额,借记"实收资本"账户,贷记"银行存款"等账户。

股份有限公司采用收购本企业股票方式减资的,按实际支付的金额,借记"库存股"账户,贷记"银行存款"账户。根据法定程序投经批准注销股本时,应按照注销股票的面值总额减少股本,借记"股本"账户,按所注销库存股的账面余额,贷记"库存股"账户,按两者差额,贷记或借记"资本公积——股本溢价"账户。若"资本公积——股本溢价"账户余额不足冲减的,依次冲减"盈余公积""利润分配——未分配利润"账户。

第三节 资 本 公 积

一、资本公积的内容

资本公积是企业收到投资者出资超过其在注册资本或股本中所占份额的部分以及直接计入所有者权益的利得和损失等。资本公积和实收资本（股本）虽然从性质上看都属于资本。但两者又有区别。实收资本（股本）是投资者对公司的投入,并通过资本的投入谋求一定的经济利益,需要按投资者进行明细核算;而资本公积有其特定来源,由所有投资者共同享有,也并不一定要谋求投资回报。资本公积与留存收益也有所不同,后者由企业利润的留存转化而来,而资本公积本质上是一种资本的投入,资本公积在符合有关法律、法规的条件下,经办理增资手续后可以转增实收资本（或股本）,所以它是一种资本准备,或称准资本。

资本公积主要包括资本溢价（股本溢价）和其他资本公积两部分。其中,其他资本公积是指股本溢价（或资本溢价）以外的资本公积,如权益结算的股份支付,在等待期的资产负债表日,按照授予日权益工具的公允价值确认的资本公积。

二、资本公积的核算

企业应设置"资本公积"账户,用于核算资本公积的增减变动情况。该账户贷方登记企业资本公积的增加数额;借方登记企业资本公积的减少数额;期末余额在贷方,表示期末企业资本公积的实有数额。该账户按资本公积的来源进行明细核算,其明细账户有"资本(股本)溢价"和"其他资本公积"。

1. 资本溢价

资本溢价是指投资者投入企业的出资额大于其在企业注册资本中所享有的份额。

有限责任公司创立时,投资者投入的资金通常全部记入"实收资本"账户。但当企业重组并有新的投资者加入时,为了维护原有投资者的权益,新加入投资者的出资额通常会大于其在注册资本中所占的份额。这是因为:

(1) 企业初创时投入资本与正常经营过程中投入资本的获利能力和风险不同。企业初创时期,要经过筹建、试运营、市场开拓等发展阶段,此时的投资风险大、回报低且不稳定。而企业进入稳定发展阶段后,资产报酬率一般要高于初创阶段,投资风险相对较低,因此,新投资者需要付出大于初始投资者的出资额,才能获得与其相同的投资份额。

(2) 企业从创办到增资,经过一段时间的经营,通常已有一些积累。新的投资者加入企业后,对这部分积累也有分享权利,由此也要求新投资者要付出大于初始投资者的出资额,才能获取与原投资者相同的投资比例。

【例 9-4】 新源有限责任公司设立时注册资本为 600 万元,甲、乙、丙公司各出资 200 万元。经营 3 年后,新源公司经批准增加注册资本到 800 万元,并与丁企业达成协议,丁企业以 260 万元货币资金出资享有公司注册资本 25% 的份额。新源公司收到新投资者丁企业出资时,应编制会计分录如下:

借:银行存款   2 600 000
  贷:实收资本   2 000 000
    资本公积——资本溢价   600 000

2. 股本溢价

股本溢价是指股份有限公司溢价发行股票时,实际收到的款项超出股票面值总额的金额。股票溢价收入在扣除发行费用后记入"资本公积——股本溢价"账户。

【例 9-5】 绿城股份公司委托长城证券公司代理发行普通股 4 000 万股,每股面值 1 元,按每股 6.5 元的价格发行。绿城股份公司与长城证券公司约定,按发行收入的 2% 收取手续费,扣除手续费后的股款已划入公司的银行账户。收到发行股票股款时,应编制会计分录如下:

$$收到的股款金额 = 4\,000 \times 6.5 \times (1-2\%) = 25\,480(万元)$$

借:银行存款   254 800 000
  贷:股本   40 000 000
    资本公积——股本溢价   214 800 000

第四节 留 存 收 益

一、留存收益的含义与构成

留存收益是企业税后利润积累留存于企业而形成的资本。留存收益与投入资本不同,投入资本是从企业外面投入企业的,是企业设立与创业的资本;留存收益也是企业资本的一部分,但它不是投入企业的,而是由企业在经营中,从实现的利润中积累留存下来的。

留存收益由盈余公积(法定的和任意的)和未分配利润构成。盈余公积分为法定盈余公积和任意盈余公积两类。法定盈余公积是按照国家规定,企业必须按净利润的10%提取的盈余公积;任意盈余公积是企业自愿提取的,其提取比例,由企业自行确定。未分配利润指可供支配的利润在提取了盈余公积和支付了股利以后的余额,未分配利润可用于弥补以后年度亏损、分派股利等。

二、盈余公积的核算

企业应设置"盈余公积"账户,用于核算盈余公积的提取与使用。该账户贷方登记企业提取的盈余公积;借方登记冲减的盈余公积;期末贷方余额,表示企业现有的盈余公积。该账户应按盈余公积种类分别设置"法定盈余公积"和"任意盈余公积"明细账户。提取盈余公积时,借记"利润分配"账户,贷记"盈余公积"账户。

（一）盈余公积的提取

我国《公司法》规定,企业应按税后净利润的10%提取法定盈余公积,但此项公积金已达到注册资本的50%时,可以不再提取。提取法定盈余公积的目的主要是增强企业抵御风险能力以及弥补亏损等。

企业有时会因一些特殊的原因或目的,而提取任意盈余公积。通过任意盈余公积的拨定,对利润分配做出限制,减少了当期可以分派股利的数额,其目的在于保持财力以应付特殊情况,在资金调度上不至于捉襟见肘。如果企业估计将来有足够的现金流入,也可不提取任意盈余公积。

企业提取法定盈余公积、任意盈余公积,对留存收益总额和所有者权益总额均无影响,只是影响企业所有者权益结构。

【例9-6】 恒通公司20×1年度的净利润为8 000 000元,该年经董事会批准,按税后利润的10%提取法定盈余公积,按5%提取任意盈余公积。企业应编制会计分录如下:

借：利润分配——提取法定盈余公积　　　　　　　　　　　　　　　800 000
　　　　　　——提取任意盈余公积　　　　　　　　　　　　　　　400 000
　　贷：盈余公积——法定盈余公积　　　　　　　　　　　　　　　　　　800 000
　　　　　　——任意盈余公积　　　　　　　　　　　　　　　　　　　　400 000

必须注意，企业按规定提取盈余公积前，应当先用当年利润弥补亏损，若有余额才可提取盈余公积。

（二）盈余公积的使用

企业提取的盈余公积主要用于弥补亏损以及转增资本。根据我国《公司法》规定，法定盈余公积转增资本后留存的该项公积金不得低于转增前原注册资本的25％。

企业将盈余公积转增资本时，应当按照转增资本前的实收资本结构比例，将盈余公积转增资本的数额记入"实收资本（或股本）"账户下各所有者的明细账，相应增加各所有者对企业的资本投资。按转增资本的金额，借记"盈余公积"账户，贷记"实收资本"或"股本"账户。

企业以盈余公积弥补亏损时，应当由公司董事会提议，并经股东大会批准。按批准弥补的亏损金额，借记"盈余公积"账户，贷记"利润分配——盈余公积补亏"账户。

三、现金股利和股票股利

（一）现金股利

现金股利是最常见的一种股利的形式，也是投资者比较愿意得到的投资所得形式。企业根据股东大会或类似机构审议批准的利润分配方案，宣告分配的现金股利或利润，在实际支付前，形成企业的负债并减少企业的未分配利润。所以，在宣告分配现金股利时，应借记"利润分配"账户，贷记"应付股利"或"应付利润"账户。实际发放时，借记"应付股利"或"应付利润"账户，贷记"银行存款"等账户。

【例9-7】 大众股份公司发行在外的普通股50 000 000股。20×1年5月18日，经股东大会批准，宣告分派现金股利每10股4元。假设股权登记截止日为20×1年8月22日，实际发放日为8月23日。

（1）20×1年5月18日，大众公司宣告分派现金股利时，应编制会计分录如下：

借：利润分配——应付现金股利　　　　　　　　　　　　　　　　20 000 000
　　贷：应付股利　　　　　　　　　　　　　　　　　　　　　　　　20 000 000

（2）在股权登记日，不需编制任何会计分录，只需根据股权登记日的有关资料，编制应派给现金股利的股东名册，以便委托证券公司或银行按股东名册代发股利。

（3）20×1年8月23日，发放现金股利时，应编制会计分录如下：

借：应付股利　　　　　　　　　　　　　　　　　　　　　　　　20 000 000
　　贷：银行存款　　　　　　　　　　　　　　　　　　　　　　　　20 000 000

（二）股票股利

股票股利是指公司以增发股票的方式发放的股利。与现金股利不同,公司宣告和分发股票股利时,既不影响公司的资产和负债,也不影响股东权益总额,它只是股东权益内部各项目之间发生的增减变化。企业实际发放股票股利,应在办理增资手续后借记"利润分配"账户,贷记"股本"账户。

本 章 小 结

所有者权益是企业资本来源的重要组成部分,代表投资人对企业资产的要求权,因此,所有者权益的核算是企业会计核算的重要问题之一。企业的所有者权益包括实收资本(股本)、资本公积、其他综合收益、盈余公积和未分配利润。

投资者投入企业的法定资本,在非股份有限公司,称为实收资本;在股份有限公司,称为股本。投资者可以采取现金、实物性资产和无形资产等方式出资。在股份有限公司,主要采取发行股票的方式来筹集股本。股本可因发行股票、增资配股、分派股票股利、资本公积转增股本、盈余公积转增股本等而增加;也可因减资、回购股票等而减少。

资本公积是企业收到投资者出资超过其在注册资本或股本中所占的份额的投资,以及直接计入所有者权益的利得和损失等。资本公积主要包括资本溢价(股本溢价)和其他资本公积两部分。资本公积和实收资本(股本)虽然都属于投入资本,但两者又有区别。资本公积是由所有投资者共同享有的资本,在符合有关法律、法规的条件下,经办理增资手续后可以转增实收资本。

留存收益是通过企业的生产经营活动而形成的,是经营所得净收益的积累,是所有者权益的又一重要组成部分。根据留存收益的不同用途,留存收益分为盈余公积和未分配利润两部分。盈余公积是企业从净利润中提取的各种积累资金,是对企业将留存收益向股东进行分配而做出的部分限定。盈余公积包括法定盈余公积和任意盈余公积。盈余公积主要可用于弥补亏损、转增资本等。未分配利润则是企业历年积累的尚未向股东进行分配的留存收益部分。

主 要 术 语

■ 所有者权益　　　　　　股本溢价

■ 实收资本　　　　　　　资本公积

■ 股本　　　　　　　　　盈余公积

■ 普通股　　　　　　　　任意盈余公积

■ 法定盈余公积　　　　　未分配利润

■　股票面值

复 习 思 考 题

1. 企业组织形式主要有哪几种? 各种组织形式企业实收资本核算有何特点?
2. 什么是所有者权益? 所有者权益包括哪些内容?
3. 所有者权益与负债有何区别?
4. 企业如何进行实收资本的核算? 股份有限公司与一般企业在核算时有何不同?
5. 资本公积是如何形成的? 资本准备项目的含义是什么?
6. 盈余公积包括哪些种类? 如何进行盈余公积提取和使用的核算?
7. 实收资本与资本公积、投入资本与留存收益间有哪些区别与联系?

练 习 题

一、单项选择题

1. 下列各项中,影响所有者权益总额发生增减变动的是(　　)。
A. 支付已宣告的现金股利　　　　B. 盈余公积补亏
C. 发行公司债券　　　　　　　　D. 宣告分派现金股利
2. 下列各项中,引起企业留存收益总额发生变化的是(　　)。
A. 提取法定盈余公积　　　　　　B. 宣告分配股票股利
C. 本年发生净亏损　　　　　　　D. 用盈余公积弥补亏损
3. 下列各项中,不会引起资本公积变动的是(　　)。
A. 经批准将资本公积转增资本
B. 投资者投入的资金大于其按约定比例在注册资本中应享有的份额
C. 以公允价值计量且其变动计入当期损益的金融资产
D. 溢价发行股票收入超出股票面值总额的金额
4. 资本公积可以用于(　　)。
A. 弥补亏损　　　　　　　　　　B. 向股东支付股利
C. 对外捐赠　　　　　　　　　　D. 转增资本
5. 甲股份有限公司委托 A 证券公司发行普通股 1 000 万股,每股面值 1 元,每股发行价格为 4 元。根据约定甲股份有限公司应按发行收入的 2% 向 A 证券公司支付发行费。如果不考虑其他因素,股票发行后,甲股份有限公司记入"资本公积"账户的金额应为(　　)万元。
A. 40　　　　　　B. 160　　　　　　C. 2 920　　　　　　D. 4 000

6. 某公司年初未分配利润 1 000 万元,盈余公积 500 万元,本年实现净利润 5 000 万元,分别提取法定盈余公积 500 万元,任意盈余公积 250 万元,宣告发放现金股利 500 万元,年末留存收益( )万元。

A. 6 500　　　　B. 5 250　　　　C. 5 750　　　　D. 6 000

7. 某公司 20×1 年年初所有者权益总额为 1 360 万元,当年实现净利润 450 万元,提取盈余公积 45 万元,向投资者分配现金股利 200 万元,投资者追加现金投资 30 万元。该公司年末所有者权益总额为( )万元。

A. 1 565　　　　B. 1 595　　　　C. 1 640　　　　D. 1 795

二、多项选择题

1. 下列各项中,( )属于所有者权益项目。

A. 盈余公积　　　　B. 资本公积　　　　C. 未分配利润　　　　D. 其他综合收益

2. 从利润中形成的所有者权益项目有( )。

A. 实收资本　　　　　　　　　　B. 资本公积

C. 盈余公积　　　　　　　　　　D. 未分配利润

E. 其他综合收益

3. 下列各项中,属于留存收益的有( )。

A. 按规定从净利润中提取的法定盈余公积

B. 累积未分配的利润

C. 按股东大会决议从净利润中提取的任意盈余公积

D. 发行股票的溢价收入

4. 下列各项中,会引起企业实收资本发生增减变动的有( )。

A. 盈余公积转增资本　　　　　　B. 处置长期股权投资

C. 资本公积转增资本　　　　　　D. 对外进行债券投资

5. 盈余公积可以用于( )。

A. 弥补亏损　　　　　　　　　　B. 分派股利

C. 偿还债务　　　　　　　　　　D. 转增资本

6. 下列关于盈余公积的说法中,不正确的有( )。

A. 盈余公积的提取限制了对股东股利的分派

B. 法定盈余公积金按照税前利润的 10% 的比例提取

C. 法定盈余公积的计提基数,应包括企业年初未分配利润

D. 法定盈余公积达到公司注册资本的 50% 时,可以不再提取法定盈余公积

7. 股份公司发生的下列事项中,不会影响股东权益总额增减变动的有( )。

A. 以资本公积转增股本　　　　　　B. 以法定盈余公积转增股本

    C. 宣告分派股票股利   D. 提取留存法定盈余公积

三、判断题

1. 所有者权益体现的是所有者在企业中的剩余权益,其确认和计量主要依赖于资产、负债等其他会计要素的确认和计量。   ( )

2. 所有者权益的来源主要包括所有者投入的资本、资本公积、留存收益等。( )

3. 由于所有者权益和负债都是对企业资产的要求权,因此,它们的性质是一样的。

                                                   ( )

4. 就账户的经济内容而言,"本年利润"账户与"利润分配"账户均属于所有者权益账户,两者的用途结构相同。   ( )

5. 用盈余公积转增资本或弥补亏损,均不影响所有者权益总额的变化。   ( )

6. 资本公积和盈余公积都是从企业的净利润中提取形成的。   ( )

7. 企业溢价发行股票发生的手续费、佣金应从溢价中抵扣,溢价金额不足抵扣的,调整留存收益。   ( )

8. 未分配利润的用途是留待以后年度向投资者分派股利或弥补亏损。   ( )

四、业务核算题

【习题一】

(一) 目的:练习有限责任公司实收资本与资本公积的核算。

(二) 资料:申华有限责任公司由甲、乙、丙三个投资人投资创办,公司注册资本为1 200万元,公司章程规定甲、乙、丙三方出资比例为1:2:3。该公司有关实收资本业务如下:

(1) 收到甲公司以货币资金投资200万元;乙公司以专利权出资,协议确定价值400万元;丙公司以公允价值600万元的设备投资。

(2) 3年后,公司经批准增加注册资本200万元,其中,150万元由资本公积转增资本,50万元由新的投资人丁投资加入,丁投入货币资金60万元。

(三) 要求:

(1) 编制以上经济业务的会计分录。

(2) 计算每个投资人在公司注册资本中享有的份额及占有的股权比例。

【习题二】

(一) 目的:练习股份公司股票发行与资本公积的核算。

(二) 资料:中兴股份有限公司股本总额为5 000万元,股票面值为每股1元。该公司分两次发行股票募集股份,有关资料如下:

(1) 20×1年5月,公司发起人以面值认购公司股票3 000万股。

(2) 20×3年9月,委托证券公司代理发行普通股2 000万股,每股发行价格5.6元。

按协议,证券公司按发行收入的 3% 收取股票发行费。

(三)要求:编制以上经济业务的会计分录。

【习题三】

(一)目的:练习盈余公积的核算。

(二)资料:东方公司是 20×1 年年初成立的一家有限责任公司,适用企业所得税税率 25%,该企业提取法定盈余公积和任意盈余公积的比例分别为 10% 和 5%。各年相关资料如下:

(1) 20×1 年实现净利润 500 000 元,按照规定比例提取法定盈余公积和任意盈余公积。

(2) 20×2 年经营发生亏损 600 000 元。

(3) 20×3 年实现税前利润总额 900 000 元,假设可于税前弥补以前年度亏损,无其他纳税调整项目。

(4) 经批准用法定盈余公积 20 000 元,任意盈余公积 10 000 元转增资本,并办妥增资手续。

(三)要求:

(1) 按照规定比例计算各年应提取法定盈余公积和任意盈余公积。

(2) 编制各年相关会计分录。

(3) 计算 20×3 年年末的未分配利润金额。

课程思政与案例

与发行股份相关的交易费用处理

【案例背景】 甲公司是上市公司,20×1 年甲公司投资拟上市公司乙,并持有乙公司 100% 股权。20×4 年 9 月 1 日,乙公司首次公开发行并在上海证券交易所上市,发行新股总计 6 000 万股,每股发行价人民币 7 元。20×1—20×4 年,乙公司发生的费用包括 20×1—20×3 年年报会计师审计费用每年 50 万元,申报报表会计师审计费用 200 万元,券商承销费 200 万元,保荐费 200 万元,财经公关费 200 万元,上市酒会费 100 万元。

【思考问题】 乙公司在发行阶段发生的费用,是否都属于交易费用? 应如何列报上述各项费用?

【案例启示】 根据企业会计准则的规定,发行权益工具的交易费用,可以自发行收入中抵减并计入所有者权益。因此,企业在发行过程中发生的一系列费用,是否可以计入所有者权益,需满足两个条件:①必须和发行有关;②必须实质上是交易费用。

在发行阶段发生的费用,并不一定全部是交易费用。根据交易费用的定义,符合交易费用条件的费用应具备直接和新增两个特征。直接是指直接归属于金融工具购买、发行或处置。企业发行过程中发生的一些路演等宣传费，就不属于直接相关的费用。因为企业路演的作用主要为广告宣传，与企业发行股份并没有直接的关系。新增是指企业不购买、发行或处置金融工具就不会发生。企业发行股份需要支付给券商的承销费就是一种新增费用，因为不发行股份，就不需要支付承销费用，而不支付承销费用，就无法发行股份，因此，承销费用不但是新增费用，而且也是直接相关的费用。

乙公司与首次公开发行的有关费用，应按照企业会计准则有关交易费用的定义处理如下：

(1) 乙公司首发申报报表会计师审计费用、券商承销费和保荐费共 600 万元，属于与发行权益性证券直接相关的新增费用，应自权益性证券的发行溢价中扣减，发行溢价不足扣减或无发行溢价的，应冲减盈余公积，盈余公积不足冲减的，不足部分再从未分配利润中冲减。

(2) 乙公司发行权益性证券过程中发生的财经公关费和上市酒会费共计 300 万元，与发行权益性证券并不直接相关，应计入发生年度损益。

(3) 20×1—20×3 年年度报告审计费用共计 150 万元，不属于发行阶段发生的费用，既不是与发行权益性证券直接相关的费用，也不是新增的费用，应计入 20×1—20×3 年各年度管理费用。

第十章 收入与利润

学习目标

　理解收入的概念、内容、特征；

　掌握收入的确认原则和计量方法；

　掌握主营业务收入、主营业务成本、税金及附加的核算；

　掌握利润形成及利润分配的核算；

　掌握资产负债表债务法下所得税的核算。

第一节 收 入

一、收入的概念与特征

（一）收入概念

收入是指企业在日常活动中所形成的、会导致所有者权益增加的、与所有者投入资本无关的经济利益的总流入，主要包括销售商品收入、提供劳务服务收入等。

销售商品收入包括取得货币性资产方式的销售商品收入、以存货资产对外投资等所产生的交易收入。企业销售的其他存货，如原材料、包装物等也视同销售商品，确认销售商品收入。

提供劳务服务收入是指企业提供安装、运输、广告、咨询、代理、培训等取得的收入。

收入按其对企业重要程度的不同，可分为主营业务收入和附营业务收入。主营业务是指企业为完成其经营目标而从事的日常活动中的主要活动，是企业收入的主要来源，如工业企业生产并销售商品等。附营业务是指主营业务以外的其他日常活动，如工业企业销售材料、提供非工业性劳务等，附营业务属于企业日常活动中的次要交易。

企业日常经营活动以外经济利益的流入称为利得。利得具有不规则和难以预见的特点，分为两类，一类是直接计入当期利润的利得，一类是直接计入所有者权益的利得。直接计入当期利润的利得是企业边缘性和偶发性交易或事项的结果，如转让无形资产所有权净收益、处置固定资产净收益、公允价值变动差额等;利得也表现为不经过经营过程即可取得或不曾期望获得的收入,如接受捐赠、收到违约罚款、与企业日常活动无关的政府补助等。直接计入所有者权益的利得,主要包括以公允价值计量且其变动计入其他综合收益的金融资产公允价值变动等。利得在利润表中通常以净额列示。

(二)收入特征

(1)收入是从企业日常活动中产生,而不是从偶发的交易或事项中产生的。日常活动包括:① 企业为完成其经营目标而从事的经营性活动,如工业企业生产并销售商品商业企业销售商品、运输公司提供运输服务等;② 与经营活动相关的活动,如企业出售不需用材料、投资性房地产出租、转让无形资产使用权等。这些活动具有经常性、重复性和可预见性的特点。

(2)收入的实质是企业净资产的增加。收入实现的同时伴随着资产的增加,或负债的减少,或者两者兼而有之。但资产的增加或负债的减少并不都是源自收入,如股东以现金投资,虽然导致银行存款的增加,但不应当确认为收入,而应当确认为所有者权益。根据"资产-负债=所有者权益"的平衡公式,收入的增加最终导致所有者权益的增加。

(3)收入只包括本企业经济利益的总流入,不包括为第三方或客户代收的款项,如销售平台代客户收取的货款。为第三方或客户代收的款项,一方面增加企业的资产,另一方面增加企业的负债,不会导致企业所有者权益的增加。

二、收入的确认

1. 收入确认的原则

基于与客户订立合同的基础上,企业履行了合同的履约义务,应当在客户取得相关商品或服务的控制权时确认收入。取得相关商品控制权,是指能够主导该商品的使用并从中获得几乎全部的经济利益,也包括有能力阻止其他方主导该商品的使用并从中获得经济利益。

2. 收入确认的前提条件

合同的订立是企业收入确认的基础和前提条件。企业与客户之间订立的合同同时满足下列五个条件的,企业应当在客户取得相关商品控制权时确认收入。

(1)合同各方已批准该合同并承诺将履行各自义务。

(2)该合同明确了合同各方与所转让的商品或提供的服务(以下简称"转让商品")相关的权利和义务。

(3)该合同有明确的与所转让的商品相关的支付条款。

(4)该合同具有商业实质,即履行该合同将改变企业未来现金流量的风险、时间分布或金额。

（5）企业因向客户转让商品而有权取得的对价很可能收回。

企业应当在合同开始日对合同进行评估，识别该合同所包含的各单项履约义务，并确定各单项履约义务是在某一时段内履行，还是在某一时点履行，在履行了各单项履约义务时分别确认收入。

3. 某一时段内履行的履约义务的收入确认

满足下列条件之一的，属于在某一时段内履行的履约义务，相关收入应当在履约义务履行的期间内按履约进度确认收入。

（1）客户在企业履约的同时即取得并消耗企业履约所带来的经济利益。例如，运输服务、财税咨询服务等常规或经常性的服务。

（2）客户能够控制企业履约过程中在建的商品。例如，与客户签订合同，在客户拥有的土地上按照客户的设计要求为其建造厂房。

（3）企业履约过程中所产出的商品具有不可替代用途，且该企业在整个合同期间内有权就累计至今已完成的履约部分收取款项。

【例 10-1】 甲公司是一家造船企业，与乙公司签订了一份船舶建造合同。假定该合同仅包含一项履约义务，即按照乙公司的具体要求设计和建造船舶，甲公司如果想把该船舶出售给其他客户，需要发生重大的改造成本。该产品具有不可替代的用途。双方约定，甲公司在自己的厂区内完成该船舶的建造，如果乙公司单方面解约，乙公司需向甲公司支付相当于合同总价 20% 的违约金，且建造中的船舶归甲公司所有。

本例中，船舶是按照乙公司的具体要求进行设计和建造的，甲公司需要发生重大的改造成本将该船舶改造之后才能将其出售给其他客户，因此，该船舶具有不可替代用途。然而，如果乙公司单方面解约，仅需向甲公司支付相当于合同总价 20% 的违约金，表明甲公司无法在整个合同期间内都有权就累计至今已完成的履约部分收取能够补偿其已发生成本和合理利润的款项，则该合同的履约义务就不属于某一时段的履行的履约义务。

如果合同约定，如果乙公司单方面解约，甲公司能在整个合同期间内有权就累计至今已完成的履约部分收取能够补偿其已发生成本和合理利润的款项，则该合同的履约义务就属于某一时段的履行的履约义务。

4. 某一时点履行的履约义务收入确认

当一项履约义务不属于在某一时段内履行的履约义务时，应当判断为属于在某一时点履行的履约义务。对于在某一时点履行的履约义务，企业应当在客户取得相关商品控制权时点确认收入。在判断客户是否已取得商品控制权时，企业应当考虑下列六个迹象。

（1）企业就该商品享有现时收款权利，即客户就该商品负有现时付款义务。

（2）企业已将该商品的法定所有权转移给客户，即客户已拥有该商品的法定所有权。

（3）企业已将该商品实物转移给客户，即客户已实际占有该商品。

（4）企业已将该商品所有权上的主要风险和报酬转移给客户,即客户已取得该商品所有权上的主要风险和报酬。

（5）客户已接受该商品。

（6）其他表明客户已取得商品控制权的迹象。

【例 10 - 2】 20×1 年 3 月,A 公司计划装修办公场所,A 公司一次性向 B 商场购买办公家具 400 万元,货款已支付,但要求装修完成之后送货。2020 年 3 月,B 商场将上述家具送至 A 公司。B 商场能否在 20×1 年 3 月签约收到款时确认收入?

判断客户是否已取得商品控制权时,企业应当考虑三个因素:①客户能够主导该商品的使用并从中获得几乎全部的经济利益。②企业已将该商品实物转移给客户,即客户已实物占有该商品。③客户已接受该商品。

本例中,A 客户客观上占有了实物,且客户主观上接受了该商品的时点是 20×2 年 3 月。B 商场在签约收到款时,商品控制权未发生转移,不能确认收入,只能等到客户收到且接受了商品后,才能确认收入。

三、收入的计量

1. 交易价格的计量与分摊

通常情况下,企业销售商品确认收入时,应当反映向客户转让该商品或服务的模式,按各单项履约义务的交易价格计量收入。交易价格是指企业因向客户转让商品而预期有权收取的对价金额。合同标价并不一定代表交易价格。确定交易价格时,企业应当根据合同条款,结合其以往的习惯做法,考虑可变对价、合同中存在的重大融资成分、非现金对价、应付客户对价等因素的影响。例如,向客户授予的奖励积分,企业在确认收入时,应当将该应付对价从交易价格中扣除。

【例 10 - 3】 20×1 年 1 月 1 日,甲公司开始推行一项奖励积分计划。根据该计划,客户在甲公司每消费 10 元可获得 1 个积分,每个积分可在 1 年内使用可以抵减 1 元。20×1 年 1 月销售额 100 000 元,发放 10 000 个积分,根据历史经验,甲公司估计该积分的兑换率为 80%。假定上述金额均不包含增值税等的影响。20×1 年 1 月,计量确认收入时,应将奖励积分作为应付客户对价从交易价格予以扣除:

使用积分进行消费的单独售价＝10 000×80%＝8 000(元)

分摊至商品的交易价格＝[100 000÷(100 000＋8 000)]×100 000＝92 593(元)

分摊至积分的交易价格＝[8 000÷(100 000＋8 000)]×100 000＝7 407(元)

当合同中包含两项或多项履约义务时,企业应当在合同开始日,按照各单项履约义务所承诺商品的单独售价的相对比例,将交易价格分摊至各单项履约义务。企业不得因合同开始日之后单独售价的变动而重新分摊交易价格。

【例 10 - 4】 电信公司以电话服务和网络服务的电信套餐开展促销,交易价格为每月 160 元,具体内容为:① 电话服务,主叫电话 300 分钟,接听免费;② 网络服务,网络流量 100G 以内网速 4G,超过 100G 网速 3G。同时,电信公司也向其他客户单独销售上述两个项目,电话服务的单独售价为 50 元,网络服务的单独售价为 150 元。基础电信服务和增值电信服务收入的增值税率分别为 9% 和 6%。

本例中,该合同中的履约义务有两项,均属于在某一时点履行的履约义务,需将交易价格在两项可明确区分的义务之间,基于各自单独售价比例进行分摊(表 10 - 1)。

表 10 - 1　交易价格分摊计算表　　　　　　单位:元

履约义务	履约义务类型	单独售价	比例	分摊交易价格	不含税的交易价格
电话服务	某一时点	50	50/200	40	40/1.09
网络服务	某一时点	150	150/200	120	120/1.06
合计		200	—	160	—

2. 某一时段履约收入的计量

履约进度的确定有产出法和投入法两种方法。产出法主要是按照实际测量的完工进度、时间进度、已完工或交付的产品等确定履约进度的方法。投入法主要是以投入的材料数量、花费的人工工时或机器工时、发生的成本和时间进度等投入指标确定履约进度。

按履约进度确认收入的计算公式如下:

$$当期确认收入＝合同的交易价格×履约进度－以前会计期间累计已确认的收入$$

当履约进度不能合理确定时,企业已经发生的成本预计能够得到补偿的,应当按照已经发生的成本金额确认收入,直到履约进度能够合理确定为止。

【例 10 - 5】乙公司经营一家健身俱乐部。20×1 年 2 月 1 日,某客户与乙公司签订合同,成为乙公司的会员支付会员费 4 800 元(不含税),可在未来的 24 个月内在该俱乐部健身,且没有次数的限制。20×1 年 12 月 31 日,乙公司应当确认的收入是多少?

本例中,客户在会员期间可随时来俱乐部健身且没有次数限制,属于某一时段内履行的履约义务。因此,乙公司应按履约进度确认收入。

(1) 履约进度＝11÷24＝45.8%

(2) 20×1 年期末应确认的收入＝4 800×45.8%＝2 198.4(元)

四、收入的会计核算

(一) 基本账户设置

1. "主营业务收入"账户

"主营业务收入"账户用于核算企业确认的销售商品、提供服务等主营业务的收入。该账户贷方登记企业履行了合同的单项履约义务时应确认的收入;期末结转后该账户无余额。该账户一般按主营业务的种类进行明细核算。

2."主营业务成本"账户

"主营业务成本"账户用于核算企业确认销售商品、提供服务等主营业务收入时应结转的成本。该账户借方登记本期销售商品、提供服务等应结转的主营业务成本;期末结转后该账户无余额。该账户一般按主营业务的种类进行明细核算。

3."其他业务收入"账户

"其他业务收入"账户用于核算企业确认的除主营业务活动以外的其他经营活动实现的收入,包括销售材料、出租固定资产、出租无形资产、出租包装物等取得的收入。期末结转后该账户无余额。该账户一般按其他业务收入种类进行明细核算。

4."其他业务成本"账户

"其他业务成本"账户用于核算企业确认的除主营业务活动以外的其他经营活动所发生的支出,包括销售材料成本、出租固定资产的折旧额、出租无形资产的摊销额、出租包装物的成本或摊销额等。期末结转后该账户无余额。该账户一般按其他业务成本种类进行明细核算。

5."税金及附加"账户

"税金及附加"账户用于核算企业经营活动发生的消费税、城市维护建设税、资源税和教育费附加等相关税费。该账户借方登记企业按规定计算确定的与经营活动相关的税费;贷方登记企业收到返还的原记入该账户的各项税金,以及期末转入当期损益的本期税金及附加;期末结转后该账户应无余额。

6."合同资产"账户

"合同资产"账户用于核算企业已向客户转让商品而有权收取对价的权利。该账户借方登记取得的有条件收取对价的权利,贷方登记结算或收回的对价金额。该账户一般按合同进行明细核算。合同资产与应收账款不同,应收账款代表的是企业无条件收取对价的权利,仅承担信用风险;而合同资产是有条件收取对价的权利,除信用风险外,还可能承担其他风险,如履约风险等。

(二)合同收入的基本账务处理

企业销售商品的单项履约义务,如属于某一时点确认收入的,在商品控制权转移,满足收入确认条件时,按照销售商品的交易价格,借记"银行存款""应收账款""应收票据""合同资产"等账户,按销售收入确认的金额,贷记"主营业务收入"账户,按增值税专用发票上注明的增值税额,贷记"应交税费——应交增值税(销项税额)"账户。月末,根据本月销售各种商品的实际成本,计算应结转的已销商品成本,借记"主营业务成本"账户,贷记"库存商品"账户;按规定计算确定经营活动发生的消费税、城市维护建设税、资源税和教育费附加等相关税费,借记"税金及附加"账户,贷记"应交税费"等账户。

【例10-6】 20×1年7月30日,W公司签订合同,销售给Z公司商品一批,增值税专用发票上注明的价款为100 000元,增值税额为13 000元,货款已经收到并存入银行。该批商品生产成本为 60 000 元。本期应交城市维护建设税 130 元。该合同代表一项履约义务，在某一时点履行，符合收入确认条件。根据上述资料，W 公司应编制会计分录如下：

（1）7 月 30 日，销售时：

借：银行存款	113 000
贷：主营业务收入	100 000
应交税费——应交增值税（销项税额）	13 000

（2）结转已销商品成本时：

借：主营业务成本	60 000
贷：库存商品	60 000

（3）结算城市维护建设税时：

借：税金及附加	130
贷：应交税费——应交城市维护建设税	130

【例 10 - 7】 20×1 年 11 月 3 日，W 公司签订合同，约定出售一批不需用材料给 Y 公司，增值税专用发票上注明的价款为 60 000 元，增值税额为 7 800 元，同时用银行存款代垫运输费 1 800 元，款项共计 69 600 元尚未收到，该材料的实际成本为 40 000 元。该合同代表一项履约义务，在某一时点履行，符合收入确认条件。根据上述资料，W 公司应编制会计分录如下：

借：应收账款——Y 公司	69 600
贷：其他业务收入	60 000
应交税费——应交增值税（销项税额）	7 800
银行存款	1 800
借：其他业务成本	40 000
贷：原材料	40 000

（三）商业折扣、现金折扣、销售折让、销售退回的基本账务处理

1. 商业折扣

商业折扣又称数量折扣，是指卖方为了扩大销售、占领市场等目的，而在商品原有标价的基础上给买方提供的一种价格上的优惠。销售商品的最终成交价中不包含商业折扣部分，因此，销售商品涉及商业折扣的，应当按照扣除商业折扣后的金额作为收入的入账金额，会计核算时无需对商业折扣单独进行账务处理。

2. 现金折扣、销售折让

现金折扣又称销货折扣，是指卖方为了鼓励买方早日归还赊欠的货款，而允诺在一定的付款期限内给予的债务扣除。例如，销售合同规定付款条件为 2/10，则表示 10 天内付款给予客户 2% 的折扣优惠。

3. 销售折让

销售折让是指企业将商品出售后,因商品质量、规格、型号等不符合要求而在价格上给予的减让。销售折让可能发生在企业确认收入之前,也可能发生在企业确认收入之后。企业与客户的合同中约定的对价金额可能会因折扣、价格折让等因素而变化。企业应当按照期望值或可能发生金额确定可变对价的最佳估计数。

4. 销售退回

销售退回是指企业销售商品后,由于商品质量、规格不符合要求等原因而发生退货。已确认收入的售出商品发生销售退回,不论退回的是本年还是以前年度销售,一般应冲减退回当期的销售收入以及相关的成本、税金。

对于附有销售退回条款的销售,企业应当在客户取得相关商品控制权时,按照因向客户转让商品而预期有权收取的对价金额(即不包含预期因销售退回将退还的金额)确认收入,按照预期因销售退回将退还的金额确认负债;同时,按照预期将退回商品转让时的账面价值,扣除收回该商品预计发生的成本(包括退回商品的价值减损)后的余额,确认为一项资产,按照所转让商品转让时的账面价值,扣除上述资产成本的净额结转成本。

【例 10-8】 20×1 年 9 月 30 日,W 公司签订合同,约定销售给 H 公司某种商品 500 台,每台售价 100 元,增值税税率为 13%,该商品的单位成本为每台 40 元,合同规定,现金折扣条件为"2/20,N/30"(假定计算现金折扣时不考虑增值税),根据经验,估计 H 公司 20 天内付款的可能性为 90%,超过 20 天付款的可能性为 10%。该商品适用的消费税税率为 10%。该合同代表一项履约义务,在某一时点履行,符合收入确认条件。H 公司于 20×1 年 10 月 8 日付款。根据上述资料,W 公司应编制会计分录如下:

$$可变对价最佳估计数 = 500 \times 100 \times (1 - 2\%) = 49\,000$$

(1) 20×1 年 9 月 30 日,销售时:

借:应收账款——H 公司	55 500	
贷:主营业务收入		49 000
应交税费——应交增值税(销项税额)(500×100×13%)		6 500
借:主营业务成本	20 000	
贷:库存商品		20 000
借:税金及附加	4 900	
贷:应交税费——应交消费税		4 900

(2) 20×1 年 10 月 8 日,收到 H 公司货款时:

借:银行存款	55 500	
贷:应收账款——H 公司		55 500

【例 10-9】 20×1 年 7 月,W 公司与 N 公司签订一项合同,约定向 N 公司销售商

品一批,售价 390 000 元,增值税额 50 700 元,销售成本 300 000 元,价款尚未收取。该合同代表一项履约义务,在某一时点履行,符合收入确认条件。同年 10 月,该批商品因严重质量问题被 N 公司全部退回,当即办理了退货手续和开具红字增值税专用发票。该公司 10 月份发生销售退回时,有关会计分录如下:

借:主营业务收入		390 000
应交税费——应交增值税(销项税额)		50 700
贷:应收账款		440 700
借:库存商品		300 000
贷:主营业务成本		300 000

(四)按履约进度确认合同收入的账务处理

合同履约成本是指企业为履行当前合同或者预期取得合同所发生的、明确由客户承担的成本、应当确认为一项资产的成本,具体包括与合同直接相关的成本,如与组织和管理生产、施工、服务等活动直接人工、直接材料、制造费用或类似费用,以及仅因该合同而发生的其他成本,如机械使用费、设计费用、检验试验费、场地清理费等。

企业应设置"合同履约成本"账户进行核算,该账户借方登记企业发生的上述合同履约成本;贷方登记摊销的合同履约成本;期末余额在借方,表示企业尚未结转的合同履约成本。该账户可按合同,分别设置"服务成本""工程施工"等明细账户。

【例 10-10】 20×1 年 11 月 1 日,H 公司与 R 公司签订安装合同,H 公司为 R 公司提供设备安装劳务,合同约定的安装期限为 4 个月,合同总收入为 500 000 元,根据合同规定,R 公司于签订合同之日先预付 70% 的价款,剩余价款在安装完毕验收合格时支付。至 20×1 年 12 月 31 日,H 公司领用安装用材料 150 000 元、发生安装人员工资 100 000 元。预计完成该设备安装任务还将发生成本 150 000 元。假定,H 公司按年确认劳务收入,按成本比例确定劳务的履约进度。不考虑增值税等其他因素,根据上述资料,H 公司20×1 年应编制会计分录如下:

(1)20×1 年 11 月 1 日,预收合同款时:

借:银行存款		350 000
贷:合同负债		350 000

(2)发生安装成本时:

借:合同履约成本——服务成本		250 000
贷:原材料		150 000
应付职工薪酬		100 000

(3)20×1 年 12 月 31 日,确认劳务收入和劳务成本时:

安装劳务的履约进度 = 250 000 ÷ (250 000 + 150 000) × 100% = 62.5%

20×1 年应确认的劳务收入 = 500 000 × 62.5% - 0 = 312 500(元)

```
    借：合同资产                                         312 500
        贷：主营业务收入                                         312 500
    借：主营业务成本                                     250 000
        贷：合同履约成本——服务成本                                 250 000
```

20×1 年末，同一合同下的合同负债 350 000 元与合同资产 312 500 元，在资产负债表中按净额列示，即列报合同负债 37 500 元。

五、合同收入确认的基本步骤

合同收入的确认一般分为以下五个基本步骤：

第一步，识别与客户订立的合同。即，判断合同是否属于《企业会计准则第 14 号——收入》范围，且满足合同的五项条件。

第二步，识别合同中的单项履约义务。即判断履约义务的类型，是属于某一时段内履行的履约义务，还是某一时点履行的履约义务。

第三步，确定交易价格。

第四步，将交易价格分摊至各单项履约义务。

第五步，履行各单项履约义务时确认收入。

【例 10 - 11】 某一家财务软件开发企业，20×1 年 12 月与客户签订总价款为 70 万元的软件许可合同，具体内容为：① 未来 2 年的软件许可权；② 标准安装服务；③ 2 年期的售后软件维护，随着时间进度而履行。客户于 20×1 年 12 月 31 日向软件开发公司支付合同款 70 万元。软件开发公司于 20×2 年 1 月 1 日为客户安装软件，该服务为标准服务，也可以由其他企业提供。同时，软件开发公司也向其他客户单独销售上述三个项目，软件许可权的单独售价为 60 万元，标准安装服务的单独售价为 10 万元，为期 2 年期间的售后软件维护为 30 万元。按确认合同收入的五步法分析如下：

第一步，本例中，软件许可合同属于《企业会计准则第 14 号——收入》范围，假定满足准则规定的合同条件。

第二步，本例中，该合同中的履约义务有三项，分别是软件许可权、安装服务、售后服务。一项属于在某一时段内履行的履约义务，该财务软件开发企业应当在两年内提供售后服务。两项属于在某一时点履行的履约义务，该财务软件开发企业应当履行给付义务，即软件许可权的交付、并提供安装服务。

第三步，本例中，该软件许可权合同的交易价格总额为 70 万元。

第四步，本例中，对应于软件许可权这一单项履约义务的交易价格为 42 万元（70×60÷100）；对应于安装服务这一单项履约义务的交易价格为 7 万元（70×10÷100）；对应于售后服务这一单项履约义务的交易价格为 21 万元（30×60÷100）。

第五步，本例中，对于某一时点履行的履约义务，财务软件公司应当在客户取得相关商品控制权时点确认收入,具体来说,交付软件时确认 42 万元收入,提供安装服务时确认 7 万元收入。对于某一时段内履行的履约义务,即 2 年的售后服务,此后 2 年按照履约进度确认相应收入,共计 21 万元。

案例企业各年收入确认情况表,如表 10 - 2 所示。

表 10 - 2　案例企业各年收入确认情况表　　　　单位:万元

履约义务	履约义务类型	单独售价	比例	分摊交易价格		
				合计	其中20×2年	其中20×3年
软件许可权	某一时点	60	60/100	42	42	—
安装服务	某一时点	10	10/100	7	7	—
售后服务	某一时段	30	30/100	21	10.5	10.5
合计	—	100	—	70	59.5	10.5

第二节　利润与利润分配

一、利润的构成

利润是衡量企业生产经营成果的重要综合指标,利润水平的高低,不仅反映企业的盈利水平,而且也反映企业对整个社会所作的贡献。利润是指企业在一定会计期间的经营成果,包括收入减去费用后的净额、直接计入当期利润的利得和损失等。其中,收入减去费用后的净额是指企业在各种经济活动中形成的营业利润;直接计入当期利润的利得和损失,是指应当计入当期损益、最终会引起所有者权益增减变动的、与所有者投入资本或者向所有者分配利润无关的利得或损失,如营业外收入、营业外支出等。企业不应将接受投资人投资或向股东分配股利等直接影响所有者权益变动而产生的经济利益流入或流出列入利润。

(一)营业利润

营业利润是企业利润的主要来源,是指营业收入减去营业成本、税金及附加、销售费用、管理费用、研发费用、财务费用、资产减值损失、信用减值损失,加上公允价值变动净收益(减公允价值变动净损失)、投资净收益(减投资净损失)、资产处置收益(减损失)、其他收益的余额。用公式表示如下:

营业利润＝营业收入－营业成本－税金及附加－销售费用－管理费用－研发费用
　　　　－财务费用－资产减值损失－信用减值损失＋公允价值变动净收益(减净损失)
　　　　＋投资净收益(减净损失)＋资产处置收益(减损失)＋其他收益

（二）利润总额

利润总额是营业利润加上营业外收入，减去营业外支出后的余额。用公式表示如下：

$$利润总额＝营业利润＋营业外收入－营业外支出$$

营业外收入是指企业发生的与企业日常活动没有直接关系的各种利得。营业外收入主要包括现金盘盈利得、捐赠利得、获得的赔偿款、无法支付的应付账款等。企业取得营业外收入时，借记"待处理财产损溢""银行存款""应付账款"等账户，贷记"营业外收入"账户，期末，应将"营业外收入"账户的贷方发生额结转到"本年利润"账户，结转后该账户没有余额。

营业外支出是指企业发生的与企业日常活动没有直接关系的各种损失。营业外支出主要包括公益性捐赠支出、盘亏损失、赔款罚款支出、非常损失等。企业发生营业外支出时，借记"营业外支出"账户，贷记"银行存款""固定资产清理""待处理财产损溢"等账户，期末应将"营业外支出"账户的借方发生额结转到"本年利润"账户，结转后"营业外支出"账户没有余额。

【例 10－12】 在甲公司与乙公司重大经济纠纷案件中，经法院审理判决乙公司败诉，向甲公司支付赔款 100 万元。甲公司收到赔款时应编制会计分录如下：

借：银行存款   1 000 000

  贷：营业外收入   1 000 000

【例 10－13】 W 公司通过市民政部门向希望工程捐赠 200 000 元，捐赠款已通过银行付讫。W 公司应编制会计分录如下：

借：营业外支出——捐赠支出   200 000

  贷：银行存款   200 000

营业外收支虽然与企业的日常活动没有直接关系，但从企业主体来看，营业外收支的发生会导致企业利润的增加或减少。营业外收入是一项纯收入，不可能也不需要与有关费用进行配比，因此，在会计核算时，应当将营业外收入和营业外支出分别核算。

（三）净利润

企业实现的利润总额减去所得税费用之后的剩余利润称为净利润。用公式表示如下：

$$净利润＝利润总额－所得税费用$$

有关所得税费用的核算见本章第三节相关内容。

二、利润形成的核算

为了核算企业实现的净利润（或发生的净亏损），企业应设置"本年利润"账户，该账户借方登记从损益类账户转入的成本费用、损失,包括主营业务成本、其他业务成本、税金及附加、销售费用、管理费用、财务费用、资产减值损失、信用减值损失、公允价值变动净损失、投资净损失、营业外支出、所得税费用等;贷方登记从损益类账户转入的各种收益,包括主营业务收入、其他业务收入、公允价值变动净收益、投资净收益、营业外收入等;期末借方和贷方金额相抵后,如为借方余额表示净亏损,如为贷方余额表示净利润;年度终了,应将"本年利润"账户的余额转入"利润分配"账户,结转后"本年利润"账户无余额。

【例10-14】 20×1年12月,W公司各损益类账户的本期发生额,如表10-3所示。

表10-3 W公司各损益类账户的本期发生额　　　　单位:元

账　户　名　称	借方发生额	贷方发生额
主营业务收入		1 000 000
主营业务成本	450 000	
其他业务收入		100 000
其他业务成本	60 000	
税金及附加	80 000	
销售费用	120 000	
管理费用	250 000	
财务费用	180 000	
资产减值损失	74 750	
信用减值损失	40 250	
投资收益		300 000
公允价值变动损益		50 000
营业外收入		30 000
营业外支出	5 000	
所得税费用	72 600	

根据上述资料,W公司应作编制会计分录如下:

(1) 将收入、收益等发生额转入"本年利润"贷方:

借:主营业务收入	1 000 000
其他业务收入	100 000
投资收益	300 000
公允价值变动损益	50 000
营业外收入	30 000
贷:本年利润	1 480 000

(2) 将成本、费用、税金等发生额转入"本年利润"借方:

借:本年利润　　　　　　　　　　　　　　　　　　　1 332 600
　　贷:主营业务成本　　　　　　　　　　　　　　　　450 000
　　　　其他业务成本　　　　　　　　　　　　　　　　60 000
　　　　税金及附加　　　　　　　　　　　　　　　　　80 000
　　　　销售费用　　　　　　　　　　　　　　　　　　120 000
　　　　管理费用　　　　　　　　　　　　　　　　　　250 000
　　　　财务费用　　　　　　　　　　　　　　　　　　180 000
　　　　资产减值损失　　　　　　　　　　　　　　　　74 750
　　　　信用减值损失　　　　　　　　　　　　　　　　40 250
　　　　营业外支出　　　　　　　　　　　　　　　　　5 000
　　　　所得税费用　　　　　　　　　　　　　　　　　72 600

本期净利润＝1 480 000－1 332 600＝147 400(元)

三、利润分配的核算

利润分配是指企业根据国家有关法规规定和股东大会或投资者的决议,对企业本年实现的净利润所进行的分配。利润分配不仅关系到所有者的合法权益是否得到保护,而且还关系到企业能否长期稳定地发展。

（一）利润分配顺序

按照我国《公司法》等有关法规的规定,企业当年实现的净利润分配顺序如下。

1. 弥补以前年度亏损

企业发生的亏损,应由企业自行弥补。税法规定,企业发生的亏损可以用下一年度的税前利润弥补;如果下一年度税前利润不足弥补的,可以逐年延续弥补,但延续弥补期最长不得超过5年;如果延续5年仍未弥补足额的,尚未弥补的亏损可以用税后利润弥补,也可以用以前年度提取的法定盈余公积金弥补,用盈余公积弥补亏损,应当由董事会提议,并经股东大会批准。

2. 提取法定盈余公积

法定盈余公积按本年实现净利润的一定比例提取。公司制企业提取法定盈余公积的比例是税后利润的10%,非公司制企业根据需要按不低于10%的比例提取法定盈余公积,当法定盈余公积累计额达到注册资金的50%以上时,可以不再提取。企业提取的法定盈余公积主要用于弥补亏损和转增资本。用法定盈余公积转增资本时,转增后留存的法定盈余公积不得少于注册资本的25%。

3. 提取任意盈余公积

企业在提取法定盈余公积后,经股东大会决议或类似权力机构批准,可以提取任意盈余公积。法定盈余公积和任意盈余公积的区别在于其各自计提的依据不同。法定盈余公积的提取是以国家的法律或行政规章为依据,任意盈余公积的提取由企业自行决定。

4. 向投资者分配利润或股利

企业弥补以前年度亏损、提取公积金后剩余的利润,加上年初未分配利润,构成可供投资者分配的利润。企业可依据其利润或股利分配政策,经股东大会或类似权力机构批准后向投资人分派利润或股利。

值得注意的是,企业以前年度亏损未弥补完之前,不得提取盈余公积;在未提取盈余公积之前,不得向投资者分配利润。

（二）利润分配的账务处理

为了核算企业利润的分配（或弥补的亏损）和历年分配（或弥补）后的积存余额,应设置"利润分配"账户。该账户借方登记从"本年利润"账户转入的本期净亏损,以及按规定提取的盈余公积、向投资者分配的利润或股利等;贷方登记从"本年利润"账户转入的本期净利润,以及用盈余公积弥补亏损的数额;期末如为借方余额,表示累计未弥补亏损,如为贷方余额,表示累计未分配利润。

为详细反映利润分配情况,"利润分配"账户下设置"提取法定盈余公积""提取任意盈余公积""应付现金股利""盈余公积补亏""未分配利润"等明细账户。利润分配所属各明细账户发生额,应转至"未分配利润"明细账户,结转后除"未分配利润"明细账户外,利润分配的其他明细账户结转后都没有余额。利润分配基本核算程序,如图 10－1 所示。

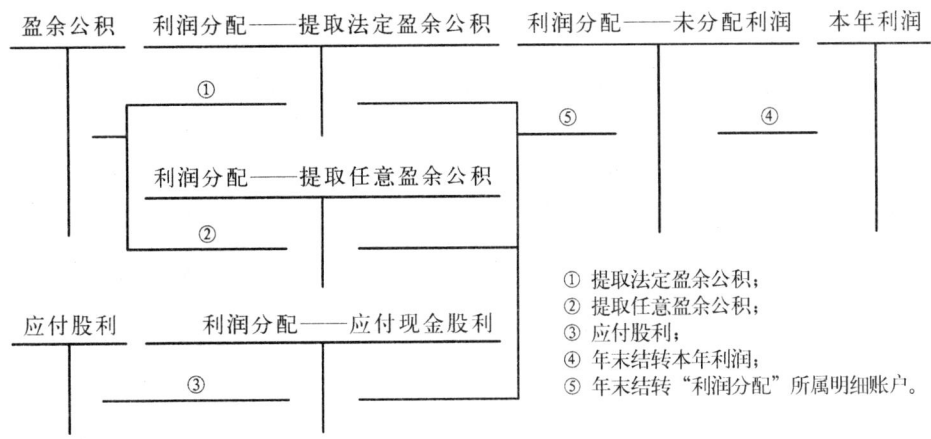

图 10－1 利润分配基本核算程序

【例 10－15】 20×1 年 11 月末,W 公司"本年利润"账户贷方余额为 1 352 600 元,12 月实现净利润为 147 400 元,"利润分配——未分配利润"账户年初贷方余额为 35 000 元。W 公司董事会提议,并经公司股东大会决议确定利润分配方案如下:

按全年净利润的 10% 计算提取法定盈余公积;

按全年净利润的 15% 计算提取任意盈余公积;

向投资者分配现金股利 500 000 元。

根据上述资料,W 公司应编制会计分录如下:

(1) 提取法定盈余公积时:

借:利润分配——提取法定盈余公积[(1 352 600+147 400)×10%]　　150 000
　　贷:盈余公积——法定盈余公积　　　　　　　　　　　　　　　　　150 000

(2) 提取任意盈余公积时:

借:利润分配——提取任意盈余公积[(1 352 600+147 400)×15%]　　225 000
　　贷:盈余公积——任意盈余公积　　　　　　　　　　　　　　　　　225 000

(3) 宣告分派现金股利时:

借:利润分配——应付现金股利　　　　　　　　　　　　　　　　　　500 000
　　贷:应付股利　　　　　　　　　　　　　　　　　　　　　　　　　500 000

(4) 年末结转本年利润时:

借:本年利润　　　　　　　　　　　　　　　　　　　　　　　　　1 500 000
　　贷:利润分配——未分配利润　　　　　　　　　　　　　　　　　1 500 000

(5) 年末结转"利润分配"账户有关明细发生额:

借:利润分配——未分配利润　　　　　　　　　　　　　　　　　　875 000
　　贷:利润分配——提取法定盈余公积　　　　　　　　　　　　　　150 000
　　　　　　　　——提取任意盈余公积　　　　　　　　　　　　　　225 000
　　　　　　　　——应付现金股利　　　　　　　　　　　　　　　　500 000

年末未分配利润=可供分配利润+盈余公积补亏-提取法定盈余公积-提取任意盈余公积-应付股利
可供分配利润=年初未分配利润+本年净利润
W 公司年末未分配利润=35 000+1 500 000-150 000-225 000-500 000=660 000(元)

第三节　所得税的核算

一、所得税核算的方法、程序

企业会计准则规定,所得税核算应采用资产负债表债务法。资产负债表债务法是从资产负债表出发,通过比较资产负债表上列示的资产、负债按照企业会计准则确定的账面价值与按照税法规定确定的计税基础,对于两者之间的差额分别应纳税暂时性差异和可抵扣暂时性差异确认相关的递延所得税负债与递延所得税资产。采用资产负债表债务法,企业一般应于每一资产负债表日进行所得税核算,核算程序如下:

（1）确定资产负债表中除递延所得税资产和递延所得税负债以外的其他资产和负债的账面价值。资产、负债的账面价值是指按照会计准则规定进行核算后，在资产负债表中列示的金额。

（2）确定资产负债表中有关资产、负债项目的计税基础。

（3）将资产、负债的账面价值与其计税基础相比较，确定暂时性差异。

（4）根据暂时性差异的性质，确定本期递延所得税资产和递延所得税负债的期末余额。

（5）计算递延所得税费用。

（6）计算利润表中的所得税费用。

二、计税基础的确定

（一）资产计税基础

资产计税基础是指企业收回资产账面价值过程中，计算应纳税所得额时按照税法规定可以自应税经济利益中抵扣的金额，即某项资产在未来期间计税时可以税前扣除的金额。资产计税基础用公式表示如下：

$$资产计税基础 ＝ 未来可税前扣除的金额$$

资产在初始确认时，其计税基础一般为该资产的取得成本。在资产持有过程中，其计税基础是指取得成本减去以前期间按照税法规定已经在税前扣除的金额后的余额。

（二）负债计税基础

负债计税基础是指负债账面价值减去未来期间计算应纳税所得额时按税法规定可予抵扣的金额。负债计税基础用公式表示如下：

$$负债计税基础 ＝ 负债的账面价值 － 未来可税前列支的金额$$

一般负债的确认和清偿不影响所得税的计算，如短期借款、应付票据、应付账款等，其计税基础等于账面价值。但在某些情况下，负债的确认可能会影响企业损益，并影响不同期间的应纳税所得额，使其计税基础与账面价值之间产生差额。

【例 10 - 16】　企业因对销售商品提供售后服务而于销售当期确认了 200 000 元的预计负债，但税法规定，有关商品售后服务等与取得经营收入直接相关的费用，实际发生时于税前列支。假定企业在确认预计负债当期没有发生售后服务费用。

$$预计负债的账面价值 ＝ 200 000（元）$$
$$预计负债的计税基础 ＝ 200 000 － 200 000 ＝ 0（元）$$

三、暂时性差异

暂时性差异是指资产或负债的账面价值与其计税基础之间的差额。暂时性差异根据其对未来期间应税金额影响的不同,分为应纳税暂时性差异和可抵扣暂时性差异。

（一）应纳税暂时性差异

应纳税暂时性差异是指在确定未来收回资产或清偿负债期间的应纳税所得额时,将导致产生应税金额的暂时性差异。该差异在未来期间转回时,会增加转回期间的应纳税所得额,增加未来期间的应交所得税。

下列情况会产生应纳税暂时性差异:

（1）资产的账面价值大于其计税基础。资产的账面价值大于其计税基础,说明该项资产在未来期间产生的经济利益不能够全部税前抵扣,两者之间的差额需要纳税,从而产生应纳税暂时性差异。

（2）负债的账面价值小于其计税基础。负债的账面价值小于其计税基础,说明该项负债在未来期间可以税前抵扣的金额为负数,企业应调增未来期间应纳税所得额和相应的应交所得税,从而形成应纳税暂时性差异。

【例 10 - 17】 W 公司于 20×1 年 12 月 31 日购入机器设备一台,该设备原价为 1 000 000 元,预计使用 5 年,预计净残值为零。会计处理时按直线法计提折旧,税法允许采用加速折旧,企业在计税时对该设备采用双倍余额递减法计提折旧。W 公司应纳税暂时性差异计算,如表 10 - 4 所示。

表 10 - 4　W 公司应纳税暂时性差异计算表　　　　　　　　单位:元

项　　　目	20×1 年	20×2 年	20×3 年	20×4 年	20×5 年	20×6 年
账面价值	1 000 000	800 000	600 000	400 000	200 000	0
计税基础	1 000 000	600 000	360 000	216 000	108 000	0
应纳税暂时性差异	0	200 000	240 000	184 000	92 000	0

（二）可抵扣暂时性差异

可抵扣暂时性差异是指在确定未来收回资产或清偿负债期间的应纳税所得额时,将导致产生可抵扣金额的暂时性差异。该差异在未来期间转回时,会减少转回期间的应纳税所得额,减少未来期间的应交所得税。

下列情况会产生可抵扣暂时性差异:

（1）资产的账面价值小于其计税基础。资产的账面价值小于其计税基础,说明该项资产在未来期间产生的经济利益小于按税法规定允许税前抵扣的金额,差额部分形成可抵扣暂时性差异。企业在未来期间可以减少应纳税所得额,减少应交所得税。

（2）负债的账面价值大于其计税基础。负债的账面价值大于其计税基础,说明在未来期间,按照税法规定构成负债的全部或部分金额可以自未来应税经济利益中扣除,减少未来期间的应纳税所得额,减少应交所得税。

【例 10－18】 承[例 10－17]，假定 W 公司会计处理时按双倍余额递减法计提折旧，税法规定采用直线法计提折旧。W 公司可抵扣暂时性差异计算，如表 10－5 所示。

表 10－5　W 公司可抵扣暂时性差异计算表　　　　单位：元

项　　目	20×1年	20×2年	20×3年	20×4年	20×5年	20×6年
账面价值	1 000 000	600 000	360 000	216 000	108 000	0
计税基础	1 000 000	800 000	600 000	400 000	200 000	0
可抵扣暂时性差异	0	200 000	240 000	184 000	92 000	0

四、递延所得税资产和递延所得税负债的确认与计量

在资产负债表日，企业应当按照暂时性差异与适用所得税税率计算的结果，确认递延所得税资产、递延所得税负债以及相应的递延所得税费用（或收益）。暂时性差异与递延所得税资产和递延所得税负债的关系，如表 10－6 所示。

表 10－6　暂时性差异与递延所得税资产和递延所得税负债的关系

项　　目	资　　产	负　　债
账面价值大于计税基础	应纳税暂时性差异 确认递延所得税负债	可抵扣暂时性差异 确认递延所得税资产
账面价值小于计税基础	可抵扣暂时性差异 确认递延所得税资产	应纳税暂时性差异 确认递延所得税负债

1. 递延所得税资产的确认与计量

可抵扣暂时性差异在未来期间转回时，会减少转回期间的应纳税所得额和应交所得税，导致企业经济利益的流入。企业在可抵扣暂时性差异发生当期，根据会计准则规定应确认为递延所得税资产。递延所得税资产的确认应以未来期间很可能取得的应纳税所得额为限。

递延所得税资产＝可抵扣暂时性差异×当期所得税税率

递延所得税资产的确认，会使当期所得税费用相应减少，利润相应增加。被减少的当期所得税费用，称为递延所得税收益。

2. 递延所得税负债的确认与计量

应纳税暂时性差异在未来期间转回时，会增加转回期间的应纳税所得额和应交所得税，导致企业经济利益的流出。在应纳税暂时性差异发生当期，构成了企业应支付税金的义务，根据会计准则规定应确认为递延所得税负债。除会计准则中明确规定可以不确认递延所得税负债的情况外，企业应当确认所有应纳税暂时性差异产生的递延所得税负债。

$$递延所得税负债＝应纳税暂时性差异×当期所得税税率$$

递延所得税负债的确认,会使当期所得税费用相应增加,利润相应减少。被增加的当期所得税费用,称为递延所得税费用。

五、所得税费用的确认与计量

在资产负债表债务法下,利润表中的所得税费用由当期所得税费用和递延所得税费用两部分组成。

1. 当期所得税费用

当期所得税费用等于当期应交所得税,是企业按税法规定计算确定的针对当期发生的交易和事项,应交纳给税务部门的所得税金额。

$$当期所得税费用＝当期应交所得税＝当期应纳税所得额×当期所得税税率$$
$$当期应纳税所得额＝税前会计利润总额＋纳税调整增加额－纳税调整减少额$$

2. 递延所得税费用

递延所得税费用是指按照会计准则规定应予确认的递延所得税资产和递延所得税负债的期末金额与期初金额之差,即递延所得税资产和递延所得税负债的当期发生额。但不包括直接计入所有者权益的交易或事项以及企业合并所产生的所得税影响。用公式表示如下:

$$递延所得税费用＝(当期递延所得税负债的增加＋当期递延所得税资产的减少)－$$
$$(当期递延所得税负债的减少＋当期递延所得税资产的增加)$$

对于直接计入所有者权益的交易或事项所产生的递延所得税,应计入其他综合收益等;企业合并中产生的递延所得税,应调整企业合并中所产生的商誉。

3. 确认所得税费用

利润表中应予确定的所得税费用是指当期所得税费用和递延所得税费用之和。用公式表示如下:

$$所得税费用＝当期所得税费用＋递延所得税费用$$

所得税费用在利润表中单独列示。

六、所得税的账户设置及核算

(一)账户设置

1. "递延所得税资产"账户

"递延所得税资产"账户用于核算企业确认的可抵扣暂时性差异产生的递延所得税资产。该账户借方登记资产负债表日企业确认的递延所得税资产;贷方登记在资产负债表日应减计的递延所得税资产或转销的递延所得税资产以及税率变动调整的递延所得税资产;期末借方余额,表示企业已确认的递延所得税资产的余额,即企业未来可以抵扣的所得税金额。

2."递延所得税负债"账户

"递延所得税负债"账户用于核算企业确认的应纳税暂时性差异产生的递延所得税负债。该账户借方登记资产负债表日应转销的递延所得税负债以及税率变动调整的递延所得税负债;贷方登记资产负债表日企业确认的递延所得税负债;期末余额在贷方,表示企业已经确认的递延所得税负债,即未来应交纳的所得税金额。

3."所得税费用"账户

"所得税费用"账户用于核算企业确认的应从当期利润中扣除的所得税费用。该账户借方登记资产负债表日企业按税法规定计算确定的当期所得税,以及递延所得税费用;贷方登记期末转入"本年利润"账户的所得税费用;期末结转后,该账户没有余额。

4."应交税费——应交所得税"账户

"应交税费——应交所得税"账户用于核算企业按照税法规定计算应交纳的所得税。该账户借方登记按规定交纳的所得税;贷方登记按规定计算的当期应交所得税;期末如为借方余额表示已经预交的所得税,如为贷方余额,表示应交未交的所得税。

(二)所得税核算举例

【例 10-19】 承[例 10-17],假定 W 公司适用的所得税税率为 25%,20×1—20×6 年的税前利润均为 500 000 元,除该项资产外,其他资产、负债的账面价值与其计税基础均一致。W 公司各年所得税费用计算,如表 10-7 所示。

表 10-7 W 公司所得税费用计算表 金额单位:元

项　　目	20×1 年	20×2 年	20×3 年	20×4 年	20×5 年	20×6 年
账面价值	1 000 000	800 000	600 000	400 000	200 000	0
计税基础	1 000 000	600 000	360 000	216 000	108 000	0
应纳税暂时性差异	0	200 000	240 000	184 000	92 000	0
差异的本期发生额	0	200 000	40 000	−56 000	−92 000	−92 000
税率	25%	25%	25%	25%	25%	25%
递延所得税负债期末余额	0	50 000	60 000	46 000	23 000	0
递延所得税负债本期发生额	0	50 000	10 000	−14 000	−23 000	−23 000
税前利润	500 000	500 000	500 000	500 000	500 000	500 000

（续表）

项　　目	20×1 年	20×2 年	20×3 年	20×4 年	20×5 年	20×6 年
纳税调整金额	0	−200 000	−40 000	+56 000	+92 000	+92 000
当期应纳税所得额	500 000	300 000	460 000	556 000	592 000	592 000
当前所得税费用	125 000	75 000	115 000	139 000	148 000	148 000
递延所得税负债	0	50 000	10 000	−14 000	−23 000	−23 000
所得税费用	125 000	125 000	125 000	125 000	125 000	125 000

根据上述计算，W 公司 20×1—20×6 年的账户处理如下：

（1）20×1 年：

借：所得税费用　　　　　　　　　　　　　　　　　　　　　　　125 000
　　贷：应交税费——应交所得税　　　　　　　　　　　　　　　　　125 000

（2）20×2 年：

借：所得税费用　　　　　　　　　　　　　　　　　　　　　　　125 000
　　贷：应交税费——应交所得税　　　　　　　　　　　　　　　　　75 000
　　　　递延所得税负债　　　　　　　　　　　　　　　　　　　　　50 000

（3）20×3 年：

借：所得税费用　　　　　　　　　　　　　　　　　　　　　　　125 000
　　贷：应交税费——应交所得税　　　　　　　　　　　　　　　　　115 000
　　　　递延所得税负债　　　　　　　　　　　　　　　　　　　　　10 000

（4）20×4 年：

借：所得税费用　　　　　　　　　　　　　　　　　　　　　　　125 000
　　递延所得税负债　　　　　　　　　　　　　　　　　　　　　　14 000
　　贷：应交税费——应交所得税　　　　　　　　　　　　　　　　　139 000

（5）20×5 年：

借：所得税费用　　　　　　　　　　　　　　　　　　　　　　　125 000
　　递延所得税负债　　　　　　　　　　　　　　　　　　　　　　23 000
　　贷：应交税费——应交所得税　　　　　　　　　　　　　　　　　148 000

（6）20×6 年：

借：所得税费用	125 000
递延所得税负债	23 000
贷：应交税费——应交所得税	148 000

【例 10-20】 W 公司 20×2 年度实现的税前会计利润为 520 000 元,所得税税率为 25%,根据企业会计准则规定,所得税采用资产负债表债务法核算。假定 W 公司递延所得税资产和递延所得税负债年初均无余额。W 公司 20×2 年度发生下列账务处理和税收处理存在差异的事项:

(1) 资产负债表日,对持有的存货计提存货跌价准备 30 000 元,该存货的账面价值为 400 000 元。

(2) 取得国债利息收入 50 000 元。

(3) 20×6 年 12 月 31 日,购入设备一台,并投入使用。该设备成本为 100 000 元,预计使用 5 年,无残值。按直线法计提折旧,税法规定按双倍余额递减法计提折旧,该设备使用年限和残值的确认,税法和会计规定相同。

假定 W 公司当年除上述事项外,其他资产、负债的账面价值与其计税基础均一致;该公司预计在未来期间能够产生足够的应纳税所得额用来抵扣可抵扣暂时性差异。根据上述资料,W 公司 20×2 年所得税账务处理如下:

(1) 计算 20×2 年当期应交所得税和当期所得税费用(单位：元):

税前会计利润	520 000
加：存货跌价准备	30 000
减：会计与税收在折旧计算上的差异	20 000
国债利息收入	50 000
应纳税所得额	480 000
所得税税率	25%
本年应交所得税	120 000

根据上述计算,W 公司应编制会计分录如下:

借：所得税费用——当期所得税费用	120 000
贷：应交税费——应交所得税	120 000

(2) W 公司暂时性差异计算,如表 10-8 所示。

表 10-8　W公司暂时性差异计算表　　　　　单位：元

项　　目	账面价值	计税基础	差　　异	
			应纳税暂时性差异	可抵扣暂时性差异
存　　货	400 000	430 000		30 000
固定资产	80 000	60 000	20 000	…

20×2年的递延所得税负债、递延所得税资产、递延所得税费用计算如下：

$$递延所得税负债=20\,000×25\%=5\,000(元)$$
$$递延所得税资产=30\,000×25\%=7\,500(元)$$
$$递延所得税费用=5\,000-7\,500=-2\,500(元)$$

根据上述计算，W公司应编制会计分录如下：

借：递延所得税资产　　　　　　　　　　　　　　　　　7 500
　　贷：递延所得税负债　　　　　　　　　　　　　　　　　5 000
　　　　所得税费用——递延所得税费用　　　　　　　　　　2 500

（3）20×2年的所得税费用计算如下：

$$所得税费用=120\,000-2\,500=117\,500(元)$$

本 章 小 结

收入是指企业日常活动中形成的、会导致所有者权益增加、与所有者投入资本无关的经济利益的总流入。一个项目确认为收入，除了要符合收入的定义外，还必须符合收入确认的条件。商品服务收入的确认与计量程序是：第一，要识别与客户订立的合同。第二，识别合同中的单项履约义务。第三，确定交易价格。第四，将交易价格分摊至各单项履约义务。第五，履行每一单项履约义务时确认收入。

利润是指企业在一定会计期间的经营成果，包括收入减去费用后的净额、直接计入当期损益的利得和损失等。营业利润是企业利润的主要来源；营业利润加上营业外收入，减去营业外支出后的金额即为企业的利润总额；企业实现的利润按税法规定应交纳一定的所得税，扣除所得税费用之后的剩余利润称为净利润。企业当年实现的净利润按下列顺序进行分配：① 弥补以前年度亏损；② 提取法定盈余公积；③ 提取任意盈余公积；④ 应付投资者利润或股利。将年初未分配利润加上本年实现的净利润减去本年度已分配的利润后的差额即为年末未分配利润。

我国企业所得税核算采用资产负债表债务法。资产负债表债务法核算所得税，首先，确定资产负债表中除递延所得税资产和递延所得税负债以外的其他资产和负债的账面价值；其次，确定资产负债表中有关资产项目的计税基础和有关负债项目的计税基础，将资产、负债的账面价值与其计税基础相比较，确定应纳税暂时性差异和可抵减暂时性差异，并确认相关的递延所得税资产和递延所得税负债的金额，将此金额与递延所得税资产和递延所得税负债的期初余额相比较，便可确定当期应予以确认或应予以转销的递延所得税资产和递延所得税负债的金额。该金额也就是当期利润表上所得税费用中的递延所得税。当期利润表中的所得税费用为当期所得税费用与递延所得税费用的合计。

主 要 术 语

- 收入　　　　　　　　　　利得
- 交易价格　　　　　　　　可变对价
- 履约义务　　　　　　　　合同履约成本
- 主营业务收入　　　　　　主营业务成本
- 营业外收入　　　　　　　营业外支出
- 资产负债表债务法　　　　资产计税基础
- 负债计税基础　　　　　　递延所得税资产
- 递延所得税负债　　　　　所得税费用

复 习 思 考 题

1. 简述收入定义与特征,理解收入确认条件中,商品或服务的控制权转移。
2. 简述收入与利得、费用与损失的异同。
3. 简述属于在某一时点收入确认的基本的账务处理。
4. 简述属于在某一时段收入确认的基本的账务处理。
5. 简述营业利润、利润总额的构成内容。
6. 简述利润分配程序。
7. 什么是资产负债表债务法? 资产负债表债务法下如何确认所得税费用?
8. 什么是所得税费用? 所得税费用由何构成?

练 习 题

一、单项选择题

1. 企业应当在履行了合同中的履约义务,即在( )时确认收入。

A. 签订合同　　　　　　　　B. 发出商品
C. 客户取得相关商品控制权　　D. 风险报酬转移

2. 下列项目中,属于在某一时点确认收入的是( )。

A. 酒店管理服务

B. 为客户建造办公大楼

C. 企业履约过程中所产出的商品具有不可替代用途,且该企业在整个合同期间内有权就累计至今已完成的履约部分收取款项

D. 为客户定制的具有可替代用途的产品

3. 下列关于收入计量的表述中,不正确的是( )。

A. 企业应当按照分摊至各单项履约义务的交易价格计量收入

B. 交易价格是指企业因向客户转让商品已收取的对价

C. 企业代第三方收取的款项,应当作为负债进行会计处理

D. 企业预期将退还给客户的款项,应当作为负债进行会计处理

4. 下列实现的各项经济利益的流入中,应确认为收入的是( )。

A. 出租固定资产取得的租金收入

B. 期末交易性金融资产公允价值变动形成的收益

C. 对外投资实现的投资收益

D. 出售固定资产净收益

5. 企业销售商品时为客户代垫的运输费,应记入( )账户。

A. “预付账款” B. “应收账款” C. “其他应收款” D. “应付账款”

6. 下列各项中,正确的是( )。

A. 销售折让是指企业为了鼓励买方早日付款而给予的价格扣除

B. 现金折扣是指企业为促进商品销售等原因而向债务人提供的债务扣除

C. 销售退回是指企业销售商品后,因购买方原因而发生的退货

D. 商业折扣是指企业为促进商品销售而在商品原有标价的基础上给予的价格扣除

7. 某企业在20×1年发生的营业收入为1 000万元,营业成本为600万元,销售费用为20万元,管理费用为50万元,财务费用为10万元,投资收益为40万元,资产减值损失为70万元,公允价值变动净收益为80万元,营业外收入为30万元,营业外支出为10万元,则该企业20×1年的营业利润为( )万元。

A. 320 B. 350 C. 370 D. 390

8. 某企业20×1年年初未分配利润300 000元,2020年度实现净利润600 000元,经批准按10%的比例提取法定盈余公积,按5%的比例提取任意盈余公积,宣告分派现金股利100 000元。年末该企业未分配的利润为( )元。

A. 810 000 B. 710 000 C. 665 000 D. 900 000

9. 下列选项中,属于营业外收入的是( )。

A. 无法支付的应付账款

B. 其他权益工具投资期末公允价值变动收益

C. 出租无形资产租金收入

D. 出售材料收入

10. 某企业一项固定资产原价为500万元,累计折旧为180万元,按税法规定计算确定的累计折旧额为200万元,适用的所得税税率为25%。该企业因这项固定资产而产生

的暂时性差异为(　　)。

　　A. 应纳税暂时性差异 20 万元　　　B. 可抵扣暂时性差异 20 万元

　　C. 应纳税暂时性差异 5 万元　　　　D. 可抵扣暂时性差异 5 万元

二、多项选择题

1. 非金融企业下列各项中,属于收入的有(　　)。

A. 销售商品收入　　　　　　　　　B. 提供服务收入

C. 利息收入　　　　　　　　　　　D. 出租固定资产租金收入

2. 下列关于收入确认的表述中,正确的有(　　)。

A. 企业应当在履行了合同中的履约义务,即在客户取得相关商品控制权时确认
　　收入

B. 没有商业实质的非货币性资产交换,对换出的存货资产不确认收入

C. 如企业向客户转让商品对价不是很可能收回,则不应确认收入

D. 企业在不再负有向客户提供商品的剩余义务,且已向客户收取的对价无需退回
　　时,可以将已收取的对价确认为收入

3. 在判断客户是否取得商品控制权时,企业应当考虑的迹象有(　　)。

A. 客户就该商品负有现时付款义务

B. 客户已拥有该商品的法定所有权

C. 客户已实际占有该商品

D. 客户已接受该商品

4. 下列各项中,属于在某一时段内履行的履约义务的有(　　)。

A. 客户在企业履约的同时即取得并消耗企业履约所带来的经济利益

B. 客户能够控制企业履约过程中在建的商品

C. 企业履约过程中所产出的商品具有不可替代用途

D. 企业履约过程中所产出的商品具有不可替代用途,且该企业在整个合同期间内
　　有权就累计至今已完成的履约部分收取款项

5. 20×1 年 6 月 1 日,甲公司与乙公司签订一份买卖合同,根据合同约定,当日乙公司预付甲公司定金 20 万元,甲公司陆续交货截止时间为 20×1 年 9 月 1 日,乙公司收到全部货物验收无误后支付剩余货款 80 万元。20×1 年 6 月 15 日,乙公司通知甲公司,由于自身产业调整,无须该批货物,甲公司已交付 10％货物(该部分商品控制权已转移至客户)。根据合同约定,乙公司无权要求甲公司退还定金。则下列说法正确的有(　　)。

A. 甲公司在收到定金时确认合同负债

B. 甲公司在收到定金时应确认收入

C. 甲公司在 6 月 15 日时应确认营业收入

D. 甲公司不再退还定金,应确认营业外收入

6. 下列各项中,应计入"税金及附加"核算的有(　　)。

A. 销售应税产品应缴纳的资源税　　　　B. 销售货物应缴纳的增值税

C. 销售应税消费品应缴纳的消费税　　　D. 经营业务活动应缴纳的教育费附加

E. 经营业务活动应缴纳的城市维护建设税

7. 下列各项中,应作为营业外支出核算的有(　　)。

A. 对应收款项计提坏账准备　　　　　　B. 支付的租入包装物租金

C. 公益性捐赠支出　　　　　　　　　　D. 固定资产报废损失

E. 处置固定资产净损失

8. 本期发生的下列费用或损失中,会影响企业当期净利润的有(　　)。

A. 期末计提存货跌价准备　　　　　　　B. 处置固定资产净收益

C. 购买固定资产支付的安装费用　　　　D. 税款滞纳金支出

E. 交易性金融资产公允价值变动净损失

9. 下列各项中,构成本期利润表中所得税费用的有(　　)。

A. 递延所得税资产　　　　　　　　　　B. 递延所得税费用

C. 当期所得税费用　　　　　　　　　　D. 递延所得税负债

E. 暂时性差异

10. 下列各项中,产生应纳税暂时性差异的有(　　)。

A. 资产的账面价值大于其计税基础

B. 资产的账面价值小于其计税基础

C. 负债的账面价值大于其计税基础

D. 负债的账面价值小于其计税基础

E. 资产的账面价值等于其计税基础

三、判断题

1. 在确定交易价格时,企业应当考虑可变对价、合同中存在的重大融资成分、非现金对价、应付客户对价、应收客户款项等因素的影响。　　　　　　　　　　　　(　　)

2. 不满足在一段期间内确认收入的条件,应在某一时点确认收入。　　　　(　　)

3. 客户只要取得商品控制权,企业就可确认收入。　　　　　　　　　　(　　)

4. 20×1年1月1日,甲公司与客户订立一项授予知识产权许可证的合同,该合同代表一项履约义务,在某一时点履行。合同约定的价格为固定金额60万元,并在1个月后转让许可证,甲公司应在1月确认收入60万元。　　　　　　　　　　　　(　　)

5. 企业以前年度亏损未弥补完时,不得向投资者分配利润,但可以按规定比例提取法定盈余公积。　　　　　　　　　　　　　　　　　　　　　　　　　(　　)

6. "递延所得税资产"账户是用来核算企业确认的可抵扣暂时性差异产生的递延所得税费用。 （ ）

7. 净利润是指企业当期实现的利润总额减去当期所得税费用后的金额。 （ ）

8. 企业取得的营业外收入并不是企业经营资金耗费所产生的，一般不需企业付出代价，而企业发生的营业外支出应从企业实现的利润总额中直接扣除，两者一般彼此相互独立，不具有因果关系。 （ ）

9. 资产负债表债务法下企业不单独确认暂时性差异对所得税的影响金额，按照当期计算的应交所得税确认为当期所得税费用。 （ ）

四、业务核算题

【习题一】

（一）目的：练习商品销售收入的确认与结转。

（二）资料：利群公司主要从事 A 产品的生产销售业务，为增值税一般纳税人，20×1 年 6 月 1 日"库存商品——A 产品"月初结存数量 2 000 件，单位生产成本 50 元。本月 A 产品生产销售情况如下：

（1）6 月 10 日，根据销售合同，向兴业公司销售 A 商品 800 件，增值税专用发票上注明的价款为 70 000 元，增值税额为 9 100 元，商品已经发出，合同约定 3 个月后付款。该合同代表一项履约义务，在某一时点履行，符合收入确认条件。

（2）6 月 20 日，根据销售合同，向莱顿公司销售 A 商品 1 000 件，增值税专用发票上注明的价款为 95 000 元，增值税额为 12 350 元，销售当日收到莱顿公司签发的面值为 107 350 元的不带息商业承兑汇票一张。该合同代表一项履约义务，在某一时点履行，符合收入确认条件。

（3）6 月 25 日，以银行存款向物流公司支付本月销售 A 产品的运费，增值税专用发票上注明的价款为 5 000 元，增值税额为 450 元。

（4）6 月 30 日，本月生产完成入库 A 产品数量 2 000 件，总成本 130 000 元，结转完工入库产品生产成本。

（5）6 月 30 日，按月末一次加权平均法计算结转本月销售 A 产品成本。

（三）要求：编制以上各项经济业务的会计分录，计算本月 A 产品的销售利润。

【习题二】

（一）目的：练习商品销售与退回的核算。

（二）资料：瑞华公司为增值税一般纳税人，20×1 年发生销售业务事项如下：

（1）7 月 20 日，根据合同，向龙江公司销售 C 商品 10 件，增值税专用发票上注明的价款为 10 000 元，增值税额为 1 300 元，商品已经发出，款项收到存入银行。该批商品成本为 7 000 元。该合同代表一项履约义务，在某一时点履行，符合收入确认条件。

（2）10月15日，因商品质量问题，龙江公司要求退回上述所购10件C商品，瑞华公司经查核发现该批商品确实存在质量问题，同意龙江公司退货要求。当日，根据税务机关出具的《开具红字增值税专用发票通知单》开具红字增值税专用发票，并以银行存款支付退货款项。

（三）要求：

1. 编制瑞华公司7月份确认销售收入与结转销售成本的会计分录以上各项经济业务的会计分录。

2. 编制瑞华公司10月份商品退回时的相关会计分录。

【习题三】

（一）目的：练习商品销售折让的核算。

（二）资料：通化公司为增值税一般纳税人，20×1年发生销售业务事项如下：

（1）9月8日，根据合同约定，向光明公司销售B商品100件，增值税专用发票上注明的价款为60 000元，增值税额为7 800元，商品已经发出，货款尚未收到。该批商品成本为45 000元。该合同构成单项履约义务，在某一时点履行，符合收入确认条件。

（2）9月10日，光明公司在验收商品过程中发现部分商品质量不符合规格，经协商，通化公司同意在价格上给予5%的折让，当日，根据税务机关出具的《开具红字增值税专用发票通知单》开具红字增值税专用发票，冲减销售款。

（三）要求：编制以上各项经济业务的会计分录。

【习题四】

（一）目的：练习收入的确认与合同资产、合同负债的核算。

（二）资料：20×1年10月，H公司发生下列经济业务：

（1）20×1年10月8日，公司与客户签订销售合同，并预收客户货款80 000元存入银行。10月20日，商品发出，增值税专用发票上注明的价款为100 000元，增值税额为13 000元，余款尚未收到。10月28日，收到客户交来的面额为33 000元银行汇票一张结清前欠货款。该合同代表一项履约义务，在某一时点履行，符合收入确认条件。

（2）20×1年10月10日，H公司与S公司签订安装合同，为S公司提供设备安装劳务，合同约定的安装期限为4个月，合同总收入为800 000元，根据合同规定，S公司于签订合同之日先预付50%的价款，剩余价款在安装完毕验收合格时双方进行结算。至20×1年12月31日，此项安装劳务领用安装用材料200 000元、发生安装人员工资120 000元。预计完成该设备安装任务还将发生成本180 000元。H公司按年确认劳务收入，按实际发生的成本占估计总成本的比例确定劳务的完工进度。不考虑增值税等其他因素。该合同代表一项履约义务，按某一时段履行，符合收入确认条件。

（3）20×1年10月30日，H公司与乙公司签订合同，约定以总价3 000万元的价格向乙公司销售X、Y两种产品，X产品单独售价为2 100万元，Y产品单独售价为1 500万元。同时,合同约定,签订当天即交付 X 产品,并于 1 个月内交付 Y 产品,两项产品全部交付后,甲公司才有权收取合同约定款项。假定 X 产品和 Y 产品分别构成单项履约义务,其控制权在商品交付时转移给乙公司,假定不考虑增值税等其他因素。

（三）要求:根据上述资料编制会计分录。

【习题五】

（一）目的:练习损益的核算。

（二）资料:Y 公司(系一般纳税人)20×1 年 12 月份发生下列业务:

（1）3 日,向 A 公司销售商品 1 000 件,增值税专用发票上注明的价款为 200 000 元,增值税额为 26 000 元,该批商品成本为 90 000 元,销售当日收到 A 公司签发的面值为 226 000 元的不带息商业汇票一张。该商品适用的消费税税率为 10%。

（2）3 日,以银行存款支付销售商品的运费,取得的增值税专用发票上注明的价款为 2 000 元,增值税额为 180 元;保险费取得的增值税专用发票上注明的价款为 500 元,增值税额为 30 元。

（3）5 日,应付 R 公司货款 1 000 元,因其撤销无法支付,报经批准予以转销。

（4）13 日,出售一批不需用材料给 B 公司,增值税专用发票上注明的价款为 9 000 元,增值税额为 1 170 元,款项收到存入银行,该材料的实际成本为 7 000 元。

（5）15 日,A 设备使用期满,经批准报废。该设备原价为 100 000 元,累计已提折旧 90 000 元,已计提减值准备 8 000 元。清理过程中,以银行存款支付清理费用,取得的增值税专用发票上注明的价款为 3 000 元,增值税额为 390 元。清理中回收残料作辅助材料入库,计价 3 500 元。

（6）21 日,接银行通知,结算支付第 4 季度短期借款利息 6 000 元,其中前 2 个月已预提利息 4 000 元。

（7）31 日,本月应付工资总额 160 000 元,其中产品生产工人工资 120 000 元,销售人员工资 10 000 元,行政管理人员工资 30 000 元。

（8）31 日,按账龄分析法估计坏账损失金额为 14 000 元,计提坏账准备。

（9）31 日,对 Z 公司 10%的长期股权投资,按成本法核算,本期收到 Z 公司分配的利润 100 000 元。

（10）31 日,持有的交易性金融资产甲公司股票 10 000 股,账面成本为 50 000 元,公允价值为 55 000 元。

（11）31 日,结算本月应交城市维护建设税 1 400 元,教育费附加 600 元。

（12）31 日,经计算 Y 公司本期应交所得税 72 500 元。

（13）31 日,结转本月各损益类账户的发生额。

（三）要求:

（1）根据上述资料编制会计分录。

（2）计算 Y 公司 12 月营业利润,利润总额和净利润。

【习题六】

（一）目的:练习利润及利润分配的核算。

（二）资料:Y 公司 20×1 年 12 月各损益类账户的发生额,如表 10-9 所示。

表 10-9　Y 公司 20×1 年 12 月各损益类账户的本期发生额　　　　单位:元

账 户 名 称	借 方 发 生 额	贷 方 发 生 额
主营业务收入		100 000
主营业务成本	40 000	
其他业务收入		10 000
其他业务成本	5 000	
税金及附加	8 000	
销售费用	15 000	
管理费用	25 000	
财务费用	18 000	
资产减值损失	5 760	
信用减值损失	2 240	
投资收益		30 000
公允价值变动损益		7 000
营业外收入		3 000
营业外支出	1 000	
所得税费用	9 900	

Y 公司 11 月末"本年利润"账户贷方余额为 179 900 元(前 11 个月净利润),"利润分配——未分配利润"账户年初贷方余额为 50 000 元。Y 公司董事会提议,并经公司股东大会决议确定利润分配方案如下:① 按全年净利润的 10% 计算提取法定盈余公积;② 按全年净利润的 20% 计算提取任意盈余公积;③ 向投资者分配现金股利 100 000 元。

（三）要求:分别下列情况为 Y 公司编制会计分录:

（1）根据表 10-9 的资料结转损益。

（2）提取法定盈余公积。

（3）提取任意盈余公积。

（4）应付投资者现金股利。

（5）年末结转"本年利润"账户余额。

（6）年末结转"利润分配"所属明细账户。

【习题七】

(一)目的:练习所得税的核算。

(二)资料:Z公司于20×1年12月31日购入机器设备一台,该设备原价为100 000元,预计使用5年,预计净残值为零。会计处理时按直线法计提折旧,税法规定采用双倍余额递减法计提折旧,假定Z公司适用的所得税税率为25%,每年税前利润均为50 000元。

(三)要求:

(1)计算第1～第5年每年的所得税费用。

(2)编制第1～第5年计提所得税的会计分录。

(3)如果该设备会计处理时按双倍余额递减法计提折旧,税法规定采用直线法计提折旧,其他条件不变,请重新计算Z公司第1～第5年每年的所得税费用,并编制相关会计分录。

【习题八】

(一)目的:练习所得税核算。

(二)资料:H公司20×1年度实现的税前会计利润为5 000 000元,所得税税率为25%,根据企业会计准则规定,所得税采用资产负债表债务法核算。假定H公司递延所得税资产和递延所得税负债年初均无余额。H公司2020年度发生下列会计处理和税收处理存在差异的事项:

(1)资产负债表日,对持有的存货计提存货跌价准备50 000元,该存货的账面价值为500 000元。

(2)取得国债利息收入10 000元。

(3)公司当年实际发生的业务招待费支出为1 220 000元,经税务机关核定的全年业务招待费支出为1 000 000元。

(4)20×0年12月31日购入设备一台,并投入使用。该设备成本为1 000 000元,预计使用5年,无残值。会计处理按直线法计提折旧,税法规定按双倍余额递减法计提折旧,该设备的预计使用年限和残值税法和会计规定相同。

(5)公司持有一项交易性金融资产,该金融资产年末账面余额为2 000 000元,年末公允价值为2 100 000元。按照税法规定,交易性金融资产在持有期间公允价值变动损益不计入应纳税所得额。

假定H公司当年除上述事项外其他资产、负债的账面价值与其计税基础均一致;该公司预计在未来期间能够产生足够的应纳税所得额用来抵扣可抵扣暂时性差异。

(三)要求:根据上述资料:

(1)计算H公司20×1年度应纳税所得额。

(2)计算H公司20×1年度递延所得税资产、递延所得税负债、递延所得税费用、所得税费用。

(3) 编制 H 公司 20×1 年有关所得税的会计分录。

课程思政与案例

定制信息系统开发服务的收入确认时点

【案例背景】 甲公司接受定制方乙公司委托,为其定制开发一个生产信息系统。该系统包括两个子系统,相互联系较为紧密,单个子系统无独立功能,两个子系统需全部开发完成后才能投入使用。若甲公司仅开发完成一个子系统,乙公司无法从其他软件开发公司获得相关资源将该单个子系统投入使用。整个系统计划开发周期(包含试运行及系统终验)共计 2 年。开发过程中形成的全部信息存储在甲公司的内部系统,开发过程中形成的程序等所有权和知识产权归甲公司所有。如果甲公司被中途更换,新供应商需要重新执行信息系统定制相关工作。由于信息系统的定制化,甲公司难以将该定制系统应用到其他定制方或者普通客户。在两个子系统开发完成后,甲公司需要提供重大的开发服务将两个子系统整合为一个生产信息系统进行安装并试运行结束后,进行验收结算。相较于生产信息系统的定制开发过程,整个安装调试过程相对较短,大约只需要 2 周的时间。甲公司销售的该生产信息系统无需升级服务也能正常使用。对于因定制方乙公司原因导致业务终止的情形下,定制方乙公司如何补偿甲公司已发生的成本,双方未在合同中约定。从甲公司已有的此类定制化信息系统违约历史经验来看,甲公司能够获取的违约金仅能弥补已发生成本。

在会计处理时,甲公司认为系统开发周期为 2 年,历时较长,因此,按照时段法确认收入。

【思考问题】 分析甲公司对该定制开发生产信息系统业务,按照时段法确认收入是否恰当。为什么?

【案例启示】 收入确认时点影响到企业特定会计期间的收入金额,进而对利润表中的多个指标产生影响。企业在判断收入确认时点时,应当严格遵循收入准则的规定。本案例中,甲公司仅因为系统开发周期时间较长,就采用时段法确认收入,对收入准则要求的以"控制权转移"作为收入确认时点的判断标准有理解上的偏差。

企业应当按照收入准则相关规定,结合与客户订立的合同,正确识别合同中单项履约义务,并判断每个单项履约义务是否满足时段法的三个条件。如果满足三个条件之一,则采用时段法确认收入;否则,采用时点法确认收入。

实务中,个别企业为了提升经营业绩和达到考核指标,可能倾向于提前确认收入,有的企业为了平滑收入和利润,则倾向于推迟确认收入,对此也需充分关注。企业应当在理解掌握收入准则的基础上,根据交易或事项的经济业务实质,对收入确认时点进行恰当的判断和会计处理。

第十一章 成本费用

第一节　成本费用概述

一、成本的涵义

（一）成本的概念

　　企业生产经营活动是以资金的投入为起点,以资金的使用与耗费为过程,以资金的收回与分配为终点的连续不断、依次继起的资金运动过程。在这个过程中,产品的价值是由三个部分组成: ① 已耗费的生产资料转移的价值(C);② 劳动者为自己劳动所创造的价值(V);③ 劳动者为社会劳动所创造的价值(M)。从理论上讲,上述的前两个部分即 C＋V 是商品价值中的补偿部分,构成了产品的理论成本。

　　成本是企业在生产经营过程中所消耗的各种资源的经济价值,以上只是从理论上说明了成本的经济实质和基本内容。实际工作中,成本的范围是由国家通过有关法规制度来加以界定的。为了促使企业加强经济核算、减少生产损失,对于一些不形成产品价值的损失性支出(如工业企业季节性和修理期间的废品损失、停工损失等)、劳动者为社会劳动创造的某些价值(如财产保险费)等也计入产品成本。也就是说,产品实际成本是以产品的理论成本为基础,但不完全等同于理论成本。

　　成本是资金耗费的补偿尺度,是企业有效决策的重要依据,是反映企业管理工作质量的综合性指标。成本的高低反映着企业各个职能部门的工作质量。比如,产品设计阶段的设计成本、产品生产阶段的制造成本、产品销售阶段的销售成本以及售后服务费等无不直接或间接地反映到成本这个综合指标中来。这就要求企业实行全过程和全员的成本管理,确保经营目标的实现。

（二）成本与费用的关系

费用是企业为销售商品、提供劳务等日常活动所发生的经济利益的流出。费用没有特定的对象,如管理费用是针对整个企业经营的服务与管理而耗费的,并不直接针对某一产品;财务费用中的借款利息是因借入资金而付出的代价,并非直接针对某一产品;而成本是对特定对象化的费用,如某一产品或某项服务。所以,费用只能按发生的期间来归集,并直接计入当期损益,而成本则形成企业的某项资产。

二、费用的分类

为了加强成本费用的核算与管理,必须对企业的各种耗费进行合理的分类。费用可以按不同的标准分类,其中最基本的是按耗费的经济内容和经济用途的分类。

（一）费用按经济内容分类

费用按经济内容划分的类别称为费用要素,企业的生产经营过程是物化劳动和活劳动的耗费过程,所以费用要素主要包括劳动对象方面的费用、劳动手段方面的费用和活劳动方面的费用三大类。在此基础上又具体分为以下八个方面的费用要素。

1. 外购材料

它是指企业为进行生产经营而耗费的由企业外部购进的原材料及主要材料、半成品、辅助材料、包装物、修理用备件和低值易耗品。

2. 外购燃料

它是指企业为进行生产经营而耗费的一切从外部购进的各种燃料,包括液体、气体和固体燃料。

3. 外购动力

它是指企业为进行生产经营而耗费的从外部购进的各种动力,包括电力、热力和蒸汽等。

4. 职工薪酬

它是指企业支付的应计入生产经营费用的所有职工的各种薪酬。

5. 折旧费用

它是指企业对固定资产按照耗费情况,采用一定方法计提的折旧费。

6. 利息费用

它是指企业计入成本耗费等的负债利息净支出（即利息支出减去利息收入后的余额）。

7. 税金

它是指应计入企业成本耗费的各种税金,如房产税、车船使用税、印花税、土地使用税等。

8. 其他支出

它是指不属于以上各要素,但应计入成本耗费的支出,如差旅费、租赁费、外部加工费、保险费、邮电费等耗费。

耗费按经济内容划分,可反映企业在以一定时期内发生了哪些方面的耗费,金额是多少,通过各项耗费金额的比重,可以分析出企业各种要素耗费占总耗费的比重,有利于考核耗费计划的执行情况。

(二)费用按经济用途分类

耗费按经济用途分类,首先划分为应计入成本和不应计入成本两部分。为了具体反映成本构成情况,应计入成本的费用可再进一步划分为若干个项目,即产品成本项目。成本项目一般分为以下三项。

1. 直接材料

它是指直接用于产品生产、构成产品实体的原材料、主要材料、外购半成品及有助于产品形成的辅助材料。

2. 直接人工

它是指直接参加产品生产的工人工资及以其他形式发放的职工薪酬。

3. 制造费用

它是指企业各个生产单位(分厂、车间)为组织和管理生产所发生的各种费用。

三、成本核算的基本要求

为了充分发挥成本核算的作用,在成本核算工作中,应做到以下几点。

(一)遵守国家规定的成本开支范围和费用开支标准

企业发生的耗费是多种多样的,而这些不同用途的耗费应由不同的渠道开支。成本开支范围是为了加强成本管理,确保成本能正确地反映和计量企业的生产经营耗费状况,根据企业成本的经济内容和成本管理要求,由国家统一规定的成本允许列支的费用范围。费用开支标准是对某些费用开支的数额、比例所做出的具体规定。企业只有遵守国家规定的成本开支范围和费用开支标准,才能既确保同类企业成本的可比性,又为正确计算利润提供保证。

(二)正确划分各种成本耗费的界限

为了正确计算企业成本和损益,必须正确划分以下四个方面的耗费界限。

1. 正确划分产品成本与期间费用的界限

产品成本是在生产产品或提供劳务过程中发生的,并由产品或劳务负担的耗费。期间费用是指企业当期发生的必须从当期收入中得到补偿的经济利益的总流出。期间费用不应由产品或劳务负担。因此,费用不计入产品或劳务成本,而直接计入当期损益。

2. 正确划分各期的成本界限

划清各期产品成本的依据是权责发生制和受益原则,某项费用是否应计入本月产品成本以及应计入多少,取决于是否应由本月负担以及受益程度的大小。某项费用是否应计入本月产品成本,不取决于成本金额的大小,而决定于本月产品是否受益,只要是本月产品受益的耗费,就应计入本期产品成本;只要是由本月与以后各月共同受益的耗费,就应在相关受益期内采用适当方法进行合理摊配。

3. 正确划分各种产品的成本界限

企业已发生的各种生产费用,必须划清应由哪种产品负担。凡是能直接确定应由某种产品负担的费用,就应直接计入该种产品成本;凡是应由几种产品共同负担的耗费,应采用适当分配方法,合理地分配计入相关产品成本。

4. 正确划分完工产品与在产品的成本界限

通过以上成本界限的划分,确定了各种产品本月应负担的生产成本。月末,如果某产品已经全部完工,则至本月为止累计发生的生产成本全部计入该完工产品成本;如果该产品全部尚未完工,则至本月为止累计发生的生产成本全部属于未完工产品成本。如果某种产品既有完工产品又有在产品,就需要采用适当的分配方法,将产品应负担的成本在完工产品和在产品之间进行分配,分别计算出完工产品成本和在产品成本。

(三)按照生产特点和管理要求,采用适当的成本计算方法

产品的制造成本是在生产过程中形成的。每个企业的产品生产组织、生产工艺和成本管理的要求不同,所应采用的产品成本计算方法也应有所不同。因而,企业要研究比较各种产品成本计算方法的特点和适用性,选择符合管理要求、且简便可行的方法,为产品成本核算与管理提供可靠的信息。

第二节 产品生产成本的核算

产品生产成本计算的基本方法有品种法、分批法和分步法三种。品种法是按产品品种归集生产费用和计算产品成本的一种成本计算方法。分批法是按产品批别归集生产费用和计算产品成本的一种成本计算方法。分步法是按各个加工步骤的各种产品归集生产费用和计算产品成本的一种成本计算方法。各种成本计算方法的基本内容和程序相同,但成本计算对象和成本计算期有所不同。

一、生产成本核算的一般程序

(一)确定成本计算对象

成本计算对象是成本的承担客体,是归集和分配生产费用的具体对象。在不同的企

业里,由于生产类型不同,成本管理的要求不同,成本计算的对象也就不同。在成本计算中,必须根据成本计算对象来设置明细账,归集生产费用。

（二）确定成本项目

除按成本计算对象开设成本明细账外,在账内还需按成本项目开设专栏,以反映产品成本的构成内容。成本项目最基本的设置为:直接材料、直接人工和制造费用三项。企业可以根据实际需要进行适当调整。

（三）确定成本计算期

成本计算期是指产品的成本计算期间,即在多长的时间内归集和计算一次产品成本。企业生产类型不同,产品成本计算期也不同。在单件、小批量生产情况下,产品成本计算期与产品的生产周期相一致;在大量、大批生产情况下,产品成本计算期就不能随生产周期而定,一般以月为成本计算期。

（四）归集与分配生产费用

产品生产成本的计算过程,也是生产费用的归集与分配过程。对于发生的各项生产费用要在各成本计算对象之间进行归集与分配。为生产某种产品发生的生产费用,如直接材料等,可直接计入有关成本核算对象,为生产几种产品共同发生的费用,如制造费用,应采用适当的分配方法和标准,分配计入各种产品成本。通过在各种产品之间归集和分配生产费用,最终可反映各种产品的生产成本总水平。

（五）在完工产品和月末在产品成本之间分配生产耗费

期末,应将归集于各个成本计算对象的生产耗费总额,在完工产品和月末在产品之间进行分配计算,确定并转出完工产品的生产成本。

（六）编制成本计算表

在计算出各个成本计算对象的生产总成本后,应根据产品种类和成本项目编制产品成本计算表,分别反映其总成本和单位成本,便于成本的比较和分析。产品成本计算表,如表 11-1 所示。

表 11-1　产品成本计算表

年　　月　　　　　　　　　　　　　　单位:元

成本项目	甲产品		乙产品	
	总成本	单位成本	总成本	单位成本
直接材料				
直接人工				
燃料及动力				

（续表）

成 本 项 目	甲 产 品		乙 产 品	
	总 成 本	单 位 成 本	总 成 本	单 位 成 本
制造费用				
合 计				

二、账户设置

为了按照用途归集各项成本,划清有关成本的界限,正确计算产品生产成本,应当设置"生产成本""制造费用"账户。

1. "生产成本"账户

"生产成本"账户属于成本类账户。该账户用于核算企业进行工业性生产发生的各项生产成本。企业为进行产品生产所发生的各项费用,可直接或分配记入该账户的借方;月末完工入库的产品成本,记入该账户的贷方;期末借方余额,表示企业尚未加工完成的在产品成本。"生产成本"账户应分别设置"基本生产成本"和"辅助生产成本"二级明细账户,并按产品品种或劳务项目设三级明细账。

2. "制造费用"账户

"制造费用"账户属于成本类账户。该账户用于核算生产车间(部门)为生产产品而发生的未专设成本项目的各项直接生产费用、各项间接生产费用以及管理和组织生产发生的费用,包括职工薪酬、折旧费、办公费、机物料消耗、劳动保护费等。企业生产部门发生的各项制造费用记入该账户的借方;期末,将制造费用分配计入有关成本核算对象时,记入该账户的贷方;除季节性的生产性企业外,该账户月末应无余额。该账户应按不同的车间、部门设置明细账,账内按制造费用项目设置专栏。

三、生产费用的归集与分配

(一)要素费用的核算

1. 材料费用的分配核算

企业应定期根据有关材料的耗用记录,如领料单、限额领料单和退料单等根据"谁收益、谁负担"的原则进行分配。按月编制材料费用分配汇总表,据以进行总分类核算。

企业生产过程中领用的各种材料,其用途包括产品生产领用、生产部门(车间)领用、管理部门领用,其中,用于产品生产的各种材料,应作为直接材料费用记入"生产成本"账户,用于各生产部门(车间)维护生产设备和管理生产耗用的材料,记入"制造费用"账户,行政管理部门为组织管理企业经营而领用的材料,不记入产品成本应作为期间费用,记入"管理费用"账户。

【例 11-1】 文兴电器制造公司第一车间生产甲乙两种产品。3 月份根据领料单编制的材料费用分配汇总表,如表 11-2 所示。

表 11-2　材料费用分配汇总表

材料类别	A 材料		B 材料		C 材料		合计	
用途	数量 (千克)	金额 (元)	数量 (千克)	金额 (元)	数量 (千克)	金额 (元)	数量 (千克)	金额 (元)
产品生产领用								
其中:甲产品	5	1 050	12	3 120	10	2 900		7 070
乙产品	5	1 050	15	3 900	5	1 450		6 400
生产车间领用			2	520	3	870		1 390
管理部门领用	4	840						840
合计	14	2 940	29	7 540	18	5 220		15 700

领用材料业务事项的发生,一方面库存材料减少 15 700 元,记入"原材料"账户的贷方,另一方面按用途分配计入相关成本费用。直接用于生产甲产品的材料费用 7 070 元,记入"生产成本"账户的甲产品明细账户,直接用于生产乙产品的材料费用 6 400 元,记入"生产成本"账户的乙产品明细账户,车间一般耗费领用的材料费 1 390 元,记入"制造费用"账户的借方,管理部门耗用的材料 840 元,记入"管理费用"账户的借方,该事项应编制的会计分录如下:

```
借:生产成本——甲产品                           7 070
           ——乙产品                           6 400
  制造费用                                     1 390
  管理费用                                      840
  贷:原材料——A 材料                                 2 940
          ——B 材料                                 7 540
          ——C 材料                                 5 220
```

2. 人工费用的分配核算

月末,企业应按照应付职工薪酬的构成内容,根据考勤记录、产量记录、工时记录等原始凭证计算确定应付职工的薪酬,并将其按发生的部门和用途进行分配,编制工资费用分配表,据以进行总分类核算。

其中直接从事产品的生产工人的薪酬,直接记入"生产成本"账户的借方;生产部门

(车间)管理人员、技术人员、服务人员的薪酬,属于制造费用,发生时记入"制造费用"账户的借方;企业行政管理部门人员的薪酬属于期间费用,不记入产品成本,发生时记入"管理费用"账户的借方。

【例 11-2】 文兴公司根据工资的用途,分配结转 3 月份职工薪酬费用,其中:生产甲产品生产工人薪酬 30 000 元,生产乙产品生产工人薪酬 20 000 元,车间管理人员薪酬 10 000 元,行政管理部门人员薪酬 8 000 元。总计 68 000 元。

该事项的发生,一方面企业本月应付职工薪酬增加,应记入"应付职工薪酬"账户的贷方,另一方面生产工人薪酬直接构成生产成本,记入"生产成本"账户借方,车间管理人员薪酬,记入"制造费用"账户的借方,行政管理部门人员薪酬,记入"管理费用"账户的借方。应编制的会计分录如下:

借:生产成本——甲产品   30 000
      ——乙产品   20 000
  制造费用   10 000
  管理费用   8 000
  贷:应付职工薪酬——工资   68 000

3. 折旧及其他费用的核算

除了前述的材料费和人工费,企业生产经营中还会发生其他费用,如折旧费、办公费、保险费、修理费、水电费和利息等。这些费用发生时,应按用途和发生地点进行归集,基本生产车间发生的费用,记入"制造费用"账户;行政管理部门发生的费用,记入"管理费用"账户;专设销售机构发生的费用,记入"销售费用"账户;利息费用,记入"财务费用"账户,生产部门以外的其他部门发生的费用一般与产品生产无关,相关费用计入当期损益,不列入生产成本。

【例 11-3】 3 月份,文兴公司按照规定的固定资产折旧率,计提本月固定资产折旧 18 500 元,其中,车间使用固定资产计提折旧 13 000 元,行政管理部门使用固定资产计提折旧 5 500 元。

固定资产折旧费应按用途和发生地点归集,生产部门(车间)的折旧费,记入"制造费用"账户,行政管理部门的折旧费,记入"管理费用"账户。应编制的会计分录如下:

借:制造费用   13 000
  管理费用   5 500
  贷:累计折旧   18 500

【例 11-4】 3 月份,文兴公司以银行存款支付生产车间办公费 1 800 元,行政管理部门办公费 2 000 元。

这项经济业务的发生,一方面企业银行存款减少,应记入"银行存款"账户的贷方,另一方面按照费用的用途和地点归集,车间办公费,应记入"制造费用"账户的借方,行政管理部门的办公费属于期间费用，记入"管理费用"账户的借方。应编制的会计分录如下：

```
借：制造费用                                            1 800
    管理费用                                            2 000
    贷：银行存款                                                3 800
```

【例 11 - 5】　3 月份，文兴公司以银行存款支付保险费 2 910 元，其中，生产车间保险费 1 710 元，管理部门保险费 1 200 元。

这项经济业务的发生，一方面企业银行存款减少，应记入"银行存款"的贷方；另一方面按照费用的用途和地点归集，车间保险费，应记入"制造费用"账户的借方，行政管理部门的保险费，应记入"管理费用"账户的借方。应编制的会计分录如下：

```
借：制造费用                                            1 710
    管理费用                                            1 200
    贷：银行存款                                                2 910
```

【例 11 - 6】　3 月份，文兴公司根据企业的短期借款，计算应由本月负担的短期借款利息 1 200 元。应编制的会计分录如下：

```
借：财务费用                                            1 200
    贷：应付利息                                                1 200
```

（二）制造费用的核算

制造费用是指制造企业为生产产品或提供劳务而发生的应计入产品或劳务成本，但没有专设成本项目的各项直接生产费用、间接生产费用以及管理和组织生产发生的费用，主要包括生产车间管理人员薪酬、固定资产折旧费、租赁费、办公费、水电费、机物料消耗、劳动保护费、试验检验费等。

基本生产车间发生的制造费用大多属于间接生产费用，因此费用发生时先归集在"制造费用"账户，月份终了，企业应将归集的制造费用分配计入有关产品成本。在只生产一种产品的企业，制造费用可直接从"制造费用"账户的贷方转入"生产成本"账户的借方。在生产多种产品的企业，制造费用应采用一定标准在各种产品之间进行分配。常用的分配标准有：实际生产工时比例、定额工时比例、生产工人薪酬比例、机器工时比例、耗用原材料的数量或成本比例等。企业具体采用哪种分配方法，由企业自行决定。分配方法一经确定，不得随意变更。如需变更，应当在会计报表附注中予以说明。制造费用一般的分配过程为：

$$制造费分配率 = \frac{制造费总额}{各产品分配标准合计}$$

$$某产品应分配制造费 = 该产品的分配标准 \times 分配率$$

制造费用的分配，一般是通过编制制造费用分配表来进行的，其格式，如表 11 - 3

所示。

【例 11-7】 根据[例 11-1]至[例 11-6]汇总,3 月,文兴公司第一车间生产甲、乙两种产品共发生制造费用 27 900 元,假设该企业按生产工人薪酬比例分配制造费用。

表 11-3 制造费用分配表

产品名称	分配标准 (工人薪酬)	分配率	分配金额(元)
甲产品	30 000	0.558	16 740
乙产品	20 000	0.558	11 160
合计	50 000		27 900

根据以上计算,将甲、乙两种产品应分配的制造费用,转入"生产成本"账户有关的明细账中。编制结转制造费用的会计分录如下:

借: 生产成本——甲产品　　　　　　　　　　　　　　　　16 740
　　　　　　——乙产品　　　　　　　　　　　　　　　　11 160
　贷: 制造费用　　　　　　　　　　　　　　　　　　　　　　27 900

(三) 生产费用在完工产品与在产品之间的分配

生产费用在完工产品与在产品之间的分配,是产品成本计算工作中的一个重要环节。企业应根据期末在产品数量的多少、各月在产品数量变化的大小、各项生产费用在产品成本中所占比重的大小及定额管理的基础等情况选用适当的分配方法。

生产费用在完工产品与在产品之间的分配方法主要有不计算在产品成本法、在产品按固定成本计价法、在产品按所耗原材料成本计价法、在产品按定额成本计价法和约当产量法等。

如按上述方法计量确定了月末在产品成本,则完工产品成本计算如下:

本月完工产品生产成本=本月累计生产费用-月末在产品生产成本。

【例 11-8】 3 月初,文兴公司第一车间甲在产品 30 件,本月新投产 80 件,月末完工 100 件,月末在产品 10 件。本月月初在产品生产成本和本月发生甲产品生产费用,见生产成本明细账,如表 11-4 所示。假设月末在产品成本按定额成本计价,在产品成本为 5 550 元,其中,直接材料 800 元,直接人工 3 750 元,制造费用 1 000 元,则本月完工甲产品成本计算如下:

完工甲产品分配的直接材成本 = 9 191 - 800 = 8 391(元)

完工甲产品分配的直人工成本 = 41 250 - 3750 = 37 500(元)

完工甲产品分配的制造费用 = 22 740 - 1 000 = 21 740(元)

完工甲产品生产成本 = 8 391 + 37 500 + 21 740 = 67 631(元)

或　　　　　　　　　　 = 7 3181 - 5 550 = 67 631(元)

表 11-4 生产成本明细分类账

产品品种：甲产品   单位：元

年		凭证号	摘 要	借 方				借或贷	余额
月	日			直接材料	直接人工	制造费用			
3	1		月初在产品30件	2 121	11 250	6 000			19 371
3	31		生产领用材料	7 070				借	26 441
	31		生产工人工资		30 000			借	56 441
	31		分配制造费用			16 740		借	73 181
	31		累计生产费用	9 191	41 250	22 740		借	73 181
	31		结转完工产品成本100件	8 391	37 500	21 740		借	5 550
	31		月末在产品成本10件	800	3 750	1 000		借	5 550

【例 11-9】 3月初和3月末，文兴公司第一车间乙产品均无在产品，本月生产乙产品40件全部完工，3月份乙产品生产成本明细账，如表11-5所示。

表 11-5 生产成本明细分类账

产品品种：乙产品   单位：元

年		凭证号	摘 要	借 方				借或贷	余额
月	日			直接材料	直接人工	制造费用			
3	31	略	生产领用材料	6 400				借	6 400
	31		生产工人工资		20 000			借	26 400
	31		分配制造费用			11 160		借	37 560
	31		累计生产费用	6 400	20 000	11 160		借	37 560
	31		结转完工产品成本	6 400	20 000	11 160		平	0
	31		月末在产品成本	—	—	—	—	平	0

乙产品月初和月末均无在产品，所以，本月发生的生产费用就是本月完工乙产品的生产成本，即完工产品生产成本为37 560元(6 400＋20 000＋11 160)。

（四）编制产品生产成本计算表

根据甲产品、乙产品的生产成本明细账编制生产成本计算表，计算出完工产品的总成本和单位成本，具体计算如表11-6所示，据以结转完工入库产品生产成本。

表 11 - 6　产品生产成本计算表　　　　　　金额单位：元

成本项目	甲产品（100 件）		乙产品（40 件）	
	总成本	单位成本	总成本	单位成本
直接材料	8 391	83.91	6 400	160
直接人工	37 500	375	20 000	500
制造费用	21 740	217.4	11 160	279
产品生产成本	67 631	676.31	37 560	939

```
借：库存商品——甲产品                                    67 631
        ——乙产品                                    37 560
    贷：生产成本——甲产品                                      67 631
            ——乙产品                                      37 560
```

该结转事项，一方面使企业库存增加，记入"库存商品"账户的借方，另一方面生产过程中的生产费用减少，应记入"生产成本"账户的贷方。

第三节　期间费用的核算

期间费用是指企业当期发生的，直接计入当期损益的费用。与生产成本相比较，期间费用有以下的特点：① 期间费用的发生是为产品生产提供正常的条件和进行管理的需要，而与产品的生产本身并不直接相关。② 期间费用只与费用发生的当期有关，不影响或不分摊到其他会计期间。③ 期间费用直接列入当期利润表，直接与当期营业收入配比，在计算当期利润时全部在当期扣除。

期间费用一般分为管理费用、销售费用和财务费用三类。

一、管理费用

管理费用是指企业行政管理部门为管理和组织经营活动的各项费用，包括企业在筹建期间发生的开办费、董事会和行政管理部门在企业的经营管理中发生的或者应由企业统一负担的公司经费（包括行政管理部门人员的职工薪酬、差旅费、办公费、折旧费、修理费、物料消耗、低值易耗品摊销以及其他公司经费）、董事会费（包括差旅费、会议费和董事会成员津贴等）、聘请中介机构费、咨询费、诉讼费、业务招待费、技术转让费、研究开发费、排污绿化费等。

为了核算和监督管理费用的发生和结转情况，企业应设置"管理费用"账户，其借方登记管理费用发生额；贷方登记期末转入"本年利润"账户的管理费用；结转后该账户期末无余额。该账户应按管理费用项目设置专栏进行明细核算。

二、销售费用

销售费用是指企业在销售商品和材料、提供劳务的过程中的各种费用,包括应由企业负担的运输费、装卸费、包装费、保险费、委托代销手续费、广告费、展览费、租赁费和销售服务费,专设销售机构的职工薪酬、办公费、折旧费、修理费、物料消耗、低值易耗品摊销等。

为了核算企业销售商品和材料、提供劳务的过程中的各种费用,企业应设置"销售费用"账户。其借方登记销售费用发生额;贷方登记期末转入"本年利润"账户的销售费用;结转后该账户期末无余额。该账户应按销售费用项目设置专栏进行明细核算。

三、财务费用

财务费用是指企业为筹集生产经营资金而发生的筹资费用,包括企业生产经营期间发生的利息支出(减利息收入)、汇兑损益、金融机构手续费等。

为了核算和监督企业为筹集生产经营资金而发生的筹资费用,企业应设置"财务费用"账户。其借方登记财务费用发生额;贷方登记期末转入"本年利润"账户的财务费用;结转后该账户期末无余额。该账户应按财务费用项目设置专栏进行明细核算。

本 章 小 结

成本是指取得资产或劳务的耗费。理论上的产品成本是指生产过程中所耗费的生产资料的转移价值和劳动者为自己劳动所创造的价值的货币表现。在制造业,主要是指材料采购成本和产品的制造成本。费用按经济内容分为外购材料、外购燃料、外购动力、工资福利待遇、折旧费、利息费、税金及其他支出;费用按经济用途分类,分为计入产品成本的直接材料、直接人工、制造费用和不计入产品成本的期间费用。

产品成本的核算要求有:严格执行企业会计准则规定的成本计量要求、遵守国家规定的成本开支范围和开支标准、正确划分成本与期间费用的界限、正确划分各期成本的界限、正确划分各种产品的界限、正确划分完工产品与在产品的成本界限、做好成本核算的基础工作和选择适当的成本计算方法。

成本核算的一般程序包括确定成本计算对象、确定成本项目、归集与分配费用、计算完工产品成本和编制成本计算表。产品生产成本的核算内容主要包括要素费用的核算、制造费的核算及生产费用在完工产品与在产品之间的分配等。

主 要 术 语

■ 成本　　　　　　　　　要素费用
■ 直接材料　　　　　　　直接人工
■ 期间费用　　　　　　　制造费用
■ 成本项目　　　　　　　成本计算对象
■ 约当产量法　　　　　　成本计算期
■ 约当产量　　　　　　　管理费用
■ 销售费用　　　　　　　财务费用

复习思考题

1. 什么是成本、费用? 两者有何联系与区别?

2. 费用按其经济内容分为哪几类? 有何意义?

3. 费用按其经济用途分为哪几类? 有何意义?

4. 简述成本核算的基本要求与一般程序。

5. 生产费用在完工产品与在产品之间的分配方法有哪些? 各种方法的适用性怎样?

6. 简述制造费用的内容及归集、分配的方法。

7. 期间费用包括哪些内容? 如何进行核算?

练 习 题

一、单项选择题

1. 下列项目中,不属于费用按经济内容分类的是(　　)。

A. 直接人工　　　　B. 外购材料　　　　C. 职工薪酬　　　　D. 折旧费

2. 下列项目中,不属于生产费用按经济用途分类的是(　　)。

A. 直接人工　　　　B. 直接材料　　　　C. 外购动力　　　　D. 制造费用

3. 下列各项中,计入产品成本"直接人工"成本项目的职工薪酬是(　　)。

A. 产品生产人员薪酬　　　　　　　B. 车间管理人员薪酬

C. 行政管理部门人员薪酬　　　　　D. 辅助生产部门人员薪酬

4. 下列各项中,不属于期间费用的是(　　)。

A. 管理费用　　　　B. 财务费用　　　　C. 销售费用　　　　D. 制造费用

5. 下列支出中,不属于管理费用内容的是(　　)。

A. 行政管理人员薪酬　　　　　　　B. 无形资产研究阶段发生的支出

C. 存货盘亏经营损失　　　　　　　D. 销售网点经费

6. 企业专设销售机构发生的固定资产日常维修费用,应记入(　　)账户。

A.“管理费用”　　　　　　　　　　B.“销售费用”

C.“在建工程”　　　　　　　　　　D.“其他业务成本”

7. 企业基本生产车间发生的固定资产日常维修费用,应记入(　　)账户。

A.“制造费用”　　　　　　　　　　B.“销售费用”

C.“管理费用”　　　　　　　　　　D.“生产成本”

8. 下列支出中,不属于销售费用内容的是(　　)。

A. 委托代销手续费　　　　　　　　B. 售后服务网点职工的薪酬

C. 展览费和广告费　　　　　　　　D. 日常修理费

9. 下列各项中,不记入“财务费用”账户借方的是(　　)。

A. 支付银行承兑汇票的手续费

B. 期末计算带息商业汇票的利息

C. 短期借款利息

D. 公司发行股票支付的手续费、佣金等发行费用

10. 若产品成本中的原材料费用所占比重很大,为简化成本计算工作,在分配完工产品与月末在产品费用时,应采用的方法是(　　)。

A. 在产品按所耗原材料费用计价　　B. 原材料费用按约当产量比例分配

C. 约当产量比例法　　　　　　　　D. 在产品按定额成本计价

二、多项选择题

1. 成本和费用既有联系也有区别,以下表述正确的有(　　)。

A. 成本和费用都是企业经济资源的耗费

B. 成本和费用都是针对一定会计期间而言

C. 成本和费用都是针对一定的成本计算对象而言

D. 费用表现为资产的减少,而成本表现为资产的增加

E. 生产费用经对象化后计入生产成本,但期末应当将当期已销售产品的成本结转入当期的费用

2. 下列各项中,属于制造企业产品成本项目的有(　　)。

A. 制造费用　　　　　　　　　　　B. 燃料及动力

C. 直接人工　　　　　　　　　　　D. 直接材料

E. 设备折旧费

3. 下列费用中,属于制造费用内容的有(   )。

A. 车间机物料消耗　　　　　　　　B. 车间用于组织和管理生产的费用

C. 生产设备的折旧费　　　　　　　D. 生产工人工资

E. 车间设备日常修理费用

4. 下列各项中,属于期间费用的有(   )。

A. 财务费用　　　　　　　　　　　B. 管理费用

C. 制造费用　　　　　　　　　　　D. 销售费用

E. 生产成本

5. 下列各项费用中,发生时不能直接记入"生产成本"账户的是(   )。

A. 生产车间生产工人薪酬　　　　　B. 生产车间设备折旧

C. 生产车间机物料消耗　　　　　　D. 构成产品实体的原料费用

E. 生产车间管理人员薪酬

6. 下列各项中,关于管理费用会计处理表述正确的有(   )。

A. 行政管理部门负担的折旧费应计入管理费用

B. 企业在筹建期间发生的开办费应计入管理费用

C. 企业发生的业务招待费应计入管理费用

D. 会计期末,将"管理费用"账户的本期发生额转入"生产成本"

E. 会计期末,将"管理费用"账户的本期发生额转入"本年利润"

7. 下列各种方法中,适用于生产费用在完工产品和在产品之间分配的有(   )。

A. 交互分配法　　　　　　　　　　B. 定额比例法

C. 在产品按固定成本计价法　　　　D. 在产品按定额成本计价法

E. 约当产量法

三、判断题

1. 生产费用按经济用途分类称成本项目。　　　　　　　　　　　　　(   )

2. "外购材料"要素是指企业为生产产品而耗用的一切从外部购入的原材料及主要材料、辅助材料、修理用备件、包装物和低值易耗品等。　　　　　　　　(   )

3. 所有制造企业都是以月份为成本计算期,按月计算产品生产成本。　　(   )

4. 制造费用是指企业各生产单位为组织和管理生产而发生的费用以及发生的间接生产费用和发生时不能计入产品成本的各项直接生产费用。　　　　　　　(   )

5. "制造费用"账户月末一般没有余额。　　　　　　　　　　　　　　(   )

6. 本月应付管理人员薪酬 50 万元,支付业务招待费 20 万元,展览费 30 万元,违约金 5 万元,则计入管理费用的金额为 70 万元。　　　　　　　　　　　　(   )

7. 会计期末,企业应将管理费用、销售费用、财务费用、制造费用转入"本年利润"账户的借方。   （   ）

8. 若采用"不计算在产品成本法"，本期发生的生产费用全部由该期完工产品负担。

                                                             （   ）

四、业务核算题

【习题一】

（一）目的：练习制造费用归集与分配的核算。

（二）资料：某企业系增值税一般纳税人，设有一基本生产车间，大量生产甲、乙、丙三种产品，20×1 年 6 月发生的有关经济业务如下：

（1）3 日，以银行存款 900 元支付办公用品费（取得增值税普通发票），其中生产车间 300 元，厂部 600 元。

（2）10 日，本月生产车间领用低值易耗品 3 000 元（采用一次摊销法）。

（3）18 日，以银行存款支付生产车间劳动保护费，取得的增值税专用发票上注明的价款为 3 000 元，增值税额为 390 元。

（4）20 日，以银行存款支付生产车间本月财产保险费，取得的增值税专用发票上注明的价款为 11 010 元，增值税额为 660.60 元。

（5）24 日，以银行存款支付本月电费，取得的增值税专用发票上注明的价款为 10 500 元，增值税额为 1 365 元。其中产品生产直接耗用 7 500 元，车间一般消耗 1 200 元，厂部消耗 1 800 元。

（6）25 日，根据预付账款明细账资料，本月生产车间应摊销固定资产租赁费 3 150 元。

（7）30 日，根据材料费分配表，本月领用材料实际成本 120 000 元，其中产品生产 108 000 元、车间一般消耗 7 500 元、厂部管理部门 4 500 元。

（8）30 日，根据工资结算汇总表，本月应付工资 90 000 元，其中产品生产工人 75 000 元、车间管理人员 6 000 元、厂部管理人员 9 000 元。

（9）30 日，根据固定资产折旧计算表，本月应计提折旧 12 000 元，其中生产车间 9 000 元、厂部 3 000 元。

（10）6 月产品生产工人生产甲、乙、丙三种产品的生产工时分别为 2 250 小时、3 750 小时、3 000 小时。

（三）要求：

（1）根据上述经济业务编制会计分录。

（2）开设登记制造费用明细账，并结出本月发生额合计。

（3）按生产工时比例分配法分配制造费用，编制制造费用分配结转的会计分录。

【习题二】

(一) 目的：练习期间费用的核算。

(二) 资料：某一般纳税企业 20×1 年 10 月发生有关经济业务如下：

(1) 以银行存款支付给电视台新产品广告费，取得的增值税专用发票上注明的价款为 30 000 元，增值税额为 1 800 元。

(2) 以银行存款支付企业业务招待费 1 890 元。

(3) 以银行存款支付销售产品的包装费，取得的增值税专用发票上注明的价款为 2 850 元，增值税额 171 元。

(4) 以银行存款支付短期借款利息 66 000 元，其中已预提利息 44 000 元。

(5) 以银行存款支付电费，取得的增值税专用发票上注明的价款为 7 350 元，增值税额为 955.50 元，其中厂部应负担 4 000 元，车间应负担 3 350 元。

(6) 经计算，本月应付销售人员工薪 28 300 元，厂部管理人员工薪 43 900 元。

(7) 本月固定资产应计提折旧费 43 000 元。其中：厂部应计提 13 000 元，生产车间应计提 30 000 元。

(三) 要求：根据以上各项经济业务编制会计分录。

【习题三】

(一) 目的：练习产品成本计算的品种法。

(二) 资料：某一般纳税企业 20×1 年 11 月 1 日"生产成本"账户期初余额为 10 825 元，系甲在产品成本。本月发生有关经济业务如下：

(1) 领用材料 81 000 元。其中：生产甲产品耗用 45 000 元，生产乙产品耗用 27 000 元，车间一般耗用 8 100 元，行政管理部门耗用 900 元。

(2) 开出支票支付展销费，取得的增值税专用发票上注明的价款为 30 000 元，增值税额为 1 800 元。

(3) 计算本月应付短期借款利息 2 500 元。

(4) 结算本月应付职工薪酬 47 700 元。其中：生产甲产品工人薪酬 18 000 元，生产乙产品工人薪酬 9 000 元，车间管理人员薪酬 7 200 元，厂部管理人员薪酬 13 500 元。

(5) 计提本月车间固定资产折旧费 5 760 元，厂部固定资产折旧费 4 500 元。

(6) 摊销已预付的应由本月负担的财产保险费 2 740 元。其中：车间 1 840 元，厂部 900 元。

(7) 按甲、乙产品生产工时比例分配并结转本月发生的制造费用，本月甲、乙产品生产工时分别为 589 小时、327 小时。

(8) 已投产的甲产品 1 400 件、乙产品 500 件，全部完工并验收入库，结转完工产品成本。

(三) 要求：

(1) 根据上述经济业务编制会计分录。

（2）计算甲产品和乙产品的单位生产成本。

课程思政与案例

虚计销售费用，会计信息失真

【案例背景】 甲公司是一家国有控股制药企业，主要从事心脑血管疾病药品的研发、生产和销售，拥有 18 种药品的生产许可。20×1 年，该药企生产了 12 种药品，其中，仅 3 种药品的销售实现利润，其余药品销售均为亏损。20×1 年，甲公司营业收入 9 463.21 万元，较上年增加 3 895.39 万元，增长 69.96%，净利润 138.23 万元，较上年增加 76.1 万元，增长 122%，三项期间费用合计 5 314.45 万元，占当年收入的 56.16%。20×1 年三项费用中，销售费用 2 532.86 万元，较上年增加 1 666.39 万元，增幅达 192%。

审计检查发现该企业销售费用中包含大量的会议费、业务学术推广费、咨询费和市场调研费等，支付对象为中介咨询公司。在分析相关原始凭证的基础上，审计人员对其咨询费和会议费的真实性产生了质疑，沿着资金流向，检查组顺藤摸瓜，直接延伸到向该药企提供咨询业务的咨询公司，进一步证实这些费用其实并非真实发生的销售推广和调研费用，存在虚构销售推广调研业务、销售费用不实、会计信息质量失真等问题。

【思考问题】 该企业虚计销售费用的原因动机是什么？该企业的做法违反了会计法的什么规定？应如何处罚？以此案例思考企业的社会责任。

【案例启示】 药品企业为了生存，高度依赖拥有更多销售渠道和资源的药品代理商来进行药品销售，并根据代理商的安排，通过咨询公司支付所谓的营销费用。如果不通过代理商联系渠道，企业生产的药品无法进入医院，即使进入医院后，如不搞好关系，销量也不能得到保证。药企高额的销售费用直接加码于药品价格，导致了药价虚高，增加了患者的经济负担。因此，遏制医药企业及销售环节的舞弊、作假行为，必须规范药企经营，构建风清气正的医药市场秩序，从源头上整治"药价虚高"问题，维护人民群众的切身利益。

上述销售费用核算中的行为违反了《中华人民共和国会计法》第九条"各单位必须根据实际发生的经济业务事项进行会计核算，填制会计凭证，登记会计账簿，编制财务会计报告。任何单位不得以虚假的经济业务事项或者资料进行会计核算"的规定。财政部门依照《中华人民共和国会计法》第四十三条的规定，责令单位限期改正，并处以适当金额的罚款。

企业不应该仅仅是逐利的经济体，首先应当是一个承担社会责任的组织。医药企业生产的是关乎人民生命健康的特殊商品，医药企业应强化社会责任感，生产出老百姓买得起、吃得起的放心药。如果只考虑企业自身的生存发展，只考虑利润，那么"穿着外衣的营销费"导致的虚高药价将会成为压垮企业的最后一根稻草。

第十二章 财务报告

第一节　财务报告概述

一、财务报告的作用

　　财务报告又称财务会计报告,是指企业对外提供的,能全面、系统、综合地反映企业在某一特定日期的财务状况和某一会计期间的经营成果、现金流量以及所有者权益变动情况等会计信息的报告文件。财务报告的作用主要体现在以下四个方面:

　　第一,财务报告能够为国家宏观经济管理和经济政策的制定提供有用的会计信息,从而有利于各级政府加强对国民经济的宏观调控和管理,维护社会主义市场经济秩序。

　　第二,财务报告能够为企业外部的投资者、债权人、供应商、客户等提供对其投资决策、信贷决策和商业交易有用的会计信息,有利于稀缺社会资源的合理配置,有利于市场交易的公正和高效,有利于市场经济成熟发展。

　　第三,财务报告有助于评价企业的经营管理责任,以及资源使用的有效性,反映企业管理层受托责任的履行情况。

　　第四,财务报告能够使企业的经营管理者全面了解企业的财务状况和现金流量情况,了解企业在经营和财务诸方面取得的经验和存在的问题,以便采取有效措施,纠正偏差,改善和加强内部经营管理,并为合理制定下一阶段的经营与财务计划提供依据。

二、财务报告的构成

企业的财务报告分为年度、半年度、季度和月度财务报告,其中半年度、季度和月度财务报告统称中期财务报告。

财务报告包括财务报表和其他应当在财务报告中披露的相关信息和资料。财务报表是对企业财务状况、经营成果和现金流量的结构性表述,它至少应当包括会计报表和会计报表附注两部分内容。企业对外提供的会计报表主要包括资产负债表、利润表、现金流量表以及所有者权益变动表等。会计报表附注是对会计报表的补充说明,是对会计报表中列示项目的文字描述或明细资料,以及对未能在会计报表中列示项目的说明。会计报表附注至少应包括以下主要内容:① 企业的基本情况;② 会计报表的编制基础;③ 遵循企业会计准则的声明;④ 重要会计政策和会计估计;⑤ 会计政策和会计估计变更以及差错更正的说明;⑥ 会计报表重要项目的说明等。会计报表附注是会计报表使用者进行会计报表分析所不可缺少的基本依据。

三、财务报表编制与列报的基本要求

《企业会计准则第 30 号——财务报表列报》规定,企业单位应编制和提供真实、完整的财务报告,做到数字真实,内容完整,计算准确,编报及时。财务报表列报应遵循如下基本要求:

(1)企业应当以持续经营为基础,根据实际发生的交易或事项,按照企业会计准则的规定进行确认和计量,在此基础上编制财务报表。

(2)财务报表项目的列报应当在各个会计期间保持一致,一般不得随意变更。

(3)性质或功能不同的项目,应当在财务报表中单独列报,但不具有重要性的项目除外。

(4)财务报表中的资产项目和负债项目的金额、收入项目和费用项目的金额,不得相互抵销,但满足抵销条件的除外。

(5)当期财务报表的列报,至少应当提供所有列报项目上一可比会计期间的比较数据,以及与理解当期财务报表相关的说明,但其他会计准则另有规定的除外。

(6)企业应当在财务报表的显著位置至少披露下列各项内容:① 编报企业的名称;② 资产负债表日或财务报表涵盖的会计期间;③ 人民币金额单位;④ 财务报表是合并财务报表的应当予以标明。

(7)企业至少应当按年编制财务报表。年度财务报表涵盖的期间短于 1 年的,应当披露年度财务报表的涵盖期间,以及短于 1 年的原因。

第二节 资产负债表

一、资产负债表的作用

资产负债表是反映企业在某一特定日期财务状况的报表。资产负债表主要提供有关企业财务状况的会计信息,反映企业资产、负债、所有者权益的总体规模和结构。

（1）通过资产负债表,可以提供某一特定日期资产的总额及其结构,反映企业拥有或控制的经济资源及其分布情况,这是分析企业生产经营能力的重要资料。

（2）通过资产负债表,可以提供某一特定日期负债的总额和结构,反映企业未来需要用多少资产或劳务清偿债务以及有多少需要当期偿还,有多少可以后期偿还。

（3）通过资产负债表,可以提供某一特定日期所有者权益的总额和结构,反映所有者在企业资产中所享有的经济利益,及其对负债的保障程度。

此外,资产负债表还可以提供进行财务分析的基本资料,据以了解和评价企业的变现能力、偿债能力、资本结构和资本的保值增值情况等。

二、资产负债表的结构

资产负债表是根据"资产＝负债＋所有者(股东)权益"的会计恒等式编制的,我国资产负债表的结构一般采用账户式。账户式资产负债表分为左、右两边,左边列示资产,反映企业资金的运用和分布;右边列示负债和所有者权益,反映企业全部资金的来源。左方资产总额应与右方负债与所有者权益总额始终相等,左、右两方平衡。其格式如表12－6所示。

资产负债表按照一定的分类标准和顺序,把企业某一特定日期的资产、负债和所有者权益各项目予以适当分类排列。资产各项目按其流动性强弱,由强至弱排列,先流动资产再非流动资产,且将流动性最强的货币资金排列在最前面。负债各项目也按其流动性大小,由大至小排列,具体分为流动负债、非流动负债等两大类列示,其中流动负债排列在前。所有者权益各项目按其稳定性程度高低,由高至低排列,且将最稳定的实收资本(或股本)排列在前。

资产负债表的每个项目又分为"年初余额"和"期末余额"两栏分别填列,以便报表使用者进行比较分析,故称比较报表。"年初余额"反映各项目在报表编报年度的上年年末数额,"期末余额"反映各项目在资产负债表日的时点数额。

三、资产负债表的编制

（一）资产负债表"年初余额"栏的填列方法

资产负债表的"年初余额"栏各项目,一般应根据上年年末资产负债表各相应项目的

"期末余额"栏内所列金额填列。

（二）资产负债表"期末余额"栏的填列方法

资产负债表的编制，主要是"期末余额"栏各项目数字的填列。资产负债表"期末余额"栏内各项数字，一般应根据资产、负债和所有者权益类账户的期末余额填列。其填列主要包括以下方式：

（1）根据总分类账户余额直接填列。资产负债表中的有些项目，可直接根据有关总分账户的余额填列，如负债中的"短期借款""应付票据""应付职工薪酬"等项目；所有者权益中的"实收资本""资本公积""盈余公积""未分配利润"等项目。

（2）根据几个总分账户余额合计填列，如"货币资金"项目、"存货"项目、"其他应收款"项目、"在建工程"项目和"其他应付款"项目等。

"货币资金"项目填列金额＝"库存现金"借方余额＋"银行存款"借方余额＋"其他货币资金"借方余额

"存货"项目填列金额＝"原材料"借方余额＋"在途物资"借方余额＋"库存商品"借方余额＋"生产成本"借方余额

"其他应收款"项目填列金额＝"其他应收款"借方余额＋"应收利息"借方余额＋"应收股利"借方余额

"在建工程"项目填列金额＝"在建工程"借方余额＋"工程物资"借方余额

"其他应付款"项目填列金额＝"其他应付款"贷方余额＋"应付利息"贷方余额＋"应付股利"贷方余额

（3）根据有关明细账户余额计算填列。如"应付账款"项目，根据"应付账款"和"预付账款"两个总分类账户所属明细账户的期末贷方余额合计填列；"预付款项"项目，根据"应付账款"和"预付账款"两个总分类账户所属明细账户的期末借方余额合计填列。

【例 12－1】 20×1 年 12 月 31 日,中华公司"应付账款"账户贷方余额为 350 000 元,"预付账款"账户借方余额为 200 000 元,这两个总分类账户所属明细账户余额情况为：

"应付账款——A 公司"明细账户贷方余额 500 000 元,

"应付账款——B 公司"明细账户借方余额 150 000 元。

"预付账款——C 公司"明细账户借方余额 300 000 元,

"预付账款——D 公司"明细账户贷方余额 100 000 元。

12 月 31 日编制资产负债表时,"应付账款"项目填列金额＝500 000＋100 000＝600 000(元);"预付款项"项目填列金额＝150 000＋300 000＝450 000(元)。

（4）根据总分类账户和明细账账户余额分析计算填列。如"长期借款"项目,需根据"长期借款"总账余额扣除"长期借款"所属明细账户中将在资产负债表日起 1 年内到期,且企业不能自主地将清偿义务展期的长期借款后的金额计算填列。扣除部分在"一年内到期的非流动负债"项目中填列。"合同负债"项目,根据"合同负债"总分类账余额扣除所属明细中履行义务在 1 年以上的部分后的金额填列,扣除部分在"其他非流动负债"项目中填列。

【例 12 - 2】 20×9 年 12 月 31 日,中华公司结账后"长期借款"账户贷方余额为 9 000 000 元。长期借款所属明细情况如表 12 - 1 所示。

表 12 - 1　20×9 年 12 月 31 日"长期借款"所属明细账户余额

明细项目名称	借款起始日期	借款期限(年)	金额(元)
甲银行贷款	20×9 年 1 月 1 日	3	4 000 000
乙银行贷款	20×6 年 1 月 1 日	5	3 000 000
丙银行贷款	20×6 年 7 月 1 日	4	2 000 000

20×9 年 12 月 31 日,资产负债表中"长期借款"项目填列金额 = 9 000 000 - 2 000 000 - 3 000 000 = 4 000 000(元)

扣除的将在 1 年内到期的长期借款 5 000 000 元,填列在流动负债下"一年内到期的非流动负债"项目中。

(5) 资产项目按扣除备抵账户余额后的净额填列。资产负债表中的各资产项目,如计提了资产减值准备,填列资产负债表时应按扣除减值准备后的净额填列。"固定资产"项目和"无形资产"项目,填列时还需扣除已计提的累计折旧、累计摊销金额。

"应收账款"项目填列金额 = "应收账款"账户借方余额 - "坏账准备"账户贷方余额

"存货"项目填列金额 = 前述各项存货合计数 - "存货跌价准备"账户贷方余额

"长期股权投资"项目填列金额 = "长期股权投资"借方余额 - "长期股权投资减值准备"贷方余额

"固定资产"项目填列金额 = "固定资产"借方余额 - "累计折旧"贷方余额 - "固定资产减值准备"贷方余额

"无形资产"项目填列金额 = "无形资产"借方余额 - "累计摊销"贷方余额 - "无形资产减值准备"贷方余额

【例 12 - 3】 20×1 年 12 月 31 日,中华公司结账后,部分总分类账户余额如表 12 - 2 所示(单位:元)。

表 12 - 2　20×1 年 12 月 31 日总分类账户期末余额

账户名称	借方余额	贷方余额
库存现金	50 000	
银行存款	410 000	

（续表）

账户名称	借方余额	贷方余额
其他货币资金	100 000	
应收账款	35 0000	
原材料	2 000 000	
材料采购	100 000	
生产成本	600 000	
库存商品	3 000 000	
固定资产	9 000 000	
累计折旧		4 000 000
坏账准备		50 000
存货跌价准备		700 000
固定资产减值准备		300 000
实收资本		8 000 000
利润分配		2 100 000

根据以上资料，20×1 年 12 月 31 日编制资产负债表时，有关项目填列计算如下：

"货币资金"项目填列金额＝50 000＋410 000＋100 000＝560 000（元）

"应收账款"项目填列金额＝350 000－50 000＝300 000（元）

"存货"项目填列金额＝2 000 000＋100 000＋600 000＋3 000 000－700 000＝5 000 000（元）

"固定资产"项目填列金额＝9 000 000－4 000 000－300 000＝4 700 000（元）

"实收资本"项目填列金额＝8 000 000（元）

"未分配利润"项目填列金额＝2 100 000（元）

四、资产负债表编制举例

【例 12-4】 清峰公司为增值税一般纳税企业，适用的所得税税率为 25％，有关资料如下：

（一）20×9 年 1 月 1 日，有关账户余额如表 12-3 所示。

（二）该公司 20×9 年发生的经济业务如下。

（1）清峰公司购入 A 公司于 20×6 年年初发行的 8 年期债券，债券面值 1 000 000 元，剩余年限 5 年，票面利率 4％，每年年末付息到期还本，购买时债券公允价值 900 000 元，另支付交易相关税费 20 000 元。清峰公司将 A 公司债券划分为以摊余成本计量的金融资产,实际利率为 5.9%。

表 12-3 账户余额汇总表 单位:元

账 户 名 称	借方余额	账 户 名 称	贷方余额
库存现金	6 000	短期借款	500 000
银行存款	1 280 000	应付票据	300 000
其他货币资金	122 000	应付账款	1 110 000
交易性金融资产——成本	20 000	预收账款	20 000
应收票据	200 000	应付职工薪酬	20 000
应收账款	620 000	应交税费	410 000
坏账准备	-23 000	其他应付款	100 000
预付账款——A 公司	50 000	应付股利	
原材料	420 000	长期借款	960 000
低值易耗品	100 000	递延所得税负债	10 000
生产成本	50 000	股本	5 000 000
库存商品	1 320 000	资本公积	300 000
其他权益工具投资——成本	100 000	盈余公积	100 000
长期股权投资	1 000 000	利润分配(未分配利润)	260 000
固定资产	3 220 000		
累计折旧	-600 000		
在建工程	500 000		
无形资产	800 000		
累计摊销	-100 000		
递延所得税资产	5 000		
合 计	9 090 000	合 计	9 090 000

(2) 清峰公司向 B 公司销售一台大型设备,采用分期收款方式,合同协议约定分 5 年等额收款,每年年末收取 180 000 元,合计价款 900 000 元(不含增值税),增值税税率 13%。要求 B 公司在合同生效时先支付增值税全额,以后每年年末支付 180 000 元。假定合同生效时,在现销方式下该设备的现销价格为 800 000 元,成本 600 000 元。清峰公司发出商品时开出增值税专用发票,注明增值税额 117 000 元,实际利率为 4.07%。假设不考虑纳税调整。

(3) 购入不需要安装的设备一台,价款 200 000 元,增值税额 26 000 元,已用银行存款支付,并已交生产车间使用。

(4) 收回前期应收账款 80 000 元,又收回前期已核销的坏账 2 000 元,均已存入银行。

（5）销售一批商品，实际成本 720 000 元，售价 1 300 000 元，增值税税率 13％，消费税税率 6％，商品已经发出，收到面值为 69 000 元的转账支票一张，收到面值为 900 000 元、6 个月期限的商业承兑汇票一张，余款尚未收取。

（6）持上述商业承兑汇票到银行办理贴现，贴现息 60 000 元（假设该票据不附追索权）。

（7）年初成本为 20 000 元的交易性金融资产 L 公司股票，5 月 20 日，将其全部出售，实际收到 59 500 元。

（8）年初已列入其他权益工具投资的 D 公司股票，5 月 22 日，D 公司宣告发放现金股利；6 月 5 日，实际收到现金股利 12 000 元存入银行；20×9 年 12 月 31 日，D 公司股票公允价值 120 000 元，年初成本 100 000 元。

（9）6 月 30 日，与甲公司签订租赁协议，将一栋厂房出租给甲公司使用，租金每半年支付一次，租赁期 2 年，租赁开始日为 20×9 年 7 月 1 日，当天收到甲公司支付的租金 500 000 元和增值税额 30 000 元，存入银行。该栋厂房原值 800 000 元，已提折旧 280 000 元（年折旧额 80 000 元，会计折旧与税法折旧一致），公允价值 650 000 元，计税基础是 520 000 元。清峰公司采用公允价值模式计量。20×9 年 12 月 31 日，该栋厂房的公允价值 700 000 元，计税基础是 480 000 元。

（10）9 月 20 日，从二级市场购入 C 公司股票，实际共支付价款 440 000 元，其中包括已宣告而尚未发放的现金股利 20 000 元，交易税费 1 200 元。清峰公司将 C 公司股票划分为交易性金融资产。9 月 30 日，收到现金股利存入银行。20×9 年 12 月 31 日，C 公司股票公允价值 417 800 元。

（11）收到银行通知，用银行存款支付到期的商业承兑汇票 100 000 元。

（12）借入短期借款 900 000 元存入银行。

（13）收到先征后返还的增值税 50 000 元，已存入银行。

（14）销售原材料一批，实际成本 80 000 元，售价 200 000 元，增值税税率 13％，款已收到存入银行。

（15）生产车间使用的某台设备报废，原值 300 000 元，已提折旧 280 000 元，支付清理费用 2 000 元，残值收入 5 000 元，增值税额 650 元，均已通过银行存款收支，该项固定资产已清理完毕。

（16）出售一项专利权，售价 475 000 元，增值税税率 6％，出售时另支付相关费用 8 000 元，均已通过银行存款收支，该项无形资产账面原值 250 000 元，已累计摊销 50 000 元。

（17）购入原材料一批，实际成本 500 000 元，增值税额 65 000 元，款尚未支付，料已验收入库。

（18）分配应付职工薪酬 920 000 元，其中生产工人薪酬 490 000 元，车间管理人员薪酬 50 000 元,行政管理部门人员薪酬 130 000 元,专设销售机构人员薪酬 30 000 元,在建工程人员薪酬 220 000 元。

（19）通过银行支付本期职工薪酬 920 000 元,同时补付上期应付生产工人薪酬 20 000 元。

（20）基本生产车间领用低值易耗品 75 000 元,一次摊销;产品生产领用原材料 520 000 元,行政管理部门领用原材料 30 000 元,在建工程领用原材料 100 000 元。

（21）提取分期支付的长期借款应付利息 170 000 元,其中符合资本化条件应计入在建工程的专门借款利息 100 000 元,不符合资本化条件的借款利息 70 000 元。

（22）某项在建工程完工,达到预定可使用状态,固定资产价值 810 000 元。

（23）用银行存款偿还应付账款 300 000 元。

（24）收到拥有其 80% 股份的子公司分派的 20×8 年度现金股利 40 000 元,存入银行。该子公司 20×8 年度实现净利润 500 000 元,20×9 年度实现净利润 600 000 元。该子公司所得税税率 25%。

（25）股东大会审议并批准董事会提出的 20×8 年度利润分配方案,以 20×8 年年末 500 万股为基础,每 10 股派发 0.2 元现金股利,共计 100 000 元。现金股利已分配并发放。

（26）收到采用预付账款方式向 A 公司采购的原材料一批,增值税专用发票上注明原材料价款 100 000 元,增值税额 13 000 元,料已验收入库,尚欠 63 000 元未付。

（27）用银行存款支付本期发生的生产车间的固定资产日常维修费 10 000 元。

（28）归还短期借款本金 500 000 元,支付短期借款利息 48 000 元;偿付长期借款利息 170 000 元,其中包括在建工程应负担利息 100 000 元。

（29）计提固定资产折旧 300 000 元,其中计入制造费用 240 000 元,计入管理费用 60 000 元。摊销无形资产 80 000 元。

（30）用银行存款支付产品展览费、广告费共 60 000 元;支付税收的滞纳金和罚金共 30 000 元。

（31）计算并结转城市维护建设税 29 000 元,教育费附加 11 000 元。

（32）计算并结转本期制造费用 365 000 元以及本期完工产品成本 1 200 000 元。

（33）年末,经过减值测试,发现某项固定资产已减值 50 000 元,应计提减值准备;按期末应收账款余额的 10% 计提坏账准备。假设税法规定计提坏账准备在实际发生时扣除。

（34）确认以摊余成本计量金融资产的投资收益,收到 A 公司债券利息。

（35）分摊未实现融资收益。

（36）将各损益类账户结转本年利润,计算本期利润总额。

（37）本期应纳税所得额为 1 012 160 元,20×9 年年末的暂时性差异,如表 12-4 所示。采用资产负债表债务法核算本期所得税费用,计算并结转本期净利润。

表 12-4 20×9 年年末暂时性差异计算表

项　　　目	账面价值（元）	计税基础（元）	暂时性差异（元）	
			可抵扣暂时性差异	应纳税暂时性差异
交易性金融资产	417 800	418 800	1 000	
应收账款	936 000	1 040 000	104 000	
投资性房地产	700 000	480 000		220 000
固定资产	2 774 000	2 824 000	50 000	
其他权益工具投资	120 000	100 000		20 000
合　　计	—	—	155 000	240 000

（38）用银行存款交纳增值税 100 000 元,交纳消费税 70 000 元,交纳城市维护建设税 15 000 元,交纳教育费附加 7 000 元,交纳所得税 160 000 元。

（39）按净利润的 10% 计提法定盈余公积,10% 计提任意盈余公积,并将利润分配各明细账户余额转入"未分配利润"明细账户。

（三）根据上述资料编制会计分录并登记有关总分类账、明细分类账(略)。

（四）根据上述账务处理及账簿记录(略),编制 20×9 年 12 月 31 日的账户余额汇总表(表 12-5)和资产负债表(表 12-6)。

表 12-5 账户余额汇总表 单位:元

账　户　名　称	借方余额	账　户　名　称	贷方余额
库存现金	6 000	短期借款	900 000
银行存款	748 650	应付票据	200 000
其他货币资金	122 000	应付账款	1 375 000
交易性金融资产	417 800	预收账款	20 000
应收票据	200 000	应付职工薪酬	0
应收账款	1 040 000	应交税费	728 440
坏账准备	−104 000	其他应付款	100 000
预付账款	−63 000	未实现融资收益	67 440
原材料	290 000	长期借款	960 000
低值易耗品	25 000	递延所得税负债	60 000
生产成本	225 000	股本	5 000 000
库存商品	1 200 000	资本公积	300 000
其他权益工具投资	120 000	其他综合收益	112 500

（续表）

账 户 名 称	借方余额	账 户 名 称	贷方余额
债权投资	934 300	盈余公积	261 424
长期应收款	720 000	利润分配（未分配利润）	805 696
长期股权投资	1 000 000		
投资性房地产	700 000		
固定资产	3 130 000		
固定资产减值准备	−50 000		
累计折旧	−340 000		
在建工程	110 000		
无形资产	550 000		
累计摊销	−130 000		
递延所得税资产	38 750		
合 计	10 890 500	合 计	10 890 500

表 12 - 6　资产负债表

编制单位：清峰公司　　　　　　　20×9 年 12 月 31 日　　　　　　　会企 01 表
　　　　　　　　　　　　　　　　　　　　　　　　　　　　　　　　　　单位：元

资　　产	期末余额	年初余额	负债和所有者权益（或股东权益）	期末余额	年初余额
流动资产：			流动负债：		
货币资金	876 650	1 408 000	短期借款	900 000	500 000
交易性金融资产	417 800	20 000	交易性金融负债		
衍生金融资产			衍生金融负债		
应收票据	200 000	200 000	应付票据	200 000	300 000
应收账款	936 000	597 000	应付账款	1 438 000	1 110 000
预付款项		50 000	预收款项	20 000	20 000
其他应收款			合同负债		
存货	1 740 000	1 890 000	应付职工薪酬		20 000
合同资产			应交税费	728 440	410 000
持有待售资产			其他应付款	100 000	100 000
一年内到期的非流动资产			持有待售负债		

（续表）

资　　产	期末余额	年初余额	负债和所有者权益（或股东权益）	期末余额	年初余额
其他流动资产			一年内到期的非流动负债		
流动资产合计	4 170 450	4 165 000	其他流动负债		
非流动资产：			流动负债合计	3 386 440	2 460 000
债权投资	934 300		非流动负债：		
其他债权投资			长期借款	960 000	960 000
长期应收款	652 560		应付债券		
长期股权投资	1 000 000	1 000 000	租赁负债		
其他权益工具投资	120 000	100 000	长期应付款		
其他非流动金融资产			预计负债		
投资性房地产	700 000		递延收益		
固定资产	2 740 000	2 620 000	递延所得税负债	60 000	10 000
在建工程	110 000	500 000	其他非流动负债		
生产性生物资产			非流动负债合计	1 020 000	970 000
油气资产			负债合计	4 406 440	3 430 000
使用权资产			所有者权益（或股东权益）：		
无形资产	420 000	700 000	实收资本（或股本）	5 000 000	5 000 000
开发支出			其他权益工具		
商誉			资本公积	300 000	300 000
长期待摊费用			其他综合收益	112 500	
递延所得税资产	38 750	5 000	专项储备		
其他非流动资产			盈余公积	261 424	100 000
非流动资产合计	6 715 610	4 925 000	未分配利润	805 696	260 000
			所有者权益（或股东权益）合计	6 479 620	5 660 000
资产总计	10 886 060	9 090 000	负债和所有者权益（或股东权益）总计	10 886 060	9 090 000

第三节 利 润 表

一、利润表的作用

利润表又称损益表,是总括反映企业在一定会计期间(年度、半年度、季度、月度)经营成果的会计报表。利润表将企业在一定会计期间因销售商品、提供劳务、让渡资产使用权以及对外投资等所取得的各种收入,与其同一会计期间相应的各种费用、损失进行配比,以计算出企业一定时期的净利润(或净亏损)。通过利润表,可以反映企业在某一会计期间及某一特定业务中所取得的经营成果,以及为取得这些经营成果所付出的代价;同时,通过利润表提供的信息可以了解企业的盈利能力,并预测企业未来的发展趋势。利润表是企业经营成果的综合体现,它不仅是反映和评价企业经营者经营绩效的重要依据,也是企业进行利润分配的主要依据。

二、利润表的结构与内容

利润表的结构主要有单步式和多步式两种。我国企业主要采用多步式利润表,计算步骤及内容如下:

第一步,计算营业利润。

营业利润＝营业收入－营业成本－税金及附加－销售费用－管理费用
　　　　　－研发费用－财务费用－资产减值损失－信用减值损失＋其他收益
　　　　　＋投资收益(减投资损失)＋公允价值变动收益(减公允价值变动损失)
　　　　　＋资产处置收益(减资产处置损失)

第二步,计算利润总额。

以营业利润为基础,加上营业外收入,减去营业外支出后,即为利润总额。

第三步,计算净利润。

以利润总额为基础,减去所得税费用后,即为净利润(或净亏损)。

在确定本期净利润后,对于公开发行普通股并已上市交易的上市公司,或者潜在普通股(如认股权证等)已公开交易的公司,以及正处于公开发行普通股或者潜在普通股过程中的公司,还应当在利润表的净利润项目之下,填列"每股收益"信息。每股收益项目包括基本每股收益和稀释每股收益两项指标。

利润表的每个项目都分为"上期金额"和"本期金额"两栏。利润表与资产负债表一样,必须至少涉及两个年度的比较报表,以便财务报表使用者通过比较企业不同时期所实现的经营成果,了解企业管理层受托责任履行情况,评价企业的经营绩效,并据此预测企业经营的未来发展趋势。利润表的具体结构和格式,如表 12-8

所示。

三、利润表的编制

（一）利润表"上期金额"栏各项目的填列方法

利润表的"上期金额"栏内各项目数字，一般应根据上年该期利润表的"本期金额"栏内各项目所列数字填列。如果上年该期利润表与本期利润表的各项目名称和内容不相一致，应对上年该期利润表各项目的名称和数字按本期的规定进行调整，并将调整后的数字填入利润表的"上期金额"栏内。

（二）利润表"本期金额"栏各项目的填列方法

利润表"本期金额"栏各项目，基本上应根据各个相同或相应名称的损益类账户的本期发生额分析填列。

（1）"营业收入"项目，反映企业本期主要经营业务和其他业务所取得的收入总额。本项目应根据"主营业务收入"和"其他业务收入"两个账户的贷方发生额之和填列，并应减去本期发生的销售折让和销售退回等借方发生额，即按本期营业收入净额填列本项目。

（2）"营业成本"项目，反映企业本期主要经营业务和其他业务所发生的实际成本总额。同样，本项目应根据"主营业务成本"和"其他业务成本"两个账户的借方发生净额之和分析填列。

（3）"税金及附加"项目，反映企业本期经营各项主要业务和其他业务应负担的消费税、城市维护建设税、资源税、土地增值税和教育费附加等各项税费，但不包括增值税。本项目应根据"税金及附加"账户的借方发生额分析填列。

（4）"销售费用""管理费用""研发费用"和"财务费用"项目，反映企业本期发生的各项费用。应分别根据"销售费用"和"财务费用"总账账户的本期借方发生净额分析填列。如"财务费用"为净收益，以"－"号填列。"管理费用"总账账户的本期借方发生净额中的"研发费用"在单列项目中填列，剔除"研发费用"后的金额在管理费用项目填列。

（5）"资产减值损失""信用减值损失"项目，反映企业本期各项资产发生的减值损失净额。本项目应根据"资产减值损失"账户"信用减值损失"的借方发生额（本期计提额）减去贷方发生额（本期转回额）的差额填列。如本期为净转回额，以"－"号填列。

（6）"公允价值变动收益"项目，反映企业按公允价值计量且其变动计入当期损益的资产或负债的本期公允价值变动净收益。本项目应根据"公允价值变动损益"账户的贷方发生净额分析填列。如为公允价值变动损失，以"－"号填列。

（7）"投资收益"项目，反映企业以各种方式对外投资所取得的收益减去投资损失后的净收益。本项目应根据"投资收益"账户的贷方发生额（即收益）减去借方发生额（即损失)后的净额填列。如为投资损失,以"一"号填列。

（8）"营业外收入"和"营业外支出"项目,分别反映企业本期取得的和发生的与企业生产经营业务无直接关系的各项收入和支出。本项目应分别根据"营业外收入"账户和"营业外支出"账户的本期发生额分析填列。

（9）"所得税费用"项目,反映企业本期采用资产负债表债务法确定的,应从本期损益中减去的所得税费用。本项目应根据"所得税费用"总账账户的本期借方发生净额分析填列。

（10）"营业利润""利润总额"和"净利润"项目,分别反映企业本期实现的各项利润,应根据前述利润表的计算公式,分别计算得到。如为亏损额,以"一"号填列。

上述"贷方发生净额"是指某账户的贷方发生额减去其借方发生额的净额;"借方发生净额"是指某账户的借方发生额减去其贷方发生额的净额。

四、利润表编制举例

【例 12-5】 承[例 12-4],经整理清峰公司 20×9 年度有关损益类账户的本期累计发生额,如表 12-7 所示。

表 12-7　清峰公司 20×9 年度损益类账户发生额　　　　　单位:元

账 户 名 称	借方发生额	贷方发生额
主营业务收入		2 100 000
主营业务成本	1 320 000	
其他业务收入		700 000
其他业务成本	80 000	
税金及附加	118 000	
销售费用	90 000	
管理费用	310 000	
财务费用	145 440	
资产减值损失	50 000	
信用减值损失	79 000	
公允价值变动损益		49 000
投资收益		144 600

（续表）

账 户 名 称	借方发生额	贷方发生额
资产处置损益		267 000
营业外收入		50 000
营业外支出	47 000	
所得税费用	264 040	

根据上述各损益类账户发生额,编制 20×9 年度利润表,如表 12-8 所示。

表 12-8 利润表   会企 02 表

编制单位:清峰公司   20×9 年   单位:元

项 目	本期金额	上期金额
一、营业收入	2 800 000	(略)
减:营业成本	1 400 000	
税金及附加	118 000	
销售费用	90 000	
管理费用	310 000	
研发费用		
财务费用	145 440	
加:其他收益		
投资收益(损失以"－"号填列)	144 600	
其中:以摊余成本计量的金融资产终止确认收益(损失以"－"号填列)		
公允价值变动收益(损失以"－"号填列)	49 000	
资产减值损失(损失以"－"号填列)	－50 000	
信用减值损失(损失以"－"号填列)	－79 000	
资产处置收益(损失以"－"号填列)	267 000	
二、营业利润(亏损以"－"号填列)	1 068 160	
加:营业外收入	50 000	

（续表）

项　　　　目	本期金额	上期金额
减:营业外支出	47 000	
三、利润总额(亏损总额以"－"号填列)	1 071 160	
减:所得税费用	264 040	
四、净利润(净亏损以"－"号填列)	807 120	
（一）持续经营净利润(净亏损以"－"号填列)	807 120	
（二）终止经营净利润(净亏损以"－"号填列)		
五、其他综合收益的税后净额	112 500	
（一）不能重分类进损益的其他综合收益		
（二）将重分类进损益的其他综合收益		
六、综合收益总额	919 620	
七、每股收益:		
（一）基本每股收益	0.18	
（二）稀释每股收益		

第四节　现金流量表

一、现金流量表的作用

现金流量表是以现金流量为基础编制的,反映企业在一定会计期间现金及现金等价物流入与流出情况的会计报表。现金是指企业库存现金以及可以随时用于支付的存款;现金等价物是指企业持有的期限短、流动性强,易于转换为已知金额的现金,价值变动风险很小的投资。这里的期限短,通常是指从投资购入日起3个月或更短的时间内到期。

编制现金流量表,对企业改善与加强经营管理,对会计报表使用者做出正确的判断决策具有重要作用。

第一,通过编制现金流量表,可以使企业管理者及时掌握企业现金流动的信息,明确现金流入的来源和流出的去向及其分布,从而使企业管理当局做出最优管理决策。在市场经济条件下,企业的现金流量在很大程度上决定着企业的生存和发展能力。事实已经证明,即使企业有账面会计利润,但若现金周转不畅,呆滞或短缺,资金链断裂,将严重影响企业的发展,甚至威胁到企业的生存。

第二,通过编制现金流量表可以弥补资产负债表和利润表的不足。按照收付实现制确认并计量的现金流量,有助于克服按权责发生制确认和计量的会计信息的缺陷。一方面,通过对经营活动现金流量与会计收入、会计利润的比较,可以衡量与评价企业会计收益的质量和潜在的风险;另一方面,现金流量的多寡,一般不会受会计政策和会计估计的选择及其变更的影响,相对比较客观、真实,具有可比性。因此,现金流量表可用以弥补资产负债表和利润表的不足。

二、现金流量分类

现金流量是构成企业资金运动的要素,资金运动贯穿于企业的日常经营活动和投资、筹资活动之中。按照企业经济业务的性质,现金流量可分为三类。

（一）经营活动产生的现金流量

日常经营活动是范围最广泛的活动,是指企业除投资活动和筹资活动以外的所有交易和事项,主要包括:产品生产销售,提供劳务,购买材料物资,日常经营管理,广告宣传,售后服务,交纳税款以及各种不属于投资活动和筹资活动的特殊项目,如支付或收取各种罚没款、接受或支付各种赞助款、捐赠利得和捐赠支出、自然灾害造成的流动资产损失,收到政府补助等等。在所有上述经营活动中发生的现金流入量和流出量,均为经营活动现金流量。

（二）投资活动产生的现金流量

投资活动是指企业购建和处置各项长期资产以及不包括在现金等价物范围内的各项债权性和股权性的对外投资活动。投资活动产生的现金流量,既包括企业购建和处置固定资产、购置和处置无形资产、购置和处置各项长期资产时所发生的现金流入量与流出量,也包括企业从取得、收回、处置除现金等价物之外的各项对外投资产生的全部现金流入量与流出量。当然,不同的行业对投资活动的认定存在差异,如交易性金融资产所产生的现金流量,对于非金融行业的企业而言,属于投资活动现金流量,但对于证券公司而言,属于经营活动现金流量。

（三）筹资活动产生的现金流量

筹资活动是指能导致企业资本及债务的规模和构成发生变化的活动。主要包括吸收投资人直接投资,发行股票,发行债券,向金融企业及其他企业借款,融资租赁等。企业在筹资活动中因举债和权益筹资、偿还债务、支付利息和分配现金股利、支付融资租赁租金等引起的现金增减变动所形成的现金流入量与流出量,为筹资活动产生的现金流量。但是,企业在日常经营活动中产生的负债,如各项应付款项、应交税费、应付职工薪酬等则属于经营活动,不属于筹资活动。

三、现金流量表的基本结构及内容

（一）现金流量表的基本结构

我国现金流量表由两部分组成，即现金流量表基本部分和补充资料。其格式，如表 12 - 13 和表 12 - 14 所示。

1. 基本部分

基本部分又称现金流量表的主表部分，主要由经营活动、投资活动和筹资活动产生的现金流量及汇率变动对现金的影响构成。在每一类现金流量中均分成现金流入和现金流出两部分，且每部分再由若干个具体的现金流入和现金流出项目组成。将每一类现金流量中的"现金流入小计"减去"现金流出小计"，即可计算得到该类现金流量净额。而企业报告期产生的现金净流量总额，即"现金及现金等价物净增加额"可通过以下关系计算确定：

现金及现金等价物净增加额＝经营活动产生的现金流量净额＋投资活动产生的现金流量净额
＋筹资活动产生的现金流量净额＋汇率变动对现金的影响

2. 补充资料

补充资料是对现金流量表基本部分的补充说明，由三部分内容组成：

（1）将净利润调节为经营活动现金流量。

（2）不涉及现金收支的重大投资和筹资活动。

（3）现金及现金等价物净变动情况。

补充资料不仅是对主表部分的补充说明，而且两者中的某些项目存在相等一致的勾稽关系：

主表中的"经营活动产生的现金流量净额"应与补充资料中的第一部分，由净利润调节后得到的"经营活动产生的现金流量净额"相等。且与补充资料中第三部分的"现金及现金等价物净增加额"相等。

（二）现金流量表主表部分各项目的内容

1. 经营活动现金流量各项目的内容

（1）"销售商品、提供劳务收到的现金"项目。该项目反映企业销售存货形态的商品、对外提供的各项劳务所实际收到的价款与增值税。该项目包括本期销售商品、提供劳务于本期收到的现金；前期销售商品和提供劳务形成的应收账款、应收票据等在本期收回的现金；为销售商品、提供劳务而在本期预收的现金账款；以及本期以现金收回前期已核销的坏账等；但本期退回本期销售的商品和前期销售本期退回的商品所支付的现金应从本项目中扣除。收回采用分期收款销售方式的销售商品提供劳务形成的长期应收款中的本金部分也应列入该项目，其利息部分应在"收到的其他与经营活动有关的现金"项目中填列。

（2）"收到的税费返还"项目。该项目反映企业本期因各种税费返还而收到的现金额，如收到政府部门返还的增值税、消费税、营业税、所得税和教育费附加返还款等。

（3）"收到其他与经营活动有关的现金"项目。该项目反映企业除了上述两个项目以外，收到的其他与经营活动有关的现金流入，如经营租赁的租金收入、罚款收入、流动资产损失中由责任人或保险公司赔偿的现金收入、经营活动中收取的各项押金、本期收回采用分期收款销售方式的销售商品提供劳务形成的长期应收款时所确认的利息收益以及接受现金捐赠等。

（4）"购买商品、接受劳务支付的现金"项目。该项目反映企业购买列入存货的商品所支付的现金货款和增值税进项税额，接受除形成固定资产等各项长期资产的工程劳务以外的一切劳务所支付的现金劳务款等。该项目包括以现金支付的本期购买商品的货款、增值税进项税额和接受劳务款，以现金偿还前期购买商品、接受劳务的应付账款和应付票据；以及本期为购买商品、接受劳务用现金预付的账款；本期发生的购货退回和折让而收到的现金应从本项目中扣除。

（5）"支付给职工以及为职工支付的现金"项目。该项目反映企业本期实际支付职工的各项薪酬及为职工支付的其他支出。该项目包括本期实际以现金形式支付给职工的工资、奖金、各种津贴和补贴，以现金形式为职工支付的福利费、住房公积金、医疗保险金、养老保险金、失业保险金、各种社会及商业保险金及支付解除职工劳动关系补偿和对困难职工的补助等。

企业实际支付给职工和为职工支付的现金（包括上述内容），应按职工的工作性质和服务对象分别处理。凡支付给在建工程人员的，以及能构成固定资产、无形资产和其他长期资产价值的职工薪酬，应在"购建固定资产、无形资产和其他长期资产支付的现金"项目内反映；支付给其他所有职工的现金在本项目反映；而支付给离退休人员的各项费用，应在"支付其他与经营活动有关的现金"项目内反映。

（6）"支付的各项税费"项目。该项目反映企业本期实际上交财政税务部门的各种税费，包括本期发生本期上交的税费，以及本期上交以前各期发生的税费和本期预交的税费。该项目不包括计入固定资产价值、实际支付的耕地占用税和计入投资成本、购买有价证券实际支付的印花税等应计入投资活动的税费，以及本期退回的各项税费。

（7）"支付其他与经营活动有关的现金"项目。该项目反映企业除上述各项目外，支付的其他与经营活动有关的现金流出，如经营租赁支付的租金、罚款支出、支付的差旅费、业务招待费、保险费、广告费、审计费、诉讼费、董事会费以及支付的押金和现金捐赠支出等现金支出额。

2. 投资活动现金流量各项目的内容

（1）"收回投资收到的现金"项目。该项目反映企业出售、转让或到期收回除现金等价物以外的交易性金融资产、其他权益工具投资、长期股权投资等权益性投资而收到的全部现金，以及收回债权投资、其他债权投资等债权性投资的本金而收到的现金，该项目不包括收回债权性投资的利息收益和处置子公司及其他营业单位收到的现金净额等。

（2）"取得投资收益收到的现金"项目。该项目反映企业因持有除现金等价物以外的各项交易性金融资产、其他权益工具投资、其他债权投资、长期股权投资和债权投资等而分得的现金股利、现金利润和收到的现金利息等，包括从子公司、联营企业和合营企业分回利润而收到的现金，不包括股票股利。

（3）"处置固定资产、无形资产和其他长期资产收回的现金净额"项目。该项目反映企业出售、报废、毁损固定资产、无形资产、投资性房地产和其他长期资产所收到的现金净额，包括处置资产的现金收入、残料的现金收入、收到过失人或保险公司的现金赔偿收入等，扣除为处置这些资产而支付的有关费用后的净额。如所收回的现金净额为负数，则不在该项目反映，应填列在"支付其他与投资活动有关的现金"项目。

（4）"处置子公司及其他营业单位收到的现金净额"项目。该项目反映企业处置子公司及其他所属营业单位所收到的现金，减去为处置而发生的相关费用以及子公司及其他所属营业单位原持有的现金和现金等价物后的净额。

（5）"收到其他与投资活动有关的现金"项目。该项目反映企业除了上述各项以外，收到的其他与投资活动有关的现金流入，如收到的购买股票和债券时支付的已宣告但尚未领取的现金股利和已到付息期但尚未领取的债券利息等。

（6）"购建固定资产、无形资产和其他长期资产支付的现金"项目。该项目反映企业购买和建造固定资产、投资性房地产，取得无形资产和其他长期资产所支付的现金。该项目不包括为购建固定资产而发生的借款利息资本化的部分，也不包括融资租入固定资产支付的租赁费，借款费用资本化部分和融资租赁的租赁费均应在筹资活动产生的现金流出量中反映。企业以分期付款方式购建的固定资产，其在所购固定资产入账之前首次付款支付的现金应包括在该项目内，但以后各期支付的现金应作为筹资活动的现金流出量反映。

（7）"投资支付的现金"项目。该项目反映企业进行权益性投资和债权性投资支付的现金，包括企业取得的除现金等价物以外的交易性金融资产、其他权益工具投资、其他债权投资、长期股权投资、债权投资等所实际支付的现金，包括支付的计入金融资产或股权投资成本的佣金、印花税、手续费等附加费用。但企业购买股票和债券时，实际支付的价款中包含的已宣告而尚未领取的现金股利和已到付息期而尚未领取的债券利息，不包括在该项目内，而应在投资活动的"支付其他与投资活动有关的现金"项目中反映。

（8）"取得子公司及其他营业单位支付的现金净额"项目。该项目反映企业购买子公司及其他营业单位所支付的现金，减去子公司及其他营业单位持有的现金和现金等价物后的净额。

（9）"支付其他与投资活动有关的现金"项目。该项目反映企业除了上述各项以外，支付的其他与投资活动有关的现金流出,如企业购买股票和债券时,实际支付的价款中包含的已宣告而尚未领取的现金股利和已到付息期而尚未领取的债券利息等。

3. 筹资活动现金流量各项目的内容

(1)"吸收投资收到的现金"项目。该项目反映企业收到的投资者投入的现金,包括企业以合资、合营、联营等方式直接吸收投资者的初始投资和追加投资所收到的现金;企业以发行股票方式筹集资金所实际收到的现金净额;企业发行债券所实际收到现金净额。为发行股票、债券筹集资金而由企业直接支付的审计、咨询、宣传广告等费用,不从该项目中扣除,而应列入"支付其他与筹资活动有关的现金"项目反映。

(2)"取得借款收到的现金"项目。该项目反映企业向金融机构等举借各种短期、长期借款所收到的现金本金。

(3)"收到其他与筹资活动有关的现金"项目。该项目反映企业除上述各项目外,收到的其他与筹资活动有关的现金流入,如股份有限公司(上市公司)发行新股时申购资金冻结期间的利息收入等。

(4)"偿还债务支付的现金"项目。该项目反映企业以现金偿还债务的本金,包括以现金偿还金融企业等的各种短期、长期借款本金和以现金偿还应付债券本金等。企业偿还的各种借款利息和应付债券利息不包括在该项目内,应在"分配股利、利润或偿付利息支付的现金"项目内反映。

(5)"分配股利、利润或偿付利息支付的现金"项目。该项目反映企业向投资人实际支付的现金股利或利润以及支付的各种借款利息、债券利息等,包括支付为购建固定资产而发生的借款费用资本化部分的利息等。

(6)"支付其他与筹资活动有关的现金"项目。该项目反映企业除了上述各项以外,支付的其他与筹资活动有关的现金流出,如融资租入固定资产支付的租赁费,以分期付款方式购建固定资产在各期支付的现金,向金融企业借款而支付的手续费,在发行股票、债券筹资活动中由企业直接支付的审计、咨询、公证、宣传广告等各项前期筹资费用,以及企业按规定减少注册资本所支付的现金等。

4. "汇率变动对现金及现金等价物的影响"项目

该项目反映企业外币现金流量及境外子公司的现金流量折算为人民币时,所采用的发生日的汇率或平均汇率折算的人民币金额与按报告期期末汇率折算的人民币金额之间的差额,如外币现金账户、外币银行存款账户按期末汇率调整时产生的汇兑差额等。期末汇率高于发生日汇率或平均汇率而产生的汇兑差额将使"现金及现金等价物净增加额"增加;反之,将减少"现金及现金等价物净增加额"。

四、现金流量表的编制方法

(一)现金流量表的列报方法

现金流量表列报反映现金流量的方法通常有直接法和间接法两种。

1. 直接法

直接法是指直接按照本期现金流入和现金流出的主要类别来列示企业一定期间内现金流量情况的方法。采用直接法编制的现金流量表,具有清晰明了、便于理解的特点,能够直接反映企业本期现金流入的来源和现金流出的去向,从而揭示企业本期现金流量的来龙去脉及其规模和结构,有助于评价企业获取现金的能力并预测企业未来的现金流量。因此,国际会计准则鼓励企业采用直接法编制现金流量表,我国会计准则明确规定采用直接法编制现金流量表的主表部分。

2. 间接法

我国企业会计准则规定,在现金流量表的补充资料中,还要按照间接法反映经营活动现金流量。所谓间接法,是指以本期净利润为起算点,通过对不涉及现金和非经营活动的损益类项目以及属于经营活动现金流入与流出的非损益类项目进行调整,据此间接计算出经营活动现金流量净额的方法。按间接法,以净利润为起点调整计算经营活动现金流量净额,可以分析净利润与经营活动现金流量净额之间的差异,利于企业从现金流量的角度去分析、评价按权责发生制确认的净利润的质量和净利润所隐含的风险。

采用间接法,需要在本期净利润的基础上,进行以下方面调整:

(1) 已列入利润表影响本期净利润,但不影响本期经营活动现金流量的项目。例如,计提的固定资产折旧、计提的各项减值损失、摊销的无形资产等。这类项目应根据该事项金额按其在利润表中的相反方向调整。

(2) 已列入利润表影响本期净利润,但属于非经营活动的损益项目,也不影响本期经营活动现金流量。例如,投资收益或损失、财务费用中的利息支出、处置固定资产、无形资产损益等。这类项目也应根据该事项金额按其在利润表中的相反方向调整。

(3) 未列入利润表不影响本期净利润,但属于经营活动现金流入或流出的非损益类事项,如经营性应收、经营性应付的增减变动等。这类事项的金额没有直接列入利润表,不会直接影响本期净利润,但它是经营活动现金流量,则应直接根据该事项金额调整。若为流入量填正数加上,若为流出量填负数减去。

(二) 现金流量表主表编制方法

在具体编制现金流量表主表部分时,有四种常用的编制方法:现金流量台账法、分析填列法、工作底稿法和"T"形账户法等。本书主要介绍现金流量台账法和分析填列法。

1. 现金流量台账法

现金流量台账法是指根据现金流量表各项目内容分别设置现金流量台账,将企业实际发生经济业务时产生的各项现金流入量和现金流出量,在登记会计凭证和会计账簿的同时,逐一分类归集到各相应的现金流量台账,并于期末及时加以汇总,据此编制现金流量表的一种方法。

现金流量台账是一种备查簿,仅为编制现金流量表而积累的会计记录。现金流量台账应按经营活动、投资活动和筹资活动的现金流入和现金流出以及汇率变动对现金影响分别设置账页,并根据现金流量表上各类现金流量的具体项目在每一账页上设置若干专栏。其格式,如表 12-7 至表 12-12 所示。

采用现金流量台账法编制现金流量表,对发生的涉及现金流量的经济业务,在登记各总分类账、明细账的同时,直接根据有关现金的记账凭证平行登记现金流量台账,既可以及时获得企业管理所需要的现金流量信息,又能将期末繁重的报表编制工作化解在平时,并保证报表数据的相对完整、准确。企业实务中采用会计电算化软件编制现金流量表,实质上就是现金流量台账法的应用。

2. 分析填列法

分析填列法是指直接根据已经编制完成的资产负债、利润表和有关会计科目明细账的记录,结合本期发生的经济业务,通过对权责发生制会计信息的调整,分析计算现金流量表各项目的金额,并据以编制现金流量表的一种方法。

下面将通过举例来具体说明现金流量表台账法和分析填列法。

【例 12-6】 承[例 12-4],采用现金流量台账法编制清峰公司 20×9 年度的现金流量表程序如下:

第一,填列现金流量台账。

根据经济业务发生时编制的会计分录,逐笔分析填列现金流量台账的各账页,如表 12-9 至 12-14 所示(具体分析过程从略)。

表 12-9 现金流量台账

账页名称:经营活动现金流入 　　　　　　　　　　　　　　单位:元

20×9年 月	日	凭证编号	摘　要	销售商品提供劳务	税费返还	其　他	……	小　计
		2	收到销售商品的增值税	117 000				
		(年末)	收回第一期销售商品款	147 440		32 560		
		4	收回前期应收账款	80 000				
			收回前期已核销的坏账	2 000				(略)
		5	收到销售商品款	69 000				
		6	收到应收票据贴现净额	840 000				
		9	收到投资性房地产租金			530 000		
		13	收到增值税返还		50 000			
		14	销售原材料收到现金	226 000				
12	31		本 年 累 计	1 481 440	50 000	562 560		2 094 000

表 12 - 10　现金流量台账

账页名称：经营活动现金流出　　　　　　　　　　　　　　　　　　　　　　　单位：元

20×9年		凭证编号	摘　要	明 细 项 目				
月	日			购买商品接受劳务	支付给职工为职工支付	支付各项税费	其他	小 计
		11	偿付到期应付票据	100 000				
		19	支付职工薪酬		720 000			
		23	偿付应付账款	300 000				
		27	支付生产车间日常修理费	10 000				
		30	支付广告费,滞纳金				90 000	（略）
		36	支付各项税费			352 000		
12	31		本 年 累 计	410 000	720 000	352 000	90 000	1 572 000

表 12 - 11　现金流量台账

账页名称：投资活动现金流入　　　　　　　　　　　　　　　　　　　　　　　单位：元

20×9年		凭证编号	摘　要	明 细 项 目					
月	日			收回投资	取得投资收益	处置各项长期资产	处置子公司	其他	小计
		1	年末收到债券利息		40 000				
		7	出售交易性金融资产	59 500					
		8	收到D公司现金股利		12 000				
		10	收到C公司现金股利					20 000	（略）
		15	处置固定资产现金净额			3 650			
		16	出售专利权收现金净额			495 500			
		24	收到子公司分配股利		40 000				
12	31		本 年 累 计	59 500	92 000	499 150		20 000	670 650

表 12 - 12　现金流量台账

账页名称：投资活动现金流出　　　　　　　　　　　　　　　　　　　　　　　单位：元

20×9年		凭证编号	摘　要	明 细 项 目				
月	日			购建各项长期资产	投资支付现金	取得子公司支付现金	其他	小 计
		1	购入A公司债券		920 000			
		3	购买固定资产	226 000				
		10	购入C公司股票		420 000			
			支付已宣告现金股利				20 000	（略）
		19	支付在建工程人员薪酬	220 000				
12	31		本 年 累 计	446 000	1 340 000		20 000	1 806 000

表 12 - 13 现金流量台账

账页名称：筹资活动现金流入   单位：元

20×9年		凭证编号	摘 要	明 细 项 目				
月	日			吸收投资	取得借款	其 他	……	小 计
		12	取得短期借款		900 000			（略）
12	31		本 年 累 计		900 000			900 000

表 12 - 14 现金流量台账

账页名称：筹资活动现金流出   单位：元

20×9年		凭证编号	摘 要	明 细 项 目				
月	日			偿还债务	分配股利偿付利息	其 他	……	小 计
		25 28	分配现金股利 偿还短期借款本金 偿付短期、长期借款利息	500 000	100 000 218 000			（略）
12	31		本 年 累 计	500 000	318 000			818 000

第二，编制现金流量表的主表部分。

根据上述现金流量台账各账页中的各项现金流量明细项目的本年累计数，编制现金流量表的主表部分，如表 12 - 15 所示。

表 12 - 15 现金流量表   会企 03 表

编制单位：清峰公司   20×9年   单位：元

项 目	本期金额	上期金额
一、经营活动产生的现金流量：		
销售商品、提供劳务收到的现金	1 481 440	1 540 210
收到的税费返还	50 000	1 500
收到其他与经营活动有关的现金	562 560	1 780
经营活动现金流入小计	2 094 000	1 543 490
购买商品、接受劳务支付的现金	410 000	1 228 400
支付给职工以及为职工支付的现金	720 000	83 770

（续表）

项　　　　目	本期金额	上期金额
支付的各项税费	352 000	88 930
支付其他与经营活动有关的现金	90 000	140 700
经营活动现金流出小计	1 572 000	1 541 800
经营活动产生的现金流量净额	522 000	1 690
二、投资活动产生的现金流量：		
收回投资收到的现金	59 500	12 780
取得投资收益收到的现金	92 000	3 140
处置固定资产、无形资产和其他长期资产收回的现金净额	499 150	330
处置子公司及其他营业单位收到的现金净额		
收到其他与投资活动有关的现金	20 000	
投资活动现金流入小计	670 650	16 250
购建固定资产、无形资产和其他长期资产支付的现金	446 000	233 980
投资支付的现金	1 340 000	1 300
取得子公司及其他营业单位支付的现金净额		
支付其他与投资活动有关的现金	20 000	70
投资活动现金流出小计	1 806 000	235 350
投资活动产生的现金流量净额	−1 135 350	−219 100
三、筹资活动产生的现金流量：		
吸收投资收到的现金		4 800
取得借款收到的现金	900 000	325 800
收到其他与筹资活动有关的现金		130
筹资活动现金流入小计	900 000	330 730
偿还债务支付的现金	500 000	112 000
分配股利、利润或偿付利息支付的现金	318 000	9 100
支付其他与筹资活动有关的现金		
筹资活动现金流出小计	818 000	121 100

（续表）

项　　　目	本期金额	上期金额
筹资活动产生的现金流量净额	82 000	209 630
四、汇率变动对现金及现金等价物的影响		
五、现金及现金等价物净增加额	−531 350	−7 780
加：期初现金及现金等价物余额	1 408 000	1 415 780
六、期末现金及现金等价物余额	876 650	1 408 000

第三，根据资产负债表、利润表及有关经济业务资料，计算现金流量表的补充资料部分，如表 12 - 16 所示。"将净利润调节为经营活动现金流量"部分各项目的具体计算如下：

（1）根据表 12 - 8 利润表上的净利润 807 120 元填列净利润。

（2）"资产减值准备"＝79 000＋50 000＝129 000（元）。

（3）本期计提折旧 300 000 元，无形资产摊销 80 000 元。

（4）本期报废设备出售专利权的"处置固定资产、无形资产和其他长期资产的损失（收益以'－'号填列）"＝17 000－267 000＝－250 000（元）。

（5）本期公允价值变动损失为－49 000 元。

（6）本期利润表上的财务费用 145 440 元，其中票据贴现息 60 000 元，由"未实现融资收益"确认利息收益 32 560 元，则财务费用应＝145 440－60 000＋32 560＝118 000（元）。

（7）本期投资损失为－144 600 元。

（8）本期递延所得税资产减少＝5 000－38 750＝－33 750（元）。

（9）本期递延所得税负债增加＝（60 000－37 500）－10 000＝12 500（元）。

（10）本期在建工程领用原材料 100 000 元，所以"存货的减少"项目＝1 890 000－1 740 000－100 000＝50 000（元）。

（11）经营性应收项目的减少＝（200 000－200 000）＋（597 000－936 000）＋（50 000－0）＋（0－652 560）－79 000＝－1 020 560（元）。

（12）经营性应付项目的增加＝（200 000－300 000）＋（1 438 000－1 110 000）＋（20 000－20 000）＋（0－20 000）＋［728 440＋26 000－650－28 500－410 000］＋（100 000－100 000）＝523 290（元）。

最后，因为本例没有现金等价物，所以，根据资产负债表上货币资金项目的期末数和期初数，直接填列"现金的期末余额 876 650 元"与"现金的期初余额 1 408 000 元"两行，相减之差额即为"现金及现金等价物净增加额"－531 350 元。

表 12 - 16 现金流量表补充资料

补 充 资 料	本期金额	上期金额
1. 将净利润调节为经营活动现金流量：		（略）
净利润	807 120	
加：资产减值准备	129 000	
固定资产折旧、油气资产折耗、生产性生物资产折旧	300 000	
无形资产摊销	80 000	
长期待摊费用摊销		
处置固定资产、无形资产和其他长期资产的损失（收益以"－"号填列）	－250 000	
固定资产报废损失（收益以"－"号填列）		
公允价值变动损失（收益以"－"号填列）	－49 000	
财务费用（收益以"－"号填列）	118 000	
投资损失（收益以"－"号填列）	－144 600	
递延所得税资产减少（增加以"－"号填列）	－33 750	
递延所得税负债增加（减少以"－"号填列）	12 500	
存货的减少（增加以"－"号填列）	50 000	
经营性应收项目的减少（增加以"－"号填列）	－1 020 560	
经营性应付项目的增加（减少以"－"号填列）	523 290	
其他		
经营活动产生的现金流量净额	522 000	
2. 不涉及现金收支的重大投资和筹资活动：		
债务转为资本		
一年内到期的可转换公司债券		
融资租入固定资产		
3. 现金及现金等价物净变动情况：		
现金的期末余额	876 650	

（续表）

补 充 资 料	本期金额	上期金额
减：现金的期初余额	1 408 000	
加：现金等价物的期末余额		
减：现金等价物的期初余额		
现金及现金等价物净增加额	－531 350	

第五节 所有者权益变动表

一、所有者权益变动表的内容

所有者权益变动表是指反映构成所有者权益各组成部分当期增减变动情况的报表。所有者权益变动表应当全面反映会计期间所有者权益的增减变动情况,不仅包括所有者权益总量的增减变动,还包括所有者权益增减变动的重要结构性信息,特别是要反映直接计入所有者权益的利得和损失,以便从所有者权益变动的来源对会计期间所有者权益变动情况进行全面地反映,从而有利于财务报表使用者准确理解所有者权益增减变动的原因。

二、所有者权益变动表的结构

所有者权益变动表是涉及两个年度的比较报表,按"本年金额"和"上年金额"两栏分别填列。为了清楚地表明构成所有者权益的各组成部分的增减变动情况,所有者权益变动表采用矩阵结构:一方面,在"本年金额"和"上年金额"两栏中均按照所有者权益各组成部分,即实收资本(股本)、资本公积、库存股、其他综合收益、专项储备、盈余公积和未分配利润各项及其合计数分别列示;另一方面,在各行分别列示导致所有者权益增减变动的各交易和事项以及上年年末、本年年初和年末余额。所有者权益变动表的格式,如表 12－15 所示。

三、所有者权益变动表的编制

【例 12－7】 承[例 12－4][例 12－5][例 12－6],编制清峰公司 20×9 年度的所有者权益变动表,如表 12－17 所示。

会企 04 表
单位：元

表 12－17 所有者权益变动表

20×9 年度

编制单位：清峰公司

项 目	本年金额										上年金额									
	实收资本（股本）	其他权益工具 优先股	其他权益工具 永续债	其他权益工具 其他	资本公积	减：库存股	其他综合收益	专项储备	盈余公积	未分配利润	所有者权益合计	实收资本（股本）	其他权益工具 优先股	其他权益工具 永续债	其他权益工具 其他	资本公积	减：库存股	其他综合收益	专项储备	盈余公积	未分配利润	所有者权益合计
一、上年年末余额	5 000 000				300 000				100 000	260 000	5 660 000											
加：会计政策变更																						
前期差错更正																						
其他																						
二、本年初余额	5 000 000				300 000				100 000	260 000	5 660 000											
三、本年增减变动金额（减少以"－"号填列）																						
（一）综合收益总额							112 500			807 120	919 620											
（二）所有者投入和减少资本																						
1. 所有者投入的普通股																						
2. 其他权益工具持有者投入资本																						
3. 股份支付计入所有者权益的金额																						

（续表）

项　目	本年金额 实收资本（股本）	其他权益工具 优先股	其他权益工具 永续债	其他权益工具 其他	资本公积	减：库存股	其他综合收益	专项储备	盈余公积	未分配利润	所有者权益合计	上年金额 实收资本（股本）	其他权益工具 优先股	其他权益工具 永续债	其他权益工具 其他	资本公积	减：库存股	其他综合收益	专项储备	盈余公积	未分配利润	所有者权益合计
4. 其他																						
（三）利润分配																						
1. 提取盈余公积									161 424	(161,424.00)												
2. 对所有者（或股东）的分配										−100 000.00	−100 000.00											
3. 其他																						
（四）所有者权益内部结转																						
1. 资本公积转增资本（或股本）																						
2. 盈余公积转增资本（或股本）																						
3. 盈余公积弥补亏损																						
4. 设定受益计划变动额结转留存收益																						
5. 其他综合收益结转留存收益																						
6. 其他																						
四、本年年末余额	5 000 000				300 000		112 500		261 424	805 696	6 479 620											

本 章 小 结

财务报告的目标是向财务报告使用者提供与企业财务状况、经营成果和现金流量等有关的会计信息,反映企业管理层受托责任履行情况,有助于财务报告使用者做出经济决策。

财务报告包括财务报表和其他应当在财务报告中披露的相关信息和资料。财务报表是对企业财务状况、经营成果和现金流量的结构性表述,它至少应当包括会计报表和会计报表附注两部分内容。企业对外提供的会计报表主要包括:资产负债表、利润表、现金流量表以及所有者权益变动表等。

资产负债表是根据“资产＝负债＋所有者(股东)权益”的会计恒等式编制的,其项目按照一定的分类标准和一定的顺序排列。资产负债表的“期末余额”栏各项目数字是根据各有关账户的期末余额编制的,一般可按五种方法填列编制。

我国的利润表结构主要为多步式,利润表“本期金额”栏各项目应根据各个相同或相应名称的损益类账户的总账本期发生额分析填列编制。

现金流量表是以现金流量为基础编制的,反映企业在一定会计期间现金及现金等价物流入与流出情况的会计报表,其基本结构为主表和补充资料两大部分。现金流量主要分成为三大类:经营活动产生的现金流量、投资活动产生的现金流量和筹资活动产生的现金流量。现金流量表主表部分的各项目现金流量均应采用直接法填列,补充资料最重要的部分是将净利润调节为经营活动现金流量,应采用间接法进行调节编制。现金流量表主表与补充资料中的“经营活动产生的现金流量净额”和“现金及现金等价物净增加额”两项目应当分别相等一致。

所有者权益变动表是反映企业一定期间所有者权益各项目增减变动情况的报表。所有者权益变动表提供了企业资本交易方面的信息,可以使报表使用者了解企业所有者权益变化的原因,即主要是源于投资者的外部投入,还是源于企业内部盈利积累。所有者权益变动表各项目均需填列“本年金额”和“上年金额”两栏。

主 要 术 语

- 财务报告　　　　　　　　　　财务报表
- 会计报表附注　　　　　　　　资产负债表
- 利润表　　　　　　　　　　　现金流量表
- 现金等价物　　　　　　　　　经营活动产生的现金流量
- 投资活动产生的现金流量　　　筹资活动产生的现金流量
- 直接法　　　　　　　　　　　间接法
- 现金流量台账法　　　　　　　分析填列法
- 所有者权益变动表

复习思考题

1. 简述年度财务会计报告的组成及其主要内容。

2. 试说明财务会计报告的作用和编制要求。

3. 简述会计报表的主要分类。

4. 试说明资产负债表的结构和编制方法。

5. 试说明我国利润表的主要格式、内容和编制方法。

6. 何谓现金流量表？简述现金流量表的编制基础及内容。

7. 试说明现金流量的定义、性质、分类和内容。

8. 简述现金流量表的基本结构与编制方法。

练　习　题

一、单项选择题

1. 下列各项中，关于财务报表附注的表述不正确的是（　　）。

A. 附注中包括财务报表重要项目的说明

B. 对未能在财务报表列示的项目在附注中说明

C. 如果没有需要披露的重大事项，企业不必编制附注

D. 附注中包括会计政策和会计估计变更以及差错更正的说明

2. 在资产负债表中，资产按照其流动性排列时，下列排列方法正确的是（　　）。

A. 货币资金、交易性金融资产、存货、无形资产

B. 交易性金融资产、存货、无形资产、货币资金

C. 存货、无形资产、货币资金、交易性金融资产

D. 无形资产、货币资金、交易性金融资产、存货

3. 下列各项中，应根据相应总分类账户的余额直接在资产负债表中填列的是（　　）。

A. 固定资产　　　B. 长期借款　　　C. 应收账款　　　D. 短期借款

4. 资产负债表中作为流动负债列示的是（　　）。

A. 长期应付款　　　　　　　　B. 长期借款

C. 一年内到期的非流动负债　　　D. 应付债券

5. 期末，"预付账款"账户所属各明细账户贷方余额合计20万元，"应付账款"账户所属各明细账户贷方余额合计60万元。该企业资产负债表"应付账款"项目期末余额为（　　）万元。

A. 80　　　　　　B. 20　　　　　　C. 40　　　　　　D. 60

6. 下列各项中,应列入利润表"营业收入"项目的是(　　)。

A. 销售材料取得的收入

B. 接受捐赠收到的现金

C. 出售专利权取得的净收益

D. 出售自用房产取得的净收益

7. 下列各项中,影响利润表中的"营业利润"项目的是(　　)。

A. 发生的所得税费用

B. 无形资产报废的净损失

C. 计提的存货跌价准备

D. 盘亏固定资产的净损失

8. 下列各项中,不应列入利润表"营业成本"项目的是(　　)。

A. 已销商品的实际成本

B. 在建工程领用产品的生产成本

C. 对外提供服务结转的成本

D. 租出无形资产的摊销额

9. 下列各项中,不会引起利润总额发生增减变动的是(　　)。

A. 本期计提的坏账准备

B. 本期确认的劳务收入

C. 本期确认的所得税费用

D. 本期确认的应收股利

10. 下列各项中,不在所有者权益变动表中列示的是(　　)。

A. 综合收益总额

B. 所有者投入或减少的资本

C. 利润分配

D. 每股收益

二、多项选择题

1. 财务报告由会计报表和会计报表附注两部分构成,其中,会计报表主要包括(　　)。

A. 资产负债表

B. 利润表

C. 现金流量表

D. 所有者权益变动表

E. 利润分配表

2. 下列各项中,应根据相应总分类账户的余额直接在资产负债表中填列的有(　　)。

A. 固定资产

B. 长期借款

C. 应收账款

D. 短期借款

E. 资本公积

3. 编制年末资产负债表时,需根据有关总分类账户余额计算后填列的项目有(　　)。

A. 固定资产

B. 货币资金

C. 应付账款

D. 应交税费

E. 未分配利润

4. 下列各账户期末余额,应列入资产负债表"存货"项目的有(　　)。

A. 生产成本

B. 库存商品

C. 原材料   D. 在途物资

E. 存货跌价准备

5. 下列各项中,应列入利润表中"税金及附加"项目的有( )。

A. 教育费附加   B. 消费税

C. 城市维护建设税   D. 矿产资源补偿费

E. 增值税

6. 下列选项中,影响利润表营业利润项目金额的有( )。

A. 取得的投资收益   B. 发生的营业外支出

C. 应交的所得税费用   D. 应交的税金及附加

E. 计提的资产减值损失

7. 下列各项中,属于现金流量表"经营活动产生的现金流量"的项目有( )。

A. 收到的税费返还   B. 偿还贷款支付的现金

C. 销售商品、提供劳务收到的现金   D. 支付给职工以及为职工支付的现金

E. 处置固定资产、无形资产和其他长期资产收回的现金净额

8. 下列各项中,会影响投资活动产生的现金流量净额的有( )。

A. 购入长期投资支付的现金   B. 分配股利或利润支付的现金

C. 处置固定资产收到的现金   D. 偿还借款支付的现金

E. 收回应收账款收到的现金

三、判断题

1. 资产负债表中的"无形资产"项目,反映企业各项无形资产的摊余价值,应根据"无形资产"科目的期末余额填列。   ( )

2. 资产负债表中的"一年内到期的非流动负债"项目,应当根据"长期借款"科目余额中1年内到期的部分填列。   ( )

3. 资产负债表中的"预付款项"项目,根据"应付账款"所属明细账户的借方余额合计与"预付账款"所属明细科目的借方余额合计之和填列。   ( )

4. 利润表中的"财务费用"项目,是根据"财务费用"科目的本期借方发生额填列的。   ( )

5. 现金流量表是反映一定期间经营活动现金流入、流出及增减变动净额的会计报表。   ( )

6. 所有者权益变动表是反映企业当期所有者权益各构成部分增减变动情况的报表。   ( )

7. 会计报表中的"综合收益总额",是净利润与其他综合收益扣除所得税影响后的净额相加后的合计金额。   ( )

8. 公司董事会通过利润分配方案中拟分配现金股利,不需进行账务处理,但应在报表附注中披露。   (　　)

四、业务核算题

【习题一】

(一)目的:练习资产负债表部分项目的填列。

(二)资料:丰裕公司 20×1 年 12 月 31 日有关资料如下:

(1)"库存现金"账户期末借方余额 5 970 元。

(2)"银行存款"账户期末借方余额 763 420 元。

(3)"其他货币资金"账户期末借方余额 35 180 元。

(4)"应收账款"总账期末借方余额 500 000 元。

(5)"预付账款"总账期末贷方余额 50 000 元,其中所属各明细账余额情况为:"预付账款——D 公司"借方余额 80 000 元,"预付账款——E 公司"贷方余额 130 000 元。

(6)"其他应收款"账户借方余额 170 000 元,"应收股利"账户借方余额 30 000 元。

(7)"坏账准备"总账期末贷方余额 45 000 元,其中所属各明细账余额情况为:"坏账准备——应收账款"贷方余额 36 500 元,"坏账准备——其他应收款"贷方余额 8 500 元。

(8)"原材料"账户借方余额 870 000 元,"生产成本"账户借方余额 760 000 元,"库存商品"账户借方余额 920 000 元,"在途物资"账户借方余额 320 000 元,"存货跌价准备"账户贷方余额 30 000 元。

(9)"固定资产"账户借方余额 3 654 000 元。

(10)"累计折旧"账户贷方余额 423 750 元。

(11)"固定资产减值准备"账户贷方余额 180 000 元。

(12)"无形资产"账户借方余额 620 000 元。

(13)"累计摊销"账户贷方余额 31 000 元。

(14)"无形资产减值准备"账户贷方余额 20 000 元。

(15)"应付账款"总账期末贷方余额 600 000 元,其中所属各明细账余额情况为:"应付账款——X 公司"借方余额为 25 000 元,"应付账款——Y 公司"贷方余额 500 000 元,"应付账款——Z 公司"贷方余额 125 000 元。

(16)"长期借款"总账贷方余额 356 000 元,其中所属明细账"长期借款——工商银行"贷方余额 165 000 元将于 20×2 年 4 月 1 日到期。

(三)要求:根据上述资料分别计算 20×1 年 12 月 31 日资产负债表以下部分项目金额:

"货币资金""应收账款""预付款项""其他应收款""存货""流动资产合计""固定资产""无形资产""应付账款""一年内到期的非流动负债""长期借款"。

【习题二】

（一）目的：练习利润表的编制。

（二）资料：紫光股份公司 20×1 年部分账户结转损益前本期发生额，如表 12-18 所示。

表 12-18 部分账户本期发生额 单位：万元

账 户	借方发生额	贷方发生额
主营业务收入	68 500	1 867 000
主营业务成本	1 158 600	43 200
其他业务收入		289 100
其他业务成本	196 200	
税金及附加	76 400	
管理费用	198 200	
其中：研发费用	90 000	
财务费用	74 300	2 000
销售费用	116 800	
制造费用	756 950	756 950
生产成本	2 439 000	1 793 600
资产减值损失	68 880	
信用减值损失	29 520	
投资收益	120 000	
公允价值变动损益		218 000
资产处置损益		32 000
营业外收入		58 700
营业外支出	86 200	
所得税费用	79 000	
应交税费	1 698 000	1 975 000
其他综合收益		100 000

（三）要求：根据以上资料编制紫光股份公司 20×1 年度利润表，如表 12－19 所示。

表 12－19 利润表

编制单位：紫光股份公司 　　　　　20×1 年 　　　　　单位：万元

项 目	本期发生额	上期发生额
一、营业收入		略
减：营业成本		
税金及附加		
销售费用		
管理费用		
研发费用		
财务费用		
加：其他收益		
投资收益（损失以"－"号填列）		
公允价值变动收益（损失以"－"号填列）		
资产减值损失（损失以"－"号填列）		
信用减值损失（损失以"－"号填列）		
资产处置收益（损失的以"－"号填列）		
二、营业利润（亏损以"－"号填列）		
加：营业外收入		
减：营业外支出		
三、利润总额（亏损总额以"－"号填列）		
减：所得税费用		
四、净利润（净亏损以"－"号填列）		
五、其他综合收益税后净额		
（一）不能重分类进损益的其他综合收益		
（二）将重分类进损益的其他综合收益		
六、综合收益总额		
七、每股收益	略	

【习题三】

（一）目的：练习现金流量表部分项目的计算填列。

（二）资料：长城公司适用增值税税率为13％，20×1年有关资料如下：

（1）本期发生销售收入2 500万元（不含增值税）。

（2）"应收账款"账户期初余额80万元，本期增加226万元（含增值税26万元），收回前期应收账款81.9万元，收回前期已核销的坏账7万元，本期实际核销坏账损失8.1万元，期末余额216万元。

（3）"合同负债"账户期初余额3万元，期末余额35万元。

（4）本期发生商品销售成本1 800万元。

（5）"库存商品"账户期初余额450万元，本期入库1 950万元，本期结转已售商品成本1 800万元，期末余额600万元。

（6）"生产成本"账户期初余额300万元，领用原材料1 700万元，结转完工产品成本1 950万元，期末余额50万元。

（7）"原材料"账户期初余额700万元，本期购入2 000万元，生产领用1 700万元，工程领用100万元，期末余额900万元。

（8）"预付账款"账户期初余额300万元，本期借方发生额101万元，贷方发生额351万元，期末余额50万元。

（9）"应付账款"账户期初余额585万元，本年增加936万元，本年归还应付账款351万元，债务重组中用设备抵偿应付账款200万元，期末余额970万元。

（10）"应收票据"账户期初余额35万元，本期借方发生额为113万元，本期贴现70.2万元，支付贴现息1.2万元，期末余额77.80万元。

（三）要求：根据上述资料分别计算现金流量表中"销售商品、提供劳务收到的现金"和"购买商品、接受劳务支付的现金"项目金额。

【习题四】

（一）目的：练习资产负债表、利润表的编制。

（二）资料：桂东公司为增值税一般纳税企业，适用的增值税税率为13％，原材料和库存商品均按实际成本核算，20×1年1月1日资产负债表（简表），如表12-20所示。

表12-20 资产负债表（简表）

编制单位：A公司　　　　　　　　　　20×1年1月1日　　　　　　　　　　单位：万元

资　　　产	年初余额	负债和股东权益	年初余额
货币资金	320.4	短期借款	200
交易性金融资产		应付账款	84
应收票据	24	应付票据	40
应收账款	159.2	合同负债	60

（续表）

资　　　产	年初余额	负债和股东权益	年初余额
预付款项	0.16	应付职工薪酬	4
存　货	368	应交税费	9.6
长期股权投资	480	其他应付款	40
固定资产	1 442	长期借款	1 008
在建工程	100	实收资本	1 600
无形资产	204	盈余公积	96
长期待摊费用	50	未分配利润	6.16
资产总计	3 147.76	负债和股东权益总计	3 147.76

20×1年，桂东公司发生以下交易或事项：

（1）以商业承兑汇票支付方式购入材料一批，发票账单已经收到，增值税专用发票上注明货款为30万元，增值税额为3.9万元。材料已验收入库。

（2）销售商品一批，售价100万元，增值税额13万元，实际成本65万元，商品已经发出。公司已于上年预收货款60万元，其余货款尚未结清。

（3）购入公允价值为100万元的股票作为交易性金融资产核算。期末该交易性金融资产公允价值为110万元。

（4）分配并发放薪酬20万元，其中在建工程人员薪酬5万元，行政管理人员薪酬15万元。

（5）计提行政管理部门折旧20万元，摊销无形资产10万元。

（6）支付短期借款利息5万元。

（7）计算并确认坏账准备8万元。

（8）计提应当计入在建工程成本的长期借款利息20万元。

（9）确认对联营企业的长期股权投资收益50万元。

（10）计算并确认应交城市维护建设税3万元。

（11）转销无法支付的应付账款30万元。

（12）本年度实现利润总额64万元，所得税费用为18万元，应交所得税为20万元。

（13）按净利润的10%计提盈余公积。

（三）要求：

（1）根据上述资料编制各项经济业务的会计分录。

（2）编制桂东公司20×1年12月31日资产负债表和利润表。

课程思政与案例

会计科目使用与财务报表列报

【案例背景】 甲公司为上市公司。该公司20×1年预付给供应商2 000万元用于进口机器设备。20×1年12月31日,该机器设备尚未到货。甲公司查阅了《企业会计准则——应用指南》附录中的科目账务处理,注意到"预付账款"中指出"企业进行在建工程预付的工程价款,也在本账户核算"。甲公司因此将该笔2 000万元的预付设备采购款在"预付账款"账户进行核算。在编制20×1年度财务报表时,由于一般企业财务报表格式将"预付款项"作为一个单独的报表项目列示于流动资产,因此,甲公司将2 000万元预付设备款包含在流动资产中的"预付款项"中进行列报。

【思考问题】 用于购建固定资产的预付款项在资产负债表中应该如何列报?

【案例启示】 企业不能仅仅根据日常核算时所使用的会计科目来决定资产负债表中的列报。《企业会计准则——应用指南》的附录只是对企业的会计科目设置和日常会计核算提供指引,而在编制财务报表,确定资产的分类时还是应该根据其实际情况,遵循《企业会计准则第30号——财务报表列报》中有关流动性分类的原则进行考虑,合理确定相关项目在报表中的列报方式。

从报表使用者理解财务报表所传达的信息来看,正常情况下,为购买长期资产而支付的预付账款不可能在短期内变现,而是会转化为一项非流动资产,企业在未来较长的时期内使用该项非流动资产并从中获利。在这种情况下,如果将预付账款分类为流动资产,则很可能会对报表使用者产生误导,使其对企业的流动性、短期偿债能力等作出错误的评价,进而影响报表使用者的经济决策。

因此,为购建固定资产而预付的款项,日常会计核算时在"预付账款"账户反映,在期末编制财务报表时,应分类为非流动资产,列示于其他非流动资产中,并在附注中披露其性质。

委托第三方进行研发支出的预付款项在财务报表中的列报

【案例背景】 甲公司是一家从事药品生产和销售的上市公司,主要采用产学研相结合的研发模式进行药品的研究与开发,通过与高校、研究所合作的方式,依靠科研机构的研发力量共同进行产品创新。20×1年2月,甲公司与乙研究所签订了A药品的委托开发协议。乙研究为甲公司提供药品研发服务,研发周期为5年,并就其提供的研发劳务获取报酬;甲公司承担开发过程中的技术风险、经济风险,研究成果的相关知识产权由委托方甲公司申请并享有。

20×1 年 3 月，根据合同要求，甲公司向乙研究所支付了首期研究开发费 6 000 万元，甲公司将其作为预付款项，截至 20×2 年 12 月 31 日，由于 A 药品仍处于前期研发阶段，甲公司仍将其作为预付款项在财务报表中列示。

【思考问题】 甲公司委托第三方研发的预付款项在会计报表中应如列报？

【案例启示】 本案例中，甲公司承担了研发过程中相关风险和报酬并享有研发成果及研发成果产生的未来商业价值，甲公司实质上为研发劳务外包的自主开发。

由于该委托研发实质上是甲公司的自主研发，甲公司应按照自行研发无形资产的规定进行会计处理。甲公司应关注 A 药品研发项目在整个委托期间的进展，了解预付研发费用在研发过程中的实际耗用情况，取得相关依据，根据研发项目的内容、目的和过往经验等区分研究阶段与开发阶段，判断是否满足研发费用的资本化条件。对于满足资本化条件的开发阶段的支出确认为无形资产，其他研发支出于发生时计入当期损益。

对于预付的研发费用应根据研发项目进展区分尚未使用部分与已使用部分，对于已使用部分根据准则要求，区分费用化支出与资本化支出，据此确定相应计入当期损益与开发支出的金额。将预付款项长期挂账不能如实地在财务报表中反映自行研发无形资产的进展。企业应加强与受托方的沟通与协调，及时搜集相关信息，加强核算与监督，负责研发项目执行和管理的业务技术部门与财务部门应紧密配合、加强沟通，完善预付资金的使用管理，确保财务部门及时了解研发项目进展，根据企业会计准则进行有效的会计核算。